「支那哲学」の誕生

東京大学と漢学の近代史

水野博太 著

東京大学出版会

From Sinology to Philosophy:
Reinterpreting Chinese Studies in Meiji Japan

Hirota MIZUNO

University of Tokyo Press, 2024
ISBN 978-4-13-016052-0

「支那哲学」の誕生／目次

凡例

序章　東京大学と漢学……1
一　本書の問題意識と分析範囲　1
二　先行研究とその課題ならびに本書の新規性　6
三　本書の構成　14

第一章　漢学から「支那哲学」へ
——草創期の東京大学および前身校における漢学の位置と展開……23
はじめに　23
一　東京開成学校における漢学の位置づけ　25
二　草創期の東京大学における漢学の位置づけ　33
三　草創期の東京大学における漢学講師の人選　39
四　草創期の東京大学における漢学教育の実態　41
五　漢学の転換　45
おわりに　52

第二章　漢学から「日本哲学」へ
——井上哲次郎による世界発信の挑戦とその挫折……63
はじめに　63
一　日本人に哲学は可能か　68
二　「東洋哲学」「日本哲学」の模索　78
三　「日本哲学」はあるか　90
おわりに　104

第三章　漢学から「実用支那学」へ
——井上（楢原）陳政を中心とした明治期の漢学改革論……123
はじめに　123
一　重野安繹の漢学改革論　125
二　井上（楢原）陳政の漢学改革論　133
三　帝国大学周辺の漢学改革論　151
四　島田重礼の漢学および「支那哲学」観　163
おわりに　168

第四章　「孔子教」の前提
——島田重礼と服部宇之吉……181
はじめに　181
一　島田重礼について　183
二　初期服部宇之吉の学風　196
三　服部の留学と周辺人脈　207
おわりに　214

第五章　漢学から「孔子教」へ……227
はじめに　227
一　服部のドイツ留学と *Konfucius*　228
二　*Konfucius* における「天命」(Schicksal)　234
三　もうひとりの「孔子教」論者——大西祝との視点の差異　239
四　辛亥革命と「孔子教」論の形成　243
五　論敵の確定と「孔子教」論の形成　256
六　方法としての古典とその限界　260
七　「孔子教」の到達点　264
おわりに　267

終章　中心と周縁……………………………………289
あとがき　297
参考文献　5
索　引　1

凡例

本書の資料引用等における注意事項を述べる。

一　一部の地名・人名などの固有名詞を除き、漢字は全て新字体に統一した。

二　句点のみ、もしくは読点のみが用いられている資料があったが、読みやすさのため適宜一部を改めた。

三　仮名遣いは原則として原資料のままとしたが、踊り字や合略仮名などは適宜改めた。

四　読みやすさのため、適宜句読点や振り仮名などを補った箇所がある。

五　引用資料中の［　］内は、引用者（本書の執筆者）による補足である。

六　本書にはしばしば「支那」という言葉が登場する。引用資料中の表現に限らず、本書が分析対象とする時代において「支那」と呼ばれていたものについては（たとえば「支那哲学」「支那学」「支那通」、あるいは当時の日本人に観念されていた地理的・歴史的・政治的存在としての「支那」）、これを逐一「中国」に改めることはしていない。「支那」という呼称をめぐる歴史的経緯や問題点については、たとえば佐藤三郎『近代日中交渉史の研究』（吉川弘文館、一九八四年）、川島真「「支那」「支那国」「支那共和国」――日本外務省の対中呼称政策」（中国研究所『中国研究月報』第五七一号、一九九五年）、渡辺浩『東アジアの王権と思想』（東京大学出版会、一九九七年／増補新装版二〇一六年）所収の「「泰平」と「皇国」」、齋藤希史『漢文脈の近代――清末＝明治の文学圏』（名古屋大学出版会、二〇〇五年）所収の「〈支那〉と〈日本〉」などを参照。

序章　東京大学と近代漢学

一　本書の問題意識と分析範囲

（一）本書の問題意識とその前提

まぎれもなく漢学は、江戸期における学問と教育の正統かつ中心であった[1]。徳川政権が直轄した唯一の公的教育機関である昌平坂学問所は漢学とりわけ儒教を教える場であったし、それは各地の藩校においても同様だった。むろん漢学を修めるだけの教育水準にまで達した者は、当時の日本の総人口から言えば少数ではあっただろうが、寺子屋や手習所で読み書きの基礎を習得し、より上級の学問を求め、それが許される環境にあった者は、概ね経書の素読から始まる漢学の本格的な訓練へと身を投じた。

江戸後期、学問所や多くの藩校において、そのカリキュラムの中心は儒教、とりわけその解釈体系として前近代の東アジアで圧倒的な影響力を有していた朱子学であった。同時代の中国や朝鮮とは異なり、日本では科挙は行われず、筆記試験により測定された学力に基づいて人材を登用するという制度は根づかなかった。しかし徳川政権が公的に実施した学力試験であった学問吟味は、そこでの成功が必ずしも出世や栄達を保証するものではなかったとはいえ、それなりに活況を呈し[2]、その際に学力測定の基準として用いられたのは儒教、なかでも朱子学であった。また民間の私塾も、たとえば江戸期の代表的な儒学者である伊藤仁斎と荻生徂徠およびその子孫や門弟たちが、あるいは江戸儒学史を彩るその他の有力な儒者たちの多くが、武家政権に雇用されるのではなく町儒者として私塾を運営していたことに象徴されるように、その教育内容は朱子学中心の官学に比べてバラエティに富んでいたものの、漢学、とりわけ儒教が教育内容の中心であったことには変わりがない。

むろん漢学のみならず、江戸後期における国学や蘭学・洋学の興隆およびその思想史的意義は、誰もが認める所である。しかし、たとえば国学であれば本居宣長、蘭学であれば福澤諭吉のように、それらの比較的新しい学問に本格的に従事し、漢学を手厳しく批判した者でさえ、その学習歴の初期においては、初歩的な漢学を一通り修めるのが普通であった（幼少期の集中的な漢学学習を経由しない世代が登場するのは明治期以降であって、それに由来する新たな問題が登場することは第一章で述べられる）。また漢学にも様々な「派」があったにせよ[3]、大枠で見れば、官学・民間私塾などにより形作られていた江戸期の教育制度全体の中で、それは安定した学習需要を持ち、安定した地位を占めていたと言えるだろう。

この安定が崩れたのが、明治期であった。英語等を媒介言語とした西洋の諸学問が流入し、新たな教育制度の中に定着していく過程で、漢学が江戸期に有していた特権的な地位は、当然ながら失われていった。従来であれば知識階層のほぼ全てが少なくとも一定期間その習得に従事していた漢学は、教育制度の中から完全には消滅しなかったにせよ、数多ある学習科目の一つに成り下がり、各学校で課された試験の要求範囲を超えて学問としての漢学を究めようとする人間も少なくなっていった。このような時代の変化と逆風の中で、学問分野としての漢学はどのように受動的に揺さぶられ、あるいは主体的に振る舞ったのか。これが本書の中心的な問題意識である。

このような問題意識に支えられつつ、本書が特に重点的に分析対象とするのは、明治期以降の日本に布かれた「小学校—中学校—高等（中）学校—帝国大学」という（職業教育ではない）普通教育の進学秩序を軸に形成された近代学制ピラミッドの頂点に位置した「最高学府」としての帝国大学、とりわけ東京（帝国）大学およびその周辺で展開された[4]、一つの学問分野としての漢学および「支那哲学」（中国哲学）である。本書は、江戸期以来の漢学が、明治期以降に東京（帝国）大学を中心とするアカデミアの中でどのような変容を遂げたのか、あるいはどの部分が変化しなかったのかについて、思想史および学術史的な観点から明らかにすることを目指す。

（二）本書の分析対象について

『「支那哲学」の誕生——東京大学と漢学の近代史』という本書の題名が示す通り、本書は、東京（帝国）大学とその周辺で展開された漢学および「支那哲学」を主要な分析対象とする。以下では、近代日本における漢学および「支那哲学」の活動範囲の広さと、その研究対象としての豊饒さを述べた上で、なぜ本書がこのような分析範囲を設定するのかを説明したい。

近代日本における漢学および「支那哲学」の活動範囲が、アカデミアに限定されていなかったことは言うまでもない。たとえば近代日本のアカデミアを、植民地（台湾・朝鮮）を含めた各地の帝国大学および高等教育機関（私立大学や高等師範学校など）に所属する教官・教員および学生を構成員とし、書籍・雑誌・講義録・学会・各種講演などを主要な媒体としつつ成立していたコミュニティとして定義するならば、漢学および「支那哲学」の活動範囲は、それよりも遥かに広範なものであった。

江戸期において漢学とは、「経義」すなわち最終的には統治・治世を目標とする経書・史書などを学習するのみならず、漢詩を含めた韻文等の作成を中心とした「詩文」をも兼修すべきものであったが[5]、「詩文」について言えば、戦前とりわけ明治期には大規模な漢詩壇が存在した。また「経義」についても、アカデミアの外において朱子学あるいは陽明学の研究・学習・啓蒙を目的として雑誌の発行などの活動を展開した民間結社が存在したし[6]、渋沢栄一に代表されるように、『論語』などの経書を、必ずしも統治・治世を目指さない個人の訓戒や処世術として活用しようとする動きもあった(7)。学校という組織に着目すれば、帝国大学などの高等教育機関のほかにも、少数の同志、場合によっては個人が漢学塾を経営して多数の生徒を集めた例も、特に明治前期には数多くあった。また中等教育との関わりで言えば、旧制中学校や旧制高等学校における漢文教育（国語教育）という領域が視野に入ってくるし、多くの漢文学習者の目標の一つであった「文検」（文部省教員検定試験／中学校や師範学校など中等教育機関の教員になるための試験）が漢文の教育と学習に及ぼしていた影響についても考察の対象となるであろう。言語という側面に着目すれば、明治期に作り出された翻訳語と漢学の関係についても相当な研究が積み重ねられている（先行研究については後述する）。そもそも漢文書き下し風の訓読体が文語文体であった当時、漢学的要素は広く社会に浸透していたとも言える。また世界に目を向ければ、一九世紀から二〇世紀初頭にかけて欧米を中心に展開した中国研究、いわゆる「シノロジー」の発展と蓄積を無視することもできない。当然、近代日本において右のような活動を担った人々も、少なからずこのような国際的な活動に参与している。

先述のように、近代日本における漢学のきわめて広大な活動領域の中で、本書の分析対象がアカデミア、とりわけ東京（帝国）大学の周辺で展開された漢学および「支那哲学」に設定される意義と動機は、次のように整理できる。

① 戦前を通じて、東京（帝国）大学は、西洋近代学術の受容と研究の中心地としての役割を期待され、実際にその役割を果たそうとしてきた。とりわけ明治前期には、西洋由来の多くの学問は、まず同大学において輸入・研究・教育され、また近代日本の学術史の少なからぬ部分は、同大学での活動、また同大学で育った人々による活動によって作り上げられている。近代日本が経験した諸学問は、何らかの形で東京（帝国）大学を通過している（させられている）と言っても過言ではない。それゆえ、近代日本の学術史を検討する際には、東京（帝国）大学について考えることが不可欠である。

明治一〇（一八七七）年に設立された東京大学の当初の主目的は、その前身校の時代からそうであったように、西洋の諸学問を輸入し、教えることであった。しかし、そこは次第に、国学や漢学といった日本在来の諸学問が、西洋の諸学問の影響を受けて近代化を遂げる現場ともなった。本書の分析対象である漢学も、東京（帝国）大学において「支那哲学」という学問分野を生み出し、それは後に「中国哲学」あるいは「中国思想史」などと呼ばれる学問領域へと接続して、現在に至っている。

東京（帝国）大学における漢学および「支那哲学」の展開を分析することは、単に学術史を分析する行為であるのみならず、現在の学問分野としての中国哲学・中国思想史の来歴を分析し、今後のあるべき姿を検討することにも繋がる。また繰り返すように、近代日本における東京（帝国）大学の位置づけを考えれば、学問分野としての漢学および「支那哲学」を分析するには、まずは同大学におけるそれらの展開を考えねばならない。

②清末民初の中国における学術活動は、訪日留学生や亡命知識人らを通じて、同時期の日本における学術活動や著作物から少なからぬ影響を受けていた。同時期は、中国大陸においても伝統的な経学の枠組みを超えた「中国哲学」の模索が始まった時期に当たるが、その黎明期の活動をよりよく理解するには、近代日本における漢学および「支那哲学」の展開を明らかにすることが必要である。なぜなら多くの場合、清末民初の訪日留学生や亡命知識人は書籍を通じて「支那哲学」に関する知識を日本から中国へ移入したのだが、その少なからぬ部分は、東京（帝国）大学で教鞭を執っていた、あるいは同大学で教育を受けた者たちによって著されたものであったからである。それゆえ、東京（帝国）大学における漢学および「支那哲学」の展開を明らかにすることは、近代中国における、中国人自身による「中国哲学」研究の歴史、ひいてはその背景に存在した近代日中学術交流史をよりよく理解することにも繋がる。

③江戸期に隆盛を極めた漢学は、幕末から明治初期にかけて西洋から輸入された諸学問とは異なり、外部からの刺激を受け、環境の変化に応じて変容を遂げた（迫られた）数少ない学問領域の一つである。そのため、近代日本に

おける漢学および「支那哲学」の来歴を明らかにすることは、一つの学問領域が時代の変化と要求の中でどのような変容を遂げたのか（あるいは遂げなかったのか）を観察する好例であって、その成果は単に中国哲学・中国思想史という一つの学問分野のみならず、近代日本の学術史全体を考える上でも参考になるのではないか。また、学問とりわけ人文学のあるべき姿が厳しく問い直されている現代にとっても、それは何らかの示唆を与えてくれるのではないか。以上のような意義と動機を背景に、本書は東京（帝国）大学とその周辺における漢学および「支那哲学」について分析を進めてゆく。

二　先行研究とその課題ならびに本書の新規性

明治期以降に展開された漢学および「支那哲学」については、すでに多くの先行研究が存在する。以下では、本書がそれらの先行研究に対してどのような位置づけにあるのかを示したい。

（一）漢学者および漢学について

「漢学者」を含めた、中国哲学・中国史・中国文学など広く中国学系の学者・研究者についての伝記を整理したものとしては、江上波夫編『東洋学の系譜』（大修館書店、一九九二年）および同『東洋学の系譜　第二集』（大修館書店、一九九四年）や、村山吉廣『漢学者はいかに生きたか――近代日本と漢学』（大修館書店、一九九九年）などがあり、山田利明『中国学の歩み――二十世紀のシノロジー』（大修館書店、一九九九年）は、欧米における「シノロジー」の興りから説き起こし、日本・中国・欧米における「中国学」の展開を簡潔にまとめている。欧米のシノロジストたちについて整理・紹介した日本語文献としては、高田時雄編『東洋学の系譜　欧米篇』（大修館書店、一九九六年）がある。

また東方学会編『東方学回想』シリーズ（全九巻、刀水書房、二〇〇〇年）は、中国学者たちが（多くの場合すでに物故していた）斯界の大学者たちについて座談会形式で回想したものである。いわゆるオーラルヒストリーの形式であるため使用には注意を要するものの、回想対象のみならず、回想する話し手をも含めて、その人柄や細かいエピソードについて得る所が大きい。個人に焦点を当てた伝記は、東京よりもむしろ京都で盛んに取り組まれており、岡村敬二『京大東洋学者　小島祐馬の生涯』（臨川書店、二〇一四年）や櫻井正一郎『京都学派酔故伝』（京都大学学術出版会、二〇一七年）など、いわゆる「京都学派」（およびその一部としての「京都支那学」）顕彰の目的から執筆されることが多いように思われる。

明治期の漢学の展開を総合的に論じたものとしては、三浦叶による『明治の漢学』（汲古書院、一九九八年）が、明治漢学の特徴や当時の漢学観、また明治期における漢学・漢文学研究の試みなどについて、最もよく整理している。町田三郎『明治の漢学者たち』（研文出版、一九九八年）や同『明治の青春――続　明治の漢学者たち』（研文出版、二〇〇九年）は論文集ではあるものの、三浦が論じきれていない多くの論点や人物を取り上げている。黒住真『近世日本社会と儒教』（ぺりかん社、二〇〇三年）は、全体としては伊藤仁斎と荻生徂徠を中心に近世日本の儒教を論じているが、明治期の漢学を取り扱った論考をも含む（「徳川儒教と明治におけるその再編」および「漢学――その書記・生成・権威」）。竹村英二『江戸後期儒者のフィロロギー――原典批判の諸相とその国際比較』（思文閣出版、二〇一六年）も、主として江戸期の漢学（とりわけ考証学）を論じたものであるが、明治期における漢学をめぐる議論について、特に翻訳との関係から考察した章を含んでいる（「理解力・翻訳力・外国語習熟力――なぜ明治の知識層は漢学廃止に反対したか」）。

また近年では、江戸から昭和まで運営を続けた漢学塾・泊園書院と深い関係を有する関西大学を起点として、陶徳民『明治の漢学者と中国――安繹・天囚・湖南の外交論策』（関西大学出版部、二〇〇七年）や、同『日本における近代中国学の始まり――漢学の革新と同時代文化交渉』（関西大学出版部、二〇一七年）などといった日本漢学研究が展開されており、資料としては『近代日本漢学資料叢書』『近代日本漢籍影印叢書』（いずれも研文出版、二〇一七年―）などの刊行も進んでいる。漢文教育については、石毛慎一『日本近代漢文教育の系譜』（湘南社、二〇〇九年）、西岡智史「明治期漢文教育形成過程の研究」（広島大学博士論文、二〇一五年）などがある。

漢文学・漢詩文の方面からのアプローチとしては、三浦叶『明治漢文学史』（汲古書院、一九九八年）や、齋藤希史『漢文脈の近代――清末=明治の文学圏』（名古屋大学出版会、二〇〇五年）、同『漢文脈と近代日本――もう一つのことばの世界』（日本放送出版協会、二〇〇七年／角川学芸出版、二〇一四年）、また合山林太郎『幕末・明治期における日本漢詩文の研究』（和泉書院、二〇一四年）などがある。さらにこれらに加えて、近代日本における漢学の多面性を取り扱った講座形式の作品として『講座　近代日本と漢学』シリーズがある（全八巻、戎光祥出版、二〇二〇年）。

海外、特に中国語圏からの視点としては、早くは厳紹璗による『日本的中国学家』（北京、中国社会科学出版社、一九八〇年）や『日本中国学史』（南昌、江西人民出版社、一九九一年）などがあり、日本研究の文脈から、あるいは「海外漢学」すなわち中国外で取り組まれた中国学研究への関心という文脈から、近代日本の漢学に関する調査・研究が進められてきた。劉岳兵『日本近代儒学研究』（北京、商務印書館、二〇〇三年）、同編著『明治儒学与近代日本』（上海、上海古籍出版社、二〇〇五年）のほか、台湾でも廖欽彬・高木智見編『近代日本の中国学』（台北、国立台湾大学出版中心、二〇一八年）のような成果が表れている。直近では、本書でも主要人物として取り扱う井上哲次郎が編纂したいわゆる江戸儒学三部作（『日本陽明学派之哲学』『日本古学派之哲学』『日本朱子学派之哲学』）が中国語訳されており、二〇二一年に中国社会科学出版社から刊行された。井上の書籍・雑誌論文をいくつかまとめて中国語訳したものも同時に出版されている（劉岳兵編『儒教――中国与日本』北京、中国社会科学出版社、二〇二一年）。

(二) 近代日本における儒教について

次に、「支那哲学」の中核的な部分を占める儒教の、近代日本におけるあり方を取り扱った研究に焦点を絞ってみたい。先述の研究が近代日本の儒教を取り扱っていないわけではないが、近代日本において儒教が果たしたとされてきた役割の特殊性から、この分野についての研究は、主に近代日本思想史の文脈の中で行われてきた。

戸川芳郎は「漢学シナ学の沿革とその問題点――近代アカデミズムの成立と中国研究の〝系譜〟(二)」(理想社『理想』第三九七号、一九六六年)において、「わが国近代の中国研究」が東京大学において始まったこと、またその「戦前の、中国を対象とすべき学術研究が、全体としては体制秩序とその教学機関に、儒教イデオローグとして精神的理論的支柱をもって奉仕し、それゆえに国家権力の手厚い保護をうけてきた」と指摘した(傍点ママ)。戸川によれば、このような「儒教イデオローグ」の象徴として東京帝国大学教授の井上哲次郎がおり、さらにはその「輔弼者」として、同じく東京帝国大学教授の服部宇之吉がいた[8]。服部、ひいては幕末維新期から昭和期にかけての日本儒学を広く見渡した研究としては、陳瑋芬による「近代日本と儒教――「斯文会」と「孔子教」を軸として」(九州大学博士論文、一九九九年)や同『近代日本漢学的「関係詞」研究――儒学及相関概念的嬗変』(台北、国立台湾大学出版中心、二〇〇五年)などがある。特に前者において陳は、戦前の日本儒教界において指導的役割を果たした斯文会およびその中心的な活動を担った服部宇之吉による「孔子教」論を、同時代の東アジア(中国大陸・朝鮮・台湾)との比較の下に検討し、日本においてはそれが最終的に「天皇制イデオロギー」に結びついたことを指摘した。

明治期以降、儒教が形を変えながらも「体制教学」に接近した(させられた)という認識は、たとえば坂出祥伸による「中国哲学研究の回顧と展望――通史を中心として」(『東西シノロジー事情』東方書店、一九九四年所収)にも表れている。坂出によれば、漢学の近代化は、その背後に「漢学の学問的客観化の要求」があったにせよ、「基本的な方向としては体制教学としての儒学の近代的粉飾」でしかなかった[9]。同様の視点は、おそらく近代日本儒教の総合的な研究として戦後最も早くに登場した成果である、ウォーレン・スミス・Jr.（Warren W. Smith Jr.）の*Confucianism in Modern Japan: A Study of Conservatism in Japanese Intellectual History*（Tokyo: The Hokuseido Press, 1959）においても示されており[10]、それは劉岳兵『日本近代儒学研究』（北京、商務印書館、二〇〇三年）や[11]、あるいはキリ・パラモア（Kiri Paramore）による*Japanese Confucianism: A Cultural History*（New York: Cambridge University Press, 2016）などの研究においても、基本的には継承されている[12]。黒住真は、明治儒教には「中村正直が示した形而上学的思想、中江兆民や田岡嶺雲が示したグローバルな普遍主義や民衆中心の思想、渋沢栄一が示した経済道徳など、多様な水脈も流れていた」と述べる一方で、しかし基本的にそれは「日本イデオロギー的な昂進・膨張とアカデミズム的な専門化」の道を進んだとされ、そこで井上哲次郎は「明治国家の思想的要求に全面的に答えうる」ような「日本中心の東洋イデオロギー」の確立に努めた「イデオローグ」として描かれる[13]。

ここから分かるように、近代日本の儒教についての研究は、日本人のみならず外国人研究者の関心を早くから集めてきた点に一つの特徴がある。ただし研究者の国籍を問わず、この分野に取り組んだ彼らの主な問題関心は、当時における儒教と政治の密接な関係を、より具体的に言えば、近代日本において儒教がどのように政治イデオロギーを補強する役割を果たしてきたのかを、反省的・批判的に明らかにする所にあった[14]。

（三）先行研究の問題点と本書の新しさ

先述の研究を含め、近代日本において体制的イデオロギーを補佐するものとして政治に接近した、あるいは体制教学化した儒教が検討される際には、多くの場合、東京（帝国）大学にも焦点が当てられており、同大学が良くも悪くも儒教の「近代化」において一定の役割を果たしたことが共通認識となってきた。しかしながら、そのような儒教のイデオロギー的側面が取り上げられる際には、井上哲次郎や服部宇之吉などといった「御用学者」たち、および彼らの著作の内容が検討されることはあっても、東京（帝国）大学における儒教・漢学教育や研究の実態を、具体的な資料に基づき実証的に明らかにしようという試みには、それほど関心が向けられてきたようには思われない。すなわち、いくつかの先行研究においては、近代化の中で「洋学」に押されて苦戦する儒教が自らの活路を「道徳」あるいは国家体制に奉仕するイデオロギーとしての方面に見出し、接近していったというストーリーがまず存在し（その最も分かりやすい象徴として取り上げられるのが教育勅語であり、その公式解説書である『勅語衍義』の中心的な執筆者が帝国大学教授の井上哲次郎であったという事実である）、国策大学である東京（帝国）大学はその両者の接合の舞台・現場であったという以上の意味を持たされてこなかった。当時の制度について言及されることがあっても、それはたとえば『東京大学百年史』（全一〇巻、東京大学百年史編集委員会、一九八四―八七年）などの記述を引き写す程度に留まることが多かった。『東京大学百年史』は現在でもきわめて有用な資料ではあるが、それは大学全体の歴史を記述しようとするものであるため、漢学および「支那哲学」をはじめとした個々の学問分野については必ずしも十分な量の記述・分析がなされているとは言えず、すでに「百年史」の刊行から四〇年を経た現在においては、補足・更新されるべき部分も少なからず存在する。学問分野としての漢学および「支那哲学」を思想史的に論じようとする際に、思想が論じられたものとしてのテキストを批判的に分析することは重要ではあるが、同時にそのテキストが生み出された中心的な場であった東京（帝国）大学という制度についての考証・考察を欠くならば、その議論は基礎を欠いたものとならざるを得ないのではないか[15]。

東京（帝国）大学に先述のような側面があり、また井上や服部に「御用学者」としての側面があったことは確かであり、それは今後も批判的検討の対象となり続けるとしても、同大学における漢学および「支那哲学」についての認識と研究を、その地点に留め続けておく必要はないだろう。儒教が「イデオロギー」に接近したのであるとすれば、その経緯をよりよく理解し、また批判的に検討するためにも、儒教を含む漢学が東京（帝国）大学において「支那哲学」を生み出した過程、またその後の展開を、個々の学者が執筆したテキストをもっぱら「イデオロギー」との距離に基づいて分析するだけではなく、制度史的な側面と併せ、実証的かつ内在的に検討する必要があるのではないか。

そこで本書は、舞台を東京（帝国）大学周辺に設定しつつも、その研究の方針としては、従来の研究がそうであったような、同大学の「親体制」的な側面や、西洋哲学の言語を以て東洋（とりわけ中国）の思想を解釈しようとした「近代」的側面、ひいてはそこに潜んでいたある種の知的傲慢と支配欲を抉り出して反省的・客観的に批判しようとする方向に向かうというよりも、[16]その現場であった東京（帝国）大学において事実として何が生じていたのか、またその内側で様々な人々によってめぐらされていた論理・思考、その結果として生じた展開を内在的に明らかにすることを目指し、それによって、従来見落とされてきた、学問分野としての漢学および「支那哲学」の変化を描き出すことを試みる。従来の研究と本書の最も大きな違いは、この点にある。

また近年では、おそらくは急速に変化する社会の中における学問の、とりわけ人文学のあるべき姿が厳しく問い直されているとの問題意識を背景に、近代日本、特に明治期における様々な分野の学問の導入・形成・発展の経緯を把握し直そうとする動きが活発になりつつある。先述の本書の独自性をこの視点から言い換えるならば、本書は、近代日本における漢学および「支那哲学」の学問分野としての形成および発展の歴史を描き出そうとする点に新しさを持つ。

日本における漢学の歴史を論じたものとしては、戦前に出版されたものを除けば、倉石武四郎が一九四六年に東京帝国大学で行った講義の記録である『本邦における支那学の発達』（汲古書院、二〇〇七年）が内容としては最も古いものとなるだろうが、[17]やはり明治期の漢学・漢文学に関する基本的な作品としては、先述の三浦叶『明治の漢学』を挙げるべきであろう。ただし同書は、きわめて整理された作品であるがゆえに、個々の記述が簡潔に過ぎる憾みもある。その他、近代、特に明治期の日本における学術、とりわけ人文学の形成史を論じた作品としては、『岩波講座

「帝国」日本の学知』シリーズ（全八巻、岩波書店、二〇〇六年）や、井田太郎・藤巻和宏編『近代学問の起源と編成』（勉誠出版、二〇一四年）、『日本「文」学史』シリーズ（全三冊、勉誠出版、二〇一五―一九年）、先述の『講座　近代日本と漢学』シリーズ、また東京大学に焦点を絞った最近の著作としては吉見俊哉・森本祥子編『東大という思想――群像としての近代知』（東京大学出版会、二〇二〇年）などがあるが[18]（さらに明治知識人による西洋の知識・学問の導入という範囲にまで視野を広げれば枚挙に遑がない）、しかしいずれも講座・論集形式ということもあって、本書の目指すような、東京（帝国）大学における漢学および「支那哲学」の展開に分析の範囲を限定して集中的に論じた著作は、管見の限り存在しない[19]。

そもそも、近代日本における一つの学問分野の形成・発展の歴史について、分析範囲をアカデミアとその周辺に絞り込み、ある程度の分量をもって記述するという試み自体が、比較的新しいものなのかもしれない。そのような試みは近代日本における特権的な知のあり方を肯定的に強調してしまうのではないかという批判もありえよう。しかし、東京（帝国）大学という、近代日本の学術研究の中心的存在であり、日本のみならず東アジア全体に少なからぬ影響を与えていた場に分析対象を絞り込むことによってこそ見えてくるものがあるのではないか。逆に言えば、東京（帝国）大学が日本における近代学術の導入・形成期に関して果たした歴史的役割の中心性ゆえに、戦後にあってはその特権的とも言える中心性を批判的に省みようとする試みが先行してきた結果、その「中心」において実際に果たされた事象や役割の検証は、意外にも遅れてきたのではないか。もちろん、これら二つの試みのいずれも重要ではあるが、後者の試み、すなわち「中心」で何が行われてきたのかという検証が着実に行われてこそ、前者のような批判的視点が真の意味で実効性を持つのではないだろうか。

三　本書の構成

本書は五章から構成される。

第一章から第三章までは、主として明治初期から同三〇年前後までの東京（帝国）大学およびその周辺において展開された漢学および「支那哲学」に関連する制度・言説の変遷を追う。

第一章では、明治初期における漢学の性格とその変化を探るため、草創期の東京大学およびその前身校において漢学が果たしていた役割とその展開を検討する。むろん、同時期の漢学は同大学のみならず全国各地の学校・私塾で展開されていたのであるが、その変化の最先端、とりわけ「支那哲学」の登場は、まさに同大学において生じた。西洋の学術・知識を幅広く教授するための高等教育機関として設立された同大学において、漢学に期待されていた役割およびその変化を追いかけることで、漢学から「支那哲学」が生じてくる過程が明らかになる。また「支那哲学」の最初期の姿を示すものとして、東京大学文学部第一期卒業生である井上哲次郎によって明治一六（一八八三）年前後に行われた講義「東洋哲学史」を記録した聴講ノートについても検討する。この井上の講義は、東京大学において「支那哲学」の全体像が（未だ洗練されたものではなかったとはいえ）初めて本格的に論じられたものである。

第二章では、井上哲次郎が漢学および「支那哲学」の知識を駆使しつつ、その領域の周縁部で展開した様々な試みについて検討する。幼少期に漢学の素養を獲得した井上は、東京大学を卒業した後、短い文部省勤務を経て母校に助教授として戻り「支那哲学」を講じたのではあるが、もともと彼の関心は「支那哲学」に留まらず、西洋哲学・印度哲学などへも向けられていた。欧州留学からの帰国後、井上は漢学者の内田周平と論争を起こして「固陋」な漢学に見切りをつけるに至ったのだが、彼がその先に向かったのは「日本哲学」の発掘と発信であった。当時、少なからぬ外国人が「日本にこれまで哲学は存在しなかった」と考えていたが、井上はこれに反発し、江戸期の儒学を「日本哲学」としてパッケージングし、国際会議などの機会を通じ、外国語を用いて「日本哲学」の存在を国外に訴えた。これらの活動は、必ずしも漢学および「支那哲学」にのみ関わるものであったとは言えないが、しかしその領域の周縁部で展開された知的営為として、漢学が有していた一つの可能性を示唆するもので、検討に値する。また、そのことは、井上哲次郎が近代日本における学問の草創期において果たしていた、単なる「国家主義的イデオローグ」に留まらない役割についての見直しにも繋がるであろう。

第三章では、漢学および「支那（哲）学」のあるべき姿をめぐって明治三〇年前後までに起こった様々な議論と言説を分析する。「支那哲学」という概念が登場した後も、その母体とも言える漢学や、ひいては「支那哲学」自体さえも、固陋で旧態依然たる学問とみなされることがあり、それらの改革を求める様々な議論が起こっていた。しかし最終的に、少なくともアカデミアの中において漢学および「支那哲学」を中心的に担っていた者たちは、それらの改革論を撥ね除けたように思われ、またそのことによって、漢学および「支那哲学」の学問としての基本的な方法論がある程度固定されたようにも思われる。その過程を示すことで、明治期における漢学および「支那哲学」の実態、特にアカデミアの中に位置した（旧態依然とみなされていた）漢学者たちと、彼らに対してアカデミア内外から様々な批判や提案を投げかけた者たちとの態度の差異が明らかになり、そしてそのことによって、漢学および「支那哲学」の有していた性格もより一層明らかになるであろう。

第四章と第五章では、戦前の代表的な「支那哲学者」であった東京帝国大学教授・服部宇之吉に焦点を当て、その思想形成と展開を分析することを通じ、戦前における「支那哲学」の実態を明らかにすることを試みる。

第四章は、まず服部の師であり義父でもあった島田重礼の事績や学風についての検討から始まる。[20] 島田について論じるのは、単に服部との私的な関係が深いからだけではなく、服部は、帝国大学における漢学および「支那哲学」の担い手として、島田の正統な後継者として選抜され、清国とドイツへ留学することになったからである。島田の学風について検討した上で、服部の帝国大学入学後の学問的関心の変化や、留学に至る過程を分析することで、なぜ服部が島田の後継者として、帝国大学における「支那哲学」の後継者として選抜されたのかを明らかにする。

第五章では、服部の「孔子教」論の形成過程およびその内実について検討する。まず、服部がドイツ留学中の明治三五（一九〇二）年に著したドイツ語小冊子 *Konfucius* に焦点を当てる。同書には後の「孔子教」論の原型が示されており、またそれは同時期の日本哲学界における西洋哲学の受容状況などに影響を受けていることから、服部の思想形成は、井上哲次郎と同様に、単に一国内で完結していたものではなかったことが明らかになる。次いで、「孔子教」論が、康有為の孔教運動および辛亥革命に影響を受ける中で形成されてくる具体的な過程を、辛亥革命の前後に見られる服部の認識の変化を追うことで明らかにする。その中で、革命の前後において服部の何が変化し、何が変化しなかったのかも明らかとなる。

（1）　ここで「漢学」とは、江戸後期において「国学」でも「洋学」でもない「漢土」由来の学問として定義され、中国古典およびその解釈などをめぐって記述されたテキストを中心的な探究対象とし、かつ主に漢文を書記言語として用いることによって成立していた知的営為を指すものとする。経学史において「宋学」の対概念として把握される「漢学」（時に「漢唐訓詁学」とも称されるもの）とは、その内容面では、たとえば考証を重んじるといった点においては類似性を指摘でき、また日清間の書籍流通を通じた相互の影響関係さえ見られるものの、その言葉の成立の経緯から考えても、概念としては異なる。

中国（漢土）の学問という意味で「漢学」という言葉を用いた「早い事例」としては、広瀬淡窓が天保一三（一八四二）年もしくは弘化二（一八四五）年に長崎を訪れた際に作られた漢詩「観唐蘭舘有作二首」（『遠詩楼　詩鈔録二編』）があるという（澤井啓一「「古文辞学」から「古文系漢学」へ——近世日本における「漢学」の位相」日本女子大学国語国文学会『國文目白』第五七号、二〇一八年、一三頁）。

（2）　眞壁仁によれば、それは「及第者に家格相応の就職の時期を早めさせ、あるいは家督相続者ではない場合には養子縁組の際の社会的出自の保障となるに過ぎなかった」ものの、学問吟味は一七九四年から一八六五年までの計一五回の実施で九五四名の及第者を出し、落第者や学問所の稽古人となっただけの者をも含めればそれを遥かに上回る数の幕臣を儒教の学習に引きつけ、「徳川後期の江戸幕臣社会は、〈選別化〉という学問吟味を中心に儒学活況の時代を迎えた」という（眞壁仁『徳川後期の学問と政治――昌平坂学問所儒者と幕末外交変容』名古屋大学出版会、二〇〇七年、一一二頁）。

（3）のちに井上哲次郎と蟹江義丸は『日本倫理彙編』全一〇巻（育成会、一九〇一―〇三年）において、江戸期の諸儒を「陽明学派」「古学派」「朱子学派」「折衷学派」「独立学派」に整理・分類した（同書は併せて「老荘学派」をも収録する）。言うまでもなくこれらの学派分類は、あくまでも井上らによる整理の結果であって「当時の人たちの自己認識ではない」、つまり江戸期の儒学者たちが、自分がこの五つの「学派」のうちのどれか一つに属しているという明確な所属意識を持っていたわけではない（小島毅『近代日本の陽明学』講談社、二〇〇六年、一一三頁）。しかし同時に、これらの学派分類は、全くの無根拠かつ恣意的になされたものではなく、そのような分類を成立させるに足るだけの特徴を持っており、また当事者たちも、師弟関係から来る学統の意識・自覚をある程度備えていたことも確かであろう。

また、上記の井上らの分類に「考証学派」を加えることもできよう。金谷治「日本考証学派の成立――太田錦城を中心として」は太田錦城（井上・蟹江『日本倫理彙編』では「折衷学派」に分類される）に「考証学派」の成立を見る（源了圓編『江戸後期の比較文化研究』ぺりかん社、一九九〇年、三八頁）。そして、その「実用から離れたところで客観的な真実を追求する精神」に「自覚的な形での科学的精神の開花を認め」、「日本の学問精神の発達の歴史のうえで」大きな意味があったとする（同書、八四頁）。山川出版社『日本思想史辞典』も「考証学」の項を立てて「江戸後期の儒学の一派」と定義し、それが「折衷学者」による自らの「恣意的な主観性」への「自己反省」という内部的要因と、また清朝考証学の成果の吸収という外部的要因から、井上金峨の門弟・吉田篁墩において首唱されたとする（石毛忠・今泉淑夫・笠井昌昭・原島正・三橋健代表編集『日本思想史辞典』山川出版社、二〇〇九年、三一一―三一二頁）。

竹村英二はさらに論を進め、江戸後期の考証学は、清朝考証学の成果を随時利用しながらも、経書の原典を忌憚なく批判するという側面においては（政治的・社会的制約から様々な限界があった）清朝考証学よりも一歩抜きん出ており、「「原典批判」を行なうにあたっての日本儒者の文献学的・目録学的水準は、世界的にもトップクラスであった」と述べる（竹村英二『江戸後期儒者のフィロロギー――原典批判の諸相とその国際比較』思文閣出版、二〇一六年、三一一頁）。

（4）東京大学の呼称は、おおよそ次のように変化してきた。
明治一〇（一八七七）年―明治一九（一八八六）年　東京大学
明治一九（一八八六）年―明治三〇（一八九七）年　帝国大学
明治三〇（一八九七）年―昭和二二（一九四七）年　東京帝国大学

昭和二二（一九四七）年―平成一六（二〇〇四）年　東京大学
平成一六（二〇〇四）年―現在　　国立大学法人東京大学

本書では、明治一〇（一八七七）年以来の東京大学・帝国大学・東京帝国大学を指し示す総称として「東京（帝国）大学」という呼称を用いる。ただし、特定の時点の組織を指す場合には、その当時の名称によって呼び分ける。

（5）齋藤希史「「支那学」の位置」日本思想史学会『日本思想史学』第三九号、二〇〇七年、五頁。

（6）吉田公平「近代の漢学」日本思想史学会『日本思想史学』第三九号、二〇〇七年、一三頁。

（7）渋沢栄一において確認される最も早期の儒教関連の活動は明治四二（一九〇九）年の孔子祭典会の評議員への就任であり、著名な『論語と算盤』の刊行は大正五（一九一六）年であるが、第一生命保険の設立者・矢野恒太はそれよりもやや早く、明治四〇（一九〇七）年に『ポケット論語』を刊行している。同書は朱熹『論語集注』の欄外に簡単な解説を付けたもので、出版年および冒頭の「袂本論語新刊に就きて」において「我国民道徳の標準」としての『論語』の効用が述べられる所からも分かるように、思想史的には、日露戦争後の個人主義的風潮に対する反発の文脈上に位置づけられるであろうし、渋沢栄一についても同様の指摘が可能であろう。渋沢が「道徳経済合一説」を『論語』と絡めて本格的に論じ始めるのは、明治四二（一九〇九）年に第一銀行頭取などを除いて多くの関係会社の役職を辞して以降のことであって、たとえば明治二〇（一八八七）年に口述された自伝『雨夜譚』には、儒教に関連した記述はほぼ存在しない。詳細は、以下の拙稿を参照されたい。
水野博太「渋沢栄一における「道徳経済合一説」の形成過程――壮年期の「学問」と「事業」の関係に対する考察を中心に」日本思想史・思想論研究会『思想史研究』第二〇号、二〇一四年。

（8）戸川芳郎「漢学シナ学の沿革とその問題点――近代アカデミズムの成立と中国研究の〝系譜〟（二）」理想社『理想』第三九七号、一九六六年、九―一一頁。

（9）坂出祥伸『東西シノロジー事情』東方書店、一九九四年、二二頁。

（10）Although it would be unfair to characterize Japanese Confucianism of modern times as simply a propagation of and adherence to ideas of loyalty and filial piety, there is no doubt that these were the principles found most useful by the government authorities to maintain ideological uniformity. (Smith Jr., Warren W. *Confucianism in Modern Japan: A Study of Conservatism in Japanese Intellectual History*, Tokyo: The Hokuseido Press, 1959, p. 49)

あるいは斯文会の果たした機能に着目しつつ、次のようにも述べる。

The Shibunkai did continue as an active organization, nevertheless, until 1945, and from the isolated statements on Confucianism found in popular literature and educational books during the period from 1934 to 1945, it is clear that Confucianism came to have a valuable appeal in the ideological program of Japanese nationalists. (*ibid.*, p. 148)

なお同書末尾に掲載された書簡によれば、彼が同書を書き上げたのは「一九五四年正月頃」だったという。

(11) 劉岳兵は、近代日本において儒教は仏教とともに「〝皇運〟の扶翼」に貢献し、また儒教は軍人勅諭や教育勅語などに利用されることによって、あるいは斯文会などの「御用儒学団体」の活動を通じて、日本の「軍国主義化」に寄与したとする（劉岳兵『日本近代儒学研究』北京、商務印書館、二〇〇三年、九八―一一六頁）。

(12) キリ・パラモア *Japanese Confucianism* の第六章 “Confucianism as fascism” の冒頭は、明治初期の神道国教化政策の中で儒教が攻撃されたことを述べた次の文章から始まる。ここでパラモアは、その章名からも窺えるが、近代日本において儒教は「全体主義のイデオロギー的道具」とされたと述べている。

The transformation of Confucianism into an ideological tool of totalitarianism ironically began with authoritarian state suppression of Confucianism. The Meiji Restoration of 1868 was followed by a concreted state attack upon Confucianism. (Paramore, Kiri. *Japanese Confucianism: A Cultural History*, New York: Cambridge University Press, 2016, p. 141)

続く第七章 “Confucianism as taboo” では、戦時期に “fascism” と接合した儒教が、それゆえに戦後日本でタブー視されたことを描き出している。

Postwar Japan was a new country. [...] In that new country Confucianism quickly became taboo. Meiji had destroyed Confucian institutions and practice; fascism and World War II destroyed Confucianism's reputation. Associated closely with the fascist politics which had brought about the devastation of the war, it was tainted. (*ibid.*, p. 167)

(13) 黒住真『近世日本社会と儒教』ぺりかん社、二〇〇三年、一八四―一八七頁。

(14) このほかにも、たとえば胡珍子は、従来「日本イデオロギーの干渉を退け」てきたとみなされてきた「京都支那学」の代表者・狩野直喜の経書解釈が、実は「日本近代天皇制イデオロギーと密着」しており、彼が「近代国家主義天皇制イデオロギーに自発的に迎合した」ことを暴き出そうとしている（胡珍子「狩野直喜の君主政治観　儒教解釈と天皇崇拝――『御進講録』を中心に」廖欽彬・高木智見編『近代日本の中国学』台北、国立台湾大学出版中心、二〇一八年、一一七、一二九頁）。

これまでさほど注目を浴びてこなかった近代日本の漢学者たちが、実は（例から漏れず）「天皇制イデオロギー」の尊奉者であったことを明るみに出そうという趣旨の議論は、たとえば呉偉明による「根本通明の『周易象義辯正』と明治天皇制」（藤田正勝・林勇強編『近代日本哲学と東アジア』台北、国立台湾大学出版中心、二〇一九年）や、辜承堯による「鈴木虎雄の戦争漢詩とその戦争観」（二松学舎大学東アジア学術総合研究所日本漢学研究センター『日本漢文学研究』第一六号、二〇二一年）などにも見られ、特に中国大陸において一般的なアプローチになりつつあるように思われる。このような態度は、近代日本の漢学についてありうる研究方法の中の一つであるとは思われるが、本文で後述するように、本書の採る方向性とはやや異なっている。

（15）たとえば坂出祥伸は、明治一九（一八八六）年に明治天皇が帝国大学へ行幸した際の所感として「理科・化学・植物科・医科・法科等ハ益々其進歩ヲ見ル可シト雖モ、主本トスル所ノ修身ノ学科ニ於テハ曽テ見ル所無シ」と道徳教育への不満を述べた「聖喩記」について、「学問研究の領域を儒教倫理によって支配しようとする最初の試み」とみなし、東京大学で「東洋哲学の科目」を担当し『勅語衍義』を著した井上哲次郎を、このような「大学の外からの儒教復活の要請に対して、内から呼応した」ものと述べている（坂出祥伸『東西シノロジー事情』東方書店、一九九四年、二二一―二二三頁）。

しかしながら、このような坂出の記述は、そもそも『東京大学百年史』が「この主張は伊藤、森らの「国家ノ須要」を軸とした大学政策に何の影響も与えなかった」と評価し（東京大学百年史編集委員会編『東京大学百年史　通史　一』東京大学、一九八四年、八一七頁）、また寺﨑昌男も「無視された」と評するような（寺﨑昌男『日本近代大学史』東京大学出版会、二〇二〇年、七〇頁）、明治天皇が帝国大学に対して直接発した強烈な不満という一見した際の印象を裏切る、制度史的検証に基づいた「聖喩記」の影響力の弱さを考慮できているとは言いがたい。また、井上哲次郎が留学前に「東洋哲学史」を開講したという事実については、本書の第一章で詳しく述べるが、それを単純に「儒教復活の要請」の文脈に位置づけることは困難であろう。

（16）子安宣邦は、狩野直喜や内藤湖南によって作られた「京大支那学」は「文献批判的な方法論を備えた、確かな資料的・文献的実証の学」であると同時に「その認識対象について強い認識論的な支配の欲望と権力とをもつ」ものであって、「支那人に代つて支那の為めに考へた」とその冒頭で述べる内藤湖南『支那論』（一九一四年）は、「ヨーロッパ・シノロジストと同様な対象の認識論的な支配の欲求と、それを可能にする学への自負」を備えた「シノロジスト湖南」にして初めてなせるわざであったと批判する（子安宣邦『日本人は中国をどう語ってきたか』青土社、二〇一二年、五五―五六頁）。

（17）同講義は古代から現代までの通史を取り扱ったものであるから、近代に割く分量は多くはないが、全一三章のうち「漢学・東洋史学」「京都支那学」「諸帝大の支那学・東洋史学・支那語学」の計三章において、近代日本のアカデミアにおける漢学および関連諸学の発展について論じている（倉石武四郎講義ノート整理刊行会『本邦における支那学の発達――倉石武四郎講義』汲古書院、二〇〇七年、八〇―九九頁）。

（18）同書は、二〇一四年に東京大学で行われたオムニバス講義「新・学問のすすめ――東大教授たちの近代」を基礎にしたものであり、それは「東京大学のなかに自校史教育を根づかせていこうという目論見のもとに企画された」ものであるという（吉見俊哉・森本祥子編『東大という思想――群像としての近代知』東京大学出版会、二〇二〇年、二七頁）。

(19)　分野は異なるが、内田貴『法学の誕生——近代日本にとって「法」とは何であったか』(筑摩書房、二〇一八年)は、近代日本における西洋法学の受容と導入を、いずれも東京帝国大学教授を務めた穂積陳重・八束兄弟を中心に描き出している(かつ陳重は東京開成学校の、八束は東京大学の出身である)。「学問的には忘却の彼方にある」穂積兄弟、とりわけ極端に国家主義的な憲法解釈で知られ「今日では学問的には全否定された存在である」穂積八束を分析対象としながら、彼らを「当時の時代背景の中に位置づけ、彼らが担っていた役割や、持っていたであろう使命感を踏まえて眺めなおそうと試み」(八頁)、あるいは「思想史的な批判の目を維持しつつも、冷静な内在的理解」(二八三頁)を試みる同書と、本書は関心を共有している。

(20)　「重礼」の読み方について、毎年度発行されていた『東京大学法理文三学部一覧』および『帝国大学一覧』の英語版においては「しげみち」と「ちょうれい」の二種類の読み方があり、明治一九(一八八六)年までは“SHIGEMICHI”(しげみち)、それ以降は“CHÔREI”(ちょうれい)と表記されている。Imperial University of Japan (Teikoku Daigaku). *The Calendar for the year 1886–1887*, Tokyo: The University, 1886, p. 52; Imperial University of Japan (Teikoku Daigaku). *The Calendar for the year 1887–1888*, Tokyo: The University, 1888, p. 102.

第一章　漢学から「支那哲学」へ

——草創期の東京大学および前身校における漢学の位置と展開

はじめに

本章は、草創期の東京大学およびその前身校において漢学が果たした役割とその展開を明らかにすることを目的とする。(1)

序章で述べた通り、明治期の漢学についてはすでに相当量の研究の蓄積があり、草創期の東京大学における漢学の変遷についての研究も早くから行われてきた。漢学が近代的方法論を備えた「支那哲学」へ変じたことや、その思想史的な意味について、戸川芳郎が批判的に分析したことは序章で述べた通りである。戸川は戦前の東京（帝国）大学における「中国哲学史研究」を「一方には国家的使命感ないしは護教教学的学術体制からの要請により、他方では西洋哲学史の方法のせっかちな移入により、結果としては歴史学に比して科学としての独立を妨げられた」ものとして総括した。(2)また蔵原三雪は、東京大学の前身校である南校および開成学校の生徒たちの学習歴を分析した上で、入学以前に獲得した漢学の素養が、入学後の「学問の摂取と表現の手段として、すなわち学問のための言語」として機能し、その意味で「漢学は洋学学習の基礎となっていた」こと、また「順序を踏んで漢学を学ぶこと」が「学習者にとって学問で用いる諸概念についての検討や論述などの論理構成といったいわば学問をするための基礎的なトレーニングとしての意味を持っていた」ことなどを指摘している。[3] さらに近年では、品田悦一および齋藤希史が、明治一五（一八八二）年に文学部附属の特別課程として設置された古典講習科（和漢の古典を専修する課程で、卒業しても「学士」の学位は授与されず、明治二一（一八八八）年に廃止された）を切り口として、明治初期における国学と漢学の位置づけについて論じている。[4] また町泉寿郎は、東京大学を含めた明治初期の教育における「基礎学としての「漢学」」という位置づけを示している。[5]

ただし先行研究においては、東京開成学校をはじめとする東京大学の前身校において、漢学が実際にどのように取り扱われてきたのかという制度的側面については、（史料の入手が容易な東京大学創設以降に比べれば）考察の対象とはなりにくかった。南校および開成学校に言及した蔵原も、同校で学んだ生徒たち個々人の学習歴に着目してはいても、同校における漢学の制度的な取り扱いを論じてはいない。そのため、昌平坂学問所を継承した大学本校が国学派と漢学派の内紛の末に明治三（一八七〇）年に閉鎖されてから、明治一〇（一八七七）年に和漢文学科を擁した東京大学が設立されるまで、官立学校における漢学教育には空白期間が生じているように見え、かつ和漢文学科の設置は、急激な西洋化に反発した当時の復古主義的潮流と関連した漢学の復活を意味するかのように、少なからず考えられてきた。[6]

しかしながら、漢学教育に関するそのような断絶と復活を前提とした認識は、同時期の同校における実態を適切に捉えているとは言いがたい。そこには政治的思惑を帯びた不連続な変化というよりも、むしろ西洋の学問の受容および教育の一連の過程・経緯の中で、連続的に遂げられてきた変化を見出すことができる。

以下、本章では、まず東京開成学校を中心とする東京大学の前身校において漢学がどのように扱われてきたのかを論じ、次いでそれがどのように東京大学へ継承され、どのような変化を遂げたのかを検討する。それによって、漢学は同校において断絶と復活ではなく、連続的な変化を経験してきたことを示す。

一　東京開成学校における漢学の位置づけ

明治一〇（一八七七）年四月一二日、東京開成学校と東京医学校の合併を定めた文部省布達によって、東京大学が設立された。すでに神田和泉町より本郷の加賀藩邸跡へ移転していた東京医学校はそのまま東京大学医学部となり、また神田錦町に位置していた東京開成学校は、東京大学法学部・理学部・文学部の三学部へと改組された（校地が本郷に集約されるのは明治一八（一八八五）年を待たねばならない）。そのうち文学部には、第一科として史学哲学及政治学科が、第二科として和漢文学科が置かれた。

同年九月、東京開成学校綜理より引き続いて東京大学において法理文学部綜理を務めていた加藤弘之は、文部省に対して書簡を送った。そこには「特ニ和漢文ノ一科ヲ加フル所以」について、次のように説明されている。

今文学部中、特ニ和漢文ノ一科ヲ加フル所以ハ、目今ノ勢、斯文幾ント寥々晨星ノ如ク、今之ヲ大学ノ科目中ニ置カサレハ到底永久維持スヘカラサルノミナラス、自ラ日本学士ト称スル者ノ、唯リ英文ニノミ通シテ国文ニ茫乎タルアラハ、真ニ文運ノ精英ヲ収ム可カラサレハナリ。但シ和漢文ノミニテハ固陋ニ失スルヲ免レサルノ憂アレハ、並ニ英文・哲学・西洋歴史ヲ兼学セシメ、以テ有用ノ人材ヲ育成セント欲ス。(7)

すなわち加藤によれば、和漢文学科を設置した理由は、第一に、目下の和漢学の凋落ぶりからして「大学ノ科目」としなければそれらを「永久維持」することが不可能であるため、第二に、「日本学士」と言うからには「英文」だけでなく「国文」にも通じなければならず、そうでなければ真の「文運ノ精英」はありえないためであった。

明治政府が「大学」を設置したのは、東京大学が初めてではない。明治政府は旧幕府の教育機関である昌平坂学問所・開成所・医学所を接収し、それぞれ昌平学校・開成学校・医学校と改め、明治二（一八六九）年にはさらにそれぞれ大学本校・大学南校・大学東校とした。大学南校では洋学が、大学東校では西洋医学が教えられ、先述の東京大学の源流（大学南校は東京開成学校、大学東校は東京医学校）へと繋がってゆく。一方で、昌平坂学問所の流れを汲む大学本校では国学と漢学が教えられたものの、国学派と漢学派の内部抗争、ひいては両学派の洋学に対する抵抗などの混乱が収拾不可能と新政府に判断され、明治三（一八七〇）年に廃止された。この意味で、東京大学と大学本校（および昌平坂学問所）との間に制度的な連続性は存在しない。

東京開成学校を含む東京大学の前身校、すなわち大学南校などの系統を汲む学校には、国学や漢学を専門的に学ぶ課程は存在しなかった(8)。それゆえ、東京大学における和漢文学科の設置は、前身校を含めた東京大学の歴史における漢学教育の嚆矢であるかのようにも見える。しかし実際には、和漢文学科設置以前において漢学および漢学者が教育から排除されていたわけではない。それどころか、漢学は専攻を問わず教育課程中の重要な一角を占めていた。

次の文章は、東京開成学校時代の明治九（一八七六）年一〇月に完成した「聴聞者大約六百余人」を誇る大講義室の使用目的を説明したものである。そこでは、講義室の用途の一つとして、生徒の「邦語」訓練のため、「課業ノ余」に「演説討論」の「肆習」をさせる旨が、次のように述べられている。

当校ノ教制タル、多ク泰西ノ諸学術ヲ講究スルニ在ルヲ以テ、是レヲ我ニ移サント欲スルニハ、勢ヒ英語ヲ以テ媒トシ、竟ニ邦文ノ力ニ藉ラサル可カラスシテ、専門ニ従事スル者ニハ、英語邦語偏廃スヘカラサルコトナルニ、奈何セン他邦ノ語ヲ以テ其学術ヲ攻修スルハ極メテ難事ナルニ因リ、我国ノ言語文章ニ至リテハ往々充分ニ研究スルニ暇アラス、以テ英語ヲ善クスル者ハ邦文ヲ善クセサルノ弊アリ［……］此等ヲ慮ルカ為メニ、既ニ国書課ノ設ケアリテ、傍ラ国典及漢籍ヲ読マシメ、邦文ヲ綴ラシムル事ナレトモ、究竟其学ヲ弁論スルニ自在ナラシムルハ演説ニ若クナキヲ以テ、即チ生徒ヲシテ、課業ノ余、互ニ演説討論ヲ肆習スルノ場ニ充ツルニ在ルナリ。(9)

東京開成学校は、現代風に言えば「オールイングリッシュ」を教育方針とする学校であり、英米人から英語で西洋の学問・知識を学ぶ場であった。しかし、上記の報告によれば、その学習の成果を翻訳して「我ニ移」す際に必要な「邦文」能力の低下が問題となっていたという。そのため「国書課」が設置され、「国典及漢籍」の講読とともに「邦文」の作文教育が行われていた。すなわち東京開成学校において、すでに教育の中に「漢籍」が導入されていたことになる。

しかし右の史料によれば、東京開成学校の教育における「漢籍」の導入は、江戸期の一般的な漢学学習や、あるいは明治初期においても大学本校が目指したような、漢学（とりわけ儒教）それ自体の持つ知識体系の獲得を目標としたものではなく、漢学はあくまでも「邦文」力向上の手段としてみなされていたことになる。とすれば、同校における「邦文」教育の展開を遡ることで、同校における漢学の位置づけもまた明らかになると思われる。

まずは、東京大学の前身校において、それら「邦文」教育や漢学に関連する人物としてどのような人々が勤めており、また彼らが実際にどのような教育を施していたのかを確かめることで、同校における漢学の位置づけを探ってみたい。

（一）翻訳校訂と漢学

漢学者と同校との関わりは、大学南校時代にまで遡ることができる。明治二（一八六九）年一二月、大学南校に繙訳局が置かれ、外国書籍の翻訳を担当したが、その翻訳文の校訂者として漢学者が雇用されていた。明治四（一八七一）年七月付の職員名簿には、「反訳校正」担当として市川渡（清流）および寺内謙三の名前が見える。[10]市川は国学・漢学を能くし、大学校の写字生を経て南校へと移った。明治四（一八七一）年九月、翻訳業務が文部省編輯寮に移管されると、市川もそこへ移り、箕作麟祥のもとで洋書の翻訳を補佐したという。[11]

明治六（一八七三）年になると、生徒の学力向上を目的とした翻訳教育が行われるようになる。当時の第一大学区第一番中学は、同年二月、「生徒ノ翻訳ヲ校正シ、其進修ヲ賛成シ、大ニ原訳ノ両学ヲ振興」するため、「反訳校訂教師」として箕作秋坪を月給一〇〇円で、また「独乙生徒反訳校正」のため、司馬盈之（凌海）を月給五〇円で雇用した。[12]箕作は英語、司馬はドイツ語に堪能であったことを鑑みると、彼らはその語学力を活かし、原文と翻訳文とを照らし合わせた上で、学生たちが英語あるいはドイツ語を適切に「邦文」へと翻訳できているかどうかを確認・指導していたものと考えられる。

一方で、同校はこれとは別に「翻訳書素読教師」を置いていた。彼らの月給は一律五円で、[13]箕作や司馬と比べれば非常に薄給であった。この「翻訳書素読教師」の中には漢学塾を開いた者もいることから、一般に漢学者と呼べるような者たちを含む、国文・漢文を能くした者たちを雇い入れていたものと思われる。[14]おそらく彼らは、かつての藩校・漢学塾において素読の指導を行っていた、句読師のような性格を持っていたのであろう。その具体的な職掌は定かではないが、「翻訳書素読」の文字から、また句読師の担っていた役割から推測するに、普段の学習でもっぱら外国語（多くは英語）を用いているため「邦文」に不慣れな生徒たちのために、漢字仮名交じりの漢文訓読体で書かれた「翻訳書」の読み方を指導したり、あるいは字句の意味などを解説していたものと思われる（明治初期、英語の原文を読めなかったであろう漢学者であっても、私塾で「翻訳書」を教材に洋学を教えていた例は少なくない）。明治初期における「翻訳書」と言えば、著名なものとしては中村正直による『西国立志編』や『自由之理』をはじめ、西洋（主に英語圏）で出版された大小の啓蒙書などの翻訳書が数多くあったが、それらはいずれも、いわゆる漢文書き下し風の文体で記述されていた。仮名交じりの日本語とはいえ、多くの漢語を含む文章は、そもそも普段の教授言語が英語であった学生たちにとっては必ずしも読みやすいものではなかったはずであり、ここに「翻訳書素読」の需要があったと考えられる。

明治六（一八七三）年一〇月、「翻訳書素読教師」たちは「反訳書講読之課」の開始を理由に全員解雇され、代わりに「講読科教員」が置かれたが[15]、その「講読科教員」たちも漢学を能くする者たちであった。翌年になると、従来は箕作・司馬らに依頼していた教育目的の「反訳校訂」も、漢学者たちが「反訳校訂幷講読教員」として担当するようになった。一二月には広瀬惟熙が[16]、さらに翌年の明治八（一八七五）年には安東徹三[17]、大島文[18]、丹羽忠道[19]、中井与一郎らが雇い入れられている[20]。この「反訳校訂」とは、具体的には半月に一度、生徒が日常利用している外国語の教科書を翻訳させた文を「和漢ノ文ヲ能クスル者」に校訂させるというものであった[21]。

明治九（一八七六）年版の『東京開成学校一覧』には、「漢学」教師として大島文および丹羽忠道の名前が見え[22]、さらに同書中の「諸学科課程」第五条には次のようにある。

> 次ノ課程中記載スル諸学科ノ外ニ、国書ヲ読ミ、邦文ヲ作ラシメ、英書ヲ翻訳セシム。且ツ法学生徒ハ、日本法律及ヒ支那法律ノ要領ヲ学修セシム[23]。

「国書ヲ読ミ、邦文ヲ作ラシメ、英書ヲ翻訳」するというこの課外授業は、別箇所では「翻訳及和漢学」と称され、毎日「午後第三時ヨリ同第五時ニ至ル一〔ママ〕時間」を割いて行うものとされた[24]。「英書ヲ翻訳セシム」との文言は、上述の「反訳校訂」の内容と合致するが、ここではさらに「国書ヲ読ミ、邦文ヲ作ラ」せるとされている。同書では、この条の後ろに直ちに予科および各本科の学年ごとの課程内容が続くから、「次ノ課程」とは同校の全課程を指していると思われる。つまり同書によれば、専攻を問わず東京開成学校の全生徒が、「国書」講読および「邦文」作文、そして「英書」翻訳とその校訂（添削）などの指導を受けていたことになる。(25)

たしかに東京開成学校において、漢学は正規の学習課程には含まれていなかった。その意味では、東京大学に正規課程として和漢文学科が設置されたことは、漢学にとって大きな転換点ではあった。しかし、それ以前から漢学者たちは「反訳校訂」等の形で教育に携わっており、生徒の「邦文」力の向上に寄与していたのであった。

（二）法律教育と漢学

同校において、漢学は法律教育とも深い関係を有していた。明治四（一八七一）年一二月、当時の南校は、文部省に対して書籍の貸与を求める書簡を送っているが、そこには『仏蘭西民法』、津田真道訳『泰西国法論』などの西洋法関係の書物と並んで、『大清律〔例〕会通集成〔新纂〕』や荻生徂徠『明律国字解』など、中国の伝統法である「律」の解説書、清代の官箴（地方官吏心得）である『福恵全書』、またおそらくはそれらを読むための『諧声品字箋』『通俗編』『玉篇』『雑字類篇』といった字書・辞典類の名前が挙げられており、(26)この頃から、洋学の翻訳・研究・教育機関である南校が、伝統法である「律」についても関心を持っていたことが分かる。

東京開成学校は本科（専門科）と予科（普通科）からなり、本科は法・化・工・物理の四学科を有していたが、法学科では英米人による英米法教育に加え、「律」の教育が行われていた。すでに引用した明治九（一八七六）年版の『東京開成学校一覧』にも「法学生徒ハ日本法律及ヒ支那法律ノ要領ヲ学修セシム」とあったが、さらに同書の「諸学科要略」中「第十　法学」には次のようにある。

昨年印刷ノ学校一覧ニ載セタル法学ノ課程ニ少シク改正ヲ加フルハ、日本古今ノ法律ト、日本法律ノ淵源タル支那法律トヲ一層学修セシメン為ナリ。而シテ是等ノ学科ハ三年間教授ニ従ヒ学修セシムルヲ定規トス。[27]

「一層」とあることから、明治九（一八七六）年以前から「日本古今ノ法律」と「支那法律」の学習が推奨されていたことが分かるが、さらに当該年度において法学本科の課程を改正することによって、その動きを加速させようとしていたことが窺える。法学本科の改正前後の課程を比較すると、次のようになる。[28]

明治七（一八七四）年

第一年

列国交際法（平時交際法）、英国法律（大意・憲法及刑法）、憲法史記、心理学及論文、拉丁語

第二年

列国交際法（戦時交際法）、英国法律（慣用法・結約法・衡平法及其主旨）、羅馬法、政学、修身学及論文、法蘭西語

第三年

列国交際法（交際私法）、英国法律（私犯法・海上法及貿易法）、羅馬法律、法国法律（那侖拿［ナポレオン］法律要旨）、比較法論、証拠法及理説

明治九（一八七六）年

第一年

不動産法、動産法、結約法、刑法、法蘭西語、国憲（該科ヲ学フト学ハサルトハ生徒ノ望ニ任ス）

第二年

証拠法、訴訟法（民事訴訟法・刑事訴訟法）、衡平法、海事訴訟法、法律討論演習、法蘭西語、羅馬法律（第一年ノ国憲ニ於ケルカ如シ）

第三年

前二年間践修スル総科目ノ復習、列国交際（列国交際公法・列国交際私法）、法律討論演習、法論、拿破侖法律要旨

明治七（一八七四）年には「拉丁語」「心理学及論文」「政学」「修身学及論文」といった法律以外の科目も必修とされていたが、明治九（一八七六）年には姿を消した。また必修であったローマ法や憲法学（「国憲」）は任意の選択科目となった。これらの、いわば教養科目の削減によって生じた余裕を利用して、「日本古今ノ法律」および「支那法律」の強化が意図されていたことが分かる。

当時「日本古今ノ法律」の授業を担当していたのは、現役司法官僚の鶴田皓であり、毎週土曜日の午後、二時間にわたり「本邦ノ律令」を講義したという(29)。鶴田は昌平坂学問所の出身であり、大学校で少助教を務めた漢学者でもあった。当時の日本刑法は、明治三（一八七〇）年制定の「新律綱領」にせよ、あるいは明治六（一八七三）年制定の「改定律令」にせよ、基本的には伝統法たる「律」を規範としたものであった。「新律綱領」および「改定律令」それ自体は漢文で書かれたものではなかったものの、先に見た「翻訳書素読」の例と同様に、読解にあたっては相応の「邦文」力が求められたはずである。特に普通科時代から英語による教育を一貫して受けてきた生徒たちには、仮に幼少期の漢学教育の蓄積があったにせよ、改めて訓練が必要であったと考えることは難しくない。東京開成学校が課外に「国典及漢籍」を読ませていた目的は、生徒全般の翻訳力および「邦文」力の向上という側面に加え、さらに法

学科の生徒について言えば、このような「律」教育への対処という側面があった。

二　草創期の東京大学における漢学の位置づけ

（一）法学部における漢学

すでに見た通り、東京大学は、その前身校においてすでに漢学を教育の中に導入してはいたものの、漢学の正規課程への編入は明治一〇（一八七七）年を待たねばならなかった。同校における漢学教育は、主として法学部と文学部において行われていた。設立当初の法学部の課程は次のようなものであった。

第一年
英吉利語（英文学・論文）、論理学、心理学（大意）、欧米史学、和文学、漢文学、法蘭西語
第二年
日本刑法沿革、日本現行法律（講義）、英吉利法律（法律大意ノ講義・不動産法・動産法・結約法・刑法）、法蘭西語
第三年
日本古代法律、日本現行法律（擬律）、英吉利法律（証拠法・衡平法・訴訟法・治罪法・私犯法）、英吉利国憲、法蘭西語
第四年
日本古代法律、日本現行法律（弁明）、支那法律要領（唐律・明律・清律）、英吉利法律（海法）、法蘭西法律要領（民法）、列国交際法（公法・私法）、法論[30]

明治初期の法学界は英法系と仏法系の二派に分かれ、前者は東京大学法学部が、後者は司法省法学校がその中心であったと言われる。すでに見た東京開成学校のカリキュラムからして英米法が教育の中核であったことは明らかであるが、この東京大学法学部の課程を見ても、同校がその性質を継承していることが分かる。しかし同時に、法学部が当初「本部ハ本邦ノ法律ヲ教フルヲ主」とすると謳っていたように[31]、伝統法の延長線上にあった当時の日本法にも、依然として注意が払われていた。すなわち、一年次の予備教育を経て、二年次には「日本刑法沿革」および「日本現行法律」が、三・四年次には「日本古代法律」「日本現行法律」「支那法律要領」が配当されていた。実際には「支那法律要領」は開講されなかったようだが[32]、「日本古代法律」および「日本現行法律」の授業時間を合計すると、英法系の総授業時間の半分以上が確保されていたことが分かる[33]。

すでに見たように、東京開成学校においても「日本法律」や「支那法律」が正課外ながら取り扱われており、明治九（一八七六）年には課程を改正してそれらを重視する動きを見せていたが、東京大学が設立されるにあたり、日本法教育がついに正規課程の中に組み入れられるに至った。同時に、全生徒に課されていた「翻訳及和漢学」は「和文学」および「漢文学」として、それぞれ独立した科目として成立するとともに、同じく正規課程の中に組み込まれたのであった。

法学部において「和文学」および「漢文学」は一年次のみに配当されていた。これは両科目が日本法教育の予備教育としての意味を持っていたためと考えられる。先述の通り、当時の現行法それ自体は漢文ではなかったが、明律・清律などといった中国の「律」はもちろん、唐律などを参考に作られた日本の律令も元来は漢文で記されたものであった。教授言語としてもっぱら英語を用い、仮に幼少期に素読の訓練などを受けていたにしても久しく漢文から遠ざかっていたはずの生徒たちに対し、現行法のみならず日中の伝統法をも参照した日本法教育を施そうとすれば、相応の訓練を行う必要があったであろうことは、すでに述べた通りである。

その後、明治一九（一八八六）年に東京大学が帝国大学へと改組され、法学部が法科大学となると、それまでのような日本法教育は消滅し、「和文学」も「漢文学」も法科大学には配当されなくなった[34]。このことは帝国大学法科大学の性格をよく示しているとも言えるが、同時に、草創期の東京大学法学部において「漢文学」と「和文学」が日本法教育と分かちがたく結びついて存在していたことをも示していよう。

（二）文学部における漢学

法学部における漢学教育が日本法教育のための予備教育としての位置づけを有していたとすれば、文学部の漢学教育はそれよりも重厚であり、その目的も単なる読解力の養成に留まらず、より広い意味での「邦文」力の形成を目指したものであった。東京大学設立当時の文学部の課程は次の通りである。なお先述の通り、当時の文学部は二学科編成であり、第一科は史学哲学及政治学科、第二科は和漢文学科であった。

第一年（第一科・第二科共通）
　英吉利語（論文）、論理学、心理学（大意）、欧米史学、和文学、漢文学、［第一科のみ］法蘭西語或日耳曼［ゲルマン］語

第二年
　第一科　和文学、漢文学、英吉利文学、哲学（欧米史学）、法蘭西語或日耳曼語
　第二科　和文学、漢文学、英吉利文学、欧米史学或哲学

第三年

第一科　和文学、漢文学、英吉利文学、哲学（道義学）、欧米史学、政治学、経済学
第二科　和文学、漢文学、英吉利文学、欧米史学或哲学
第四年
第一科　英吉利文学、欧米史学、哲学、政治学及列国交際法
第二科　和文学、漢文学、欧米史学或哲学(35)

「和文学」および「漢文学」は、法学部では一年次のみの配当であった。一方で、文学部においては第二科では四年次まで、第一科でも三年次までの配当であった。この理由を、加藤弘之が「特ニ和漢文ノ一科ヲ加フル所以」の中で述べた「自ラ日本学士ト称スル者ノ、唯リ英文ニノミ通シテ国文ニ茫乎タルアラハ、真ニ文運ノ精英ヲ収ム可カラサレハナリ」という言葉によって説明することも可能かもしれないが(36)、そのためには、「文運ノ精英」というやや曖昧な言葉の背後にあったであろう、加藤の具体的な意図について考える必要がある。

明治一二（一八七九）年、東京大学は全学的な制度改正を実施した。それにより、文学部では従来「哲学史学及政治学科」としていた第一科を「哲学政治学及理財学科」とし、また授業科目の「漢文学」を「漢文学及作文」とした（「和文学」はそのままであった）。この「漢文学及作文」への変化について、齋藤希史は「当時の公式の文章に用いられた漢字仮名まじり訓読体の文章を書くためには、いやおうなく漢文が規範とされたことを考えれば、これらの施策は漢文に対する専門的な知識の伝授にあるというよりも、一般的な文章力の増強に重点があったとすべきであろう」と述べている(37)。すでに見たように、東京開成学校以来、漢学は「反訳校訂」「国典及漢籍」の読解、また「邦文」の作文などを通じて生徒の「邦文」力向上に貢献してきた。東京大学への改組に伴い、「漢文学」は正規課程中の科目となり、さらには「（漢）作文」を加えるに至ったのであった。

これらの動きを一貫して統括していたのが、加藤弘之であった。東京開成学校の時期は無論、東京大学へと改組されてもしばらくの間、同校の基本的な性格は、外国人教師から外国語（主として英語）によって洋学を学ぶ、というものであった。このような状況について、蘭学を修め、蕃書調所教授をも務めた神田孝平は、現状の東京大学は「洋語大学校」になってしまっていると批判し、「邦語ヲ以テ教授スル大学校」建設の必要性を説いた。しかし綜理である加藤にとっても、現状は決して「本意」ではなく、神田の言うような「邦語大学校」を整備し、日本語による学術の展開を可能にすることは急務であった。そして加藤によれば、「文学部中ニ和漢文学ノ専門一科ヲ置キ、又法学部中ニ於テ和漢ノ古代法律及ヒ現行法律ヲ教授」しているのは、東京大学を「洋学大学校」から「日本〔の〕大学」へと変化させるための重要な階梯なのであった。(38) 上記の「漢文学」の強化も、この流れの中に位置づけられるであろう。

神田や加藤の言う「邦語大学校」の成立のためには、学問が「邦語」によって教育され、また議論・研究が可能となる環境の整備、すなわち学問の「邦語」化が不可欠であった。そのためには学術用語の適切な翻訳語を創出し、また学問の担い手となるべき生徒たちに、学術的な議論を可能とするような「邦文」を習得させる必要があった。

学問の「邦語」化について、一日の長があったのは法学である。法学は東京開成学校の時代から、あるいは司法省法学校などにおいても本格的な海外からの受容の経験があった。もっとも両校はあくまで外国語によって外国法を教えたのであるが、そこで（あるいは海外で直接）教えを受けた若き法学者たちが、程なく日本語により西洋法教育を行う私立学校（いわゆる五大法律学校など）を設立するだけの素地ができつつあった。しかし、哲学をはじめとする文学部が当初包摂した諸学問は、「邦語ヲ以テ教授」する段階には依然として距離があった。文学部における漢学および漢作文は、諸学問を「邦語」化するだけの言語能力を「日本学士」の候補者たちに身につけさせるために必要な手段であると考えられ、そうであればこそ、和漢学を専門としない第一科においても三年次まで「和文学」と「漢文学」が配当されたのではないだろうか。事実、『哲学字彙』を編纂して哲学の「邦語」化の基礎を固めた有賀長雄と井上哲次郎は、いずれも文学部第一科の出身であった。また、日本語による本格的な哲学教育を行った初の私立学校である哲学館は、明治二〇（一八八七）年、同じく文学部第一科の卒業生である井上円了によって設立された。

（三）知的訓練としての漢学

右のような事情に加えて、当時の漢学の位置づけについて指摘しておかねばならないのは、漢学教育に、より一般的な知的訓練の機能が期待されていたということである。(39)

昌平坂学問所教授を務め、維新後は明六社にも参画した中村正直（敬宇）は、東京大学設立の初年度から「漢文学」を担当したが、彼は洋学を学習するにしても、その基礎として漢学の素養が必要であると論じていた。たとえば明治一六（一八八三）年、東京大学に古典講習科が設立された際に述べた文章では、「漢学ノ素無キ者ハ〔……〕西洋ニ留学シ、帰国スルノ後ト雖モ、頭角ノ嶄然タルヲ露ハサズ」と述べ、現在「有用ノ人物」とされているのは皆「漢学ヲ裡ニシテ洋学ヲ表ニスル者」であるとする。(40) また、明治二〇（一八八七）年の講演「漢学不可廃論」においては「漢学ニ長ジ、詩文ヲモ能クスル者ハ、英学ニ於テモ亦非常ニ長進シ、英文ヲ能シ、同儕ヲ圧倒セリ」と、「英学」学習の基礎としての漢学の効用を説いている。(41) 町泉寿郎は、このように「洋学を学ぶ階梯」としての機能を期待されていた当時の漢学を「基礎学としての「漢学」」と位置づけ、(42) それは「論理的分析的な思考力や漢字漢語の語彙力を身につける」上で効果があったとする。(43) 東京大学としての初年度を迎えるにあたり、医学部以外の法・理・文の三学部を束ねる綜理であった加藤弘之は、御雇外国人として明治日本の教育制度整備に貢献した米国人、ダビッド・モルレー（David Murray デイビッド・マレー）および「内外諸教授」から「意見ヲ聴キ彼是参考斟酌」した上で「学科分立ノ草案」を打ち出したという。(44) 洋学学習の基礎としての漢学という中村の意見がそこにどれほど反映されたかは不明であるが、少なくとも、当時の同校における漢学教育の中心的存在であった中村が、上記のような漢学観を持っていたことは確かである。

三　草創期の東京大学における漢学講師の人選

「翻訳書素読」あるいは「反訳校訂」の枠を越えた、本格的な漢学教育のための講師の雇い入れは、東京大学の設立後から始まった。その講師陣は、明治一〇（一八七七）年には中村正直、岡本監輔《けんすけ》（韋庵）、信夫粲（恕軒）、翌年には三島毅《き》（中洲）、その翌年には島田重礼と、段階的に増加していった。以下では、これらの人選が概ね先述のような漢学の位置づけに沿うものであったことを確認したい。

中村は、昌平黌教授としての漢学の知識と、幕府遣英留学生団の監督として渡英し磨きをかけた英語の知識の双方を活かし、著名な『西国立志編』（Samuel Smiles, *Self Help*, 1859）、『自由之理』（John Stuart Mill, *On Liberty*, 1859）のほかにも、米国連邦政府制度の解説書（Ransom Hooker Gillet, *The Federal Government*, 1871）を明治一〇（一八七七）年に『共和政治』として翻訳し、その翌年には、英国司法制度および法律実務に関する大著である *The Cabinet Lawyer: A Popular Digest of the Laws of England*（Twenty-Second Edition, 1866）の一部を『英国律法要訣』として分担翻訳している。漢語の知識を活用した英書の翻訳経験はまさに文学部に必要な所であった。また、中村は実際には法学部の授業を担当することはなかったものの、翻訳経験を通じて英米の政治・司法制度に関する知識を有していたことも考慮されるべきであろう。

岡本は樺太探検という特殊な経歴を持つ人物であるが、彼が明治一〇（一八七七）年四月からおよそ一年にわたって発刊した雑誌『東洋新報』は漢文で書かれ、そこには「日本の国情を同文の諸国に知らしめようとする目的」があったという。[45] 齋藤希史の表現を借りれば「漢文を古典語としてではなく東西の事象に用いるべき書記言語と捉え」ていた岡本の姿勢[46]、そしてそれを支えた漢文力は、英語を媒介として得た西洋の学術知識を、漢文を規範とした書記言語としての「邦語」によって表現することが求められていた当時の状況に相応しいものであった。ただし、岡本は明治一〇（一八七七）年一〇月に「教導嘱託」として雇い入れられたものの、同年一二月には「国書科作文校正」へと転任、翌年二月にはそれも依願退職したため、実質的な活動期間は短かった[47]。

信夫は「講義幷作文校正等嘱託」として、岡本と同年同月に雇い入れられた[48]。彼が明治一六（一八八三）年に編纂した『漢訳文則』は、和文とその漢訳を対訳形式で収録した漢作文参考書である。岡本と同じく漢作文の専門家であった信夫は、東京大学がそれまでの「反訳校訂」と「講読」を中心とした「邦文」教育から、漢作文を含んだ本格的な漢学教育へと進むにあたって必要な存在であったと言えよう。また、東京大学を退いた後ではあるが、信夫が明治二五（一八九二）年に刊行した『恕軒漫筆』の冒頭には、洋学を学ぶにしても漢学の基礎がなければ「邦語交リノ文」を書くこともできず、「原書ヲ翻訳」するにも「文辞拙劣ニシテソノ義モ貫徹」しないと力説するとともに、中村正直の言葉として「漢学ノ力有テ洋学ヲスレバ、五年ニテ学ベキ者ハ三年、三年ニテ学ベキ者ハ一年ニテ学ビ得ラル」と述べている[49]。これは、信夫が中村と同様の視点で、洋学学習の基礎としての漢学の意義を理解していたことを示している。

三島は明治一一（一八七八）年二月に「漢学教導」として雇い入れられた[50]。彼は二松学舎の創立者としても知られるが、それ以前には明治六（一八七三）年から明治一〇（一八七七）年にかけて判事を務めており、大審院に出仕した経験もある。三島自身が東京大学で律令を講じたわけではないが、「律」を基礎とした当時の現行法を実地において取り扱った経験は、日本法教育の基礎として漢学が位置づけられていた東京大学に相応しいものであった。加えて町泉寿郎が指摘しているように、東京大学法学部および文学部ならびに二松学舎においても、「漢文講読（漢文学）と漢作文による漢学の目的は、論理的分析的な思考力や漢字漢語の語彙力を伴う作文能力の養成にあった」のであり[51]、三島自身もその位置づけを理解していた。

これらの講師陣にやや遅れ、明治一二（一八七九）年九月に「漢学教導」として雇い入れられたのが、後の帝国大学時代において漢学および「支那哲学」教育の中心となった島田重礼であった[52]。島田も律令・漢作文教育の経験を有しており、明治三（一八七〇）年に開設した私塾・双桂精舎では、経書と史書に加え、唐律、明律、延喜式、類聚三代格など、日中の伝統法を講じていた[53]。

このように、東京大学への改組にあたって本格的な漢学教育が始まるとともに、それを担う講師陣も充実を見たのであるが、その人選もまた、同校における先述のような漢学の位置づけを反映したものであった。

四　草創期の東京大学における漢学教育の実態

草創期の東京大学における教育の実態は、毎年度文部省への報告用に編纂されていた『年報』およびその中の授業報告である「申報」に詳しい。漢学講師陣の「申報」が記録されているのは明治一三（一八八〇）年からである。以下では「申報」を追いながら、その教育の実態を検討したい。

（一）「文辞」「文法」重視の教育

すでに述べたように、明治一二（一八七九）年に「漢文学」は「漢文学及作文」となり、そこには漢学の訓練を通じて、当時公用文体として用いられていた「邦文」すなわち漢字仮名交じり文を書く力を強化し、また学術の「邦語」化に必要な漢語知識を増加させるという意図が存在した。その際に特に重点が置かれたのは「文辞」と「文法」であった。

たとえば中村は、明治一三（一八八〇）年から翌年にかけて、文学部第一科、つまり（第二科の和漢文学科ではなく）哲学や政治学などを専攻する学科の三年生を担当した際、[54]テキストには『史記』を用いたが、その指導方針は「文辞ニ通スルヲ以テ目的ト為シ、史冊事迹上ヲ以テ主トナササルナリ」というものであり、「必シモコノ巻帙重大ナル史記ヲ全読スルニ汲々タラスシテ可ナリ」という配慮から、『史記』中の「尤モ有用ナル本紀・世家・列伝ヲ預メ摘定シ」て授業に用いたという。[55]『史記』を読むことそれ自体よりも、むしろ『史記』を通じて「文辞ニ通スル」、すなわち漢文力の向上を図ることが重視されていたことが分かる。また同年度、中村は『大清文典』を用いることもあった。同書は、清国で同治八（一八六九）年に出版された『文学書官話』に、金谷昭が訓点を施して明治一〇（一八七七）年に出版したものである。同書は中国語で書かれた最初の中国語口語文法書とされるが、[56]金谷がその「例言」において「此ノ法ニ従テ百般文章ヲ分解・論釈スレハ、修辞《レトリック》論理《ロジック》之道、亦以テ立ツ可キ也、其文学ニ益アル豈浅尠ナランヤ」と述べているように、[57]それは文章読解のための「文典」としても用いられた。中村は、当時最新の文法書をも活用して学生の漢文力の向上に努めていた。

三島は、明治一三（一八八〇）年から翌年にかけて文学部第二科、つまり和漢文学科の四年生に『中庸』『老子』『唐宋八大家文』を、第一科二年生には『唐宋八大家文』のみを教えた。『唐宋八大家文』の教授方法は「学生ヲシテ一応音訓ヲ読マシメ、字句間疑義ノ質問ヲ答弁シ、然ル後一遍毎ニ主意段落等ヲ指示シ、文法ヲ論シ、専ラ作文ノ為」にしたものであった。漢作文としては、第二科生には「一ヶ月ニ文章二編詩四五首宛宿題ヲ出シ作ラシメ」、第一科生には「文章」を「一月一篇」課した。特に漢学を専門としない第一科生は「他ノ課業モ多ク、且ツ是迄漢籍ノ力乏キニ因リ、文ニ翻訳語・新聞紙語・俗語等ヲ混用シ、又転倒錯置多ク、真ノ漢文ヲ成スモノ少シ」という状況であったが、三島は根気強く「其運筆達者ニ、翻訳語・新聞紙語・邦語等ノ弁ヲ知リ、転倒錯置ヲ悟リ、真漢文ニ入ラシムル事ヲ主トシテ教導」したと言い、教師・学生ともにその苦労が窺える。[58]また明治一四（一八八一）年から翌年にかけては、文学部生向けの課外授業として『韓非子』を講じたが、そこには「韓非ノ学術、孔孟ノ旨ニ異ナル所以ヲ弁析シ、其長ヲ取リ短ヲ舎テ」させるとともに、やはり「文法ヲ説キ作文ノ軌範ヲ示」すという意図もあった(59)。

このような「文章」に主眼を置いた漢学の教育方針は、同時期に設立された私学においても共通していた。明治一四年の政変で政府を追われた大隈重信らが、当時新進気鋭の東京大学出身者らを集めて明治一五（一八八二）年に設立した東京専門学校は、当初は政治学科・法律学科・理学科・英学科の四学科からなり、文学・史学系の学科を擁していたわけではなかったが（文学科の設立は明治二三〔一八九〇〕年である）、漢学講師として谷清瀬、前橋孝義、秋元兼思の三名が雇い入れられ、政治学科・法律学科の一年次および政治学科の二年次には「和漢文学」の授業が配当されていた。使用テキストは、一年次が『文章軌範』と『孟子』であり、政治学科二年次が『戦国策』であったという。講師の一人である前橋は、明治一五（一八八二）年度の授業記録として次のような報告を残している。

余ハ前学年ニ於テ本校一年生ニ授クルニ和漢学科ヲ以テセリ。毎周三時ノ業、学生皆大ニ勉メ績大ニ揚ル。茲ニ其報告ヲ為ス左ノ如シ。

余ノ和漢学ヲ授クルヤ、先ツ文章軌範ヲ以テセリ。而シテ之ヲ講スルヤ主トシテ文法段落ヲ説ク。蓋シ謂ラク本校ノ漢籍ニ待ツハ其道理ニ在ラスシテ其文章ニ在ラント。於是乎字法、句法ヨリ以テ章法、篇法ニ及ヒ、起伏、照応、擒縦、波瀾、抑揚、頓挫ニ至ルマテ尽ク糸分シテ之ヲ節解セリ。

文章軌範既ニ終ル、故ニ孟子ヲ以テ之ニ継ク。方ニ本年三月ナリ。又主トシテ文法段落ヲ説キ、旁ラ儒学ノ義理ヲ講明ス。然レトモ其方法タルヤ前ト大同小異ナレハ今之レヲ略ス(60)。

先述の東京大学講師陣と同様に、漢学を教授することの主目的が「主トシテ文法段落ヲ説」くことにあり、たとえ

『孟子』という経書を扱うにせよ、「儒学ノ義理」は脇役に留め、あくまでも「文法段落」に主眼が置かれていることを確認できる。

当時の政府は、この東京専門学校を念頭に置きつつ、東京大学の教官たちに私学への出講を禁じ、また加藤弘之やフェノロサは卒業式の送辞の中で東京専門学校創設に関与した卒業生を批判していた。一方で、東京大学法学部で英米法を教授したテリー（Henry Taylor Terry）などのように東京専門学校に協力的であった人物もおり、また同校初期の学科構成やカリキュラム編成において参考とされたのは、創設者たちの多くの母校であった東京大学のそれであった[61]。そして、専門学を学習するための基礎としての漢学という位置づけや、「文法」を中心とした教授方法も、東京大学から東京専門学校へと継承されたのであった。

（二）「要旨」重視の教育——島田重礼

先述のような、漢作文を念頭に置いた「文辞」「文法」重視の教育に留まらない姿勢を見せていたのが、島田重礼である。島田は、漢学を専門としない生徒たちに対する授業では、漢籍を単に漢文法習得と漢作文のための道具とみなすよりも、漢籍の内容、特にその「要旨」を理解させることを目指した。島田が明治一三（一八八〇）年から翌年にかけて文学部第一科四年生を担当した際には、テキストとして『詩経』および『尚書』を用いたが、「全部ヲ卒業スルコト能ハスト雖モ、其大義要旨ニ至テハ大抵之ヲ領解」させたと報告している[62]。また、その翌年度に第一科の三年生を担当した際には『孟子』を用いたが、そこでは島田は「其要緊ノ処ヲ択」び、「其大旨ヲ了得」させることを目標とした[63]。その同年度、文学部の二年生に対しては、週一時間を割いて「伊藤長胤〔東涯〕ノ古今学変ニ拠リ、古今学術ノ異同ヲ講述シ、粗其源委ヲ知ラシメ」ている[64]。伊藤仁斎の長男・伊藤東涯によって執筆され、唐虞三代から王陽明に至る儒学史を簡潔に整理しつつ、父・仁斎の立場から適宜批判を加えた『古今学変』は、漢文で記述されてはいるものの、島田はそれを「文法」や「作文」のためではなく、「古今学術ノ異同」の説明のために利用している。また、明治一六（一八八三）年から翌年にかけて哲学科四年生に『荘子』を講義した際、島田は「必シモ文章字句ニ拘泥」せずに「本書ノ要旨ヲ挙ケ、一々之ヲ講明シ」たが、その理由は「此級主トスル所、其大意ヲ得ルニ在ル」所以であった[65]。「文辞ニ通スルヲ以テ目的ト為シ」た中村、また「文法」「作文」を強く意識していた三島との違いに着目したい。

「文辞」よりも「大義要旨」を重視し、学術史を視野に含めた授業を展開する島田の姿勢は、和漢文学科以外、すなわち哲学や政治学などを専攻する学生たちに対しては「文辞」「文法」「作文」を重視していた中村や三島のそれとは一線を画しており、東京開成学校以来の「邦文」力向上のための手段としての漢学教育という枠を越えたものであった。

五　漢学の転換

（一）加藤弘之の「卑見」

伝統的な漢学教育においては、「素読」「講釈」「会読」などといった教授形態の差はあれ、基本的には特定のテキストを教科書に定め、それを読み、理解し、議論することに主眼が置かれていた。上記の中村・三島・島田も、特定のテキストの講読を基本とする授業形態を踏襲していた点では共通していた。

特定のテキストに習熟することや、あるいは単に「文辞」「文法」に熟達することが目的であれば、そのような方法を踏襲しても問題はない。しかし大学の一つの科目として、漢学および「支那哲学」の全体像を限られた時間の中で示そうとすれば、必然的に複数のテキストを横断する必要があり、その場合には右のような方法では不都合であった。[66]「邦文」力の強化や学術用語の整備といった、それまで漢学に期待されていた目標が徐々に達成され、あるいは「邦文」力養成を主眼とした漢学教育の主な現場が大学から大学予備門などの中等教育機関へと移り、従来の漢学のあり方および漢学の大学における存在意義について疑問の目が向けられるようになるにつれて、この不都合さは顕在化していったと思われる。

このような状況の中で、漢学に対して、授業方法に留まらず学問としてのあり方の変革を迫ったのが、当時法理文三学部綜理を務めていた加藤弘之であった。加藤は明治一八（一八八五）年二月一二日、文学部の教員を集め、「学問ト云フコトニ就キ卑見ヲ述テ諸先生ニ質ス」と題した演説を行い、同年五月にはその「大意筆記」が、当時東京大学の発行していた学術雑誌『学芸志林』に掲載された。

この演説は、題名の通り加藤の「学問」観を述べたものではあるが、その真の目的は、加藤の日記によれば、「和漢教員ノ学問ト云フヲ知ラサル故戒ムル」所にあった。[67] 加藤にとって、現今の東京大学における「和漢」学のあり方は、到底「学問」と呼べるような状態ではなかったのである。

加藤の「学問」観は、およそ次の通りである。すなわち「学問」とは「天地間事物ノ真理ヲ究明スル」ものであり、「時代ト場所トニ応シテ変スルモノ」ではない。「学問」とはあくまでも「真理」に向かう普遍的な営みであるべきであり、その分類は国・漢・洋といった「国土ノ別」によるのではなく、「修ムル事理ノ目的ニ応シテ立」てられるべきである。[68] 自然科学を中心とする「物体学科」であれ、あるいは哲学・道徳学・史学などの「心性学科」であれ、「学問」たるもの確固とした方法論が必要である。その方法論とは「実験《エキスペリメンタル》」「索蹟《ヒストリカル》」「比較《コンパレチーブ》」の三つであり、「心性学科」においては特に「索蹟」と「比較」が重視される。しかし、現状の漢学（および国学）においては、この方法論が徹底されているとは言えない。[69] 特に漢学者は、往々にして「支那唐虞三代ノ事ヲ講説スルヲ以テ足レリ」として、後世の学者たちを軽視する傾向があり、また「支那古学ノミヲ守」って「外国ノ事物ト比較」することがなく、

「真ノ学問」からは程遠い存在になってしまっているという。[70] 加藤は、「洋学者」が「日本支那ノ事実ヲ度外視」することをも戒めてはいるが、[71] この演説全体の主眼は、漢学および国学に対し、加藤の考える近代的方法論を備えた「真ノ学問」へと転換することを求めている点にあった。

演説の最後で、加藤は「東京大学文学部法学部中、支那哲学、印度哲学、又ハ日本古今法制、或ハ日本古代法律等ノ科ヲ負担セル教員諸君ニ望ム所アリ」として、授業方法の改善を提案している。加藤によれば、「和漢」学は従来「専ラ教科書即書物上ニテ学生ヲ教授」してきたが、そこには「文字訓詁ニ時ヲ費ヤシ、力ヲ労スルコト多クシテ、却テ事理事由ヲ綜約概括シテ、完備ニ教フルコト能ハサルノ弊」があり、そのため「幾多ノ書ヲ教ヘタル上ニ非サレハ、学生ヲシテ其目ニ通セシムル」ことができないという問題点があった。「文字訓詁」へのこだわりは、ここまで本章で捉えてきたような東京開成学校以来の漢学のあり方からすれば、むしろその目的に適っていたものであったと言えるが、この演説で加藤は、「和漢」学がそのような段階から「真ノ学問」へと脱皮することを求めたのであった。[72]

明治一五（一八八二）年、東京大学において「支那哲学」と「印度哲学」および両者の総称としての「東洋哲学」が授業科目名として登場し、[73]「西洋」「支那」「印度」の三つの「哲学」が、形式上ではあれ鼎立するに至った。これについて林淳は、当時「キリスト教の社会的な影響力拡大にたいする危機意識」を背景としつつ、「政府が主管する大学で、宗教が研究されることへの懸念」があり、「仏教」および「儒教」が「大学制度内で研究されうる対象」であること、すなわち「宗教」ではなく「哲学」であることを示す必要があったとしている。[74] たしかに「仏教」については、それを「哲学」化し、大学の制度内に組み込む上での課題として「宗教」性の排除という問題が存在したであろう。上記の演説の中で、加藤も仏教とキリスト教を対比させ、仏教はキリスト教のような「教法」ではなく、「学問即哲学」である旨を主張している。[75] 一方で林の言う「儒教」（ただし加藤は、儒教に限定されない「漢学」を意識していたであろう）について言えば、先に検討した当時の教育内容、また上記の演説を併せて考えるならば、その課題は「宗教」性の排除と言うよりも、やはり「文字訓詁」からの脱却であったと言うべきである。

加藤にとって、仏教も漢学もともに「哲学」と称するに相応しい「真ノ学問」となることが期待されていたのだが、特に漢学に対しては、従来の講師陣たちが、その期待に応えていないという思いが強かったと思われる。最終的に、加藤は特に漢学の教員たちに次のような具体的な授業方法の提案を行うに至った。

爾後諸先生中、設ヘハ道徳学ノ科ヲ担当セル人ハ専ラ教科書ヲ用フルコトヲ廃シ、其科目ヲ忠孝仁義トカ、又ハ五倫五常ト云フ如クニ立テテ、忠孝仁義ノ事ハ孔孟ノ説ハ勿論、其他諸子百家ノ見解マテモ能ク考索シ、之ヲ一括シテ教授シ、又五倫五常ノ如キモ同様ニ諸説ヲ集メテ定義ヲ釈センヲ要ス。又哲学ニ於テハ善悪邪正トカ、心理学ニテハ喜怒哀楽若クハ好悪愛憎トカ云フ如ク科目ヲ立テ、支那ノ所有《アラユル》諸説ヲ湊合一括シテ教授セラレンコトヲ望ム[76]。

このような加藤の要求に直接応じられるような「教科書」は、従来の漢学には存在しなかった。当時、諸子百家を概説したテキストは、宋濂『諸子弁』や荻生徂徠『経子史要覧』など、全く存在しなかったわけではない。また、島田が授業で用いた伊藤東涯の『古今学変』は、先述の通りあくまでも東涯の父・伊藤仁斎の立場を踏襲して書かれたものではあるが、「道」「仁」「礼」等の重要概念の変遷に目を配りながら儒学史を概説的に論じたものであった[77]。しかし、島田をはじめとする当時の講師陣は、それら「支那ノ所有《アラユル》諸説」を、加藤の期待に応えるような形で、一つの授業の中で「湊合一括シテ教授」しうる状態には至っていなかった。

一方で、右の加藤の要求に見事に適うような「支那哲学」の授業を、加藤の演説に先立って行っていた人物がいた。それが井上哲次郎である。

（二）井上哲次郎の「東洋哲学史」講義

井上は明治一三（一八八〇）年に東京大学文学部を第一期生として卒業後、加藤の勧めにより、初め文部省編輯局、次いで東京大学編輯所において『東洋哲学史』の編纂に従事していたが、その「原稿が大分出来」た後[78]、文学部において「東洋哲学史」の講義を行った。井上が作成した『東洋哲学史』の「原稿」は未だ発見されていないが、その講義を記録したノートは現存する。記録者は、文学部選科生であった高嶺三吉である[79]。以下、その資料に基づいて井上の講義内容を追ってみたい。

井上はまず「性論」という項目を立て、孟子以前の性論、孟子の性論、孟子以後の荀子・董仲舒・劉向・揚雄・韓愈・李翶・蘇軾・胡宏・二程・朱熹などの性論を紹介し、また「道」を切り口にしつつ、儒家と道家の比較を行っている。

次いで井上は、「支那哲学総論」において「支那哲学」全体を「五期」に分ける。井上によれば、第一期は「伏犠」から「東周」までの「発達の世」である。第二期は「東周」から「秦」までの「思弁の世」。第三期は「漢」から「唐・五代」までの「継述の世」。第四期は「宋」から「明」までの「調停の世」。第五期は「清」以降であり「考拠の世」である。時期区分を設けた哲学史を構築しようとしている点で、西洋哲学史の影響を強く受けているとも言えるが、これは加藤が演説の中で述べた方法論のうち「索蹟」に相当しよう。

また、井上は各期について代表的な学者の名前を挙げて整理するが、最も力を入れているのは、諸子百家を含む第二期の解説である。そこでは、諸子の学説を西洋の哲学者と比較してみせ、たとえば『荘子』の「知止其所不知、至矣」はスペンサーの「不可知論」に近いものがあるとしたり、『孟子』の「居移気、養移体」をバックル『英国文明史』の「風土感化論」と比較したり、また『易経』の「天地絪縕、万物化醇」を、まさにその「化醇」の語を当てたダーウィンの「化醇論」（進化論）と比較したりと、枚挙に遑がない。

「支那哲学総論」の後には、「儒家」と題して孔子・孟子・荀子・揚雄を解説した部分が続くが、そこでも西洋哲学との比較が多く行われる。なかには牽強付会と思われるものも多々あるが、「漢学」あるいは「洋学」という枠の中に留まらず、東西の思想を縦横無尽に「比較」して共通性を見出そうとする井上の態度こそ、当時の加藤が「真ノ学問」に求めていたものであった。

先述の通り、井上に『東洋哲学史』の編纂を勧めたのは加藤であり、また文部省に肌の合わない井上を大学に引き戻したのも加藤であった[80]。同時期の両者の交流については、『加藤弘之日記』や『巽軒日記』にも詳細な記述は見えず、定かではない。しかし、仮に井上が、『東洋哲学史』の講義に相当する部分が成った際、上司である加藤にその原稿を見せていたとするならば、先述の加藤の「卑見」は、自らが編纂を勧めた井上の『東洋哲学史』に触発されたものであったと考えることも可能になるだろう。

（三）島田重礼の「支那哲学」講義

加藤の「卑見」を受け、その翌年度、すなわち明治一八（一八八五）年九月から、島田重礼は哲学科向けの「支那哲学」の授業において、特定の教科書を用いない「口授」形式の授業を開始した。島田は、当該年度の授業について次のような報告を残している。

> 哲学三年生ニハ、本年ヨリ書籍ヲ用ヰスシテ、専ラ口授ヲ以テセリ。先ツ道徳仁義等ノ名義ヲ挙テ一々経史ニ徴シ、旁ラ漢魏以来諸儒ノ説ヲ采リ、委曲之ヲ弁明シ、畢テ後堯舜周孔ヨリ孔門諸弟子学派ノ源流、幷ニ周末諸子学術ノ異同ヲ演述セリ。其方先ツ各人ノ履歴ヲ略挙シ、次ニ学術ノ大意ヲ説キ、或ハ書中ノ語ヲ摘テ之ヲ黒板ニ

書シ、人々ヲシテ其要旨ノ在ル所ヲ知ラシメタリ。(81)

加藤の要求に沿うような「教科書」が存在しない以上、授業形態は「口授」の形式を取らざるを得なかったが、島田は特定のテキストに依拠せず、「道徳仁義」などの概念中心の解説、「漢魏以来」の広い時間軸を取った「諸儒」の紹介、また儒家のみならず「周末諸子学術」までを含めた、広い視野を持った授業を展開した。また、翌年度は次のように報告している。

哲学科第三年生ニハ、前年ヨリ引続キタル支那哲学ノ大意ヲ口授セリ。先ヅ周末諸子ヨリ、両漢学術ノ概略、并ニ魏晋南北朝隋唐ヲ経テ明清ニ至ルマデ、諸儒学流ノ源委異同ヲ弁明ス。二十年六月課程ヲ完了セリ。〔……〕哲学科第一年生ハ、荀子中ノ肝要ナル篇ヲ択テ之ヲ講授シ、又三代以来道徳性命ノ大意并ニ宋儒学術ノ異同ヲ弁析シ、漸次元明清諸家ノ大概ヲ口授セリ。(82)

この年度の「第三年生」向けの授業については、先述の高嶺によるノートが残されている。島田は、井上のように西洋の哲学との比較を行うことはできなかったが、高嶺のノートからは、島田が諸子百家にまで広く目を配ると同時に、漢・唐・宋の儒者たちについても、丁寧かつ要点を押さえた解説を試みていることが見て取れる（ただし「明清諸家」の部分については、すでに高嶺が病欠状態に入っていたためか記録されていない）。

加藤は先述の演説を締め括るにあたって「以上縷陳スル所ハ卑見ニ於テ自ラ信シテ疑ハサル所ナリト雖モ、其果シテ当ルヤ否ヤハ一ニ諸君ノ選択取捨ニ任ス」と、あくまでも自身の考え方を受け入れるかは本人次第であるとしたが、(83)加藤の要求を受け入れたのは、東京大学の漢学講師陣の中では島田ただ一人であった。そしておそらくそのことは、明治一九（一八八六）年の帝国大学への改組の際に、中村・三島・信夫といった従来の講師陣が大幅に整理される一方で、島田が新設の漢文学科の主任教授となったことと無関係ではない(84)。島田はその後、明治三一（一八九八）年に教授在職のまま急逝するまで、帝国大学における漢学および「支那哲学」の中心的存在となった。

おわりに

本章では、東京開成学校と東京大学を主な舞台として、そこで漢学に期待された役割およびその変化を追った。東京大学の前身校において、漢学者は生徒の作成した翻訳文を校訂すること、あるいはさらに「国典及漢籍」を読ませ、「邦文」を作文させることなどを通じて「邦文」能力の形成に貢献した。またそれは、特に法学を学ぶ生徒たちに対しては、依然として「律」を基礎としていた当時の日本法教育の準備としても機能した。そのような漢学が担った役割は、東京大学へと改組された後も基本的には変化せず、講師の人選もその方針に沿って進められていった。しかし、やがて綜理の加藤弘之は漢学のあり方の大幅な転換を迫った。

「洋学全盛」と言われた明治初期ではあるが、「洋学大学校」と揶揄された東京大学およびその前身校においてさえ、教育現場において漢学は決して排除されておらず、むしろその「洋学」受容に必要不可欠な過程である翻訳に資するため、ひいては学問を日本語によって行うことを可能にするために漢学が必要とされ、その需要を満たすような教育が行われていた。

明治一二（一八七九）年の「教学聖旨」以降、小・中学校および師範学校において儒教倫理を中核とした修身教育が重視され、その中で漢学が一種の「復興」を経験したこと、あるいはそれ以前にすでに漢学の再評価を含む復古的潮流があったことは確かであり、東京大学における和漢文学科の設立と漢学（および和文学）教育の強化が、その文脈から全く離れたものであるとは言いがたいであろう。しかし、本章で検討したように、修身教育とはおよそ異なる理由による漢学教育の需要が明治初期に存在したことも確かである。そして、そのような漢学のあり方は、復古主義的な流れに乗ってというよりも、むしろ漢学の近代化を求める声により変革を迫られていった。

続く第二章と第三章では、この漢学の近代化の過程において発生した様々な学術的模索を検討してゆく。本章で紹介した井上哲次郎は、草創期の東京大学においていち早く概説的に「支那哲学」を講じた人物の一人であったが、井上はのちに「支那哲学」の中核たる儒学を基礎とした「日本哲学」を提唱し、世界に向けて発信を試みるようになる。このことが第二章において論じられる。また、すでに何度も名前の挙がっている島田重礼は、先述の通り明治一九（一八八六）年以降の帝国大学時代は同校において漢学および「支那哲学」教育の中核的役割を占めるようになるが、その学風は若い世代には旧態依然として映り、種々の漢学改革論が帝国大学を舞台に巻き起こった。このことが第三章において論じられる。

第四章以降で明らかになるように、東京帝国大学（および京都帝国大学）における漢学および「支那哲学」は、結局は島田流の考証的な学風が継承されてゆくことになる。しかしその過程は決して無風なものではなく、周辺領域における学問的な模索があり、あるいは内外からの変革要求があった。第二章・第三章で検討されるそれらの過程を踏まえて第四章以降の歴史を見ることで、日本の近代化という大きな流れの中における漢学および「支那哲学」という学問分野の立ち位置とその変化の過程がより明瞭に把握されるであろう。

（1）本章では、明治一〇（一八七七）年の創立より、明治一九（一八八六）年に「帝国大学」へと改組されるまでの時期を、東京大学の「草創期」とする。なお、東京大学（医学部を除く）の前身校の名称は、明治元年に新政府が開成所を接収して以降、以下のように変遷した。
明治元（一八六八）年九月　―明治二（一八六九）年一二月　開成学校

明治二（一八六九）年一二月―明治四（一八七一）年七月　大学南校
明治四（一八七一）年七月　―明治五（一八七二）年八月　南校
明治五（一八七二）年八月　―明治六（一八七三）年四月　第一大学区第一番中学
明治六（一八七三）年四月　―明治七（一八七四）年五月　開成学校
明治七（一八七四）年五月　―明治一〇（一八七七）年四月　東京開成学校

（2）戸川芳郎「漢学シナ学の沿革とその問題点――近代アカデミズムの成立と中国研究の〝系譜〟（二）」理想社『理想』第三九七号、一九六六年、一四頁。
（3）蔵原三雪「洋学学習と漢学教養――幕末維新期の学問動向のなかで」幕末維新期漢学塾研究会編『幕末維新期漢学塾の研究』渓水社、二〇〇三年、七七頁。
（4）品田悦一・齋藤希史『「国書」の起源――近代日本の古典編成』新曜社、二〇一九年。
（5）町泉寿郎「幕末明治期における学術・教学の形成と漢学」二松学舎大学東アジア学術総合研究所日本漢文教育研究推進室『日本漢文学研究』第一一号、二〇一六年、一四七頁。
（6）戸川芳郎は、この和漢文学科の設置を「洋式学制と洋学一尊の開成学校の延長にあって、それら洋学者の主導のもとに行われたものであって、「かつての皇学漢学の体制教学的乃至は神学的なものとおのずから性格を異にする」と述べるものの、一方でそれは「西欧近代の功利主義乃至は共和思想等の滲透への不安」に起因した「政府大学当局」による「封建教学の復活とその「近代」的粉飾を図らしめる一連の施策となって現れたその一端」であると位置づけた（戸川芳郎「明治初期の大学制度といわゆる「漢学」――近代アカデミズムの成立と中国研究（序章）」東京大学教養学部日本近代化研究会編『日本近代化とその国際的環境』東京大学教養学部日本近代化研究会、一九六五年、一二九頁）。
　また坂出祥伸も、和漢文学科の設置は「明治初期の国文学・漢文学の凋落、洋学の盛行という時代風潮に対する、国粋主義的な反撥心から」意図されたものであるとする（坂出祥伸『東西シノロジー事情』東方書店、一九九四年、一二〇頁）。
（7）東京帝国大学編『東京帝国大学五十年史　上』東京帝国大学、一九三二年、四七三頁。
（8）明治九（一八七六）年時点の東京開成学校のカリキュラムを概観すると、次のようになる（東京大学百年史編集委員会編『東京大学百年史　通史　一』東京大学、一九八四年、三〇八―三一〇頁）。
　普通科（予科／三年）では、英語学（文法・作文・文学・論理学など）、数学（代数・幾何・三角法）、史学（西洋史）、地理学、物理学、化学、博物誌（生理学・動物学・植物学・地質学など）、画学、経済学、理学（ここでは心理学）などが教えられた。また本科（三年）は、本文でも後述するが、法学・工学・化学・物理学の四科に分かれていた。普通科・本科のいずれも、教授言語は英語であった。

なお普通科で「理学」として心理学が教授されている点に、日本における哲学受容の一端を見出しうるかもしれない（よく知られているように、philosophy の訳語として「哲学」が定着する以前の一時期、元来は朱子学を含む宋学の別称であった「理学」も、philosophy の訳語として併用されていた）。

東京開成学校でこの「理学」講義を受け持ったのは、米国聖公会の宣教師であったE・W・サイル（Edward W. Syle）であった。彼はホプキンズ（Mark Hopkins）の『人論』（*An Outline Study of Man or the Body and Mind in One System*, 1876）およびヘブン（Joseph Haven）の『心理学』（*Mental Philosophy*, 1857）を用いたという（藤田正勝『日本哲学史』昭和堂、二〇一八年、八二、八七頁）。同書は同時期の欧米の大学でも使用され、たとえば同年のハーバード大学神学校（Harvard College, The Divinity School）でも教科書として利用されている（Harvard College. *Fifty-Second Annual Report of the President of Harvard College 1876-77*, Cambridge: John Wilson and Son, 1878, p. 78）。

E・W・サイルの生涯については、小澤三郎『日本プロテスタント史研究』（東海大学出版会、一九六四年）の第一三章「開成学校御傭教師EWサイル」に詳しい。小澤の整理によれば、サイルは一八一七年に英国で生まれ、一八四四年に米国へ渡り、米国聖公会に属して一八四五年に初めて上海へ赴任し、米国への一時帰国を挟んで一八六〇年まで中国宣教の任を果たした。その後、明治五（一八七二）年頃から横浜で牧師を務め、明治七（一八七四）年から東京開成学校で教鞭を執り、東京大学改組後の明治一二（一八七九）年まで奉職した。高田早苗、石川千代松、井上哲次郎、三宅雪嶺、加藤高明らがサイルについて回想している（小澤同書、三五六―三六九頁）。

（9）東京大学史史料研究会編『東京大学年報　第一巻』東京大学出版会、一九九三年、六二頁。

（10）以下、東京大学総合図書館蔵の「東京帝国大学五十年史料」中の史料を「五十年史」と表記し、『『東京帝国大学五十年史料』目録』（東京大学百年史編集室、一九八三年）記載の「五十年史番号」を併せて示す。

本史料は『含要類纂　巻之廿七』（五十年史86）、一一八丁表。『含要類纂』は東京開成学校系統と文部省との間の往復文書の副本であり、東京大学文書館蔵『文部省往復』との重複を含む。重複部分については『文部省往復』の記述を採用した。なお『文部省往復』は東京大学文書館ホームページ公開のものを利用し、Moから始まる簿冊IDを付した（https://uta.u-tokyo.ac.jp/uta/s/da/docarchive/6c8f9acc3b4a1a0e8ca33196721fca2d　二〇二四年五月一六日閲覧）。

（11）後藤純郎「市川清流の生涯　「尾蠅欧行漫録」と書籍館の創立」日本大学人文科学研究所『日本大学人文科学研究所　研究紀要』第一八号、一九七六年、一六一―一六二頁。

（12）『含要類纂　巻之四拾九』（五十年史91-4）二五丁表―三一丁裏。

(13) 同書、五八丁裏。
(14) 斉藤忠直・木口定静・飛来義躬・松崎劣・北原義道・鈴木雄二郎・倉田弥三郎の七名がいた（同書、同頁）。飛来は明治一一（一八七八）年に私塾を開き漢学や律令を講じた（東京都立教育研究所編『東京教育史資料大系　第三巻』東京都立教育研究所、一九七二年、四五三頁）。鈴木も同年に私塾を開き、「皇学」「漢学」「泰西翻訳書」の学科を立てて講じた（同書、四五九頁）。
(15) 『含要類纂続編　職員進退之部　明治五年八月ヨリ六年十二月マテ』（五十年史109-1）一三五丁表。
(16) 『文部省往復　従明治七年至同九年』（Mo012）一二一丁表。広瀬は明治四（一八七一）年に私塾を開き、漢学を教えた（東京都立教育研究所編『東京教育史資料大系　第一巻』東京都立教育研究所、一九七一年、六三八頁）。
(17) 『文部省往復　従明治七年至同九年』（Mo012）一二三丁表。
(18) 同書、一二五丁表。大島は退職後の明治九（一八七六）年七月、私塾を開き漢学等を教えた（東京都立教育研究所編『東京教育史資料大系　第二巻』東京都立教育研究所、一九七一年、四八三頁）。
(19) 『文部省往復　従明治七年至同九年』（Mo012）一三〇丁表。
(20) 『文部省往復　明治八年分二冊之内甲号』（Mo014）七二七丁表。
(21) 『開成学校記録①』（五十年史115-1）明治七年一〇月三一日。
(22) 東京開成学校編『東京開成学校一覧』東京開成学校、一八七六年、六頁。
(23) 同書、三三頁。
(24) 同書、二一頁。
(25) 同書付属の英文版にも以下のように記されている。"[...] all the students in the institution are required to read Japanese books to practice in Japanese composition, and to make translations from English into Japanese." 同書、三五頁。
(26) 『文部省及諸向往復　明治四年之分弐冊之内乙号』（Mo002）三三六―三三七丁表。
(27) 東京開成学校編『東京開成学校一覧』東京開成学校、一八七六年、六六頁。
(28) 東京大学史史料研究会編『東京大学年報　第一巻』東京大学出版会、一九九三年、一一―一二、四四―四五頁。
(29) 東京帝国大学編『東京帝国大学五十年史　上』東京帝国大学、一九三二年、五六七―五六八頁。
(30) 東京大学史史料研究会編『東京大学年報　第一巻』東京大学出版会、一九九三年、八〇―八一頁。
(31) 同書、八〇頁。
(32) 同書、一〇六頁。

(33) 東京大学法理文三学部編『東京大学法理文三学部一覧　従明治十三年至明治十四年』丸家善七、一八八一年、二五—二六頁。

(34) 帝国大学編『帝国大学一覧　従明治十九年至明治二十年』帝国大学、一八八六年、四四—五〇頁。

(35) 東京大学史史料研究会編『東京大学年報　第一巻』東京大学出版会、一九九三年、八四—八五頁。

(36) 坂出祥伸は次のように述べる。

明治一〇年、東京大学が創立された時、文学部の中に和漢文学科が設けられた。加藤弘之綜理が文部省に提出した上申書に、その創設の由縁を説明して、「目今ノ勢斯文幾ント寥々晨星ノ如ク今之ヲ大学ノ科目中ニ置カサレハ到底永久維持スヘカラザルノミナラズ云々」とのべているのは、明治初期の国文学・漢文学の凋落、洋学の盛行という時代風潮に対する、国粋主義的な反撥心から、和漢文学科の創設が意図せられていたことをうかがわせる。（坂出祥伸『東西シノロジー事情』東方書店、一九九四年、二〇—二一頁）

この見方が全くの誤りとは言いがたいが、本文で述べる「学問の「邦語」化」などの視点が欠落していることも否定しがたい。東京大学を中心とした、明治初期の高等教育機関における漢学の位置づけを、上記のように「国粋主義的な反撥心」という一面のみによって解釈することには、もはや限界がある。

(37) 品田悦一・齋藤希史『「国書」の起源——近代日本の古典編成』新曜社、二〇一九年、四九頁。

(38) 神田孝平「邦語ヲ以テ教授スル大学校ヲ設置スヘキ説」東京学士会院『東京学士会院雑誌』第一編第三冊、一八八〇年、五一—六〇頁。

(39) フランス人がフランス語でフランス法を教える機関であった司法省法学校の、明治九（一八七六）年に行われた第二期生入学試験が、『資治通鑑』と『論語』によって行われたことは（東京大学百年史編集委員会『東京大学百年史　通史　一』東京大学、一九八四年、七一一頁）、明治初期のフランス語学習環境および学習人口を鑑みれば致し方のないことであり、あるいは当時の「西洋主義」「世俗浮薄」に対する大木喬任司法卿の警戒感が背景にあったとはいえ（加太邦憲『加太邦憲自歴譜』加太重邦、一九三一年、一一三頁）、漢学が一般的な知的能力の測定に用いられていたことを示している。

加えて齋藤希史による次のような指摘は、明治中期以降においては、漢文読解よりもむしろ詩作（漢詩）においてこのような側面が継承されていったことを示唆している（無論、たとえば高等中学校・高等学校への入学試験において英語や数学などと並び重要科目の一つであった漢文は、依然として「頭の良さ」を示すシグナルとしての機能を失っていなかったであろうが）。

知識量を競い、かつ頭の回転の速さを競うものとして、漢詩は打ってつけです。幕末明治期の少年たちが漢詩を作ることに熱中したのは、本書で述べてきたような制度的な支えとともに、当時、大量の漢詩文参考書——例文集や熟語集——が出て、それを使って漢詩を作れば、聡明さを人に誇ることができたからでもあります。

簡単に言うと、漢詩がすらすら作れれば、頭がいいねと大人から褒められ、仲間から尊敬されたのです。これは動機として大事なことです。明治期における漢詩文の隆盛には、幕末から明治にかけて教育を受けた世代にとって、漢詩文の出来不出来が自らの知性を示す指標として受け取られていたことが大きくかかわっているように思えます。制度的な支えによって誰もが通過する課業となっていたことと知的操作の発揮されるものであることは、和歌ではなく漢詩が知性の指標となる後ろ盾になります。

明治以降の漢詩文学習が、近世のような全体性を次第に失っていく、つまり、四書五経をまず素読して、というような、漢学に基礎をおくカリキュラムが崩壊していくのとは裏腹に、知的遊戯としての側面はむしろ強まっていきます。その精神性云々よりも、頭の良さを示すものとなっていくのです。（齋藤希史『漢文脈と近代日本』KADOKAWA、二〇一四年、二四二—二四三頁）

(40) 中村正直「古典講習科乙部開設ニ就キ感アリ書シテ生徒ニ示ス」東京学士会院『東京学士会院雑誌』第五編第五冊、一八八三年、三四—三五頁。
(41) 中村正直「漢学不可廃論」東京学士会院『東京学士会院雑誌』第九編第四冊、一八八七年、六三—六四頁。
(42) 町泉寿郎「幕末明治期における学術・教学の形成と漢学」二松学舎大学東アジア学術総合研究所日本漢文教育研究推進室『日本漢文学研究』第一一号、二〇一六年、一四七頁。
(43) 同書、一五二頁。
(44) 東京帝国大学編『東京帝国大学五十年史　上』東京帝国大学、一九三二年、四七二頁。
(45) 阿波学会・岡本韋庵調査研究委員会編『アジアへのまなざし　岡本韋庵　阿波学会五十周年記念』阿波学会・岡本韋庵調査研究委員会、二〇〇四年、四頁。
(46) 品田悦一・齋藤希史『「国書」の起源——近代日本の古典編成』新曜社、二〇一九年、七三頁。
(47) 『含要類纂　続編　職員進退之部　明治九年八月ヨリ十年十二月マテ』（五十年史 110-1）一八六丁表、二一七丁表。『含要類纂　続編　職員進退之部　明治十一年一月ヨリ仝十二年十二月マテ』（五十年史 110-2）一八丁表、一九丁表。
(48) 『含要類纂　続編　職員進退之部　明治九年八月ヨリ十年十二月マテ』（五十年史 110-1）二〇五丁表。
(49) 信夫粲『恕軒漫筆』吉川半七、一八九二年、二一—四頁。
(50) 『含要類纂　続編　職員進退之部　明治十一年一月ヨリ仝十二年十二月マテ』（五十年史 110-2）、一二〇丁表—一二二丁表。

(51) 町泉寿郎「幕末明治期における学術・教学の形成と漢学」二松学舎大学東アジア学術総合研究所日本漢文教育研究推進室『日本漢文学研究』第一一号、二〇一六年、一四七頁。

(52) 『含要類纂　続編　職員進退之部　明治十一年一月ヨリ仝十二年十二月マテ』（五十年史110-2）一九一丁表、一九二丁表。

(53) 東京都立教育研究所編『東京教育史資料大系　第一巻』東京都立教育研究所、一九七一年、七四一頁。

(54) 東京大学史史料研究会編『東京大学年報　第二巻』東京大学出版会、一九九三年、一七頁。

(55) 同書、八四頁。

(56) 舒志田「『文学書官話』の成立及び日本への流布」九州大学国語国文学会『語文研究』第八五号、一九九八年、四二頁。

(57) 高第丕・張儒珍（金谷昭校点）『大清文典』青山清吉、一八七七年。原文は訓点付き漢文。

(58) 東京大学史史料研究会編『東京大学年報　第二巻』東京大学出版会、一九九三年、八四―八五頁。

(59) 同書、一八一頁。

(60) 東京専門学校編『東京専門学校年報　明治十五年度』早稲田大学大学史編集所編『都の西北――建学百年』早稲田大学、一九八二年、二一―二二頁。

(61) 真辺将之「明治一四年政変後の「イギリス学」と学問の専門化――最初期東京専門学校の講義を題材として」早稲田大学大学史資料センター『早稲田大学史記要』第三五巻、二〇〇三年、九一―九三頁。
また『早稲田大学百年史』によれば、明治二三（一八九〇）年に文学科が設立された当初の講義科目は、高田早苗「国家論」、饗庭《あえば》篁村「課外講義」、下山寛一郎「万国史」、畠山健「徒然草」、森槐南「杜詩偶評講義」、落合直文「今古集〔ママ〕　文学作歌」、三島中洲（毅）「論語講義」、三宅雄二郎（雪嶺）「論理学」、信夫恕軒（粲）「史記講義」、森田思軒「詩経講義」、坪内雄蔵（逍遥）「英文学史」、関根正直「和文学史　和文文法」であった。このうち高田・下山・三宅・坪内は東京大学もしくは帝国大学の卒業生であり、三島・信夫は、本文で紹介した通り、東京大学で漢学を教えた経験を持つ（早稲田大学大学史編集所編『早稲田大学百年史　第一巻』早稲田大学出版部、一九七八年、六五九―六六〇頁）。

(62) 東京大学史史料研究会編『東京大学年報　第二巻』東京大学出版会、一九九三年、八六頁。

(63) 同書、一八一頁。

(64) 同書、同頁。

(65) 同書、四一一頁。

(66) 同様の指摘が、東京大学で仏書講義および「印度哲学」を担当した原坦山によっても行われている（今西順吉「わが国最初のインド哲学史講義（三）　井上哲次郎の未公刊草稿」北海道大学文学部『北海道大學文學部紀要』第四二巻第一号、一九九三年、三七頁)。
(67) 中野実「加藤弘之日記　明治十八年一月—十二月」東京大学史史料室『東京大学史紀要』第一〇号、一九九二年、七七頁。
(68) 加藤弘之「何ヲカ学問卜云フ」東京大学『学芸志林』第一六巻第九四冊、一八八五年、五〇九頁。
(69) 同書、四八八—四八九頁。
(70) 同書、五〇一頁。
(71) 同書、同頁。
(72) 当時流行した生物学的社会進化論に影響を受けた、「実験と実証」を重んじる「自然科学」的方法論を重視する態度は、その後の加藤にも通底して見られたものであった(田中友香理『〈優勝劣敗〉と明治国家——加藤弘之の社会進化論』ぺりかん社、二〇一九年、一〇三頁)。
(73) 東京大学法理文三学部編『東京大学法理文三学部一覧　従明治十五年至明治十六年』丸家善七、一八八二年、一一三—一一五頁。
(74) 林淳「近代日本における仏教学と宗教学——大学制度の問題として」日本宗教学会『宗教研究』第三三三号、二〇〇二年、三三五頁。
(75) 加藤弘之「何ヲカ学問卜云フ」東京大学『学芸志林』第一六巻第九四冊、一八八五年、五〇三頁。
(76) 同書、五一一頁。ここで加藤が述べているような、徳目列挙およびその各徳目に対応する中国古典の引用という形式は、明治一五(一八八二)年に元田永孚により編纂された『幼学綱要』に近い。
(77) 吉川幸次郎によれば、明治末期、狩野直喜は京都帝国大学で『古今学変』を用いて講義を行ったといい(吉川幸次郎・清水茂『日本思想大系33　伊藤仁斎　伊藤東涯』岩波書店、一九七一年、六二九—六三〇頁)、また狩野の講義を受講生が復元した『中国哲学史』においても、陳澧『東塾読書記』を論評する段において「恰も伊藤東涯の古今学変と同じく、中国学術の沿革を知るには極めて都合よきものである」と述べられている(狩野直喜『中国哲学史』岩波書店、一九五三年、六一五頁)。ここから、狩野が島田から受けた影響の大きさや、『古今学変』の完成度の高さとともに、明治末期に至ってもなお、簡潔に「支那哲学」の全体像を見通せる(狩野が認める程度の)良質な概説書が不足していたことをも読み取ることができるだろう。主要な経書を広くカバーしたものとしては太田錦城『九経談』も挙げられようが(そして島田は海保漁村を通じて太田錦城と学統的に結びつくのではあるが)、島田は『九経談』を教科書としては用いていない。
(78) 井上哲次郎『井上哲次郎自伝』冨山房、一九七三年、九頁。
(79) 金沢大学附属図書館蔵「高嶺三吉遺稿」中「支那哲学」。高嶺は明治一六(一八八三)年九月に東京大学文学部選科に入

学したが、卒業直前の明治二〇（一八八七）年七月に脳膜炎で病没し、その遺稿（聴講ノート）が第四高等中学校に寄贈された（早川千吉郎編『高嶺君遺稿』早川千吉郎、一八八八年、四―五頁）。そのうち「支那哲学」は、「支那哲学」巻一―三および「島田先生述　支那哲学講義」巻一・二の大学ノート全五巻から構成されており、町泉寿郎がすでに同資料について論じている（町泉寿郎「幕末明治期における学術・教学の形成と漢学」二松学舎大学東アジア学術総合研究所日本漢文教育研究推進室『日本漢文学研究』第一一号、二〇一六年、一四〇―一四一頁）。

　これらのうち、「支那哲学」巻一および巻二は、留学前の井上哲次郎の講義を記録したものと考えられる。まず、その多くの部分が、井上円了が学生時代に記録した井上哲次郎「東洋哲学史」聴講ノート（東洋大学井上円了研究センター蔵、以下「円了本」）の内容と一致する。また残りの部分についても、円了本の記述と類似する特徴が見られる上（たとえば医学書『詰道大素』を取り上げるなど）、町泉寿郎が指摘するように（前掲「幕末明治期における学術・教学の形成と漢学」一四一頁）、そこで示される「支那哲学」の時期区分が、井上が留学から帰朝後に行った「支那哲学史」の講義ノート（二松学舎大学附属図書館蔵、以下「二松学舎本」）に見えるものと一致している（高嶺「支那哲学　巻一」一一葉表、二松学舎本四葉表―裏）。さらに諸子百家と西洋哲学を対比する際の対応関係にも一致が見られる。たとえば荘子とクセノパネスや、列子とヘラクレイトスなど（高嶺「支那哲学　巻一」一三葉表、二松学舎本七葉裏）。同資料の詳細は、次の拙稿を参照されたい。水野博太「「高嶺三吉遺稿」中の井上哲次郎「東洋哲学史」講義」東京大学文書館『東京大学文書館紀要』第三六号、二〇一八年。

(80) 井上哲次郎『井上哲次郎自伝』冨山房、一九七三年、九頁。

(81) 東京大学史史料研究会編『東京大学年報　第五巻』東京大学出版会、一九九四年、一一七頁。

(82) 同書、五〇四頁。

(83) 加藤弘之「何ヲカ学問ト云フ」東京大学『学芸志林』第一六巻第九四冊、一八八五年、五一二頁。

(84) 中村正直は明治一五（一八八二）年、「四書素読ノ論」（『東京学士会院雑誌』第三編第二冊）において、小学校における漢文教育が、「頡頏《けっこう》訓読」（白文読解）を廃して書き下し文のみとなったことへの批判、また市中の漢学塾でかろうじて素読教育は行われているものの、そこで使われる教材が四書五経よりも『国史略』『十八史略』『文章軌範』などの史書・作文書などが中心となっていることへの批判を述べている。ここから李セボンは、「中村は、「頡頏訓読」という漢文読方から読むべきテクスト（「経史」）の重要度まで、伝統的な漢文教育課程において必要とされた諸条件を考慮しない限り、漢文教育に意味はないと考えた」と主張する（李セボン『「自由」を求めた儒者――中村正直の理想と現実』中央公論新社、二〇二〇年、二三二頁）。東京大学では、漢学が専門でない学生に向けて、『史記』を用いて「文辞ニ通スル」ための授業を行っていた中村ではあるが、加藤弘之の求める「湊合一括」的な概論講義は、中村の理想からさらに遠かったであろう。

第二章　漢学から「日本哲学」へ
――井上哲次郎による世界発信の挑戦とその挫折

はじめに

前章では、草創期の東京大学において漢学および「支那哲学」のあり方が模索された状況について、その前身校の時代と併せて検討した。その中心人物として名前を挙げたのは、一人は昌平坂学問所出身の漢学者・島田重礼であり、もう一人は東京大学文学部の第一期卒業生で、卒業後程なく母校に教官として戻った井上哲次郎であった。片や天保生まれの純然たる漢学者、片や日本初の近代的総合大学において西洋哲学を含む最先端の学問を修めた若き秀才と、対照的なキャリアを持つ二人であったが、漢学を自らの知的基盤としていたという点では共通していた。

前章で述べた通り、日本の大学で初めて西洋哲学を視野に入れつつ本格的に「支那哲学」を概説してみせたのは井上であった。しかし、井上のその後のキャリアを見れば明らかなように、彼は漢学あるいは「支那哲学」の世界に留まることなく、独自の学問のあり方を模索していった。とりわけ特徴的なのは、「三部作」と称される、江戸期の儒学者を「学派」別に取り扱った作品群、すなわち『日本陽明学派之哲学』『日本古学派之哲学』『日本朱子学派之哲学』の三作品である。この三部作は「江戸儒学」と形容されることも多いが、ここで同時に注意すべきは、井上が彼ら江戸期の儒学者たちを「日本〇〇学派之哲学」、すなわち「日本哲学」としてパッケージングしていることである。

江戸期の儒学・漢学を基礎としながらも、明治という新時代に相応しい「日本哲学」の構築と発信を、井上は試みたのであった。本章では、この井上哲次郎によって発信された「日本哲学」に焦点を当て、その形成過程と影響力について検討し、そのことを通じて同時期における漢学および「支那哲学」のあり方を考えてみたい。

まずは、井上哲次郎と「日本哲学」および「三部作」をめぐる、これまでの研究のあり方について述べておく。

前章では井上のもっぱら「支那哲学」の側面にのみ注目したが、本来の彼の活動範囲は、西洋哲学、印度哲学、「支那哲学」そして「日本哲学」（ひいては「日本精神」）ときわめて多岐にわたっていた。しかしながら、これらのいずれの分野の専門家にとっても、井上哲次郎という存在は様々な理由から扱いに困る人物であった。

井上は明治期の各「哲学」の歴史において無視できない存在には違いない。繰り返すように、日本において初めて本格的な「支那哲学」の歴史を講じたのは井上であったし、また、東京帝国大学において、長らく哲学科の教授として西洋哲学とりわけドイツ観念論の移入に努める傍ら、仏教などの影響を受けつつ「現象即実在論」など独自の哲学理論を打ち出し、西田幾多郎など、その後の「日本哲学」にも影響を与えている。ただし、それでは井上は「西洋哲学」者だったのか、「支那哲学」者あるいは「日本哲学」者だったのかと言うと、たしかにいずれも肯定しづらいように思われるし、また各分野の研究者たちは、いずれも井上を自らの歴史の中に引き取ることをためらってきたように見える。そのためか、彼については、すでに序章でも見た通り「イデオローグ」としての側面を中心に取り上げられてきた傾向にあり、一方で「現象即実在論」などに代表される哲学的な方法論や態度は、しばしば東洋と西洋の未熟な「折衷」に過ぎないとみなされ、西洋哲学ならば桑木厳翼、「日本哲学」ならば西田幾多郎や和辻哲郎など、胸を張って純粋な西洋哲学者や日本哲学者と誇れる人物が登場するまでの、あるいは大西祝のような、それらの系譜に繋がる人物の活躍を阻害した、いずれにせよ不純で恥ずべき忌まわしい存在とみなされてきた。

森下直貴は、右のような従来の井上哲次郎と「日本哲学」をめぐる研究状況について、それが「世界市民」「啓蒙思想家」「市民哲学者」としての大西と、「国家臣民」「御用学者」「イデオローグ」としての井上を両極に対置させる「一面的で単純な二分法」あるいは「普遍主義的な近代倫理の挫折」というストーリーに終始してきたと整理した上で、その背景を次の二つの理由から説明している。それは一つには、「戦前の国家主義・軍部独裁・侵略戦争」への反省から始まった「「戦後思想」のまなざし」に由来するという。井上は『勅語衍義』を著し、「国民道徳論」を主導した「暗い弾圧の時代の代表的なイデオローグ」以上の存在ではないと考えられてきたのである。そしてもう一点の理由について、森下は次のように述べる。

> もう一つは、これまた「戦後思想」のもつ一国主義的な偏りの帰結であるが、明治期の「日本哲学」を「世界哲学」として捉えられない視野の狭さである。西周とコントやJ・S・ミルとの間にはパラダイムの水準での同期性がある。井上とスペンサーやショウペンハウアーとの間、さらに西田幾多郎とジェイムズやベルクソンとの間でも同様である。この同期性（井上の場合の「総合」）はこれまでしばしば「折衷」として揶揄されてきた。しかし、哲学思想の内側に入りこめば、本格的な哲学思想とはすべて、外的刺激をパラダイムの水準で受け入れ、それを意味変換し、自己解釈し、自己変容したものである。明治期の「日本哲学」とは日本語で書かれた世界哲学である。そのようなものとして捉えることができない限り、派生的で表層的な対立にのみ目を奪われることになる。[1]

「戦後思想」界においては、明治以降の思想史が最終的に「国家主義・軍部独裁・侵略戦争」へ帰着したという事実と、それに対する反省の念が強く共有される一方で、それが世界的・同時代的な文脈の中でどのように形成されてきたのかという側面は、大西や和辻・西田など「世界市民」の文脈で語られる系譜についてはともかく、井上のような「体制」側に位置するとして目されてきた人物については、これまで十分に検討されずにきた。もちろん、たとえば西洋哲学の直輸入（典型的な語りとしては、井上自身が述べているようなドイツ観念論の輸入）[2]、あるいは直輸入した素材を中途半端に利用した「折衷」という語られ方はしてきた。しかし、もっぱら素材の直輸入に努めたとみなされてきた「御用学者」がどのように「世界」や「外的刺激」と向き合ったのかについては、井上の対極に位置づけられてきたような、上記の大西や西田などといった思想家たちと比べれば、これまで研究者の関心を惹きつけてきたとは言いがたい（そのような語りが、明治維新や近代化の「成功」を殊更に誇るような自国中心主義的な語りへと容易に転落しかねないという危険性がどこかで意識されていたのかもしれないが）。彼らはあくまで「世界市民」たちの、「普遍主義的な近代倫理」の敵であり、障害物である以上の意味を長らく持たされてこなかった。

しかし、明治以降の思想をめぐる「大西対井上」あるいは「世界市民対国家臣民」のような「二分法」の構造は、森下の指摘するように、限界を迎えつつある。それは決して井上が「武士道」論あるいは「国民道徳」論などを通じて「イデオローグ」として果たした役割を消し去って忘れようとしたり、あるいは肯定的に再評価してしまおうとしたりするものではないが、井上のとりわけ明治期における思想的軌跡と、彼がたしかに有していた影響力をなるべく正確に測ろうとする試みがなされなければならない。その評価を経てこそ、戦前とりわけ明治期の思想史を真に批判的に検討することも可能になろう。

森下論文では、明治前期の『哲学会雑誌』を舞台とした「哲学」観をめぐる議論、大西と井上の「哲学」や「良心」観の比較、そして最終的には、森下の言葉で言えば「〈同＝情〉の形而上学」、すなわち「現象即実在論」を核とする井上の「日本哲学」とその影響へと議論が展開されている。このような「現象即実在論」をはじめとする井上の「哲学思想の内側」をめぐる内在的な分析・探究は近年試みられつつあるが[3]、本章ではやや異なった問題意識から井上に対するアプローチを試みたい。それは、井上自身がどのように「世界」と向き合ったのか、ということである。いわゆる「三部作」の準備が、その動機の部分を含めて、彼の足かけ七年にわたる留学期間中に行われたであろうことは夙に指摘されてきた。大島晃は、井上が留学中に多くの学者・名士と会談する中で「西洋哲学史に見合う東洋哲学史の述作の必要性を自覚し、それを自らの課題としていく姿」を浮かび上がらせている(4)。また同じく大島は、井上が帰朝後に留学の成果として哲学会で発表した論文「性善悪論」の内容を検討し、それが「恣意的な論断、粗雑な論証」であったという予防線を張りながらも、そこに「西欧哲学を摂取して東洋の哲学をいかに研究の俎上にのぼすかという草創期の姿」を認めている(5)。

本章では、これらの大島の問題意識の上に立ちつつも、さらに井上がいかに「世界」と対峙し、どのように「世界」から影響を受け、また「世界」に対してどのような影響を与えたのかについて考えてゆくことにしたい。また、大島は「東洋哲学」という言い方に留めているが、井上は最終的には「日本哲学」の述作を試みており、その一つの帰結が「三部作」であったことも本章では確認する。

もちろん大島論文とて、井上の留学中の足跡を辿ることを通じて、彼がいかに「世界」(欧州)の中で行動したのかという側面に着目してはいる。ただ大島は、その資料源としてほとんど井上自身による著作(日記を含む)のみを資料源としており、それゆえ井上自身の思考を追跡してはいても、井上以外の主体、ひいては当時の井上を取り巻く環境を広く見渡し、その中に井上の行動・思考を位置づけようとするまでには至っていないように思われる。しかしながら、明治期の井上の様々な試みを、森下の述べるように「世界」の中で考え、「一国主義的な偏り」を脱して新たに位置づけ直すためには、少なくともその背景に存在した思想環境が問われねばならず、また井上の試みが「世界」に対してどのような影響を与えたのか(どのような反応が観測されるのか)ということが問われねばならない。もっともここで言う「世界」とは、文字通りの「全球」的な意味ではなく、当時の明治知識人が観念していたような、西洋を中心とした「世界」であることを、あらかじめ断っておかなければならない。また、「世界」を「面」として記述することは困難であり、個々の人物・著作がどのような反応を見せているのかという「点」としての記述にならざるを得ないことも、先に述べておく必要がある。しかし明治期の「日本哲学」を「世界」の中で捉えていくためには、このような試みを蓄積していくことが有効であるとも思われる。

右のような問題意識から、本章では井上の「日本哲学」を直ちに検討するのではなく、まず日本と「哲学」の関係について、主として御雇外国人を中心とする海外（西洋）の視点から検討を始める。具体的に言えば、明治一〇（一八七七）年に設立された東京大学において「哲学」が講じられ、またそこで哲学を学んだ者たちを中心に組織された「哲学会」が着実に活動を続ける状況にありながら、とりわけ西洋人の視点には「日本人に哲学は不可能である」という見方が根強く存在していた。なぜ井上のような明治期の一部の日本人が殊更に「日本哲学」を主張しようとしたのかを理解するためにも、まずその背景に存在した、日本と「哲学」をめぐる認識の状況が把握されなければならない。次いで、その背景を踏まえた上で、井上が留学を経て世界に対してどのような「日本哲学」を提示しようとしたのかを、彼が国際東洋学者会議（仏：Congrès International des Orientalistes, 英：International Congress of Orientalists）において外国語で行った二つの発表を中心に検討していく。その上で、井上による国際発信の試みがどのように世界に影響を与えていったのか、あるいはその影響の仕方がどの程度井上の意図した通りのものであったのかを検討する。

一　日本人に哲学は可能か

（一）「日本に哲学なし」という国際常識

近代日本の「哲学」を語る際に幾度となく参照されてきたであろう言葉に、中江兆民が死の直前の明治三四（一九〇一）年に著した『一年有半』で述べている、次のような一節がある。

我日本古より今に至る迄哲学無し。本居・篤胤の徒は古陵を探り、古辞を修むる一種の考古家に過ぎず、天地性命の理に至ては瞢焉《ぼうえん》たり。仁斎・徂徠の徒、経説に就き新意を出せしことあるも、要、経学者たるのみ。唯仏教僧中創意を発して、開山作仏の功を遂げたるもの無きに非ざるも、是れ終に宗教家範囲の事にて、純然たる哲学に非ず。近日は加藤某、井上某、自ら標榜して哲学家と為し、世人も亦或は之を許すと雖も、其実は己れが学習せし所の泰西某々の論説を其儘に輸入し、所謂崑崙に箇の棗を呑めるもの、哲学者と称するに足らず。(6)

兆民がこの言葉を述べたとき、東京帝国大学では井上哲次郎が現象即実在論を講じ、(7)東京専門学校では大西祝が「西洋哲学史」を、また哲学館では三宅雪嶺が「近世哲学史」を講じていた。大西の『良心起源論』の出版は彼の死後の明治三七（一九〇四）年を待たねばならなかったが、すでにその基本形は明治二三（一八九〇）年頃に完成していたという。(8)井上・大西・三宅の母校である東京大学および帝国大学出身者を中心とする「哲学会」も、明治一七（一八八四）年の設立、そして明治二〇（一八八七）年の『哲学会雑誌』創刊以来、着実に活動を続けていた。明治三三（一九〇〇）年には井上「三部作」の第一作『日本陽明学派之哲学』が刊行されている。「日本人にも哲学ができる」という意識はもちろん、「日本にも哲学があった」という認識さえ生まれつつあった。そのような時期に発せられた兆民のこの言葉は、「祖述」「宗教」あるいは「輸入」を超えた真の「哲学」が日本に登場することを期待したものであろう。「日本にも哲学がある（あった）」という前提があればこそ、「今に至る迄哲学無し」という言葉が意味を持ったはずである。

一方で、「我日本古より今に至る迄哲学無し」という認識は、兆民によって初めて打ち出されたものではない。明治天皇の侍従長・徳大寺実則が明治二〇（一八八七）年五月に帝国大学を訪れた際、総長の渡邉洪基は徳大寺に対して「日本に於ては固有の哲学なし」と述べたという。(9)『東京帝国大学五十年史』がその根拠として挙げる徳大寺実則の日記を確認すると、実際に次のような記述が見える。

日本哲学ノコト尋問于総長ノ処、未《いまだ》古今ヨリ无之《これなし》、支那ノ易経、印度ノ仏教ノ如キ哲学ト称スヘキナレド、日本ニ於而《おいて》固有ノ哲学ナシ。西洋諸国ニテハ希臘ヲ哲学ノ鼻祖トス。(10)

徳大寺が帝国大学を訪れた前年の明治一九（一八八六）年一〇月、明治天皇は帝国大学へ行幸し、各分科大学などを視察したのだが、その際に「和漢修身ノ学科」が軽視されていると強烈な不満を覚え、その改善を望む旨を、元田永孚を通じて翌月に「聖喩記」として発した（この「聖喩記」が実質的には帝国大学に対し何ら影響を与えなかったことは、序章の注(15)において述べた）。元田によれば、明治天皇は「今大学ノ教科、和漢修身ノ科有ルヤ無キヤモ知ラス、国学・漢儒、固陋ナル者アリト雖モ、其固陋ナルハ其人ノ過チナリ、其道ノ本体ニ於テハ固ヨリ之ヲ皇張セサル可ラス」と述べ、元田はさらに明治天皇の意思を敷衍して「君臣ノ道モ国体ノ重キ〔モ〕脳髄ニ之無キ人物日本国中ニ充満シテモ、此ヲ以テ日本帝国大学ノ教育トハ云ヘカラサルナリ」「聖喩ニ因テ和漢修身ノ学科ヲ更張センニハ〔……〕国学ニ僻セス、漢学ニ泥マス、西洋ノ方法ニ因テ教科ヲ設ケ、時世ニ適応シテ忠孝道徳ノ進歩ヲ生徒ニ教導センコト、何ノ難キコトカアラン」と述べた(11)。一部の国学者・漢学者が「固陋」であることは明治天皇も元田も認めるものの、それでも国学・漢学は「君臣ノ道」や「国体」の観念、また「忠孝道徳」を教えるために必要であって、方法論を工夫すれば帝国大学においても「和漢修身」の教育を拡充することは可能であろう、というものである。なお前章で分析した通り、すでにこの明治天皇の行幸以前には、加藤弘之・井上哲次郎・島田重礼らによって「支那哲学」をめぐる自己改革が進みつつあった。

「聖喩記」では、明治天皇が徳大寺侍従長に対し、渡邉総長に改善を求めるよう指示したと述べられており、徳大寺侍従長はその指示に従い（やや期間が空いたものの）翌年五月に帝国大学を訪れたのであった。そこで徳大寺侍従長が渡邉総長に対して「日本哲学ノコト」を「尋問」した際、渡邉は上記のように返答したのである。「和漢修身」の拡充と「日本哲学」が徳大寺と渡邉の間でどのように関係づけられていたのかは不明であるが（帝国大学は「日本帝国大学」なのだから、「支那哲学」「印度哲学」のみならず「日本哲学」を教えることはできないか、という打診のようなものがあったのではないかという想像は可能であるが）、少なくとも渡邉にとって、日本に「固有ノ哲学」がないということは、動かぬ事実であった。

また、日本に独自の「哲学」は有史以来存在したことがなく、この先しばらく日本人が「哲学」することも不可能であろうという認識は、明治期に日本を観察した外国人たちにも共有されていた。彼らはしばしば日本人の思考を即物的・実利的とみなし、抽象的思考には向かないとみなした。また、日本の中に何らかの「哲学」的な思考形態があったとしても、それは中国（特に儒教）の影響の範囲を出るものではなく、それゆえ特別に検討するには値しないという解釈が支配的であった。

たとえば、明治六（一八七三）年に御雇外国人として来日した英国の日本学者チェンバレン（Basil Hall Chamberlain）が著した、事典形式の日本紹介書である『日本事物誌』（*Things Japanese*）は、昭和一四（一九三九）年の第六版まで改版を重ねたが、明治二三（一八九〇）年の初版では、「哲学」（Philosophy）の項には全体で以下の三文しかない。

日本人はこれまで自分自身の哲学を持ったことがない。かつて彼らは孔子の祭壇の前に跪いていた。今や彼らはハーバート・スペンサーの祭壇の前に跪いている。[12]

また、「儒教」（Confucianism）の項では次のように述べ、日本の思想における「独創性」の不在を説明している。

儒学者の中で最も著名［eminent］な日本人としては、京都には伊藤仁斎とその息子・伊藤東涯、江戸には新井白石と荻生徂徠がいた。［……］彼らは解説者［expositors］に過ぎなかった。いかなる日本人も、儒教の体系［Confucian system］をさらに発展させようとしたり、改めたり、訂正しようとする独創性を持たなかった――そのような独創性は不敬な厚顔無恥として嘲笑されたであろう。日本の翻訳書や注釈書で読むに値するものはない。日本人は、大体において、古典それ自体や、あるいは主要な古典の注釈書（特に朱子によるもの）を、日本人読者の便利のために識別記号［訓点］付きで復刻することで満足してきたのである。(13)

チェンバレンは仁斎や徂徠が「著名」であることを認めつつも、彼らは「解説者」に過ぎず独創性を欠いていたと述べ、日本の思想には結局、中国から輸入された「儒教の体系」を乗り越えようとする試みが存在しなかったと主張している。

日本人の思想は中国から輸入された思想（特に儒教）の影響下にあり、それ以上のものではないという見解は、同時代の啓蒙的百科全書の中にも窺うことができる。たとえば、英国のチェンバース社が一八七一年に刊行した一〇巻本『百科事典』（*Chambers's Encyclopedia: A Dictionary of Universal Knowledge for the People*）の「日本」（Japan）の項では、(14)日本にも独自の著作（original writings）が存在すると紹介する一方で、日本人の思考については、中国から儒教の全体系（the whole circle）を受け入れたこと、それが日本人の文学・道徳・思考の基礎となっていることを述べている。(15)今日の視点からすれば一見常識的に思えるこの記述は、しかしたとえば右のチェンバレンの記述と併せて読めば、学術的に検討の価値ある独創性を持った思想家や哲学者は日本にこれまで存在したことがないという視点を補強するものとなっていることに注意すべきである。むろん同書では、日本に独創的な「哲学」が存在したなどとは述べられていない。

日本における哲学および思想的独創性の不在が強調される一方で、一九世紀後半の欧米のオリエンタリストやシノロジストたちは、"Chinese Philosophy" を西洋の "Philosophy" と全く対等のカウンターパートとして取り扱うかはともかく、儒教や孔子に対して「哲学」（philosophy）あるいは「哲学者」（philosopher）という言葉を用いること、あるいは "Chinese Philosophy" という言葉を用いること、そこに何らかの思想的な独創性が含まれていると考えることについて、基本的には疑問を挟まなかった。それはイエズス会宣教師フィリップ・クプレ（Philippe Couplet）の『中国の哲学者孔子』（*Confucius Sinarum Philosophus*, 1687）や、あるいはドイツ人哲学者クリスチャン・ヴォルフ（Christian Wolff）のハレ大学における『中国人の実践哲学に関する講演』（*Oratio de Sinatrum philosophia practica*, 1721）などによって、儒教や孔子が一七世紀後半以降のヨーロッパで肯定的に紹介されたときもそうであったし[16]、ヘーゲル学派が「東洋哲学」（Orientalische Philosophie）の哲学性に疑義を差し挟んだ一九世紀後半においてさえ、少なくともオリエンタリストやシノロジストたちはこの態度を維持していた[17]。一八七六年にサンクトペテルブルグで行われた国際東洋学者会議の第三回大会においても、ドイツ人宣教師のアイテル（Ernst Johann Eitel）が "Outlines of a History of Chinese Philosophy" と題した発表を行っており、そこでは伏羲・神農から、主として朱熹までの人物を時代区分を設けて紹介している[18]。先述のチェンバース社『百科事典』も、儒教を中国の三大信仰の一つだと紹介した上で、しかしそれは「宗教」と言うよりも「哲学」に近いと述べている[19]。一方で日本は、そのような半ば「宗教」に近い、しかし半ば「哲学」性をも含む「儒教の体系」を中国から輸入はしたものの、哲学的・思想的に検討に値するような、独創性を持ったそれ以上の何かを生み出しはしなかったと考えられていたのである。

(二) デニングの忠告──日本人に哲学は不可能である

それでは、仮に「これまで」の日本に独創的な思想や哲学者が存在しなかったとして、明治を迎えた「これから」の時代、日本人が独自の「哲学」を発展させる余地はあると考えられていたのだろうか。この点についても、西洋人の目は厳しかった。正面からこの点について論じたのが、英国人宣教師のウォルター・デニング(Walter Dening)である。デニングは聖公会の宣教師として明治六(一八七三)年に来日し、はじめ北海道で宣教した。明治一六(一八八三)年、異端説を理由に宣教師を解任されたのちは、東京で英語教育などに従事し、一時オーストラリアに移住したものの、明治二八(一八九五)年に再来日して仙台の第二高等学校で教鞭を執り、同地で最期を迎えた。そのデニングは、当時の有力英字新聞の一つである『ジャパン・ウィークリー・メイル』(*The Japan Weekly Mail*)の明治二一(一八八八)年一二月八日版に掲載された文章の中で、次のように述べている。

> 西洋におけるより難解で哲学的な思索が、日本国民のうちの教育ある人々の間でさえ強い関心を集めるということは、この先数世代にわたって期待しがたいだろう。彼らの過去の歴史も、今現在支配的となっている嗜好も、idealism[「観念論」とも「理想主義」とも訳しうるだろう]へ向かう傾向を見せることはない。彼らは実践的で現実的なものを愛している。ゲーテの空想も、ヘーゲルの夢想も、彼らの好むところではない。我々の詩や、我々の哲学、そしてそれらを鑑賞する精神は、いずれも繊細な感化力の織りなす結果であるが、日本人はそれらにさほど縁がない。
>
> 日本人の精神における idealism の欠如こそが、最も教養ある日本人の生活でさえも、西洋人と比較した場合、機械的で単調なものにしているという主張があるが、もっともである。日本人には、なぜ西洋の論争家たちが心理学や倫理学、宗教、そして哲学の問題にあれほど熱心なのか理解できないし、この熱心さはそれらの問題に対

して強い関心を抱いている結果だということに気づかないのである。教養ある西洋人の精神が、空想とロマンスの中に、実用的な姿勢とはそれ自体無関係な問いの中に見出す魅力を、日本人はおおかた理解できないのである。[20]

デニングの見るところ、日本人の精神には「idealism」が欠如しており、それゆえ日本人は西洋の繊細な詩や哲学を理解できないし、西洋人がなぜ抽象的な問題について熱心に議論するかについて理解することすら難しい。一見すると、この見解は当時の日本の「哲学」をめぐる状況について何も知らない（さらに少なからぬ人種的偏見を持った）外国人が書いた文章のようにも見える。先述の通り、このときすでに帝国大学には哲学科が置かれており、哲学会も順調に会合を重ねていたからである。

それではこのデニングという人物は、このような日本の状況を全く知らなかったのだろうか。そうではない。デニングは、この文章を発表する前年の明治二〇（一八八七）年、まさにその哲学会で演説を行っているからである。デニングが『ジャパン・ウィークリー・メイル』に寄稿した先述の文章の題名は「日本哲学会」（The Japanese Philosophical Society）というが、その内容は、まさにその哲学会で行った演説を基礎としたものであった。[21]

デニングが哲学会で行った演説の題名は「日本ニ於テ哲学上ノ急務ナル問題」である。彼はそこで、哲学会の現状が様々な分野の専門家が寄り集まった「八百屋哲学会」であるという加藤弘之の認識（『哲学会雑誌』創刊号）に言及しつつ、「本会ヲシテ旺盛ナラシメンガ為メニ」は、仏教やキリスト教、あるいは不可知論や功利主義、ひいては儒教などといった、発表者がそれぞれ自身の専門のテーマについて好き勝手に発表するのではなく、「一ノ協力スベキ目的」を置くべきだと主張する。[22]その目的とは何か。

大日本国ノ哲学会ナレバ、重モニ日本国人ニ属スル哲学上ノ論題ヲ以テ之ヲ攻究セザルベカラズ。ルーェス〔ルイス」、スペンセル［スペンサー］、コント、ヘーゲル、フィッチド［フィヒテ］氏ノ如キ諸哲学ノ論ズル所ノ題目ヲ以テ日本国ニ之ヲ論ズルモ、到底彼ノ諸家ニ及ブべカラズ(23)。

日本人がスペンサーやヘーゲルの真似をしたところで、本場の哲学者には敵うはずがないのでやめた方がよい、それより日本なのだから「日本国人ニ属スル哲学上ノ論題」に専念した方がよかろうと、デニングは哲学会の面々に忠告している。

現代の感覚からすれば、この「忠告」は半ば侮辱的・差別的に聞こえるかもしれない。しかし、この議論の背景には次のような彼なりの危機感があった。すなわちデニングの目には、当時の日本の開化・西洋化は、あたかも「彼ノ衣服ヲ取テ着体スル」かのような、「彼ノ国ノ有様ヲ以テ完全無欠ノモノトナ」すような「皮相」「摸擬」の状況に陥っており、教養ある西洋人自身が「悪害」とみなす風習・習慣さえも盲目的に摂取しているような有様に映っていた。しかし、本来「開化即チ「シブライゼーション」」あるいは「近世精神《モデルンスピリット》」の本質とは、「其国民一般ノ風習」ではなく、「開化シタル諸国民ノ活力」、すなわちまさに「精神」なのであって、日本が摂取すべきは「開化ノ精神ノミ」なのである。だからこそ日本における「哲学」の急務とは、「西洋ノ開化」の中から「純粋ノ道理ヲ以テ其取ルベキト捨ツベキヲ決定」することにほかならない、とデニングは言う(24)。日本人は西洋文化の表層（知識・技術）ばかりを摂取しており、その精神を受け入れるまでには及んでいないという批判は、その後も少なからぬ外国人によって取り上げられた論点であるものの(25)、「風習」重視の「皮相」的西洋化を批判して「開化《シブライゼーション》ノ精神」を強調するこのデニングの議論には、福澤諭吉の文明論の影響を見て取ることもできるだろう(26)。実際にデニングはこれ以前に福澤と知り合い、慶應義塾でも教鞭を執っている(27)。

デニングは、演説の最後を次のように締め括る。

全体哲学上ノ論題中ニハ、如何ニ之ヲ攻ムルモ到底極ムベカラザルモノアリ〔……〕此ノ如キ深遠秘密ノ哲学ハ、人間一生ノ進歩ニ格外ノ利益ナケレバ、之ヲ以テ不問ニ措クナリ。以為ラク、日本国人ハ実際ヲ好ンデ空理ノ談ヲ好マズ。然ラバ則チ之レニ適合セシムル様、成ルベク其実理ニ近キモノヲ撰ンデ、各自其力ノ及ブ丈之ヲ攻メ、之ヲ究メバ、日本国人ノ自他其利スル所極メテ大ナリト云フベキナリ。[28]

明治二〇年前後は、それまでの急進的な西洋化への反動が顕在化した時期でもある。明治六（一八七三）年に初来日し（チェンバレンの来日と同年である）、明治前期の日本社会の変化を長年見続けてきたデニングは、古き良き日本が失われつつあるという、おそらく純然たる善意から、[29]日本人の思考にはそもそも「idealism」が欠如していること、日本人が「空理ノ談」に向かないこと、それゆえに日本人が西洋哲学を西洋人と同様の態度・問題意識で研究することは西洋の縮小再生産にしかならないことを指摘しており、哲学会が日本のために果たすべき使命、すなわち「西洋ノ開化」の中から「取ルベキト捨ツベキヲ決定」するという、より「利益」ある役割を果たすべきことを提案しているのである。

日本に「哲学」はなかったし、おそらくこの先もなく、そもそも日本人は「哲学」には不向きである。兆民の有名な一節から遡ることおよそ一〇年、少なくとも二人の外国人は、このような見解を共有していた。日本経験の深い彼らでさえこうだったのだから、国外のオリエンタリストやシノロジストたちの認識は推して知るべしであろう。西洋の知識人は、中国に「哲学」のようなものが存在していることは（ヘーゲル学派などを除き）認めてはいたが、日本に「哲学」があるとは当然みなしていなかったし、日本を経験した外国人たちは、なおさらその確信を強めていた。[30]

このような日本と「哲学」を取り巻く状況の中で、「日本哲学」の世界的発信を目指したのが、東京大学で「哲学」

を修め、その本場たるヨーロッパへ足かけ七年の留学を果たした井上哲次郎であった。

二　「東洋哲学」「日本哲学」の模索

(一) 井上はなぜシュタインを叱り飛ばしたのか

井上の留学は明治一七（一八八四）年二月に始まり、明治二〇（一八八七）年に官費留学から私費留学（ベルリン東洋語学校における日本語講師としての給与に基づく）への身分転換を経て、明治二三（一八九〇）年一〇月の帰朝に終わる。この間の井上の行動は、彼の日記『懐中雑記』に詳しい[31]。

この留学中、井上がいかに「東洋哲学史」編纂への意欲を燃やしたかという分析が、先述の大島論文の中で行われている。その中で大島は、先に述べたように、井上が留学中に「西洋哲学史に見合う東洋哲学史の述作の必要性を自覚し、それを自らの課題と」位置づけていたことから、また「欧州の哲学界がおしなべて東洋哲学に無知であると気づいた」ことから、自らが責任を持って「東洋哲学史」を示さねばならないという「使命」を強く自覚することとなった、と述べている[32]。大きな流れとしてはその通りである。しかしながら、大島論文はきわめて簡潔に井上の留学期間を整理しているため、井上の個々の行動を事実としては把握しているものの、その事実の解釈については検討の余地があるように思われる。

ここで取り上げたいのは、井上によるシュタイン（Lorenz von Stein）訪問である。シュタイン訪問については大島論文の脚注でも触れられているが[33]、当時の日本におけるシュタインの位置づけと併せて、以下にやや補足して説明する。

留学三年目の明治一九（一八八六）年九月、第七回国際東洋学者会議を聴講するためにウィーンを訪れた井上は、同行していた鳥尾小弥太とともに、ウィーン近郊の小村に住んでいた最晩年のシュタインを、伊藤博文の紹介状を持参して訪ねた。シュタインとは、伊藤が明治一五（一八八二）年に憲法調査の目的で渡欧した際に講義を受けた「国家学者」であり、その後訪独した日本人が次々と彼を訪問したことから「シュタイン詣で」の語によっても知られる。井上の前後にも、たとえば浜尾新、菊池大麓、陸奥宗光、西園寺公望、西郷従道、谷干城、乃木希典、黒田清隆、小松宮彰仁親王などがシュタインを訪ねている。(34) シュタインの死後、東京では神式の追弔会が行われたほどで、(35) 当時の日本の名だたる政治家・官僚・知識人たちの尊敬を集めた人物であった。

井上と鳥尾の訪問も、当時すでに初代内閣総理大臣に就任していた伊藤の紹介状を持参しての「シュタイン詣で」の一幕であったが、しかし当時三〇歳の井上はこの訪問で、七〇歳のシュタインが「東洋哲学」はおろか「哲学」一般に対してさえひどく無知であることを徹底的に攻撃した。少なくとも『哲学会雑誌』に掲載された書簡の中で、井上自身はそのように記している。

たとえば、シュタインが「東洋哲学ト西洋哲学トノ区別ハ、西洋哲学ハ尽ク法律的ノ思想ヲ含有シ、東洋哲学ハ然ラザルコト、是レナリ」と答えれば、すかさず井上は、西洋哲学にも「法律的ノ思想」を含まないものはあるし、東洋哲学にも『荀子』や『関尹子』あるいはマヌ法典などのように「法律的ノ思想」を含むものが多々あると反論する。また「東洋哲学ニハ論法ナク、西洋哲学ハ尽ク論理的ニ発達セリ」とシュタインが述べれば、やはり井上は、東洋でも『公孫竜子』や『墨子』の中には「弁証哲学」の要素が含まれているし、「西洋哲学トテ皆ガ皆マデ論理ニテ推論シタルニハ決シテ之ナク、君ノ奉ゼラルルヘーゲル氏ニサヘ論理ニ合ハザルモノアリ」と痛罵した、ということになっている。井上自身の筆によれば、彼は自分より四〇歳年上の、わざわざ総理大臣の紹介状を持って訪ねた、しかも歴々たる同胞が尊敬してやまないシュタインに面と向かって「君ガ斯ク杜撰極マル論ヲ吐カルルハ、全ク東洋哲学ヲ知ラズ、唯々妄ニ空想シテ種々雑多ノ説ヲ構造スルヨリ起ルナリ」と、きわめて厳しい言葉を浴びせたことになっているのである。[36]

井上が実際にシュタインにそのような言葉を発したにせよ、あるいはそこに幾分の誇張が含まれているにせよ、井上が生涯にわたって敵を作り続けた理由がここから垣間見えるが、しかし井上をここまで駆り立てたものは、シュタインの無知を叱りつけたという報告をわざわざ書簡に認めて欧州から東京まで送付し『哲学会雑誌』に掲載させたものは何だったのか。それは単に異国での武勇伝・自慢話を母国に披露したかったという意図ばかりではあるまい。その背後に、「東洋哲学」（むろん「日本哲学」を含む）が西洋の知識人たちにまともに理解されていないという危機感を、相当強く読み取るべきではないか。また、すでにシュタインの名が日本国内においても広く知られていた当時、『哲学会雑誌』がこの手厳しいシュタイン批判を含む井上の書簡を受け取り、そのまま掲載したということは、哲学会内部においても、この井上の危機感を受け止め、広く伝えようとした動きがあったことを示唆する。[37]

井上はたしかに、大島の言うように「欧州の哲学界がおしなべて東洋哲学に無知であると気づいた」のではあるが、それは単に、日本人が埋められそうなニッチ（隙間）を幸運にも発見した、という程度のものではなかったはずである。その背後にあったのは、井上の報告中におけるシュタインのように、明らかに（井上の目からすれば）「無知」でありながら「東洋哲学」の性質を云々する態度、とりわけ「東洋哲学」を「西洋哲学」が有する「法律的」「論理的」思考の欠如としてみなす態度、ひいては（井上が「論理ニ合ハザル」点があると批判した）ヘーゲル学派のような、「東洋哲学」は「哲学」ではないと断言する姿勢への強い反発であった。

「シュタイン詣で」から二年半後の明治二二（一八八九）年三月、ベルリン滞在中の井上は、文部省から第八回国際東洋学者会議に日本代表として出席するよう依頼を受けた。井上は即日これを承諾し[38]、同年九月、ストックホルムで無事発表を果たした。この際にドイツ語で発表した論文が「人性についての中国哲学における争点」（Die Streitfrage der chinesischen Philosophen über die menschliche Natur）である。大島はこれを「井上にとっては、はれの舞台を得た思いであったろう」(傍点ママ)とするが、[39]そこには井上にとって、自分の研究成果を欧州の大舞台で認めてもらうという受動的態度には収まりきらない意味があったと考えるべきであろう。この発表における井上の目標は、当時の中国哲学研究の核心部分に関する水準を西洋のオリエンタリストやシノロジストたちに提示すること、そしてそのことを通じて、中国哲学における哲学的課題が、同時に西洋における哲学的課題ともなりうることを示すことであったのではないか。

この井上の論文によれば、中国哲学の中核をなすのは「道徳の体系」であるが、その議論の基礎にあるのは「人性」(die menschliche Natur)が本来的に善なのか悪なのかという認識の相違である。そして井上によれば、これまで「人性」の善悪という問題について詳述した哲学者は、『単なる理性の限界内における宗教』を著したカントを除いて西洋には存在しない。[40]井上はここで、「人性」の善悪とは、単に中国哲学においてのみならず、西洋においても関心を持って受け止められるべき哲学的課題である(現にカントだけはその問題について論じている)と主張している。

すぐ後で述べるように、この発表の中で井上は、カント以外にもセネカ、ルソー、ホッブズ、ショーペンハウアーなど、しばしば西洋哲学者の「人性」に関する断片的な記述を引用して中国哲学と比較しているが、それは「人性」についての問題が中国哲学(東洋哲学)のみにおいて展開されるべき特殊な論題ではなく、東西を超えた普遍的な課題たりうること(それゆえ東洋哲学も、そのような東西に普遍的な哲学的課題を扱っている以上、当然西洋哲学と同列の「哲学」たりうること)を西洋の聴衆に印象づけようとする意図を持っていたと言えるのではないか。むろん、国際東洋学者会議は「東洋学者」たちの集会であり、純然たる「哲学者」たちの集う場ではなかったであろうが、しかし井上の発表は、シュタインあるいはヘーゲル学派の哲学者たちが有していたような、東洋哲学と西洋哲学を全く別個の性質を有した体系とみなす態度への挑戦であったとは言えるであろう。

井上は、このストックホルムで行った発表に大幅な加筆を施した上で、帰朝後の哲学会例会でも発表した。それが溝の深さを知ることになる。

(二)「性善悪論」と漢学者の抵抗

明治二三(一八九〇)年一〇月に帰朝した井上は、翌月末の一一月二六日、哲学会例会で「性善悪論」を発表した[41]。この発表に基づく論文が、翌明治二四(一八九一)年一月および二月の『哲学会雑誌』に連載された。これを読んだ漢学者の内田周平が同じく『哲学会雑誌』に論評を載せると、井上がさらにこれに応じて長文の反論を『哲学会雑誌』上に三号にわたって連載した。明治二四(一八九一)年、『哲学会雑誌』は激しい論争の場となった。

この「性善悪論」をめぐる論争の経緯および議論の内容は、すでに述べた部分もあるし、先述の大島論文にも詳しいが[42]、改めて簡潔に言えば、井上の「性善悪論」とは、人間の「性」(Nature)は生まれつき善であるか悪であるか、あるいは善悪双方の性質を有するのかという論点について、孔子以前から朱熹に至るまでの中国哲学における主要な議論を、カント『単なる理性の限界内における宗教』(一七九三年)やショーペンハウアー『余録と補遺』(一八五一年)を中心とした西洋哲学の見地も交えつつ、整理して紹介したものである。最終的にこの論点に対する井上自身の結論も述べられてはいるが、そこに力点は置かれていない。それはこの論文の元になったストックホルムでの発表が、先述の通り、多分に啓蒙的な性格を有していたためである。また、ストックホルムでの発表に比べ、東京における発表ではこれでもかと言わんばかりに西洋哲学の議論を追加して紹介している。これには当然「自分はこれだけ知っている」という知的権威づけの意図もあったであろうが、一方で西洋哲学と東洋哲学の架橋を試みる井上なりの配慮も含まれていたと見るべきであろう。すなわち井上にとってみれば、「支那哲学」に無知な西洋の聴衆に対して講演する際には、論述の中心はあくまで「支那哲学」でなければならず、西洋哲学者たちの議論に「支那哲学」「東洋哲学」

を理解するための補助線以上の意味を持たせる必要はない（西洋の聴衆たちは基本的な西洋哲学について当然知っているはずであるから）。しかし、通りいっぺんの「支那哲学」には既知であるはずの哲学会の聴衆に対しては、むしろ「東洋哲学」と「西洋哲学」をパラレルに論じることが可能であると示すためにも、両者の共通点を強調する必要があり、そのためには（一見すると過剰なまでに）西洋哲学を比較参照して見せなければならなかった、と考えることができる。井上にとって、「支那哲学」を「支那哲学」の枠内で、西洋哲学を西洋哲学の枠内でそれぞれ別個に論じることは、もはや無意味であった(43)。

この「性善悪論」に対して発せられた内田の論評は、その冒頭で、「古来紛糾交錯セル性論」をよく整理して示したこと、またそれを成し遂げた井上の博識を評価してはいるものの(44)、しかし朱子学を重んずる内田にとって、正統的解釈から外れた井上の朱熹理解は譲れない一線を越えていたらしく、その点に集中して批判を加えている。すなわち井上の立論によれば、程顥・程頤および朱熹の説における「気質ノ性ヲ抑制シテ本然ノ性ニ反ル」という「復性」的性格は、揚雄が「性中善悪ノ両成分アルヲ以テ、善人トナルニハ、其善ナル所ヲ養成スルヲ要ス」（『法言』修身篇）と述べているのと十分に比較可能であって(45)、それゆえ「朱子ノ説ハ、畢竟二元論ニシテ、一人ノ性ニ優等劣等ノ二種アルトスルモノニシテ、揚子ノ性善悪混ズト云ヘルト到底其帰ヲ一ニスルモノ」とされる(46)。すなわちここで井上は、朱熹の学説を「性善悪二元論」として解釈することによって、実質的には揚雄と同一の学派に位置づけることができると主張している。無論、朱子学的な解釈からすれば、「人之性也善悪混」などと述べる揚雄は、「性善」を唱える孟子以来の「道統」から外れた「異端」に過ぎず、井上のような解釈はありえない。それゆえ内田は「程朱ノ説ヲ善悪倶有ノ中ニ入レテ楊・馬［司馬光］ト並列セシメタリ、此レ最モ従ヒ難キ者トナス」と井上を批判した(47)。また内田は『朱子語類』を根拠として、井上が立論の基礎の一つとしている程頤の語の解釈が「誤読」であることを指摘してもいる。すなわち、井上は程頤の「理有善悪」（『二程全書』巻二）という言葉を「理ニ善悪有リ」と読んでいるが、『朱子語類』によれば「理」は「べし」と読むのが正しいのであって、それゆえ井上は「誤解」をしている、と言うのである。[48] ここにおいて、内田にとっての正しさの基準とは朱子学のそれであって、井上の議論はそこから逸脱しているがゆえに非難されて然るべきとされている。

内田の批判に対する井上の反論は、きわめて手厳しいものであった。その反論は、先述の通り『哲学会雑誌』一号分には収まりきらず、三号にわたって連載された。その反論の内容はきわめて多岐にわたり、ここで全てを取り上げることはできないし、またおそらくあまり意味がない。それは大まかに言えば、大島が「内田の批判と噛み合った論述は少なく、顕著なのは井上の学的立場の先進性、世界的視野の誇示であり、内田を旧態依然たる漢学者の弊風・固陋を脱し切れぬと極め付ける筆鋒の激しさである」と述べた通りである。[49] しかしながら、なぜ井上がそこまで筆を振るったのかについては考察の余地があろう。簡単に井上の性格的問題と言ってしまうこともできるだろうが、ここでは井上による内田への批判の中から、次の点を取り出して考えてみたい。すなわち井上は、内田が固陋な「漢学」の世界に浸りきっており、その世界を相対化しようとする姿勢に欠けることを特に強く批判しているということである。

たとえば井上は、反論の冒頭で次のように述べる。

> 内田君ノ余ガ文ヲ駁スルヤ、丁寧親切、其争ヤ君子ナリト謂フベク、余最モ其人物ニ服ス。其論ズル所又往々余ヲ啓発スルモノナキニアラザルモ、惜ムベキハ君ノ漢学ニ従事セラルルノ久シキ、遂ニ全ク支那人ノ圏套中ニ陥イリテ、自ラ暁ラザルコト、猶ホ阿片ヲ嗜ム者ガ次第ニ自覚力ヲ失ヒ、他人ト異ナル世界ヲ見テ、之レヲ以テ唯一真誠ノ世界トスルガゴトシ。[50]

大島の言うように、井上は内田の、ひいては「漢学」における「世界的視野」の欠如を何よりも批判しており、それが「支那人ノ圏套」あるいは「阿片」という言葉で表現されている（ここで「支那人」と「阿片」は直接結びつけられてはいないが、読者に「阿片を吸う支那人＝漢学者」という連想を働かせる意図が全くなかったとは言えないであろう）。井上にとって「漢学」それ自体が問題なのではない。現に「漢学」の成果は井上にとっても「支那哲学」「東洋哲学」を形成する重要な思想資源として活用されているし、また内田が『朱子語類』に従って指摘した「理有善悪」の解釈も、井上はそれ自体を否定しないどころか、むしろ自らの「誤読」を認めてさえいる。[51] 問題は、「漢学」とりわけ朱子学の世界が閉じた系と化しており、その内側にいては自らを相対化する外部の視点を持ちえない点にこそある。井上は、内田に対して自らの「理有善悪」についての「誤読」を認めた後に続けて、次のように言う。

然レドモ君ノ厚ク程朱ノ学ヲ奉崇セラルルガ為メ、已ニ其見解ヲ定メ、痛ク自余ノ学派ヲ蔑如スルガ如キ弊風之レナシトセズ［……］人性ノ事ヲ探究スルニハ啻ニ自家ノ見解ノミニ頼ラズシテ広ク古今ノ哲学書類ヲモ参考シ、他人ガ同一ノ問題ニ就キ如何ナル説ヲ立テシカヲ見ルヲ要ス［……］漢学ノミニ従事スレバ遂ニ孔孟程朱ノ学説ニ心酔シ、其外更ニソクラテス、プラトン、アリストテレス、スピノザ、韓図等アルコトヲ知ラザルニ至ルモノナリ。[52]

内田はすでに哲学館で講師を務めた経験があり、この論争が起こった明治二四（一八九一）年には学習院教授も務めている。一方で、井上の言葉は学生を諭すかのようでもあり、そこに井上の底意地の悪さを見て取ることも不可能ではないかもしれない。何より内田は東京大学医学部予科出身（医学部中退）であり、ドイツ語を解する。哲学館で講じた「審美学」は、井上も留学中に親しく接したドイツの哲学者ハルトマン（Eduard von Hartmann）の『美の哲学』（*Die Philosophie des Schönen*, 1887）に基づくものであったという。その内田が「ソクラテス、プラトン、アリストテレス、スピノザ、韓図等」を全く知らなかったとは考えにくい。しかしながら、ここで井上が述べている言葉は、内田個人に向けられたものである以上に、むしろ「漢学」全体に向けられたものとして解釈できる。自らは西洋式の普通教育を全く経験せず、おそらく西洋哲学についてもほとんど無知なまま、しかし普通教育を修め西洋哲学をも解する学生たちを相手に漢学あるいは「支那哲学」を講ずる漢学者は、当時珍しくなかったからである。帝国大学で井上の同僚となり、「支那哲学」の授業を担当していた島田重礼もその一人であった。

井上とて幼少から「漢学」の訓練を受け、幕末維新期の一般的な学習課程に従って（たとえ『朱子語類』を全ては読まずとも）おそらく朱熹の「集注」を一通り修めた身であろうから[53]、朱熹と揚雄を並列させること、あるいは朱熹を「理気」の二元論ではなく（内田も朱熹が「理気」について二元論を取ることは認める）、「性善悪」についての二元論と説明することが、朱熹自身の記述を中核として形成された伝統的な朱子学の解釈から「逸脱」していることは、重々承知していたはずである。それを承知の上で、井上は「逸脱」を行っている。井上は次のように述べる。

程朱ハ性本ト善トスレドモ、気質ノ中ニ於テ不善ニ流ルル傾向アルコトヲ認識セリ。而シテ気質モ亦性ト名ケタリ。故ニ哲学史上ヨリ程朱ノ性説ヲ分類スルトキハ、之レヲ倶有論トスルモ不可ナカルベシ。歴史的ニ古人ノ学説ヲ論ズルトキハ、必ズシモ古人ノ自ラ唱ヘル如クスルニ及バズ、吾人ノ意見ニ拠リテ其学説ヲ分類スルコトヲ得ルモノナリ。程朱ガ如何程一元論ニ帰セントスルモ、到底二元論ノ範囲ヲ離ルルコト能ハズ[54]。

朱熹自身が自らをどう位置づけていたのかはともかく、「吾人ノ意見」に基づいて、それが「性善悪」の二元論と読めるならば、そのように読み直すべきなのであると井上は主張する。ここで直ちに想起されるのは、現代では往々にして、井上が後に著す「三部作」における「陽明学派」「古学派」「朱子学派」の学派分類が「明治時代に井上哲次郎がしたもので、当時の人たちの自己認識ではない」と批判されることである[55]。ここで井上はまさに「当時の人たちの自己認識」よりも「吾人ノ意見」を尊重すべきであると述べている。

一見すると、このような井上の考え方はあまりに乱暴ではあり、実際に朱子学者たる内田周平の反論を招いた。しかし既存の「漢学」の枠組みを破壊し、「西洋哲学」と並び立つべき「東洋哲学」の確立のためには、そのような、現代から見れば乱暴に見える議論を展開する必要があったのではないか。それほど当時の「漢学」勢力は強力だったのではないか。赤塚忠はこのことを次のように表現している。

〔……〕世上では儒教の振興が要求されていながら、中国思想の研究がこのように後れたのは、欧化の風潮の外、一つには、中国思想とくに儒教がわが国にとって余りにも身近な実際問題であったことに因ろう。実際的要求は、かえって自由冷静な学術的研究への転換を困難にするからである。一八九一―一八九二年の間、『哲学会雑誌』上に展開された〈朱熹哲学〉の解釈を繞る護教的立場の内田周平と自由研究の立場の井上哲次郎との論争は、その困難さを示す一つの事例とみられる[56]。

大島はこの赤塚の言葉を引き、「護教・自由の表現は必ずしもすべてを言い尽くすものではない」「井上の恣意的な論断、粗雑な論証はさておき」と釘を刺した上ではあるが、井上に「西欧哲学を摂取して東洋の哲学をいかに研究の俎上にのぼすかという草創期の姿を認めることができよう」と述べる[57]。しかしながら、赤塚の表現を借りるならば、当時における「護教的立場」と「自由研究」の衝突について、大島の一歩引いた受け止め以上に、より深刻に解釈すべきであろう。繰り返すように、それほど当時の漢学は強力だったのである。井上の議論は、たしかに現代の目から見れば「恣意的」で「粗雑」なものではあったろうが、同時にその「粗雑」さを武器として既存の漢学に風穴を開けようとするものでもあった。そしておそらく、後の結果を見れば、井上はそれに失敗した。「漢学」は依然として強力であった。第三章で論ずるように、漢学者たちが明治以降も命脈を保った一方で、井上自身は独自の学派を形成することができなかった。

明治二四（一八九一）年、『哲学会雑誌』上で三号にわたって内田への反論を展開した井上は、さらに追い打ちをかけるように、翌明治二五（一八九二）年に「朱子ノ窮理ヲ論ズ」と題した論文を同誌に掲載し、朱熹の自然科学に対する認識が現代から見ていかに稚拙であったか（たとえば天動説の主張や、「気」を用いた雷の発生メカニズムの説明、龍の存在を信じていたことなど）を論じた。井上は、具体的に内田（および、このときすでに七〇歳近かった漢学者の根本通明）の名前を挙げて次のように述べる。

朱子ノ謬見、勝ゲテ数フベカラズ。然ルニ今日尚ホ其学ヲ奉崇シテ完全無欠トナスガ如キハ最モ解スベカラザル所ナリ。若シ此ノ如キ古代ノ不合理的ノ教ヲ墨守スルトキハ徒ニ自家智識ノ発達進歩ヲ障碍スル而已ナラズ、又今日ノ精確ナル学理ヲ拒絶スルノ弊ヲ生ズルコトナシトセズ。根本通明氏ノ如キ迂僻固陋ノ人ハ姑ク之レヲ置キ、内田周平氏ノ如キ壮年ノ秀才ニシテ尚ホ朱子ニ恋々タルハ何故ゾヤ。(58)

現代の科学的知見からして朱熹がいかに「謬見」を有していたかを縷々述べたこの論文は、一見すると朱子学を奉ずる内田にとどめを刺すような勝利宣言にも見えるが、そうではないだろう。むしろ、既存の漢学がいかに頑強であったか、それを前にした井上がどれほど追い込まれていたのかを示している。

井上がなぜこのような文章を書かざるを得なかったのかを考えねばならない。と言うのは、現代から見れば朱熹の科学論は間違いだらけだと主張する井上のこの議論は、おそらく当時にあっても相当陳腐化したものと感じられたはずだからである。たとえば井上が指摘する朱熹の「雷」理解について言えば、雷の発生原因を説明づける理論が歴史的に段階的に進歩してきたこと、すなわち神の仕業とする「神学」や陰陽の働きとする「空理」の段階から、電気の作用に基づく「実理」の段階へと知的能力の発達に応じて進歩し、さらに一般的に知の発展には歴史的制約が伴うものだという考え・発想は、すでに西周が明治三（一八七〇）年に行った講義の記録である「百学連環」の中にも見えるし、ひいては江戸時代にまで遡ることもできる。[59] それどころか、当の内田本人も、朱熹の科学観には現代から見れば不十分な点があることを、井上との論争発端の二年前に『哲学会雑誌』上に掲載した論文の中で自ら認めている（ただしその当時井上は留学中であった）[60]。それを知ってか知らずか、井上は朱熹を右の観点から攻撃しようとしているのである。井上はこの論文で、内田をはじめとする漢学者を「科学」の力で一蹴しているようでありながら、実はその背後には、「性善悪」論争を通じて保守的な漢学勢力が予想外に強固であるという認識を強く持っており、だからこそ朱熹の「完全無欠」を現代の科学的見地から否定するという、当時にあってさえ陳腐化していたであろう議論までをも引っ張り出さざるを得なかったのではないか。すなわちここに見るべきは、既存の漢学の岩盤の硬さに対する井上の抵抗の挫折である。

従来、この時期の井上については、明治二四（一八九一）年一月の内村鑑三不敬事件に基づく「教育と宗教の対立」や、同年九月の『勅語衍義』などによって、「忠孝」イデオロギーを強調する側面が盛んに取り上げられてきた。留学から帰朝した井上は、「啓蒙思想」を吸収した「世界市民」になるどころか、ますます強固な「国家臣民」となり、教育勅語に象徴されるような儒教思想を利用した保守反動の流れに棹さす存在となった、というストーリーがしばしば描かれてきた。しかしながら、「性善悪論」をめぐるこれまでの記述から窺えるように、同時期の井上は、少なくとも漢学および「支那哲学」をめぐる議論については、より保守的な漢学者たちの立場との間に一線を画していた。そもそも『勅語衍義』とて、同時期に「民間」から出版された「国体主義を基調として国体の尊厳と忠孝の道徳を強調することに重点」を置いていた数多の勅語解説書と比較すれば、「西洋近代学知から勅語の徳目を正当づけようとする側面」を有していたと指摘されることに注意すべきである。(61)

「性善悪論」以降、井上は漢学や「支那哲学」を専門に扱った論考を書かなくなり(62)、その後の関心はインド哲学および「日本哲学」へと向かい始める。結果として「性善悪論」は井上をして漢学者たちと絶縁せしめたのであった。西洋にあっては西洋人の東洋哲学に対する無知に悲憤した井上は、日本にあっては漢学者の西洋哲学に対する無知に憤慨した。東西哲学折衷の姿勢は、当時の日本の哲学界においては珍しくなかったが（井上円了や三宅雪嶺など）、その東西の架橋を、おそらく当時の最高水準で果たそうと試みた井上は、まさにそれゆえに、西洋・東洋のいずれにあっても孤独であった。彼はたしかにアカデミアで絶大な権力を行使し、のちに蟹江義丸や高瀬武次郎など何人かの「門下」と呼ぶべき存在を得たには違いないが、しかし東西哲学を架橋しようとする態度を固持した井上の跡を継ぐ者は、少なくとも日本ではついに現れなかった。程なくして日本における哲学研究は専門分化の時代を迎え、東西哲学の架橋という発想そのものが、少なくともアカデミアでは陳腐化、もしくは戒められるようになっていった。

三　「日本哲学」はあるか

（一）「日本哲学」の存在証明

固陋な漢学者たち、また「哲学」を名乗りながらも実際には大部分がその漢学者たちによって担われていた「支那哲学」の世界に見切りをつけ、留学中から興味を持った「印度哲学」も講義を通じて一通りのアウトプットを終えた井上が最後に向かった先は、「日本哲学」であった。(63)それは周知の通り『日本陽明学派之哲学』『日本古学派之哲学』『日本朱子学派之哲学』という「日本哲学」を論じた（ただし現在では一般に「江戸儒学」と形容される）「三部作」に結実することになる。

「三部作」は、たとえば『日本陽明学派之哲学』の序文で「現今に於ける社会的病根」を治療し「国民的道徳心」を作興する旨の意図が述べられていることから、やはり井上の「イデオローグ」的側面と絡めて論じられやすいが、一方で同じ序文の中で触れられているように、それは「明治三十年」に開催された「仏国巴里府開会の万国東洋学会」で行った発表「日本に於ける哲学思想の発達」の延長線上に位置するものであった[64]。最近では井上の陽明学理解に水戸学（会沢正志斎）の影響を見出し「前近代との関連」を強調する研究もあるが[65]、しかし「明治期の陽明学理解の方向性を定めた」とされる『日本陽明学派之哲学』を含む井上の「三部作」[66]は、「前近代」の純粋な延長線上に位置しているのではなく、世界に対して「日本哲学」をいかに発信するかというきわめて「近代」的な問題意識からスタートしていることに注意しなければならない。それでは、井上が世界に対して「日本哲学」を訴えた発信の内容は、どのようなものだったのだろうか。

「性善悪論」の元になる論文をドイツ語で発表した明治二二（一八八九）年のストックホルム大会から八年後の明治三〇（一八九七）年、パリで開かれた第一一回国際東洋学者会議において、井上はフランス語で論文「ヨーロッパ文明導入以前の日本における哲学的思想の発達について」（Sur le Développement des Idées Philosophiques au Japon avant L'Introduction de la Civilisation européenne）を発表した（井上は留学中から個人教師を雇いフランス語を学習していた[67]）。これが『日本陽明学派之哲学』の序文で言われている「日本に於ける哲学思想の発達」である。この論文は発表の翌月、井上自身による増補を経た上で、井上が留学後半期にベルリン東洋語学校で講師をしていた時代の教え子であったアウグスト・グラマツキー（August Gramatzky）[68]によって「日本における哲学的思想の発達の概観」（Kurze Übersicht über die Entwickelung der philosophischen Ideen in Japan）としてドイツ語訳され、ヨーロッパ各国に送られた[69]。

井上によるこの論文は、フランス語版・ドイツ語版ともに三〇ページ弱の小冊子に過ぎないが、しかしすでに述べたように、彼の「三部作」の原型とも言える作品であり、江戸儒学を「日本哲学」という枠組みで、かつ外国語によって発信した、おそらくは日本史上初めての作品である。『井上哲次郎集　第九巻』の「解説」では「この講演は明治三〇年代の井上の研究を規定するものとなり、以降、彼は儒教を軸とする本格的な日本哲学史の研究に取り組むようになる」と紹介されており、また同論文のドイツ語版も収録されてはいるが、その日本語訳、あるいはドイツ語版の元になっているフランス語版は掲載されておらず、その内容についても詳しく検討されてはいない。(70)『井上哲次郎集』の「解説」の内容は、それ自体は事実としては正しいが、一方でこの井上の「日本哲学史」への志向が「日本的な伝統」への「傾斜」として表現され、木村鷹太郎・高山樗牛らの「日本主義」と重ね合わせて論じられ、来たるべき「国民道徳論」への助走段階として捉えられている所から、(71)本章が着目するような、井上が「世界」とどのように対峙し、何を発信しようとしたのかという視点から見れば、この講演（論文）についてなお掘り下げるべき課題が残されているように思われる。そこで、以下では井上が国際東洋学者会議で実際に行った発表内容に基づくフランス語版の論文の内容を簡単に紹介し、井上がどのような意図・問題意識からこの「日本哲学」に関する発表を行ったのかを確かめたい。

同論文は、フランス語版もドイツ語版もひとしく、藤原惺窩、林羅山、中江藤樹、山崎闇斎、山鹿素行、伊藤仁斎および伊藤東涯、貝原益軒、荻生徂徠（物徂徠）、大塩平八郎（大塩中斎）という人物ごとに、それぞれの思想の特徴を記述する形式になっており、さらに全体の最初と最後に序文と結論が加わる。ドイツ語版では、各人物の補足情報が、たとえば『先哲叢談』などを参照しながら脚注で述べられている点がフランス語版と異なっているが、本論部分の内容はどちらもほぼ同じである。また言うまでもなく、井上が取り上げたこれらの人物は、いずれも後の「三部作」でも重要人物として扱われることになる。

井上の執筆意図は序文できわめて明確に述べられている。それは、日本における哲学の不在という当時の認識・常識を打破することであった。井上は、日本の思想が抽象的な「宇宙論」（cosmologie）や「自然哲学」（philosophique de la nature）についての原理よりも具体的な「道徳」（morale）に重点を置きがちなこと、また日本人の思考が「実践」（pratique）に傾斜しがちであることを否定しない（それは先述の通り、デニングによってすでに指摘されていたことでもある）。しかしながら、一方でそれは「宇宙論」のような抽象的要素が「日本哲学」に存在しないことを意味せず、また「実践」を重んずることは、それ自体が「日本哲学」の独自性を特徴づける要素としても機能しているという。井上は次のように述べている。

［……］私は、日本の哲学的思想の発展について、諸君の前に何らかの素描を示すことはいくらか興味深いものと考える。その思想の本質は、ある種の宇宙論や自然哲学というよりはむしろ、道徳の教えである。しかしながら、そのことを、日本の哲学は自然に対する考察を全く欠いているのだとは理解しないでもらいたい。後で示すように、我々にも、十分に興味深いと感じる宇宙論の観点を有する哲学の体系がある。一般的に、日本の哲学は実践の領域から離れること、つまり経験的な事実から遠ざかることを好まない。そのため現象世界の外側の世界というものは、ほとんど想像の産物としかみなされない。それは常に、個人の人生と国家の問題を解決することを方針としてきたのであって、それこそが特色なのである。(72)

また井上は、これに続く部分で、日本の「哲学的思想」が中国（儒教）とインド（仏教）の影響を受けていること、その「最初の衝撃」（la première impulsion）が外国からもたらされたことを認めはするが、しかし同時に、日本はその外来思想を十分に消化し、独創的な解釈を生み出すに至ったことを強調する。これは、一方では「儒教の日本化」という近代日本の儒教解釈の中に見られる典型的な特徴の一つであるとも言えるが、それと同時に、たとえばチェンバレンが『日本事物誌』の中で述べたような、「日本人はこれまで自分自身の哲学を持ったことがない」「いかなる日本人も、儒教の体系をより発展させようとしたり、改めたり、訂正しようとする独創性を持たなかった」などという、「日本哲学」の存在を否定する解釈への挑戦でもあった。井上は言う。

日本の学派を、それは中国もしくはインドの哲学の説明に過ぎず、したがってそれには何ら独創性がないとの反論によって、低く評価する人々がいる。それこそ誤りである。私の見るところ、彼らはそのようにする十分な理由のないまま、単なる一瞥のみで判断してしまっている。言うまでもなく、私には、日本の哲学的精神の誕生が儒教と仏教によってもたらされたことを正当に評価しようとしない意図があるわけでは全くない。この点に関してわが国の伝統が未だ何も成し遂げていないときに、哲学的に考えるための最初の衝撃は、外国から我々へとやって来たのであった。それらを受け入れてからしばらくして、それらの外国思想には多大な変化が生じ、それを全くもって独特かつ国民的なものとしてしまった。それゆえ、日本哲学という名前をそれに当てはめるのには、正当な理由がある。(73)

先述のように、井上の意図は、日本における「哲学」の不在という認識を打破することにあった。それゆえ彼は、一方では「実践」性こそが「日本哲学」の特徴であると言いながらも、他方では江戸儒学の中に、井上にとって最も「哲学」的な要素であったところの「宇宙論」や「自然哲学」を見出し、紹介することに力点を置いている。井上が取り上げる思想家のうち、特に力点を置いて（分量多く）解説されるのは山鹿素行、伊藤仁斎および伊藤東涯、貝原益軒、大塩中斎であるが、その解説の中心に置かれているのはいずれも理気論（「気」一元論を含む）およびそれに基づく「宇宙論」である。特に大塩については、彼の「人間性［仁］の殉教者」（martyr de l'humanité）としての最期が短く紹介される一方で、彼が「相当に独創的な哲学理論」を持っていたことが詳しく解説されている。その「哲学理論」とは「太虚」（le *grand vide*）をめぐる学説であり、それは道徳を含む「ミクロコスモス」（le microcosme）に関連するものが全て導かれる所の「マクロコスモス」（le macrocosme）の本質的な特性であって、「天」（le ciel）にほかならないとされる。[74] 大塩と陽明学の結びつき、そして井上『日本陽明学派之哲学』序文における「国民的道徳心」の強調に慣れ親しんだ目には、「帰太虚説」の強調は奇異に思えるかもしれないが、しかし井上が大塩に向ける視線は早くから、その実践者・行動者としての側面ではなく、「太虚」をめぐる哲学的独創性に向けられていた。[75] 素行や仁斎についても同様に、「陰陽」（Yin et Yô）に基づく世界（宇宙）生成観、すなわち「宇宙論」に力点を置いて紹介される。仁斎については、その「気」に基づく一元論を、「すでに進化論の知識を持っていたのかと思うほどに現代的である」と持ち上げている。[76]

一九世紀後半のヨーロッパにおいて、中国哲学の中でもとりわけ理気論は、西洋人の目から見ても分かりやすく「哲学」性を有する思想として探究の対象になっていた。[77] 井上は、「日本哲学」についても理気論およびそれに基づく「宇宙論」が存在することを強調することによって、儒教を基礎とした「日本哲学」を、西洋人にとって分かりやすい形で「哲学」と同じ土俵に立たせようとしている。

また井上は結論において、上記の日本の「哲学者」たちがいずれも（朱熹や王陽明の単なる模倣を超えた）独創性を備えていたことを繰り返し強調する一方で、同時に彼らが孔子を模範・標準としていたことをも強調している。「日本哲学」の独創性を強調する一方で、それが朱子学や陽明学から派生して生じた、極東のさらに辺境の地における単なる奇抜な思いつきではなく、西洋においても一定の権威を認められている孔子そのものとの結びつきを主張することで、「日本哲学」の学術としての正統性をアピールしていると考えられる。井上は言う。

私が示してきた急ぎ足の素描によって、わが国においては哲学的考察が朱子と王陽明の教えの研究から始まったということ、しかしわが国の思想家たちの多くがその道に長く留まることはなかったということが、はっきりと見て取れるであろう。彼らはすぐに全く新しい観念の人生と世界を形成し、それは一般的に言って、中国人のそれよりも実践的であったのみならず、より進歩したものであった。素行、仁斎、益軒、徂徠、そして中斎は、わが国の哲学者の第一人者であり続けているが、しかし彼らのうち誰一人として、孔子それ自体に反対した者はいなかった。彼らの思想は、彼の教えを批判するものというよりは、彼を模範とするものであった。簡単に言えば、彼らの意見の斬新さにもかかわらず、彼らは孔子を拠り所としたのである[78]。

この直後に井上は、日本には儒学者のみならず、儒教に反対した「神道主義者」(Shintoïstes) つまり国学者や、仏教徒 (Bouddhistes) も存在したことについて言及しているが、日本人の人格を形成し、一般庶民の教育を実質的に担ったのはやはり儒教であったと述べている。西洋において、とりわけ東洋における「哲学」の存在に懐疑的なヘーゲル学派などの哲学者たちによって「東洋哲学」が語られる際に何より問題視されたのは、そこに多分の「宗教」的要素が含まれているとみなされたことであった[79]。井上は、神道と仏教を「宗教」の領域に切り離し、儒教の理気論を基礎とした「宇宙論」「自然哲学」を中心に「日本哲学」を紹介することで、また、ほかならぬ「支那哲学」の中核たる孔子との直接的な結びつきを強調することで、西洋における中国哲学理解の上に立った「日本哲学」を提示しようとしたのである。

先述のように、元はフランス語で書かれた井上の論文は、増補の上でグラマッキーの手によってドイツ語へと翻訳され、ヨーロッパ各地に配布された (フランス語版の論文も、会議論文の抜き刷りという形で各所に送付されたものと見られる)。またさらにその約一〇年後、井上は、一九〇九年にドイツで出版された、日本・中国・イスラム・ユダヤからヨーロッパまでの古今東西にわたる「哲学」の概説を集めた『哲学の普遍史』（*Allgemeine Geschichte der Philosophie*）に共著者として参加しており、そこで「日本哲学」（Die Japanische Philosophie）の執筆を担当している。井上が留学先で「日本にも往古哲学者ありしや」と尋ねられてから二〇年[80]、ついに「日本哲学」は「哲学の普遍史」を構成する一要素として認められるに至ったのであった（もっとも、井上は『哲学の普遍史』の「日本哲学」の冒頭で「日本哲学には、外国から輸入された哲学のほかには独自・土着の思想的基盤は存在しない」という考えについて改めて丁寧に否定することを忘れていない）[81]。その内容は、先述の論文を核としながらも、全体を「朱子学派」「陽明学派」「古学派」「一九世紀の陽明学派」「国学派および現代哲学」という「学派」ごとに分かち、「三部作」で取り入れられた成果が随所に反映されている（たとえば、中江藤樹の「良知」とウパニシャッド哲学におけるブラーマンの比較など）[82]。その最後は「おそらく日本における哲学は、東洋の思想と西洋の思想の衝突および融合を通じて、遠くない将来に大いなる発展を遂げるであろう」という言葉で締め括られる[83]。同書の共同執筆者には、ヴント（Wilhelm Wundt）やグルーベ（Wilhelm Grube）など、井上が留学中に知り合った学者が含まれている。この人脈を通じて井上の執筆に繋がったとも考えられるが、同時に、ドイツ語で西洋の読者に向けて「日本哲学」を紹介できる人材は、この頃には井上哲次郎以上の適役を見出すことも難しかったのではないだろうか。従来「日本哲学」「日本主義」あるいは「国民道徳論」をキーワードとして論じられてきた明治三〇年代から四〇年代の井上の学術活動は、必ずしも日本国内で完結していたのではなく（むろん「日本主義」として「世界」を意識してこそ「日本」を強調したのではあるが）、「世界」に向けての発信と表裏を成していたと言うことができよう。

それでは、これまで見てきたような、井上による「世界」へ向けた「日本哲学」発信の試みは、実際には「世界」でどのような影響力を持ったのだろうか。たしかにドイツで出版された『哲学の普遍史』に「日本哲学」を混ぜてもらうことはできた。しかし、西洋のオリエンタリストやシノロジストたちは、「日本哲学」の存在を、独自性を、本当に認めたのだろうか。結論を先取りして言えば、必ずしもそうはならなかったように思われる。しかし、井上の「日本哲学」発信の試みは、井上が当初意図したものとは別の形で、「陽明学」を媒介としつつ、世界に影響を及ぼすことになる。

(二)「日本哲学」の存在証明の失敗と陽明学

井上の「三部作」の影響力は、先に述べたように、執筆動機としての「国民道徳」と絡めながら、しばしば純粋に国内で完結するものとして論じられがちであった。しかしながら、まず指摘しておくべきは、その「三部作」への英語による書評が行われているということである。その書評を行ったのは、かつて「日本国人ハ実際ヲ好ンデ空理ノ談ヲ好マズ」と論じて哲学会を批判したデニングであった。

デニングの「三部作」への書評は、明治四一(一九〇八)年、日本アジア協会(Asiatic Society of Japan)の紀要に掲載された。この頃デニングは井上と交友関係を持っていたようで、たとえば井上はこの年の年始にデニングへ年賀状を送っている(84)。しかしながら、書評の中でデニングは、先述のような「日本における哲学の不在」を打破しようとした井上の意図とは裏腹に、日本と「哲学」の関係についてきわめて消極的な態度を崩していない。と言うのは、デニングの書評には序文が付されているのだが、その内容は、かつてデニングが『ジャパン・ウィークリー・メイル』に寄稿した哲学会批判の文章ほぼそのままであったからである(そこでデニングは、日本人が哲学に向かないことを縷々述べたのであった)。井上の「三部作」を踏まえて追記された部分でも、デニングによれば、「三部作」で取り上げられている内容は「思索的」(speculative)と言うよりは「道徳」(moral)に関するものであり、「純粋な思索」(pure speculation)はやはり日本人にはほとんど見られない、と念を押している。その意味では、「日本哲学」の中にも「宇宙論」などの要素があると説くことで「日本における哲学の不在」という観念を打破しようとした井上の努力を、デニングは残念ながらさほど認めていないことになる。一方でデニングは、日本が中国から受け入れ発展させたその「実践哲学」（practical philosophy）には、西洋哲学の一部の学派が催させるような嫌悪感がなく、それは「高度な叡智の統合として、世間の良識ある人々、とりわけ政治家たちに受け入れられた」と称賛している。[85] デニングは「三部作」のいずれについても書評を行っているのであるが、とりわけ『日本陽明学派之哲学』については、次のように肯定的に述べている。

井上博士は陽明学派の歴史について、次々と主要な著述家全てについて、彼らの記述を引用したり、教義を解説したりしながら、綿密な解説を行っている。日本の哲学的思想に関するこれほど明瞭な説明は、日本語ではほかに存在しない。日本語を解し、日本の紳士との交際に慣れ親しんだ外国人にとってはきわめて馴染み深いような、あの日常生活における高い道徳的水準はどこからやって来るのかという質問に対して、『日本陽明学派之哲学』は間違いなく最善の回答である。[86]

「陽明学」と「道徳」の結びつきは、もちろん『日本陽明学派之哲学』の中で強調されているものであるが、しかしそれは少なくとも、井上が「世界」に向けて意図して発信しようとしたものではなかった点に注意すべきである。もちろん井上は、「世界」に向けて発信した論文・発表の中で、「日本哲学」史における陽明学の受容を語っていないわけではない。しかしその力点は、「国民的道徳心」を強調する国内向けの解説とは異なって、あくまでも陽明学を吸収した日本人が独自の「哲学」を打ち立てた点に置かれていた（たとえば大塩を紹介する際には、その実践・行動の側面よりも、むしろ「太虚説」を中心に説明したのであった）。井上の目的は「日本哲学」の独自性、その「支那哲学」からの距離を証明する所にあったからである。しかしここでデニングは、「三部作」の原著を日本語で読破することによって、井上が国内向けに示した「陽明学」と「道徳」の結びつきに着目し、そこに肯定的な評価を下しているのである。結論から言えば、井上が「世界」に対して影響力を行使したのは、独創的な「日本哲学」の存在を証明することによってではなく、「三部作」などを通じて喚起された、明治後期から大正初期の日本における「陽明学」の再興によってであり、それが清末民初期の中国、ひいては西洋のオリエンタリストやシノロジストたちにも影響を与えたのであった。彼らが着目したのは、先述のデニングと同様に、井上が「日本における哲学の不在」という観念の打破という意図を持って海外に発信したような、陽明学を吸収して独自の理気論・宇宙論を発展させた「日本哲学」の一部としての「日本陽明学派の哲学」ではなく、中国哲学の一部としての「陽明学」であり、それが日本で、ひいては一度は陽明学が忘れ去られた中国で再興しつつある、という事象についてであった。

清末民初期の中国が「日本陽明学」をめぐる動向から影響を受けていたことについては、早くから指摘がある。たとえば荻生茂博は、井上の『日本陽明学派之哲学』に影響を受けて梁啓超が『節本明儒学案』を出版したことや、[87]「陽明学が明治維新を先導した」というストーリーが訪日留学生を通じて中国大陸へ輸出されたことを指摘している。[88]しかしながら、その射程は単に中国大陸に留まるものではなく、「東アジアにおける陽明学の復興」という事象を通じて、西洋のオリエンタリストやシノロジストたちの認識にも影響を与えた。そして彼らは例外なく、繰り返すように、「日本哲学」ではなく中国哲学の一部としての「陽明学」に着目したのであった。

近世以降の、特に二〇世紀前半の西洋における陽明学研究の受容と展開を整理して論じた研究として、ジョージ・イスラエル（George Israel）による論文がある。[89]以下、このイスラエルの研究に依りつつ、適宜そこに示されている原典に当たり、また独自の考察を加えながら、日本の陽明学研究がどのような影響を西洋にもたらしたのかを確認したい。

王陽明への着目それ自体が日本の影響を受けて始まったというわけではない。イスラエルの指摘するように、[90]英国人外交官でオリエンタリストのトーマス・ワッターズ（Thomas Watters）は、一八七九年の著作の中で、『王陽明先生全集』に基づいて王陽明の生涯および「良知」の概念を六ページにわたって論じており、軍隊経験を持つ点や、また「心には高度な真理を知覚する能力が生得的に備わる」と主張した点などで、王陽明をデカルトになぞらえている。[91]しかしながら西洋において、王陽明は一九一〇年代まで大きな注目を集めてこなかった。[92]

一九一〇年代以降、欧米のシノロジストたちによって王陽明を取り上げた著作が出版されるようになるが、それは繰り返すように、日本および清末民初期の中国を含む東アジアにおいて「陽明学」に注目する動きが現れたことに触発されたものであった。それゆえ必然的に、当時の西洋の学者たちの陽明学観も、当時の東アジアで支配的となっていた日本発の陽明学観から大きな影響を受けている。一九一四年に米国人メソジスト派宣教師のフレデリック・ヘンケ（Frederick Goodrich Henke）によって書かれた論文「王陽明――中国の観念論者」（Wang Yang Ming: A Chinese Idealist）は、イスラエルによれば「西洋の学術雑誌に掲載された最初の王陽明に関する学術論文」であるが、[93]この中でヘンケは、王陽明の道徳体系においては「知識と行動」「理論と実践」の両立が重視されており、それは日本と中国で大きな影響を持っていると述べている。[94]先に見たワッターズの著作の中では、王陽明の経歴と「良知」がもっぱら論じられており、「実践」という要素はさほど着目されていなかったが、ヘンケの著作では「道徳」における「実践」「行動」の重要性が指摘されている。このヘンケの論文は、鈴木大拙が助手として参画したオープン・コート（Open Court）社の刊行する雑誌（*The Monist*）に掲載されたのであるが、興味深いことに、イスラエルの調査によれば、同誌の編集者であったポール・ケーラス（Paul Carus）は、ヘンケの論文を掲載するに際し、その題名候補の一つとして「カント以前のカント主義者」（A Kantian before Kant）を提案したという。[95]「王陽明」と「カント」という、明治後期の日本思潮を象徴する東西の思想家の結合が、遠く離れたアメリカで生じていたことになる。イスラエルはこの要因を、ケーラス自身の「哲学的嗜好」（philosophical proclivities）に帰しているが、当時ケーラスの助手として活躍していた鈴木大拙の影響をもいくらか見て取るべきであろう。そして鈴木の背後には、言うまでもなく、「カント」と「陽明学」（および「武士道」）をキーワードとして展開した、明治期の日本における思潮が横たわっている[96]。

また、イスラエルの指摘するように[97]、フランス人オリエンタリストのルネ・グルーセ（René Grousset）は、一九二三年の著作の中で、右のヘンケの著作などのほか、井上が一八九八年に発表した先述のフランス語論文「ヨーロッパ文明導入以前の日本における哲学思想の発達について」を参照している[98]。グルーセによれば、「朱熹は博識な碩学と物質主義的な官吏を生み出した。王陽明は侍［samuraï］を作り出すのに役立った[99]」というが、静的な朱子学と動的な陽明学という対比の表現は、先述の井上論文には直接登場しないものの、「三部作」では強調されている所である。

それでは、グルーセはどこからそのきわめて井上的な陽明学観を摂取したのか。イスラエルはこの点について直接指摘してはいないが、おそらく彼は、同じく参考文献として名前を挙げているところの、ロバート・アームストロング（Robert Cornell Armstrong）の著作を通じて「三部作」の影響を受けている。カナダ出身のメソジスト派宣教師で、大学昇格前の関西学院などで教鞭を執ったアームストロングによって一九一四年に著された『東方からの光——日本儒学研究』（*Light from the East: Studies in Japanese Confucianism*）は、同時期に西洋で発行された著作の中で、最も直接的に「三部作」の影響を受けて書かれたものであると言える。同書冒頭の参考文献一覧では、ジェームズ・レッグ（James Legge）による英訳経書に並んで井上の三部作が挙げられている上[100]、その章構成は「朱子学派」（Shushi School）「陽明学派」（O-Yomei School）「古学派」（Classical School）「折衷学派」（Eclectic School）と、井上の学派分類を完全に踏襲している。何より、イスラエルの指摘するように[101]、同書には井上哲次郎本人が英文で序言を寄せているのである。

一方で、こちらはイスラエルは指摘していないが、同書出版の翌年の一九一五年には、当時ハーバード大学滞在中の姉崎正治が、やや辛辣な同書の書評を書いている。姉崎によれば、同書の中核部分はほぼ全て井上「三部作」の「簡訳版」（a translation in abstract）にほかならない[102]。それゆえ同書は独創性に欠け、しかも「三部作」にあった重要な要素をところどころ恣意的に欠落させてしまっている、と姉崎は批判している。しかし、それは反面、同書が「三部作」の影響を強く受けて書かれたことの証明でもある。「三部作」の外国語訳はついに出版されることがなかったが、アームストロングの著作などを通じて、「三部作」は実際に西洋の陽明学理解に影響を与えていたことが分かる。これに加えて、イスラエルの指摘するように、ボヘミア生まれの著述家であるアーンスト・ゼンカー（Ernst Viktor Zenker）による一九二七年の著作『中国哲学史』（*Geschichte der chinesischen Philosophie*）は、先に述べた『哲学の普遍史』に収められた井上哲次郎の執筆による「日本哲学」を、またデニングによる「三部作」の英文書評を参照している。[103]

日本の陽明学は、当時植民地であった台湾の知識人をも惹きつけた。林茂生は台湾のミッションスクールを卒業したのち、明治四一（一九〇八）年に来日して同志社中学および第三高等学校に学び、大正五（一九一六）年に東京帝国大学文科大学哲学科を卒業して台湾人初の学士となったが、その卒業論文（もしくはその骨子）と思われる「王陽明の良知説」が、同年九月に雑誌『東亜研究』に掲載されている。林の制度上の専攻（当時にあっては「専修学科」）は「哲学」ではなく「支那哲学」であり、[104]それゆえ指導教員も井上ではなく当時助教授の塩谷温であったとされるが、[105]陽明学を西洋哲学、特にカントと比較しながら論じようとする態度には、多分に井上哲次郎（あるいは高瀬武次郎）の影響を見て取ることができる。[106]林はその後コロンビア大学に留学して博士号を取得し、こちらも台湾人としては初の快挙となった。日本の敗戦後、林は国民党接収後の国立台湾大学で文学院院長などを務めたほか、『民報』社長にも就任したが、一九四七年の二・二八事件で命を落とした。林のコロンビア大学での博士論文は、日本統治下の台湾における教育制度およびその問題点を批判的に考察したものであり、[107]陽明学の研究を続けたわけではなかったが、その学究生活の第一歩は陽明学研究であった。

井上が意図した「日本哲学」の存在証明と世界発信の試みは、その当初の目的を達成したとは言いがたい。ここまで紹介した様々な文献のいずれも、江戸時代に儒教を基礎とした独創的な「日本哲学」が展開されたという、井上が展開しようとしたストーリーを認めているようには思われないからである。「三部作」を模倣したアームストロングの著作でさえ、章名を「三部作」に倣って、たとえば「陽明学派の哲学」とするのではなく、「陽明学派の研究」(Studies in the O-Yomei School) などとして、「哲学」という言葉を用いることを意図的に避けているように思われる(もっとも本文中では、中江藤樹、熊沢蕃山、大塩中斎など陽明学系の若干の人物について"philosophy"という語を何度か用いてはいる)。

井上は、「支那哲学」とは別に、独自の「日本哲学」が存在したと世界に認めさせることは結局できなかったように思われる。しかしながら、井上が国内向けに著した「三部作」、とりわけその中の陽明学に関する認識は、訪日留学生を通じた清末民初期の中国における受容と相まって、西洋のオリエンタリストやシノロジストたちの関心を呼び起こし、彼らの陽明学理解に少なからぬ影響を与えたのであった。

おわりに

西洋人が「日本に哲学は存在しない」「日本人に哲学は不可能である」と見ていた明治期の日本において、井上哲次郎は、まず「東洋哲学」の構築を試み、次いで「日本哲学」の世界発信を試みた。その背景には、西洋の知識人が「東洋哲学」に対する確たる知識のないまま、「日本哲学」についてはその存在すら知らないまま、「東洋哲学」を西洋哲学からの「法律的」「論理的」要素の欠如という形で云々しようとする態度に対する、井上が留学中に抱いた強い不満があった。留学終盤に行われた国際東洋学者会議で、井上は「人性」の問題が東西を通じて普遍的な哲学的課題であること、それゆえ西洋に先駆けてその問題に取り組んできた「東洋哲学」も「西洋哲学」に並び立つべき存在であることを示し、帰朝後にその成果を「性善悪論」によって日本でも示そうとしたが、頑強な漢学者たちの抵抗に直面し、井上の試みは挫折してしまう。その後井上は、今度は独自性を持った「日本哲学」の存在を世界に対して証明しようと試み、再び国際東洋学者会議で発表を行ったが、世界が着目したのは「日本哲学」ではなく、中国哲学の一部としての陽明学であった。ここでも井上の「日本哲学」の試みは挫折してしまうのだが、しかし同時に、井上を源泉の一つとする陽明学認識は、単に日本国内のみならず、中国ひいては西洋に少なからぬ影響を及ぼしたのであった。

中江兆民が『一年有半』を著し「我日本古より今に至る迄哲学無し」と喝破した明治三四（一九〇一）年は、井上が「三部作」の第一作である『日本陽明学派之哲学』を出版した翌年である。最晩年の兆民が同書を読んだのか、あるいはその四年前、かつて兆民も滞在したパリで開かれた国際東洋学者会議で「日本に哲学あり」とフランス語で論じた井上の主張を知っていたのかどうか定かではないが、「仁斎・徂徠」などは「経学者」に過ぎないという兆民の目からすれば、井上の言う「日本哲学」は「哲学」ではないという立場に、当時の多くの西洋人と同様、兆民も立っていたことだろう。

その兆民は「哲学無し」と断じた同じ章で、次のように述べている。

> 夫れ哲学の効未だ必ずしも人耳目に較著なるものに非ず。即ち貿易の順逆、金融の緩漫、工商業の振不振等、哲学に於て何の関係無きに似たるも、抑も国に哲学無き、恰も床の間に掛物無きが如く、其国の品位を劣にするは免る可らず。カントやデカルトや実に独仏の誇也、二国床の間の掛物也。二国人民の品位に於て自ら関係無きを得ず。是れ閑是非にして閑是非に非ず。哲学無き人民は、何事を為すも深遠の意無くして、浅薄を免れず。(108)

「哲学」とは、直接は経済や産業に貢献しない「床の間の掛物」に過ぎないが、しかしそれは一国の「誇」であり、一国の「品位」を左右し、人民に「深遠の意」を与える。だからこそ日本にも「床の間の掛物」としての「哲学」がなければならない。井上の「東洋哲学」および「日本哲学」をめぐる模索と挫折も、おそらくはこのような発想に基づいて行われたものであった。仁斎や徂徠を「経学者」に過ぎないと切り捨てた兆民は、「宗教」でも「輸入」でもない本物の「日本哲学」が将来に現れることを期待した。井上は、過去の遺産を遡ることで「日本哲学」を発見・再構築しようとしたのであった。

「国」を単位として考えるということは、必然的に、外国・世界を意識するということでもある。井上による「日本哲学」の模索は、漢学を起点としながらも、海外とりわけ西洋を意識し、西洋との交流の中で行われたものであった。一方で、井上が「日本哲学」を模索していた明治中期から後期の日本国内においては、もう一つの海外である「支那」（清国）を意識した新たな漢学の形の模索が行われつつあった。漢学は単に過去の書物の探究と考証で終わるのではなく、我が国が清国と交渉・交際する際に役に立つような「実用」性を兼ね備えたものへと変化していくべきである。このような議論が少なからず起こり、当時のアカデミアを揺さぶろうとした。第三章では、そのような漢学改革論について検討し、併せて第一章で論じたような東京（帝国）大学の漢学者たちが、どのようにそれらの議論に対応したのか（あるいはしなかったのか）を確認する。

（1）森下直貴「井上哲次郎の〈同＝情〉の形而上学——近代「日本哲学」のパラダイム」浜松医科大学『浜松医科大学紀要 一般教育』第二九号、二〇一五年、三—四頁。
（2）井上哲次郎「明治哲学界の回顧」岩波書店編『岩波講座 哲学 第一一巻』岩波書店、一九三二年、八頁。
（3）森下のほか、たとえば郭馳洋「明治期の哲学言説とネーション・社会——井上哲次郎の「現象即実在論」をめぐって」（東京大学大学院総合文化研究科地域文化研究専攻『年報地域文化研究』第二一号、二〇一八年）は、「現象即実在論」の分析を通して井上の宗教・倫理・社会観を浮かび上がらせようと試みている。英語圏においても、トマス・カスリス（Thomas Kasulis）は「現象即実在論（phenomena *soku* reality）」を詳細に検討・紹介した上で、これまで「日本哲学」の開祖として考えられてきた西田幾多郎の哲学は、井上哲次郎（および井上円了）の影響を抜きにして語ることはできない、と指摘する（Kasulis, Thomas. *Engaging Japanese Philosophy: A Short History*, Honolulu: University of Hawaiʻi Press, 2018, p. 445）。同様の指摘は、郭が整理しているように、日本ではそれよりもやや早くから行われている（郭論文、三九頁）。

（4）大島晃「井上哲次郎の「東洋哲学史」研究」上智学院『ソフィア』第四五巻第三号、一九九六年、六九頁。

（5）大島晃「井上哲次郎の「性善悪論」の立場——「東洋哲学」研究の端緒」上智学院『ソフィア』第四二巻第四号、一九九四年、六七頁。

（6）中江兆民『一年有半』博文館、一九〇一年、二六—二七頁。

（7）笠松和也「戦前の東大哲学科と『哲学雑誌』」『東京大学草創期とその周辺——二〇一四—二〇一八年度多分野交流演習「東京大学草創期の授業再現」報告集』東京大学大学院人文社会系研究科、二〇一九年、六五頁。

（8）『大西博士全集　第五巻　良心起源論』警醒社、一九〇四年、一頁。

（9）東京帝国大学編『東京帝国大学五十年史　上』東京帝国大学、一九三二年、一〇六九頁。

（10）「徳大寺実則日記」明治二〇年五月一三日（宮内庁書陵部蔵）。

（11）東京帝国大学編『東京帝国大学五十年史　上』東京帝国大学、一九三二年、一〇六五—一〇六八頁。

（12）“The Japanese have never had a philosophy of their own. Formerly they bowed down before the shrine of Confucius. They now bow down before the shrine of Herbert Spencer.” Chamberlain, Basil Hall. *Things Japanese: Being Notes on Various Subjects Connected with Japan for the Use of Travellers and Others*, London: Kegan Paul, Trench, Trübner & Co., Ltd., Tōkyō: The Hakubunsha, 1890, pp. 269–270.

（13）“The most eminent Japanese names among the Confucianists are Itō Jinsai and his son, Itō Tōgai, at Kyoto; Arai Hakuseki, and Ogyū Sorai at Yedo. All four flourished about the end of the seventeenth and the beginning of the eighteenth century. They were merely expositors. No Japanese had the originality—it would have been hooted down as impious audacity—to develop the Confucian system further, to alter or amend it. There are not even any Japanese translations or commentaries worth reading. The Japanese have, for the most part, contented themselves with reprinting the text of the Classics themselves, and also the text of the principal Chinese commentators（especially that of Shushi, 朱子）, pointed with diacritical marks to facilitate their perusal by Japanese students.” *ibid*., pp. 77–78.

（14）明治初期に文部省が翻訳した『百科全書』（*Chambers's Information for the People* 全二巻）と出版社は同じだが別のシリーズである。

（15）"The literature of J. [Japan] is abundant and various, and includes works on history and science, encyclopædias, poetry, prose fiction, and translations of European works. Besides original writings, the Japanese have adopted the whole circle of Chinese Confucian literature; the Chinese classics indeed form the basis of their literature, system of ethics, and type of thought." *Chambers's Encyclopedia; A Dictionary of Universal Knowledge for the People*, vol. 5, Philadelphia: J. B. Lippincott & Company（Edinburgh: W. & R. Chambers）, 1871, p. 687.

（16）両文献については、井川義次『宋学の西遷——近代啓蒙への道』（人文書院、二〇〇九年）を参照。井川は同書の第一章でクプレの『中国の哲学者孔子』について、第五章および第六章でヴォルフの講演（『中国実践哲学講演』）について詳細に検討している。

（17）井上哲次郎は、ヘーゲル学派のシュヴェーグラー（Albert Schwegler）が東洋哲学を哲学とみなさないことに批判的に言及している（「泰西人ノ孔子ヲ評スルヲ評ス」東京社『東洋学芸雑誌』第四号、一八八二年、五三―五四頁）。シュヴェーグラーは『西洋哲学史』において、哲学の起源を論じる中で、いわゆる「東洋哲学」と呼ばれている中国哲学およびインド哲学は、実際には神学・神話学に近く、哲学の起源とみなすことはできないと述べている（Schwegler, Albert. *Geschichte der Philosophie im Umriß*, Stuttgart: Verlag der Frankh'schen Buchhandlung, 1848, p. 4）。なおフェノロサは明治一一（一八七八）年から翌年にかけて、東京大学文学部二年生向けの授業で「シユエグラー氏著ス所ノ哲学史」を用いたというが（東京大学史史料研究会編『東京大学年報　第一巻』東京大学出版会、一九九三年、一二九頁）、おそらくは同書であろう。入学年度から考えて、井上はまさに当該年度のフェノロサの講義を受講していたはずである。
　ヘーゲルの「東洋哲学」観については、たとえば次の文献を参照。G・W・F・ヘーゲル（長谷川宏訳）『哲学史講義Ⅰ』河出書房新社、二〇一六年、一六九―二〇四頁。

（18）なかでも朱熹（"*Chu-Hi* or *Chu-Fu-Tsze*"）に"one of the greatest philosophers of China"として高い評価が与えられている。明清の学者も数名紹介されてはいるが（楊慎、毛奇齢、閻若璩など）、それらは"The Epigones"（模倣者・追随者）としてカテゴライズされている。Eitel, E. J. "Outlines of A History of Chinese Philosophy," *Travaux de la Troisième Session du Congrès International des Orientalistes, St. Petersbourg 1876*, St. Petersburg, 1876 (Nendeln/Liechtenstein: Kraus Reprint, 1968).

（19）"Three forms of belief—the Confucian, the Buddhist, and the Taouist—may be considered the national religions, as they are believed in, more or less, by the great mass of the people. [...] Confucianism is the basis of the social life and political system of the Chinese. [...] It is, however, less a religion than a philosophy, and does not pretend to treat of spiritual things; [...]" *Chambers's Encyclopedia; A Dictionary of Universal Knowledge for the People*, vol. 2, Philadelphia: J. B. Lippincott & Company (Edinburgh: W. & R. Chambers), 1871, p. 820.

(20) "It is hardly to be expected that even the educated portion of the Japanese nation will for some generations take keen interest in the more abstruse and philosophic speculations of the West. Neither their past history nor their prevailing tastes show any tendency to idealism. They are lovers of the practical and the real: neither the fancies of Goethe nor the reveries of Hegel are to their liking. Our poetry and our philosophy and the mind that appreciates them are alike the result of a network of subtle influences to which the Japanese are comparative strangers.

It is maintained by some, and we think justly, that the lack of idealism in the Japanese mind renders the life of even the most cultivated a mechanical, humdrum affair when compared with that of Westerns. The Japanese cannot understand why our controversialists should wax so fervent over psychological, ethical, religious, and philosophical questions, failing to perceive that this fervency is the result of the intense interest taken in such subjects. The charms that the cultured Western mind finds in the world of fancy and romance, in questions themselves irrespective of their practical bearings, is for the most part unintelligible to the Japanese." *The Japan Weekly Mail, Reprint Series I: 1870–1899, Part 4: 1885–1889, Vol. 43: July to December 1888*, Tokyo: Edition Synapse, 2006, pp. 541–542.

(21) この文章の一部は、チェンバレン『日本事物誌』「日本人」(Japanese People) の項にも引用された。

(22) デニング「日本ニ於テ哲学上ノ急務ナル問題」哲学会事務所『哲学会雑誌』第一冊第八号、一八八七年、四〇六頁。

(23) 同書、四〇七頁。

(24) 同書、四〇九―四一一頁。

(25) 内田貴『法学の誕生――近代日本にとって「法」とは何であったか』筑摩書房、二〇一八年、一三〇―一三三頁。

(26) 福澤は『文明論之概略』「第二章　西洋の文明を目的とする事」で、「文明」を「外に見わるる事物と内に存する精神」に区別し、一見して分かりやすくそのまま導入しやすそうな文明の「外形」よりも先に、まず文明の「精神」を導入すべきことを説く (福澤諭吉『文明論之概略』慶應義塾大学出版会、二〇〇九年、二六―二九頁)。

(27) 慶應義塾『慶應義塾百年史　中巻 (前)』慶應義塾、一九六〇年、四〇頁。福澤はデニングを「学識ある人物」と評したという。

（28）デニング「日本ニ於テ哲学上急務ナル問題」哲学会事務所『哲学会雑誌』第一冊第八号、一八八七年、四四八頁。

（29）幕末に日本を訪れた少なからぬ西洋諸国の外交官たちが目にした（記録した）ものは、きわめて精巧な工芸品の数々であり、美しい自然であり、よく整備された田園風景であり、行き届いた教育であり、教養と知性と秩序のある人々であり、素朴で快活で幸せそうな人々であった。渡辺浩は、おそらく当時の西洋人の目に映った日本は、のちにジョン・ロールズ『万民の法』（Rawls, John. *The Law of Peoples*, 1999）が言うところの「秩序ある伝統的社会 a well-ordered hierarchical society」にかなり近く、それゆえに、そのようなすでに幸福かつ繁栄し秩序ある社会に、「安定した秩序に幸福そうに安らいでいる（らしい）、人口稠密で清潔で礼儀正しい（ように見える）人々」に、改めて自分たちの「文明」と「開国」を強制する当事者たち、たとえば英国公使オルコック（Rutherford Alcock）などは、内面での倫理的葛藤を抱えざるを得なかったと述べる（渡辺浩『明治革命・性・文明――政治思想史の冒険』東京大学出版会、二〇二一年、七七―一〇一頁）。

明治前期の急速な西洋化は、幕末・明治初期に日本を訪れた西洋人から見て好ましいと感じられていた社会の様々な側面や人々の特徴を、おそらく見ていられないと彼らが（一部の日本人以上に）感じるほどに、破壊・変革し続けていったことだろう。チェンバレンは『日本事物誌』第五版（一九〇五年）の序論で、次のように記している。

著者は繰り返し言いたい。古い日本は死んで去ってしまった、そして、その代りに若い日本の世の中になったと。それは風景においても、目的においても、前のものとは反対である。［……］日本は静かな家長制度の中から、やかましい西洋の競争の中へ移された。それは、外交に戦争に、産業に船舶に、おそらくは植民地化においても、いたるところで活発な競争である。（チェンバレン著・高梨健吉訳『日本事物誌　一』東洋文庫、一九六九年、一四頁）

（30）哲学ではないが、日本人の「文学」に対する態度に関して類似した報告がある。明治二三（一八九〇）年に文学科・理財科・法律科の三科体制で設立された慶應義塾大学部に招聘された三名の外国人教員の一人で、主に理財科で教えたドロッパーズ（Garrett Droppers）は、病気のため辞職した文学科のリスカム（William S. Liscomb）に代わる「英文学」の新任教員を求めた福澤諭吉の要望をハーバード大学総長エリオット（Charles Eliot）に伝える明治三一（一八九八）年の手紙の中で、次のように述べている。

ここの英文学科［引用文献所収の英語原文では“the Department of English Literature”／以下同様］で望んでいる人は、深遠な学者よりも実用的で面白い人です。英文科の目標は学生に記者、教員、会社員や秘書などになる修業をさせることです。この課程の第一の目的は、正しい英語で話したり書いたりする能力と実際に役に立つ英文学の知識を与えることです。深い優雅な文学趣味をやしなうなどということは日本にはむかないことを確信いたします［I feel quite certain that the cultivation of the remoter and more refined literary tastes is out of place in Japan］。（清岡暎一編集・翻訳『慶

應義塾大学部の誕生――ハーバード大学よりの新資料』慶應義塾、一九八三年、一〇二頁）

エリオットは、慶應義塾に大学部が設立される当初に招聘された三名の教員斡旋にも携わっていた。福澤は当時、ユニテリアン宣教師でハーバード大学出身のナップ（Arthur Knapp）と親交があり、大学部設立にあたってナップを通じて三名の外国人教員の選定を依頼した。ナップは「もし可能ならその教授達をハーバード大学の卒業生から選ぶように」という福澤の希望を背景に（同書、三五頁）、エリオットと相談しつつ、理財科のドロッパーズ、文学科のリスカム、また法律科のウィグモア（John Henry Wigmore）の人選が定まったのであった。なおドロッパーズとウィグモアはハーバード大学出身、リスカムはブラウン大学の出身であった。

上記の引用に戻れば、そこから指摘できることは、「文学科」という名前で始まった慶應義塾大学部の同組織は、当初の課程表によれば「和文学」「漢文学」「審美学」などの授業もいくらか盛り込まれてはいたものの（慶應義塾『慶應義塾百年史　中巻（前）』慶應義塾、一九六〇年、六〇頁）、少なくとも外国人教員（ドロッパーズ）からは「英文学科」、しかも「記者、教員、会社員や秘書」を目指す、「深い優雅な文学趣味」とは無縁の実用英語を教える課程とみなされていたということであり、またその方向性を、このドロッパーズも、明治三一（一八九八）年当時の日本人に相応しいものとみなしていたということである。

福澤自身が、教育が「学校の教員」の再生産に終わることを批判し、「実学」を学んだ「満塾の学生」が「即身実業の人」となることを期待していたことを鑑みれば（慶應義塾編『修業立志編』時事新報社、一八九八年、七六―七九頁／初出は明治一九〔一八八六〕年の「時事新報」社説）、ドロッパーズは福澤の意図をよく汲み取り、また上記の引用も、当時すなわち設立当初の慶應義塾大学部文学科の雰囲気をよく伝えていると言えるだろう。そしてそのことは、本文で述べたように、日本人の思考には「idealism」が欠落しており哲学には不向きだという、当時の西洋人の評価と軌を一にしている。

（31）『懐中雑記』は次の文献で翻刻されており、本書でもこれらの翻刻を用いる。福井純子「井上哲次郎日記　一八八四―九〇『懐中雑記』第一冊」東京大学史史料室『東京大学史紀要』第一一号、一九九三年。福井純子「井上哲次郎日記　一八九〇―九二『懐中雑記』第二冊」東京大学史史料室『東京大学史紀要』第一二号、一九九四年。

なお日本語講師としての井上の具体的な活動については、残された資料も少なく明らかになっていない部分が多いが、たとえば明治二三（一八九〇）年の「時事新報」に掲載された、帰朝直後の井上への取材に基づく記事によれば、「上級の学生は近世史略を読み、其次ぎは落語家円朝の口演に係る牡丹灯籠を課し、最下級のものは小学読本の一二位を学びつつあり、斯くして日本語を学び得たるものには外務省又は日本に於ける同国［ドイツ］の公使館へ在勤を命ずるもの多く、現に我が東京の独逸公使館には曾て井上氏の教授を受けたる人も来り居る由」なる状況であったという（『時事新報（明治前期編）

九巻―(四)/二七九四号―二八八五号』龍渓書舎、一九八六年、一三〇頁)。
(32) 大島晃「井上哲次郎の「東洋哲学史」研究」上智学院『ソフィア』第四五巻第三号、一九九六年、七二頁。
(33) 同書、八一―八二頁。
(34) 瀧井一博『ドイツ国家学と明治国制――シュタイン国家学の軌跡』ミネルヴァ書房、一九九九年、一三四―一三八頁。
(35) 同書、一一三頁。
(36) 井上哲次郎「万国東洋学会景況」哲学会事務所『哲学会雑誌』第一冊第三号、一八八七年、一二八―一三〇頁。
(37) 井上は同年一〇月にも、今度は哲学会ではなく国家学会に対して留学状況を報告する書簡を送っているが、『国家学会雑誌』に掲載されたその書簡の「大意」では、シュタインには一切触れられていない(「井上哲次郎氏来信」国家学会『国家学会雑誌』第一〇号、一八八七年、六一五―六一六頁)。単に井上が書かなかったとも考えられるし、あるいは想像を逞しくすれば、シュタインを尊敬する念の強いメンバーが哲学会以上に多かったであろう国家学会が、編集時に手を加えた(それゆえ全文ではなく「大意」を掲載した)とも考えられる。
(38) 福井純子「井上哲次郎日記 一八八四―九〇 『懐中雑記』第一冊」東京大学史史料室『東京大学史紀要』第一一号、一九九三年、五六頁。
(39) 大島晃「井上哲次郎の「東洋哲学史」研究」上智学院『ソフィア』第四五巻第三号、一九九六年、七三頁。
(40) 「人性の本来的な善悪は、孔子・孟子の時代から、一般的に中国における最後の啓蒙時代と考えられている宋代の道徳学者に至るまで、ほとんどの中国哲学者たちにとっての争点であり続けた。なぜなら、もちろん全てではないにせよ、中国哲学の中核部分を作り上げた道徳の体系というものは、人性に関する様々な考え方に基づいているからである。もしも、人性は本来的に善であるが、しかし後になって悪に変わりうるというのであれば、汚されていない、本来の純粋さへと帰るための努力こそが、実践道徳の根本原則とならなければならない。しかし、もし人性それ自体が悪であるならば、善い道徳と習慣によって自らを良くする努力こそをなさなければならない。さらに、もし人が二種類の性質、つまり善と悪とを人性の中に混合した状態で持っているのであれば、あるいは、この考え方とは対照的に、それを善とも悪とも考えないのであれば、個別の方法で実践道徳に関する教説の効果を発揮させることになる。事実、中国哲学者はこの点について、ほとんど全ての可能な試みをなし、その結果、次第次第に、様々な道徳教説が誕生するに至ったのである。中国におけるこれらの様々な道徳的傾向についての短い描写は、私の思うところでは、東アジアの天朝[„Himmlische Reich“は「太平天国」の訳語としても使われるが、ここでは中国一般を指していると思われる]を専門に研究している者たちに対して、少なからぬ興味を掻き立てることであろう。なぜなら、一方では、これらの歴史的事実についての知識は、中国文化を理解するためにきわめて重要であると思われるし、他方では、ヨーロッパの哲学者たちは、まさにこの点について、つまり人性の善悪について、ほとんど何も詳細に論じたことがないからである。ただし『単なる理性の限界内における宗教』（一七九三年）を書いたカントは例外である。彼の考えは、多くの中国哲学者たちときわめて近いところがある。」（拙訳）

„Ob die menschliche Natur ursprünglich gut oder böse sei, war die Streitfrage der meisten von den chinesischen Philosophen seit Confucius und Mencius bis auf die Moralisten, der Sun-Dynastie (960–1280 n. Chr.), welche überhaupt als die letzte Aufklärungszeit in China angesehen werden muß. Denn die verschiedenen moralischen Systeme, welche, wenn auch nicht den Gesammtinhalt, doch den Hauptkern der chinesischen Philosophie bilden, gründen sich auf die verschiedenen Auffassungsweisen der menschlichen Natur. Wenn die menschliche Natur eigentlich gut ist, aber doch später böse werden könnte, dann soll das Streben, zur unverdorbenen, ursprünglichen Reinheit zurückzukehren, das Hauptprincip der praktischen Sittenlehre sein. Wenn die Natur des Menschen aber an sich böse wäre, dann soll man nur danach streben, sich durch die guten Sitten und Gebräuche zu bessern. Wenn man ferner zwei Eigenschaften, die gute und die böse, in der menschlichen Natur vereinigt sieht, oder wenn man sie im Gegensatz zu dieser Auffassung weder für gut noch für böse hält, so kann man die Lehre der praktischen Moral wiederum in anderer Weise zur Geltung bringen. In der That haben die chinesischen Philosophen fast alle möglichen Versuche in dieser Hinsicht gemacht, welche zur Folge hatten, verschiedene moralische Schulen im Laufe der Zeit entstehen zu lassen. Die kurze Darstellung dieser verschiedenen moralischen Richtungen in China würde, wie mich däucht, ein nicht unbeträchtliches Interesse in denjenigen erwecken, welche überhaupt das Himmlische Reich in Ostasien zum Gegenstande ihres speciellen Studiums machen, weil einerseits die Kenntniss dieser historischen Thatsachen für das Verständniss der chinesischen Cultur in hohem Grade wichtig zu sein scheint, und weil andererseits die europäischen Philosophen gerade den Punkt, ob die menschliche Natur gut oder böse sei, äußerst selten ausführlich behandelt haben, ausgenommen Kant, welcher in seiner Schrift „Die Religion innerhalb der Grenzen der bloßen Vernunft“ (1793) eine der Ansicht mancher chinesischen Philosophen ziemlich ähnliche geäußert hat.“ 島薗進・磯前順一編『井上哲次郎集　第九巻　論文集、解説』クレス出版、二〇〇三年、四三四頁。

（41）福井純子「井上哲次郎日記　一八九〇―九二『懐中雑記』第二冊」東京大学史史料室『東京大学史紀要』第一二号、九頁。

（42）大島晃「井上哲次郎の「性善悪論」の立場――「東洋哲学」研究の端緒」上智学院『ソフィア』第四二巻第四号、一九九四年。

（43）笠松和也は、井上に卒業論文の相談に行った出隆（のち東京帝国大学教授）が、スピノザをやりたいと言ったのに対して井上から「スピノーザ哲学とベーダンタ哲学との比較研究」を勧められたエピソードなどを引用し、井上の後世からの評価が厳しいのは、その講義の雑駁さに加え、「学生指導の際に見当外れなことを言うことが多かった」ことも一因であると評価している（笠松和也「戦前の東大哲学科と『哲学雑誌』」『東京大学草創期とその周辺――二〇一四―二〇一八年度多分野交流演習「東京大学草創期の授業再現」報告集』東京大学大学院人文社会系研究科、二〇一九年、六頁）。

出隆が東京帝国大学で学生時代を過ごした大正初期と、本章が分析の中心としている明治二〇年代では大きく時代が異なるものの、敢えて本章の観点から言うならば、本文で述べたように、井上にとって東洋哲学と西洋哲学をそれぞれ別個の知的体系として論ずることは無意味であり続けており（それは「明治哲学界の回顧」で、自分は東西の「バランス」を取るように努めてきたのだが、と半ば諦念を吐露しながら述べていることからも窺える。井上哲次郎「明治哲学界の回顧」岩波書店編『岩波講座　哲学　第一一巻』岩波書店、一九三二年、八頁）、それゆえ「スピノーザ」に対して「ベーダンタ」をぶつけるような指導をしたのであろうが、時代が降り哲学研究の専門分化が進むに従って、自身の東西架橋の態度について理解者・後継者を得られなかった井上の学生指導や講義へのモチベーションが段々と消沈していったこと、また学生もそれを敏感に察知していたことが、笠松が多々引用する井上に対する悪評から窺えるようではある。本文中で後述するように、井上はアカデミアの内外で絶大な権力を発揮したようでありながら、本質的には「孤独」な学者であった。

(44) 内田周平「井上文学士ノ性善悪論ヲ読ム」哲学会事務所『哲学会雑誌』第五〇号、一八九一年、八二五頁。

(45) 井上哲次郎「性善悪論」哲学会事務所『哲学会雑誌』第四七号、一八九一年、六二八頁。

(46) 井上哲次郎「性善悪論（承前）」哲学会事務所『哲学会雑誌』第四八号、一八九一年、六九四―六九五頁。

(47) 内田周平「井上文学士ノ性善悪論ヲ読ム」哲学会事務所『哲学会雑誌』第五〇号、一八九一年、八二六頁。

(48) 一方で、大島はこの点について次のように述べ、内田の批判にも問題があると指摘する。本来、程顥の性論は程頤・朱熹のそれと異なる面を持ち、件の資料（「理有善悪」を含む一節）はそれが如実に窺えるものであるが、朱子学においては程朱の学的一体性、連続性を前提にすることから、その異質な面を朱熹の解釈で補正することで同一化し理解してきた。内田もまたつまるところ、この程顥の性論を朱熹の解釈に沿って理解せよと論ずるものであった（大島晃「井上哲次郎の「性善悪論」の立場――「東洋哲学」研究の端緒」上智学院『ソフィア』第四二巻第四号、一九九四年、六三―六四頁）。

(49) 同書、六四頁。

(50) 井上哲次郎「再ビ性善悪ヲ論ジ併セテ内田周平君ニ答フ」哲学会事務所『哲学会雑誌』第五一号、一八九一年、八六七―八六八頁。

(51) 井上哲次郎「再ビ性善悪ヲ論ジ併セテ内田周平君ニ答フ」哲学会事務所『哲学会雑誌』第五四号、一八九一年、一〇七七頁。

(52) 同書、一〇七七―七八頁。

(53) 井上が留学前に東京大学で行った「東洋哲学史」講義では、しばしば朱熹の「集注」を引用している。同講義については、次の拙稿を参照されたい。水野博太「「高嶺三吉遺稿」中の井上哲次郎「東洋哲学史」講義」東京大学文書館『東京大学文書館紀要』第三六号、二〇一八年。

(54) 井上哲次郎「再ビ性善悪ヲ論ジ併セテ内田周平君ニ答フ」哲学会事務所『哲学会雑誌』第五四号、一八九一年、一〇七五頁。

(55) 小島毅『近代日本の陽明学』講談社、二〇〇六年、一一三頁。近年では英語圏でもキリ・パラモアやトマス・カスリスなどが同様の言及を行っている。Paramore, Kiri. *Japanese Confucianism*, New York: Cambridge University Press, 2016, p. 43; Kasulis, Thomas. *Engaging Japanese Philosophy: A Short History*, Honolulu: University of Hawaiʻi Press, 2018, p. 287.
「三部作」の学派分類への批判は、井ノ口哲也が整理するように、丸山眞男・和辻哲郎以来の長い歴史がある（井ノ口哲也「井上哲次郎の江戸儒学三部作について」東京学芸大学紀要出版委員会『東京学芸大学紀要　人文社会科学系Ⅱ』第六〇号、二〇〇九年）。

(56) 赤塚忠・金谷治・福永光司・山井湧編『中国文化叢書　二　思想概論』大修館書店、一九六八年、七頁。

(57) 大島晃「井上哲次郎の「性善悪論」の立場――「東洋哲学」研究の端緒」上智学院『ソフィア』第四二巻第四号、一九九四年、六七頁。

(58) 井上哲次郎「朱子ノ窮理ヲ論ズ」哲学会事務所『哲学会雑誌』第六一号、一八九二年、一二頁。

(59) 菅原光『西周の政治思想――規律・功利・信』ぺりかん社、二〇〇九年、一六三―一七一頁。

(60) 「［……］支那ハ元来科学ノヨク発達セヌ国ナリ。且ツ程朱諸子ハ今日ヨリ殆ンド千年前ニ在リタル人ニテ、西洋ノ年紀ニ当ツレバ大約十字軍興起ノ時代ナリトス。コノ時代ハ西洋ニ於テモ理学ハ尚ホ甚ダ幼稚未熟ナリキ。「コペルニクス」モ「ケプレル」モ生マレヌズツト前ナリ。況ンヤ「ニートン」「リンネウス［＝リンネ］」「フランクリン」ヲヤ。之ヲ承知アレ。」内田周平「宋儒所謂気（第一回）」哲学会事務所『哲学会雑誌』第三〇号、一八八九年、三四四頁。

(61) 山本正身『日本教育史――教育の「今」を歴史から考える』慶應義塾大学出版会、二〇一四年、一五四頁。もっとも、明治二四（一八九一）年の『勅語衍義』と、明治三二（一八九九）年の『増訂勅語衍義』とでは、微妙にその内容が異なる。井上は『勅語衍義』自序において、教育勅語の主意たる「孝悌忠信」と「共同愛国」は「時ノ古今ヲ論セズ、洋ノ東西ヲ問ハズ、凡ソ国家ヲ組織スル以上ハ、必ズ此主義ヲ実行スルモノナリ」と、それらが普遍的な道徳であるがゆえに実行されるべきことを述べる。増訂版でもこの点は変わらず述べられるが、一方で「以テ天壌無窮ノ皇運ヲ扶翼スヘシ」への注釈として、新たに「国ハ家ヲ拡充セルモノニシテ、家ハ国ヲ縮小セルモノ」という家族国家観、また「日本ノ国家ヲシテ永遠ニ継続繁栄セシムル所以」としての「忠孝一本ノ主義」に関する論述が付け加えられており、「自らの勅語理解・解釈の再構成」が図られている（江島顕一「明治期における井上哲次郎の「国民道徳論」の形成過程に関する一考察――『勅語衍義』を中心として」慶應義塾大学大学院社会学研究科『人間と社会の探究　慶應義塾大学大学院社会学研究科紀要』第六七号、二〇〇九年、一八―二二頁）。

(62) 例外として、明治二五（一八九二）年刊行の雑誌『日本大家論集』に掲載された「支那哲学ノ性質」を論じる講演録があるが、管見の限りそれは前半部分のみが断片的に残されているのみであって（「支那哲学ノ短処」を論じたはずの後半部分がない――『井上哲次郎集　第九巻　論文集、解説』（クレス出版、二〇〇三年）にも収録されていない）、その全体としての性質を見極めることは難しい（井上哲二郎《ママ》「支那哲学ノ性質」博文館『日本大家論集』第四巻第八号、一八九二年、四八―五三頁）。明治二八（一八九五）年に雑誌『教育報知』上に掲載された同名の論説は、表現は異なるが内容の骨子は『日本大家論集』上のものと同じで、やはり「支那哲学」の「短処」を論じたはずの後半部分が欠けている（井上哲次郎「支那哲学の性質（承前）」東京教育社『教育報知』第四九四号、一八九五年、四九四―四九五頁）。

(63) 井上哲次郎による「印度哲学」の講義の経緯、および井上が「印度哲学史」に果たした貢献とその評価をめぐる問題については、次の文献を参照。今西順吉「わが国最初のインド哲学史講義（三）　井上哲次郎の未公刊草稿」北海道大学文学部『北海道大學文學部紀要』第四二巻第一号、一九九三年。

(64) 井上哲次郎『日本陽明学派之哲学』冨山房、一九〇〇年。

(65) 山村奨『近代日本と変容する陽明学』法政大学出版局、二〇一九年、二六四頁。

(66) 同書、二八〇頁。

(67) 福井純子「井上哲次郎日記　一八八四―九〇　『懐中雑記』第一冊」東京大学史史料室『東京大学史紀要』第一一号、一九九三年、三三、三六頁。福井によれば、井上がパリで雇った仏語教師の一人である「アルカンボー」（Arcambeau）は『原敬日記』にも登場する日本外務省現地雇いのフランス人で、パリ在住の日本人はもっぱら彼にフランス語を学んだ」という（福井純子「井上哲次郎日記　一八九〇―九二　『懐中雑記』第二冊」東京大学史史料室『東京大学史紀要』第一二号、一九九四年、一九頁）。

(68) グラマツキーは後に来日し、山口高等学校、第七高等学校造士館、陸軍大学校、山口高等商業学校などでドイツ語を教えた（上村直己『九州の日独文化交流人物誌』熊本大学文学部地域科学科、二〇〇五年、六四―六八頁）。

（69）井上哲次郎「万国東洋学会の概況及ひ東洋学研究の方針」『東洋哲学』第五編第三号、一八九八年、一一九頁。なお同論文は『井上先生喜寿記念文集』において、補永茂助によってその大意が翻訳されている（補永茂助「東洋哲学の将来及び其の使命」巽軒会編『井上先生喜寿記念文集』冨山房、一九三一年、二八七―二九九頁）。

（70）なお「解説」は「そこで井上は、儒教と国学を軸として、近世日本思想の展開を紹介している」と述べているが、本文で後述するように、実際にはフランス語版でもドイツ語版でも「国学」については結論部分でごく簡単に言及されるのみであり、「軸」として取り上げてはいない（島薗進・磯前順一『井上哲次郎集　第九巻　論文集、解説』クレス出版、二〇〇三年、二二二頁）。

（71）同書、二四頁。

（72）“[...] je crois de quelque intérêt d'esquisser devant vous le développement des idées philosophiques du Japon dont l'essence est plutôt une doctrine de la morale qu'une sorte de cosmologie ou philosophique de la nature. Qu'on n'aille pas toutefois entendre par là que la philosophie du Japon manque totalement de considérations sur la nature. Nous avons aussi des systèmes philosophiques où se trouvent d'assez intéressantes vues cosmologiques, ainsi que je le signalerai tout à l'heure. Généralement parlant, la philosophie japonaise ne tient à s'écarter du domaine pratique, c'est-à-dire, à s'éloigner des faits empiriques, de sorte qu'un autre monde au dehors de celui des phénomènes n'y est guère considéré que comme une création du cerveau. Elle a toujours eu pour principe de régler la vie de l'individu aussi bien que les affaires de l'État, et là est toute sa propriété.” Inouyé, Tetsusirô. *Sur le Développement des Idées Philosophiques au Japon avant L'Introduction de la Civilisation européenne*, Paris: Imprimerie Orientale G. Maurin, 1897, pp. 5–6.

（73）“D'aucuns rabaissent l'école japonaise, grâce à cette objection qu'elle n'est qu'une exposition des idées philosophiques de la Chine ou des Indes, et que par conséquent il n'y a en elle nulle originalité. C'est là une erreur. Ils ne l'ont suivant moi jugée que sur un simple coup d'œil et sans qu'il y ait en fait raison suffisante pour agir ainsi. Loin de moi, cela va sans dire, l'intention de méconnaître que ce furent le Confucianisme et le Bouddhisme qui donnèrent naissance à l'esprit philosophique du Japon. Alors que sous ce rapport notre tradition nationale n'avait encore rien fait, la première impulsion à penser philosophiquement nous vint de l'étranger. Après avoir été suivies un certain temps telles qu'on les avait reçues, ces idées étrangères arrivèrent à subir des modifications considérables qui les rendirent tout à fait particulières et nationales, si bien que l'on peut avec raison leur appliquer le nom de philosophie japonaise.” *ibid.*, pp. 6–7.

（74）*ibid.*, pp. 23–24.

（75）福井純子「井上哲次郎日記　一八八四―九〇『懐中雑記』第一冊」東京大学史史料室『東京大学史紀要』第一一号、一九九三年、三九頁。大島晃は「三部作」のうち「陽明学」と「古学」が先行した理由を説明する文脈で、「井上は総じて日本の哲学史を著すに当たって中国の儒教の受容にとどまらず日本人が自家の創見を唱え得たかどうかを評価の基準にしている」（傍点ママ）と述べている（大島晃「井上哲次郎の「東洋哲学史」研究」上智学院『ソフィア』第四五巻第三号、一九九六年、七六頁）。

（76）"Généralement parlant, l'idée de Jinsai est tellement moderne, qu'il est à se demander s'il n'eut pas déjà connaissance de la théorie de l'évolution." Inouyé, Tetsusirô. *Sur le Développement des Idées Philosophiques au Japon avant L'Introduction de la Civilisation européenne*, Paris: Imprimerie Orientale G. Maurin, 1897, p. 18.

（77）一八七四年には、英国聖公会宣教師のトーマス・マクラッチー（Thomas McClatchie）により、『御纂朱子全書』巻四九「理気一」の翻訳を中心に朱熹の鬼神論・理気論を解説した書籍が出版されており、そこで朱熹（Choo-Foo-Tze 朱夫子）は"philosopher"と形容されている（McClatchie, Thomas. *Confucian Cosmogony: A Translation of Section Forty-Nine of the "Complete Works" of the Philosopher Choo-Foo-Tze with Explanatory Notes*, Shanghai: American Presbyterian Mission Press, 1874）。

　また、本文でも後述するジョージ・イスラエル（George Israel）の整理によれば、一八七六年にはゲオルク・フォン・デア・ガベレンツ（Georg von der Gabelentz）による『太極図説』の翻訳、一八八〇年にはヴィルヘルム・グルーベ（Wilhelm Grube）による周敦頤『通書』の翻訳が登場している（Israel, George L. "Discovering Wang Yangming: Scholarship in Europe and North America, ca. 1600-1950," *Monumenta Serica: Journal of Oriental Studies*, Vol. 66, No. 2, 2018, p. 361）。

　欧米における朱子学の受容については、次の論文も参照。Chan, Wing-Tsit. "The Study of Chu Hsi in the West," *Journal of Asian Studies*, Vol. 35, No. 4, 1976.

　また、イスラエルが述べるように、米国人宗教学者のポール・ケーラス（Paul Carus）は、一八九八年の著書 *Chinese Philosophy* の中で、朱熹の「理」の概念をカントの「アプリオリ」の概念になぞらえて説明している（同書は一八九六年に発表された論文を基にしている）。また、「一元論者」としての朱熹が中国思想史上において果たした役割を、同じくカントが西洋世界において果たした役割に比定して解釈している（Carus, Paul. *Chinese Philosophy: An Exposition of the Main Characteristic Features of Chinese Thought*, Chicago: The Open Court Publishing Company, 1898, pp. 33-35）。ケーラスはシカゴで出版社オープン・コート（Open Court）社の編集者となり、本文で後述するように、一八九七年には助手として鈴木大拙を迎え入れている。本文で述べた通り、井上は明治二二（一八八九）年の時点で「性善悪論」において朱熹とカントを比較している。鈴木大拙の帝国大学文科大学選科入学は明治二五（一八九二）年である。カントと朱子学を比較するという視点が、井上からケーラスへ、鈴木大拙を経由して流れ込んでいると考えることはできないだろうか。

（78）"Par cette rapide esquisse que je viens de donner, on peut voir clairement que les considérations philosophiques débutent chez nous par l'étude des doctrines de Shushi et d'Oyômei, mais nombre de nos penseurs ne demeurent pas longtemps dans cette voie. Ils se forment bientôt de la vie et du monde de toutes nouvelles conceptions qui, en général, ne sont pas seulement plus pratiques, mais aussi bien plus avancées que celles des Chinois. Sokô, Jinsai, Yekken, Sorai et Chûsai restent les premiers de nos philosophes, mais aucun d'eux n'a osé désavouer Confucius lui-même. Leur idée est encore plus de le prendre pour modèle que d'attaquer sa doctrine: en un mot, ils se réclament de lui, malgré la nouveauté de leurs opinions." Inouyé, Tetsusirô. *Sur le Développement des Idées Philosophiques au Japon avant L'Introduction de la Civilisation européenne*, Paris: Imprimerie Orientale G. Maurin, 1897, pp. 26–27.

（79）「わたしたちは、東洋哲学について語るとき、哲学について語るべきではありますが、この点で注意すべきは、わたしたちが東洋哲学と名づけるものは、哲学というより東洋一般の宗教的なものの考え方に近く、宗教的な世界観が哲学と見なされがちだということです。わたしたちは、真理が宗教の形式を取る場合と、哲学的な思想の形式を取る場合とを区別してきました。東洋の哲学は宗教的な哲学です」。G・W・F・ヘーゲル（長谷川宏訳）『哲学史講義Ⅰ』河出書房新社、二〇一六年、一六九頁。

（80）福井純子「井上哲次郎日記　一八八四—九〇『懐中雑記』第一冊」東京大学史史料室『東京大学史紀要』第一一号、一九九三年、三八頁。

（81）„Man darf diese Tatsache jedoch nicht so auffassen, als ob es gar kein originelles, einheimisches Ideensubstrat für die japanische Philosophie gegeben habe, und daß diese nichts anderes sei, als die eingeführte ausländische Philosophie." Wundt, Wilhelm, Oldenberg, Hermann, Goldziher, Ignaz, Grube, Wilhelm, Inouye, Tetsujiro, Hans von Arnim, Baeumker, Clemens, Windelband, Wilhelm. *Allgemeine Geschichte der Philosophie*, Berlin und Leipzig: Druck und Verlag von B. G. Teubner, 1909, p. 100.

（82）*ibid.*, p. 105.

（83）„Es ist wohl möglich, daß die Philosophie in Japan durch den Zusammenstoß und die Verschmelzung der morgenländischen Gedanken mit den abendländischen in nicht entfernter Zukunft einen großen Aufschwung nehmen wird." *ibid.*, p. 113.

（84）村上こずえ・谷本宗生「井上哲次郎『巽軒日記――明治二六―二九、四〇、四一年』」東京大学史史料室『東京大学史紀要』第三一号、二〇一三年、一一一頁。

（85）"As to the kind of philosophy that most interests the Japanese mind, Dr. Inoue's three volumes which I am now about to briefly review show conclusively that it is essentially moral rather than speculative. In pure speculation the Japanese as a people take little interest. The tendency to select from the writings of our Western philosophers only that which has a distinct bearing on everyday life, which is essentially practical in character, is as strong in Japan to-day as it was in the seventeenth and eighteenth centuries. The practical philosophy which Japan adopted from China and improved on in various ways was in former times studied by almost every educated man. It had none of the characteristics which render some schools of Western philosophic thought so repulsive to certain minds. It commended itself as the embodiment of the highest wisdom to common-sense men of the world, and especially politicians. It was on this account that its influence on men's thoughts and lives was so immense." Dening, Walter. "Confucian Philosophy: Reviews of Dr. Inoue Tetsujirō's Three Volumes on this Philosophy," *The Transactions of the Asiatic Society of Japan*, Vol. 36, 1908, pp. 108–109.

（86）"Dr. Inoue gives a thorough history of the Wang School, dealing seriatim with all the chief writers, quoting their noted sayings and explaining their doctrines. No such lucid exposition of Japanese philosophic thought exists in the language. The *Nihon Yomei Gakuha no Tetsugaku* is certainly the best answer that we have met with to the question, whence comes that high moral standard of everyday life with which those foreigners who are able to speak the language and who have been accustomed to associate with Japanese gentlemen are so familiar?" *ibid.*, p. 117.

（87）荻生茂博『近代・アジア・陽明学』ぺりかん社、二〇〇八年、三八四頁。

（88）同書、四〇〇頁。

（89）Israel, George L. "Discovering Wang Yangming: Scholarship in Europe and North America, ca. 1600–1950," *Monumenta Serica: Journal of Oriental Studies*, Vol. 66, No. 2, 2018.

（90）*ibid.*, pp. 363–364.

（91）"Both [Wang Yang-ming and Descartes] held that the mind possessed an innate faculty for knowing high truths and taught the great importance of self-dependence." Watters, Thomas. *A Guide to the Tablets in a Temple of Confucius*, Shanghai: The American Presbyterian Mission Press, 1879, p. 216.

（92）Israel, George L. "Discovering Wang Yangming: Scholarship in Europe and North America, ca. 1600–1950," *Monumenta*

Serica: Journal of Oriental Studies, Vol. 66, No. 2, 2018, p. 367.

(93) "This was the first scholarly article about Wang Yangming to be published in an academic journal in the West." *ibid*., p. 372.

(94) "In its practical aspects, Wang's ethical system places special emphasis upon action as the sine qua non of moral progress. Knowledge and action, theory and practice, are so interrelated that the former does not exist without the latter. [...] As Paul S. Reinsch has stated in Intellectual and Political Currents in the Far East (page 138), this phase of his philosophy has doubtless had a profound influence upon students in Japan and China." Henke, Frederick G. "Wang Yang Ming: A Chinese Idealist," *The Monist*, Vol. 24, 1914, p. 30.

(95) Israel, George L. "Discovering Wang Yangming: Scholarship in Europe and North America, ca. 1600–1950," *Monumenta Serica: Journal of Oriental Studies*, Vol. 66, No. 2, 2018, p. 375.

(96) 小島毅『近代日本の陽明学』講談社、二〇〇六年、九四―一三三頁。

(97) Israel, George L. "Discovering Wang Yangming: Scholarship in Europe and North America, ca. 1600–1950," *Monumenta Serica: Journal of Oriental Studies*, Vol. 66, No. 2, 2018, p. 370.

(98) Grousset, René. *Histoire de la Philosophie Orientale: Inde-Chine-Japon*, Paris: Nouvelle Librairie Nationale, 1923, p. 358.

(99) "Tchou Hi faisait des érudits encyclopédiques et des fonctionnaires matérialistes. Wang Yang Ming aida à faire des samuraï." *ibid*., p. 358.

(100) アームストロングは「総論」「神道」「儒学」「仏教」の各カテゴリーごとに参考文献を列挙しているが、「儒学」ではレッグや井上のほかに内村鑑三、有馬祐政、久保天随、山路愛山などの名前が挙げられている（Armstrong, Robert Cornell. *Light from the East: Studies in Japanese Confucianism*, Tronto: University of Tronto, 1914, p. XII）。

(101) Israel, George L. "Discovering Wang Yangming: Scholarship in Europe and North America, ca. 1600–1950," *Monumenta Serica: Journal of Oriental Studies*, Vol. 66, No. 2, 2018, p. 371.

(102) "An examination of the books shows that the main part of it, Parts II–IV, is a translation in abstract of the three books by Professor Inouye, which the author cites among his indebtedness in occasional passages." Anesaki, M. "Review of the book *Light from the East; Studies in Japanese Confucianism*, by Robert Cornell Armstrong," *The Harvard Theological Review*, Vol. 8, No. 4, 1915, pp. 565–566.

(103) Israel, George L. "Discovering Wang Yangming: Scholarship in Europe and North America, ca. 1600–1950," *Monumenta*

Serica: Journal of Oriental Studies, Vol. 66, No. 2, 2018, p. 370.

イスラエルはまた、ドイツのシノロジストであるアルフレッド・フォルケ（Alfred Forke）が一九三四年の著作の中で王陽明を論じる際に高瀬武次郎を参照していると（高瀬の具体的な著作名を挙げることなく）述べているが、これはフォルケが別の箇所で述べているように、高瀬武次郎『支那哲学史』（文盛堂書店、一九一〇年）の翻訳である『中国哲学史』（趙蘭坪訳、一九二五年）である。フォルケは王陽明に限らず、随所で高瀬の著作（の中国語訳）を参照している。またフォルケはほかにも、謝无量『中国哲学史』（一九一七年）、鐘泰『中国哲学史』（一九二九年）、また渡辺秀方『支那哲学史概論』（早稲田大学出版部、一九二四年）の翻訳である『中国哲学史概論』（劉侃元訳、一九二六年）などを参照している（Forke, Alfred. *Geschichte der mittelalterlichen chinesischen Philosophie*, Hamburg: Cram, de Gruyter & Co., 1964, p. VII）。フォルケが中国哲学を論じた大部の著作は、このように高瀬の『支那哲学史』から（翻訳を通じて）直接、あるいは同書をかなりの程度参考に作られた謝无量の『中国哲学史』などを介して影響を受けていることが分かる。高瀬の著作が謝无量を通じてフォルケに与えた影響について、そしてより広く、近代のドイツ・日本・中国を繋いで行われた中国哲学をめぐる概念の循環については次の文献も参照。Gentz, Joachim. „Es bleibt alles in der Familie: Eine Geschichte von Reisen in philosophischen Kreisen,“ Ehmcke, Franziska, Müller, Martin（Hrsg.）. *Reisen im Zwischenraum — zur Interkulturalität von Kulturwissenschaft*, Würzburg: Ergon-Verlag, 2012.

(104) 東京帝国大学編『東京帝国大学一覧　従大正五年至大正六年』東京帝国大学、一九一七年、二一六頁。

(105) 黄崇修「日本陽明学発展氛囲下的台湾思想家林茂生」洪子偉編『存在交渉――日治時期的台湾哲学』台北、中央研究院・連経出版事業有限公司、二〇一六年、七八頁。

(106) 林茂生「王陽明の良知説」東亜学術研究会『東亜研究』第六巻第八号、一九一六年、四七―四八頁。

(107) 駒込武『世界史のなかの台湾植民地支配――台南長老教中学校からの視座』岩波書店、二〇一五年、三五二―三九三頁。

(108) 中江兆民『一年有半』博文館、一九〇一年、二七頁。

第三章　漢学から「実用支那学」へ

――井上（楢原）陳政を中心とした明治期の漢学改革論

はじめに

前章では、明治新世代の若きエリートである井上哲次郎が、予想外に強固な漢学界に手こずる様子を描いた。一方で、明治期に入り、漢学の地位がそれまでに比べて著しく不確実なものとなったことも事実である。そのような状況において、漢学はもはや不要か、あるいはなお有用かという議論が多く戦わされたが、それとは別に、漢学そのものを時代に合わせて改革すべきであるという議論も早くから存在していた。本章では、このような考え方を「漢学改革論」と呼びたい。

漢学改革論は明治初期から起こり、明治三〇年前後にピークを迎えた。主な議論の担い手は、帝国大学漢学科の学生、あるいは哲学科等の他学科を卒業しながらも漢学を能くした者たちなど、明治以前に教育を受けた伝統的漢学者たちとは何らかの形で一線を画していた者たちであった。

しかし、本章の結論を先取りして言えば、彼らは伝統的漢学者たちと、漢学の改革をめぐって意味のある対話に至ることはできなかった。島田重礼は、第一章で検討したように、東京大学草創期においては「支那哲学史」の新たな形を模索してもいたが、しかし本章で検討するように、同時に江戸期以来の考証重視の学風をも保っており、それを崩さなかった。右の漢学改革論が展開された頃にも、この学風は帝国大学漢学科の中に動かしがたく存在しており、その学風は服部宇之吉・狩野直喜に代表される東西の帝国大学の「支那哲学者」たちにも継承されることで、現在に至る中国哲学・中国思想史という学問分野の基本的な方向性を決定づける一因となった。

このような経緯を考えるとき、明治期の漢学改革論は、上記の漢学および「支那哲学」の主潮流に対して、目に見える形での直接的な影響を行使したとは言いがたいかもしれないが、全く無視してよいとも思われない。その理由の一つは、明治期の漢学改革論を検討することは、漢学主流派に対して向けられた様々な批判の声、つまり既存の漢学という枠組みから抜け出そう、枠組みを打ち破ろうとするエネルギーに満ちた議論を再検討することであり、従来の学知のあり方が大きな変動を迎えた明治期において、漢学という伝統学術の果たすべき役割および取るべき進路に関してどのような議論が行われていたのかを明らかにすることに繋がるからである。もう一つの理由は、それとやや重なる部分もあるが、本章で述べられるように、その改革論の多くが同時代の「支那」、すなわち清国に目を向けながら「実用性」を模索する形で展開されており、漢学をめぐる議論は決して国内の閉じた世界の中だけで展開されていたのではなく、国際的な文脈を多分に意識しながら展開されたことが、明治期の漢学改革論を検討することによって明らかになるからである。もちろん、ここで言う「国際的」とは、対外戦争・出兵の続いた明治期にあっては、必ずしも平和的・友好的なものではなかったかもしれないが（しかしながら本章で後述するように、全くの好戦的・暴力的・侵略的なものでもなかったのであるが）、明治期の日本における漢学という一つの学問分野のあり方が、決してアカデミアの内部で、かつ一国内で閉鎖的に形作られてきたのではなく、国外もしくはアカデミアの外からの刺激を受けながら形成されてきたものであることが、前章に引き続き、本章の議論を通じても明らかになる。

本章ではまず、明治期における種々の漢学改革論を検討し、その中に共通して見られる主題が存在することを明らかにする。結論から言えば、それは同時代的な存在としての「支那」を漢学と接続させようとする考え方であった。

そしてそれを踏まえた上で、そのような漢学改革論に対する伝統的漢学者たちの反応を探っていく。先述のように、両者は結局対話らしい対話に至ることができなかったのではあるが、彼らの議論がどのようにすれ違ったのかを検討することで、明治期の漢学改革論や「支那哲学」の形成をめぐる議論の全体像を明らかにすることを目指す。

具体的には、まず明治期における漢学改革論の嚆矢である重野安繹の議論について検討する。次いで、従来さほど焦点を当てられてこなかった、しかし重要な漢学改革論を提示した井上（楢原）陳政《のぶまさ》の人物および議論について検討し、さらに明治期における漢学改革論がピークを迎える明治三〇年前後の一連の議論について検討する。最後に、それらの改革論と並行して、先述の「主流派」に位置する伝統的漢学者、特に帝国大学漢学科で主導的立場を握っていた島田重礼らがどのような議論を展開し、漢学をどのように捉えていたのかを検討する。

重野安繹や井上（楢原）陳政らについては、適宜すぐれた先行研究に寄り添いながら記述を進めていく。また、その他の点についても、個々の論点についてはは先行研究が存在していることが多い。ただ、本章はそれらの論点について、先述の問題意識に基づいてより一層の掘り下げを図るとともに、それらの各論点を漢学改革論、特に漢学と「支那」の距離や関係性をめぐる議論の中に位置づけながら、明治前期から中期にかけての漢学および「支那哲学」をめぐる思想史を新たな角度から記述することを試みる。

一　重野安繹の漢学改革論

序章でも紹介した三浦叶『明治の漢学』は、明治知識人および文士・評論家たちの漢学論を広く収集・整理している。(1) 大きな枠組みとしては、福澤諭吉に代表されるような、洋学重視の立場からの漢学（儒教）への反発がある一方で、西村茂樹のように儒教の前時代性を認めると同時に道徳教育への有用性を説く議論、(2) あるいは田岡嶺雲のように

「吾国思想文物の川源」としての漢学を保全・復興しようとする議論などが存在した。(3) これらの議論を含めた明治期の漢学論の一つの特徴は、漢学がその母国たる「支那」(当時にあっては清国)から切り離されて論じられているという点である。西周は『百学連環』の中で、西洋の政治・法律を学ぶにしても、それを日本に活かすのであれば日本の法制を学ばねばならず、そのためには日本の法制の淵源である「漢土古来の国法、政律並に歴代の事実」を研究する必要性を論じてもいるが、(4) その関心の対象はあくまでも歴史と化した「漢土」なのであって、同時代を生きる隣国としての「支那」すなわち清国ではなかった。

このような状況の中で、清国との実際の交流を視野に入れた漢学論を早くに説いた人物として、漢学者・史学者の重野安繹がいた。重野は明治一二(一八七九)年九月に『東京学士会院雑誌』に発表した「漢学宜ク正則一科ヲ設ケ少年秀才ヲ選ミ清国ニ留学セシムヘキ論説」において、漢学を従来の「変則」(訓読)から「正則」(中国語音による直読)に改め、また「正則」漢学習得のため、有望な青少年を選んで清国に留学させるべきことを説いた。(5)

むろん「唐音直読」の議論は江戸期から存在した。荻生徂徠は『訳文筌蹄』の中で、まず「崎陽之学」、すなわち長崎由来の唐音を学び、「和訓廻環之読」を介さずに漢文を読めるようにしてから「経子史集四部書」を読めば「勢如破竹」であると述べている。(6) ただ、徂徠を含む従来の「直読論」はあくまでも漢文読解上の有益性の視点から発せられたものであったのに対して、重野は徂徠の議論を踏まえつつも、「正則」漢学の目的として、より広い効用および「実用」の場を視野に入れていた点に特徴がある。それが日清間の外交である。

重野が論説の冒頭で「漢学ノ用ハ既ニ尽タリ、更ニ之ヲ研究スルハ無用ノ事ナリ」という意見もあると述べているように、(7) 当時すでに漢学の存在意義を問う声が上がっていた。当然、それらの議論に対しては、漢学者などから漢学擁護の議論が起こっていた。たとえば中村正直は「漢学不可廃論」の中で、「良心」に関する西洋の哲学者の議論について、「西哲ノ語ニ拠レバ、良心ハ天命ノ性ニ根ザシテ生ズルモノナリ、即チ中庸ニ天命之謂性ノ性ヲ具フルモノナリ」と儒教と西洋哲学の議論の共通性を強調しながら、「支那ノ経書ノ中ニ許多ノ真理ヲ有シ〔……〕間妄想説アリト雖モ、白璧ノ微瑕ノミ、其レ豈ニ廃スベケンヤ」と、たとえ漢学にはいくらかの欠点があるにせよ、その「道徳学」としての有用性は今なお健在であると主張している[8]。また第一章でも確認したように、洋学を学ぶにしても漢学の基礎が必要であることを、実例を挙げながら説いてもいる[9]。あるいは中村は、漢学の価値を弁護するために「今日の経済学社会学も、皆な舜禹の云つたことの中にちやんとあります」などと、西洋の諸学問のエッセンスがすでに中国古典の中に含まれているという論理を採ることもあった[10]。

これに対し重野は、むしろ漢学の現状を良しとせず、漢学に改革を施すことによって新たな活路を見出そうとした。重野は言う。

我邦ノ漢学者ハ其理義ヲ講スルヲ主トシテ、文字言語ヲ次ニシ、言語ハ全ク講習セサルニ至ル。故ニ論説常ニ高尚ニ失シテ実用ニ乏シ。実用トハ何ソヤ、意ヲ達シ事ヲ弁スル是ナリ。今其文字十分ニ意思ヲ攄《の》フル能ハス、且遅緩ニシテ事ニ応セス、漢人ト対晤スルニ一語ヲ交ヘ一事ヲ処スル能ハス、抗顔ニ漢学者ト称スル者此ノ如クニシテ可ナランヤ。縦令ヒ経義ニ通達シ文章ニ工巧ナルモ、所謂脚下ノ暗キ学問ナリ。況ヤ其経義文章モ正則ヨリ入ラサレハ其堂奥ニ詣ル能ハス。予ノ正則一科ヲ設ケント欲スルモノハ此カ為メナリ[11]。

ここで重野は、従来の漢学者が「理義」に気を取られて「文字言語」を疎かにしてきたことを批判し、今後は「高尚」な議論よりも「実用」を重視すべきであると説いている。

漢学自らの「高尚」に対する反省と「実用」性の追求は、当時漢学に向けられていた批判を受け止めたものであろう。文政年間生まれの漢学者である重野においては、前近代に東アジアで広く模索された「実学」への志向がなおも意識されていたのかもしれないが、重野がここで漢学者に期待しているのは、漢学それ自体における探究の方法をより実証的なものにする、あるいは探究の対象をより「経世」的なものへと向けるといった、明末以降に発達した「実学」の関心とはやや異なっている。この論説で重野が漢学者に求めたのは、「漢人」と「意ヲ達シ事ヲ弁スル」こと、すなわちコミュニケーションを取ることであった。

無論それまで漢学者が「漢人」とコミュニケーションを取らなかったわけではない。漢文による筆談という点では、「漢人」ではないものの、朝鮮通信使との長い交流の歴史がある。また文久二（一八六二）年に官船・千歳丸で上海に渡った浜松藩儒・名倉信敦（予何人《あなと》）は、筆談で上海の清国人たちと親交を結んだ。[12] さらに明治一一（一八七八）年、東京に清国公使館が開設されると、多くの政治家や漢学者たちが公使館を訪問して筆談交流を行い、清国側もこれを歓迎した。[13] 重野自身、上記の論説を発表する半年前、明治一二（一八七九）年三月に来日した清国の知識人・王韜（紫詮）を自宅に泊め、筆談での交流を行っている。[14]

しかしながら重野は、もっぱら筆談のみに頼ったコミュニケーションに限界を感じてもいた。重野は明治一三（一八八〇）年三月に開かれた興亜会第一回会合の演説でも、このときの経験を振り返って「暫ク敝寓ニ居ヲ同シ日夜相接スレトモ、互ニ其言語ヲ暁得スル能ハス、此ニ至リ益《ますます》正則ノ要務ナルヲ覚知セリ」と吐露している。[15] 具体的にどのような点に限界を感じたのかは述べてはいないが、そこで重野は「仮令筆談ヲ能ストモ両情相接スルノ蘊奥ハ語言ニ非スンハ述フル能ハス」と述べており、また東京学士会院における演説の先ほど引用した部分でも「今其文字十分ニ意思ヲ攄フル能ハス、且遅緩ニシテ事ニ応セス、漢人ト対晤スルニ一語ヲ交ヘ一事ヲ処スル能ハス」と述べていたことからも窺えるように、長期にわたって生活をともにする場合、筆談では意思疎通の精度・速度に限界があった上に、直接言葉を交わすことができないがために情緒的な交流が阻害されるという弊害をも感じていたと思われる。重野は次のように述べる。

方今外交大ニ開ケ、就中清国ハ切近ノ地ニ位シ、同文同俗ノ国柄ナレハ、公事ノ往復ヨリ懋遷《ぼうせん》等ニ至マテ、日増ニ繁多ニ赴クハ必然ノ事ナリ。設令ヒ従前我ニ漢学ナキコト欧学ナキカ如クナラシメハ、必ス急ニ幾員ノ留学生ヲ派遣シ、其文学事情ニ通暁セシメサルヲ得ス。然ルニ今僅ニ変則鹵莽《ろもう》ノ漢学アルヲ以テ恃ミテ自ラ足レリト為シ、而シテ其恃ム所ノモノハ却テ目前ノ用ヲナサス。是ニ於テ長崎訳官ヲ用ヒ通弁ニ従事セシムト雖モ、訳官ノ習肄ハ尋常通弁ニ止リ、変ニ応シ事ニ処シテ彼此ノ情ヲ通スル能ハス。故ニ予ノ期望スル所ハ、今ノ漢学者ト訳官トヲ合併シテ一人トナスニ在リ。之ヲ合セテ後始テ専門漢学者ト称スヘキナリ(16)。

清国との「公事ノ往復」や「懋遷」(交易)が、今後ますます増大してゆくことは疑いない。詩文の交わり程度であれば筆談で間に合うかもしれないが、外交・通商はそれでは済まない、と重野は言う。たしかに従来から「訳官」すなわち唐通詞は存在していたし、また当時、東京外国語学校(いわゆる旧外語)で、それまでの南京官話に代わり北京官話の教育が行われ始めてもいた(17)。しかし重野は、日常定型会話を間に合わせるような「尋常通弁」では今後の日清関係に対応してゆくことはできないから、是非とも「漢学者ト訳官トヲ合併シテ一人トナス」ような「専門漢学者」が必要であると述べている。それでは、なぜ単に「訳官」であるだけでは不十分で、同時に「漢学者」でもあることが必要なのか。この点について、重野は次のように述べている。

言語ノ及ハサル所ハ文字之ヲ通シ、文字ノ至ラサル所ハ言語之ヲ達ス。二者常ニ相資ケテ用ヲナス。今我ト支那ト隣国相接スレハ、軍国ノ重事、往歳台湾役ノ如キモノ、後来必ス無キヲ保サルヘシ。其曲直ヲ争ヒ、和戦ヲ決スル等ノ時ニ当リ、幸ニ同文同俗ノ国タルヲ以テ、古ヲ援キ今ヲ証シ、或ハ経典ヲ引拠トナシ、縦横論弁シ、言文並用ヒテコソ漢学ノ実効ヲ奏スヘシ。是豈今ノ漢学者ノ能スル所ナランヤ、又長崎訳官ノ能スル所ナランヤ。若シ正則ニ従事シ経史ノ法ヨリ今日ノ俗語マテ通達諳熟セハ、施ス所ニシテ不可ナカラン。(18)

ここで言う「言語」と「文字」とは、それぞれ口頭と文章によるコミュニケーションを指していると思われる。先年には台湾出兵のような事件も起こったが、今後もそのような案件がないとは限らない。その際に「曲直ヲ争ヒ、和戦ヲ決スル」には、「同文同俗」たる日清両国は「古ヲ援キ今ヲ証シ、或ハ経典ヲ引拠トナシ」て「縦横論弁」し、口頭と文章の両方を駆使して議論するであろう。そこにおいてこそ漢学の「実効」は現れると、重野は考えたのであった。

ここには、当時の重野の漢学観のみならず外交観も示されている。近代日本における対清外交の交渉が、実際に「古ヲ援キ今ヲ証シ、或ハ経典ヲ引拠ト」するような形で進んだことは、おそらく一度もなかった。重野の論考と同時期に進行していた琉球処分をめぐる日清間の交渉は、軍事力を背景とした西洋式の近代外交の論理で進められていたし、それは明治七（一八七四）年の「台湾役」をめぐる交渉でも同様であった。ただ、それ以前の明治四（一八七一）年、日清修好条規をめぐる交渉にまで遡れば、日本側に「西洋諸国と同様の不平等条約を押しつけよう」とする動きがあった一方で、(19)先に名前を挙げた名倉信敦らによる「日中提携論」の方針も存在し、清国側を速やかに交渉のテーブルに着かせたのはむしろ後者であった。(20)また、明治一三（一八八〇）年に興亜会が設立されているように、明治一〇年代前半には依然として日清提携論の声が強く、重野も興亜会に加入している。(21)陶徳民の言葉を借りれば「支那重視」論者であり「日清連帯」論者であった重野にとって、(22)現実には「経典ヲ引拠ト」する必要などないままに進められていた日清間の外交とは、本来であれば、軍事力と西洋的な国際法に依拠した近代外交の論理に回収されるべきものではなかった。ひたすら「国際法」の論理を主張した「台湾役」の交渉についても、あるいは米国のグラント前大統領を仲介に引き入れて行われた琉球をめぐる交渉についても、重野は日清間の外交の展開に不服があったのかもしれない。

このような文脈の中において、漢学に秀でた人間が中国語をも学び、外交という「実用」の世界へ進出してゆくべきであるという、半ば実験的な議論が登場するに至ったと考えられる。言うまでもなくその背景には、そうでもなければ当代における漢学の地位は保障されないかもしれないという危機感もあったであろう。

それでは、そのような人材はどのように育成されるべきなのか。重野は、その論考の題名にある通り、「少年秀才」を「清国ニ留学」させることで、従来の漢学者とは全く異なる新しい人材を育成することを提言している。具体的には、一三―一四歳の「資性敏捷ニシテ普通漢学ヲ卒業セシ者」を「十年以上」の期間を定めて清国に派遣するのだと言う(23)。同地での教育は次のように行う。

発遣及ヒ留学中ノ処分ハ欧米留学生ノ例規ニ準シ、執ル所ノ業ハ、彼土文学ノ士ニ就テ之ヲ習ハシメ、或ハ駐清公使館内ニ一舎ヲ設ケ教師ヲ延聘スル等、スヘテ適宜ノ方法ニ任セテ可ナリ。而シテ経史子集、悉ク彼ノ読法ニ遵ヒ、傍ハラ其官話ヲ学習セシメ、雅俗文体ノ日用ヲ弁スルモノハ務テ兼修スルヲ要スヘシ(24)。

学習すべき科目としては「経史子集」と「官話」の二つが示されている。これを「十年以上」の長期にわたって現地で修業させるというのだから、要するに、漢学の素養を持つ優秀な少年に、清国の科挙官僚と同水準の漢学知識および語学力を習得させ、彼らとの対話・議論・交渉が可能な人材を育成しようというものであったと言える。先に引用した「設令ヒ従前我ニ漢学ナキコト欧学ナキカ如クナラシメハ、必ス急ニ幾員ノ留学生ヲ派遣シ、其文学事情ニ通暁セシメサルヲ得ス」との文言も、さながら洋学人材が留学によって当地の言語と最新の学問を学ぶように、清国で今まさに通用している言語と学問を深く学ばせる必要性を重野が感じていたことを示していよう。

重野の論考は、同時期の漢学論の中でも異色の存在であり、また重野自身もこの構想を粘り強く説き続けるということはなかった。東京学士会院において、会員の反応を窺うための実験的な演説であったと言うことも可能かもしれない。

ただし陶徳民によれば、重野は以下のような主張も行っている。まず明治二二（一八八九）年の「支那視察員ニ充テラレン事ヲ請フノ状」なる建白書の中では「現今並ニ将来ノ緩急ヲ生ジ、随ヒテ殖産民業ノ興廃ニ関スルハ、支那ヲ以テ第一トスベシ」と「支那」の政治・経済上の重要性が強調され、次いで「安繹少ヨリ漢学ニ従事シ、彼ノ教学歴史地理等ニ於テ渉猟スル所アリ。彼土人士ト時々往復締交シ、情意頗ル通洽《つうこう》セリ。若シ此任命ヲ奉ズルヲ得バ、当サニ心力ヲ竭クシテ奏効ノ途ヲ謀ルベシ。是レ安繹積年ノ志願ナリ」と、「漢学」を学んだ自分こそが「支那視察員」として清国に赴くのに適任であることを述べている[25]。さらに、明治三四（一九〇一）年に再び東京学士会院で行った「漢学と実学」という演説の中では、次のようにも述べている。

> 是からの漢学と云ふものは、時の用を為すやうにありたい。用を為すには、事々物々の上に付て、精しく究めて行く、それが第一であります。即ち其材料は今申す叢書などに沢山有る。其書を見て、さうして本の支那に行つて、地理から産物から、皆それを実験して講究して行くが宜しい。さうすると漢学の新世界を開いて行くと申す、それだけの私の老婆心であります[26]。

重野の「留学生」育成計画に、当時どれほどの実現性があったのかは定かではない。しかし重野にとって、時に応じて和戦はあるにせよ「支那」との関係を重視すべきという考えと、そこに「漢学」を学んだ人間が、いわば「支那」の専門家として携わってゆくべきであるという考え、あるいは「支那」の専門家を養成するための「本の支那」に立脚した「時の用を為す」学問という方向性を目指してこそ漢学の活路が開けてくるという考えは、少なくとも明治一〇年代から三〇年代にかけて一貫したものであった[27]。「正則」と「留学」を軸とした重野の漢学構想は、その早い段階での具体的な現れであったと言える。

先述の通り、重野は上記の構想を粘り強く説き続けることはなかった[28]。それでは、重野の構想はそのまま途絶えてしまったのだろうか。実は、その構想に半ば沿うような形で養成された外交官が後に登場している。その名を、井上(楢原)陳政という。

二　井上(楢原)陳政の漢学改革論

(一) 陳政について

井上(楢原)陳政は生前「支那通」の一人として知られ、外交官としても活躍した人物である。陳政に関する研究としては、佐藤武敏による論文「井上陳政とその中国研究」があり、その中で陳政の経歴も詳しく紹介されている[29]。ここでは、適宜佐藤論文およびその他の資料を参照しながら、まず陳政自身について説明する。その中で、陳政がどのように重野的な漢学構想の体現者であったのかも明らかになる。

陳政は文久二(一八六二)年、幕臣・楢原儀兵衛の長男として江戸に生まれた。後に井上家の養子となったが、最終的には楢原姓に復帰した。陳政は「小学を卒《お》」えた後[30]、明治一〇(一八七七)年四月に大蔵省印刷局製版部幼年三等技生となったが、一年半後の明治一一(一八七八)年一〇月には「漢学専門修業」の辞令を受けた。印刷局の技生が「漢学」とは一見奇妙であるが、そこには次のような事情があった。当時印刷局内に設置されていた「幼年技生学場」では、見込みある幼年技生に対し、二年を修業年限として洋学・漢学・算術・習字・作文・図学・画学・機械運用の八科目が教授されており、[31] 陳政はここで学業全般に秀で、とりわけ漢学の才能を発揮したのであった。同所では「漢学」として『日本外史』『十八史略』『皇朝史略』『文章軌範』等を教えていたというから、[32] 当時の一般的な漢学塾の初級レベルの教育を施していたことになる。[33]

当時の印刷局長であった得能良介の伝記によれば、「彼〔陳政〕は非凡の天才を有し、漢学文章の如き、特に教師をして驚嘆措く能はざらしめ、其他諸学科何れも通達せざるは無く、人物亦確実なりしを以て、君〔得能〕此に見る所あり、彼をして漢学を専修せしめ、国家他日の用に供せんとし」たという。その後、明治一二（一八七九）年一月、陳政は「清国使署在学」、すなわち東京の清国公使館での学習を命じられた。[34] 明治政府で大蔵官僚を務めた得能が、利発な少年にほかでもない漢学を専修させることが「国家他日の用」に立つかもしれないと考えている点に着目しておきたい。

陳政は清国公使館において、公使の何如璋、参賛官の黄遵憲、副使の張斯桂などに就いて「学術並ニ語言」を修めた。[35] 佐藤も指摘しているが、得能と何如璋の間には当時親交があった。[36] 東京に清国公使館が開設された際、清国人との交流を求めて同所を訪問した多数の政治家・漢学者の中に、得能も含まれていたのであろう。[37] 陳政は清国公使館で三年余りの修業を経た後、明治一五（一八八二）年二月、何如璋の任期満了に伴う帰国に合わせる形で清国留学へと出発した。陳政は言う。

是ニ至リ四年ヲ閲シ、何氏任満チ帰国スルニ会シ、遂ニ留学ヲ決ス。出発ニ臨ミ、故得能局長訓誡シテ曰ク「日清連交ノ必須ハ言ヲ俟タス、然レトモ彼邦風土事情ニ熟達シ、能ク終始ヲ通観スルニ非サレハ、安ソ連交ヲ得ン。所謂ル事ハ人ニ由テ立チ、人ハ事ニ由テ顕ル。汝此行善ク余意ヲ体シ、鞠育《きくいく》ノ労ヲ虚フスル勿レ」ト。[38]

すなわち得能は、陳政を「日清連交」を担う人材に育て上げるために漢学を専修させようとし、清国公使館での学習を命じたのであった。このことは、明治一〇年代において、依然として漢学が「彼邦風土事情ニ熟達」するための階梯として認識されていたことを示すものでもある。

陳政自身による留学記録である「留学略記」に基づき、その足取りを具体的に追ってみたい。陳政は明治一五（一八八二）年三月に上海到着後、まず何如璋の故郷である広東へ赴き、八月からは北京で「何氏ニ従ヒ制度掌故学」を修めた。明治一六（一八八三）年一一月、何如璋が福建船政大臣に任命されると、陳政はこれを機会として各地の視察を企て、何如璋が海路福建へ向かうのに対して自身は単独陸路を行き、北京から直隷・山西・陝西・湖広・江蘇・浙江を経て福建へと「各省ヲ巡歴」したが、これは「最モ実験ニ有益」であったという。この間の記録は『游華日記』としてまとめられている(39)。

その後、翌年の八月二三日には「清仏開戦シ躬歴目撃」したというが、これは清仏戦争中の馬江海戦であろう。何如璋は同海戦で惨敗した責任を負い、後に流罪となった。もはや何如璋に随行できなくなった陳政は、一〇月には彼と別れて杭州に赴き、考証学の大家である兪樾に従学した。陳政は「昼夜研修、専ラ学術ヲ治メ、交友ヲ広クシ、位置ヲ高尚ニシ、受益最モ博シ」と回想し、兪樾も「其人頗好学、能為古文」と陳政を高く評価した(40)。陳政は、その後も機会を見つけては中国大陸東部の各地を旅行し、明治二〇（一八八七）年七月に帰朝の途に就いた。およそ五年半の留学生活であった。

清国留学中の見聞は書籍にまとめられ、明治二一（一八八八）年六月には『支那内治要論』を、次いで一一月には『禹域通纂』を出版した。『支那内治要論』は、清国の「俸禄」から「船政」に至るまでの三四の主題別の小論と、郭嵩燾・曾国藩・左宗棠など洋務運動の立役者となった世代の清国人官僚らによる時論を収録した著作である。また

『禹域通纂』は、大蔵省から発行された、いわば留学報告書であり、政体・財政・内治・外交・刑法・学制・兵備・通商・水利・運輸・物産・風俗の各テーマについて制度の現状を伝えるものであって、『支那内治要論』に掲載された陳政の小論も各所に再掲されている[41]。

その後、陳政は明治二三(一八九〇)年に渡英し、ロンドンにおいて外務省翻訳試補を務めた後、やがて英国スコットランドのエディンバラ大学に学び、明治二八(一八九五)年一月に帰国した。清国と英国の双方に長期の留学を果たしたことは、当時にあっては稀有な経歴であり、陳政に寄せられた期待の大きさを窺わせる。また、陳政は同年三月の日清戦争・下関講和条約会議に伊藤博文の秘書官・通訳として列席し、その後も伊藤との密接な関係を保ちつつ、西郷従道の娘婿となるなど、政府要人との距離を縮めていった。その後は北京公使館へ赴任し、一等通訳官から二等書記官へと出世を重ね、台湾銀行創立委員にも名を連ねたが、明治三三(一九〇〇)年の義和団事件で負傷し、破傷風を起こして死亡した。

本章の問題意識から陳政の経歴を捉え直してみると、彼は印刷局幼年技生学場で(当時としては)初歩的な漢学を修めた後、一六歳にして清国公使館で学ぶ機会を得て、洋務官僚である何如璋らを師として中国語により漢学を修め[42]、その後およそ五年半にわたって清国で学び、学識と見聞を深めている。これは年数こそ異なるものの、重野が明治一二(一八七九)年に論じた「専門漢学者」の教育方法と一致している。

陳政の教育方針は、おそらく得能良介を中心に定められたと思われ、そこに重野の意図が介在したことを示す根拠はない。ただ、漢学と「官話」の双方を修めた人材が、長期にわたって清国へ留学し、後にその専門知識を活かして外交という「実用」の世界へと踏み出したという点で言えば、陳政は重野の構想をほぼ完全に実現した人材であった。同時に陳政は、官の支援を受けながら対清外交人材として養成された、いわば「チャイナスクール」の一期生でもあり(と言っても陳政以外に同様の試みはなく、「二期生」はいないのであるが)、この育成過程において漢学が大きな役割を果たしたことは注目に値しよう。明治以降、「実用」性の対極に位置する存在として批判に晒され続けてきた漢学が、同時代を生きる隣国としての「支那」（清国）に目を向けることによって外交という「実用」の世界に踏み出すことができた、数少ない例の一つである。

幕末・明治期において実際に清国人との交流を持った漢学者たちは少なくなかったものの、彼らを含めた日本人の多くの清国認識は漢籍を通じて形成されたものであり、それゆえ実際に清国に足を踏み入れた際には、漢籍から膨らませたイメージと現実の「支那」とのギャップに苦しむ者も多かった。一方で陳政は、ここまで見てきたように、早くから清国人、特に洋務官僚である何如璋を師として仰ぎ、また実際に清国に長期滞在し、大陸各地を自らの目と足で視察する中で学問と人格を形成した。それでは、そのような陳政は清国をどのように認識していたのだろうか。

（二）陳政の基本的な清国認識

陳政の基本的な清国認識は、『禹域通纂』の序文に表れている。陳政は言う。

> 道光の季、巨猾《きょかつ》遽かに驚き、炎は大沢を焚き、夏服に旋復するも、綱紀は惟れを存ち、遺俗は是れを保んじ、燕翼の謨を昭らかにし、丕承《ひしょう》の業を継ぎ、而して民は則ち田疇を辟き、樹蓺《じゅしゅう》を修め、以て滞蓄を発し、懋遷《ぼうせん》を利し、技巧を興し、以て財用を饒《ま》し、上下国治まり、遵養時晦、亦以て多きに足る。我が邦は毗隣《ひりん》にして、永く聯誼を矢《ちか》ひ、通商を利済すること、此より切なるは莫し。而して彼の邦の制度典章と、兵刑礼楽と、殖産簡器と、風俗嚮背《きょうはい》と、素より修め予め講じ、以て施用に備ふること、暫くも廃すべからず。(43)

佐藤も指摘するように、陳政は「清末の政治的社会的情勢にそれ程危機感はいだいていない(44)」。むしろ陳政は、当代の清国を、アヘン戦争や太平天国の乱による荒廃期を抜け出し、再び力を蓄えつつある隣大国として認識し、このような国と外交関係を結び、「聯誼」を結び「通商」上の利益を得ることを重要視している。また、そのために清国の「制度典章」「兵刑礼楽」「殖産簡器」「風俗嚮背」等を研究すべきことを説いている。少なくともこの時点では、あくまでも日清両国間の関係、とりわけ通商関係の発展に視線が注がれており、たとえば日清連衡して欧米列強の侵略に対抗すべしとするようなアジア主義的論調は表立っていない。

上下巻合わせて二〇〇〇ページを超える大著の『禹域通纂』ではあるが、なかでも陳政が清国の「商業」や「民業」の力強さを強調している点に着目したい。陳政は『禹域通纂』の中で、国家における商業の重要性を力説するとともに、清国における商業の発達を強調している。

凡ソ邦本ハ民ニアリ。民ハ農工商業ヲ以テ本トス。民業興ラス、通商隆ナラス、邦国富庶ヲ致ス能ハス、或ハ民業徧ク興ラサルモ、其一二業ニ特達セハ、亦以テ富庶ノ基ヲ殖シ、繁盛ノ途ヲ得ヘシ。故ニ民業ノ隆替ハ国力ノ関係スル所、最モ熟察審観シテ得失利害ヲ切論スヘキナリ。余清国游歴間窃ニ彼邦富庶ノ源ヲ察スルニ、商業ノ発達拡張ハ実ニ同国民業ノ著顕ナル者ニシテ、農業之ニ継キ、工業又之ニ継クト断言ス(45)。

また『禹域通纂』出版より前、明治二〇（一八八七）年に帰朝直後の陳政が東京地学協会で行った報告演説「支那漫遊中ノ経歴」においても、陳政は清国の「富」と「商業」およびそれらを支える要因について肯定的に述べている(46)。

余ハ清国ヲ保護スル者ハ唯ダ富ノ一字ニ在ルト信ズルナリ。其国固有ノ富ヲ有スルヲ以テ、政略ノ宜ヲ失スルト兵備ノ整ハザルヨリ来ル患害ハ、賠償金ヲ以テ一時ヲ倖免スルヲ得テ、国家之ガ為メニ疲憊《ひはい》スルナク、而シテ艱難ヲ経ルニ従ヒ漸ク振新ノ慮ヲ発シ、器械所ヲ設ケ、船渠ヲ築キ、軍備ヲ厳ニシ、駸々富強ノ効ヲ見ルニ至レリ。〔……〕然ラバ此富ハ清国政府ノ富ナルカ、人民ノ富ナルカト区別セバ、此富タルヤ政府ニアラズシテ人民ニアリト謂ハザルヘカラズ。(47)

清国はかつて「政略」に失敗し、「兵備」も十分に整えられない時期があったが、それでもなお国家を維持することができたのは、莫大な「富」によって賠償金を支払うことができたからである。そして今や清国は、その「富」を用いて近代的な設備・軍備を整えつつある。そして陳政によれば、この「富」の源泉は、実は「清国政府」にあるのではない。政府の財政は、中央・地方を問わず、度重なる天災や騒乱のために悪化している。それは「人民」の中にあるのだが、しかしその大多数は貧しい。それでは、清国の「富」はどこにあるのか。陳政によれば、それは「人民」の中の「郷紳」にある。

清国ハ上ニシテ財政宜キヲ得ズ、下ニシテ人民ノ貧窶《ひんる》ナル者多額ヲ占ルトセバ、所謂ル富ナル者ハ果シテ何ニ在ル乎。余ハ答ヘテ曰ントス。清国ノ富ハ実ニ人民ノ一部ナル郷紳ニ在リトス。郷紳ノ性質ヲ解釈セバ、名望ト財産ヲ共有スル地方ノ有力者ナリトス。(48)

「郷紳」とは、岸本美緒によれば、明清期の官僚について、任地での現職官僚としての側面ではなく、郷里での存在形態・勢力に着目した際に用いられる語である。(49) 陳政によれば、郷紳は、あるいは地主として小作農を雇い、あるいは商業を営み「質屋銭替屋銀行ノ類ヲナシ、孳々《じじ》財産ノ拡張ヲ図」っているが、(50) とりわけ商業を営む者が多い。(51) すなわち郷紳の富を支えているのは主として商業である。また、郷紳はただ蓄財に走っているばかりではない。地方で公共事業を行う際や、盗賊などが発生したときには中央政府の経費の不足を補い、あるいは自ら「同族子弟ヲ団練シテ官兵ノ不足ヲ補ヒ」、まさに「政府ノ藩屛」となっているのが郷紳である。(52) 陳政は次のようにまとめている。

清国ノ富ハ商業ヨリ来リ、商業資産ノ本ヲナスハ郷紳ニアリ、郷紳ノ力ハ実ニ清国ヲ保護スル堅甲利兵ナリ［……］(53)

明代後期に地方社会の有力者として立ち現れた郷紳層は、再び岸本によれば、清代を通じて「地方社会において威信をもつ支配層を形成し、特に清末、中央政府の弱体化に伴って、彼らは地方防衛や公共事業を地域社会の中核となって組織し、地方行政を実質的に担う存在となった」(54)。そして太平天国の鎮圧や、洋務運動における各種産業の勃興に見られるように、洋務官僚は郷紳と協働し、あるいは彼ら自身が郷紳として、まさに「官兵ノ不足ヲ補」い、「器械所ヲ設ケ」「船渠ヲ築」くなど「政府ノ藩屛」として機能した。陳政は、中央政府が機能不全を起こす中で国家の活力として活躍する洋務官僚・郷紳層を現地で目の当たりにし、彼らこそが清国の実力を形成する中核層であると認識するとともに、彼らの実力の源泉である「富」と、それを支える「商業」に着目したのであった。

上記のような陳政の清国認識は、清国知識人、とりわけ何如璋をはじめとする洋務官僚たちとの長期間にわたる接触と、同じく長期にわたる清国の現地視察の上に形成されたものであった。佐藤も指摘するように、陳政の中国論には「洋務派官僚の主張に同調する点」が多々見られ(55)、また先述のように、『支那内治要論』にも多数の洋務官僚の文章が掲載されている。陳政は、自らの目と足を通じて清国の実状を捉えたのではあるが、同時に、清国という世界へと足を踏み入れる際、洋務官僚という窓口に依っていたこともまた事実である。洋務官僚、とりわけ何如璋らの陳政に対する思想的影響がどの程度のものであったのかを推し量ることは難しいが、陳政自身の興味・関心を、洋務官僚という陳政にとっての清国への窓口が助長したと考えることはできるのではないか（大蔵省印刷局に数年間幼年技生として勤めた経験から、あるいは印刷局長の得能良介を通じて、経済・商業に少なからぬ関心を抱いていたということも考えうる）。何如璋についても、洋務に明るいという先述の特徴に加え、来日後に伝統的な儒教的義利観の更新、すなわち「利益追求への軽視から、利益追求の重視」という変化が生じていたとされており[56]、彼が決して固陋な科挙官僚でなかったことも、陳政の清国認識に何らかの影響を与えているであろう。

このような陳政の清国認識は、同時期の日本知識人のそれとは成立の経緯を大きく異にしている。松本三之介は、同時期の日本における中国像を①西洋世界との対比から「固陋の国」と侮蔑するもの、②漢籍世界の伝統に敬意を払いながら「歴史と文化の大国」として評価するもの、③リアリズムに基づき軍事的脅威の対象として捉えるものの三種に分類しており[57]、先述の重野安繹も②の中に含めている[58]。陳政の中国観もこれに近いものはあるが、一方で、清国を「歴史と文化の大国」として評価する、主として日本の漢学者によって展開された視点が、多少なりとも欧化の潮流に対する反発や、漢籍世界の文化的淵源としての「中華」に抱く崇敬の念を出発点としているのに対し、陳政の清国認識にはそのような側面を見出しにくい。無論、青少年期から漢学を中国語で学び続け、後に兪樾からも「其人頗好学、能為古文」と評価された陳政は、並大抵の漢学者よりも広く深く漢籍に通じていたはずであり、経学を中心とする知的体系に敬意を払っていたであろう。しかし、陳政は清国の核心を「歴史と文化」に見るのではなく、「富」と「商業」、そしてその中核にいた郷紳と洋務官僚たちに見た。その意味で、陳政にとって「漢学」を学ぶことは、あくまでも彼ら郷紳あるいは洋務官僚層の持つ知的基盤を共有し、外交を含めたコミュニケーションを図るための手段であった。この点において陳政は、多くの日本の漢学者と一線を画していた。

このような陳政が内面化していた漢学と、伝統的漢学者をはじめ多くの日本人が従事していた漢学とは、同じ言語（漢文）や共通するテキストを用いながらも、その内実は大きく異なるものであった。そのことを陳政が認識したとき、彼は日本国内に蔓延する漢学に対して嫌悪感を抱き、反発し、あるべき漢学の姿を提言するようになる。

陳政は日本国内の漢学の現状を熟知するにつれて、きわめて強い不満を抱くようになった。その不満を言語化したものが、『禹域通纂』の出版と同年の明治二一（一八八八）年一一月に発表された論考「支那学難」である。この論考を通じて強調されるのは、「支那」が着実に力をつけ軽侮しがたい存在になりつつある一方で、本来であれば「支那」の専門家たるべき「支那学者」が、到底その役割を果たせるほどの能力を有していないということである。陳政は言う。

（三）「支那学難」

夫レ支那ノ駸駸トシテ進歩ノ域ニ入ルヤ、実ニ軽侮スベカラザルナリ。愚人ニ対シテハ拙策ヲ用フルモ猶之ヲ陥ルベシ、智者ニ対シテ巧計ヲ施コサズ拙策ヲ庸《もち》ヒントセバ、一敗地ニ塗レ覆水復《また》還ルベカラザルノ禍ヲ惹起コスハ疑ハザルナリ。今日我ガ国ノ所謂支那学ハ、能ク我ガ政府及ビ有志者ノ器械トナリ針路トナリ、我ガ支那ヲ利用スルノ嚮導トナリ監督者トナリ、其ノ義務ヲ全フスルニ足ルカ［……］[59]

無論、陳政によれば現状の「所謂支那学」は「其ノ義務ヲ全フスル」に足らないのである。ここで陳政の言う「支那学」とは、「支那経籍ヲ講究シ文事ヲ究ムルヲ主トスル」すなわち「漢学」と、「支那現今ノ語言科、書札科等ヲ専修シ訳官養成ヲ主トスル」すなわち「支那語学」の総称である[60]。この二分法は、重野が行った「漢学者ト訳官」の分類と同様であり、また各々が現状のままでは不十分であるという論旨も重野と変わらないが、その批判のトーンは大幅に強められている。

陳政からすれば、「支那学」は政府の対清外交の「器械」や「針路」となるべき存在であるにもかかわらず、現在の「支那学者」たちはその用を成しがたいほどに力を失っている。陳政によれば、維新以後の「漢学者」は「衣食ノ道ニ窮スルヲ以テ、益《ますます》世務ヲ放棄シ、詩ヲ売リ文ヲ鬻《ひさ》」ぐばかり、すなわち単なる文章屋に成り下がってしまい、幸いに官職に就いている者も「多ク散地ニ甘ンジ、筆牘書札ニ従事スルヲ以テ足レリ」という有様で、「進デ要路ニ当タリ、事権ヲ仮リ、所学ヲ実際ニ施行シ、功効ヲ目前ニ建明スルノ勇概」を持っていない。他方で「支那語学」者について言えば、彼らは「語言」（口語）と「書札」（文語）とでさらに専門が分かれているが、「語言」を専門とする通訳者たちは清国に複数ある言語（官話・方言）の中の一つしか話すことができず、またその実力さえ「通常俗人ノ通弁ヲナス」程度のものであって、もし政府高官や学識ある人物同士が会談し、互いに「語言ヲ優美ニシ、古事ヲ援引シテ互ニ論弁」するような場合には到底対応することができないものであった。また「書札」を専門とする者も、わずかに「通常ノ応酬照会」を綴りうる程度で、「其ノ学識ニ根拠シ議論ヲ発揮シ、屈曲縦横其ノ意ヲ伸明シ、反対者ノ意ヲ挫キ、説ヲ折リ、辞ヲ設クルニ所ナカラシムル」というような高次の議論には対応することができないというのが、陳政の所見であった(61)。

このような「支那学者」たちは、もはや陳政の構想する「支那学」の役割を果たしえない。陳政は言う。

夫レ支那ノ駸々トシテ官民富強ノ策ヲ講究シ成蹟ヲ観ルベキハ前章ニ述ブルガ如シ、然ルニ邦人ガ腐敗セル老儒ト、浮躁ナル通弁ヲ以テ之ニ当タリ、或ハ是レニ由リ外交ヲ円滑利便ニセントシ、或ハ貿易ノ途ヲ拡張セントシ、或ハ兵略ニ就キ形勢ヲ視察セントシ、或ハ学術ノ為事理ヲ研究セントス、誠ニ志大ニシテ謀疎ノ譏ヲ免カレズ、只成功ナキノミナラズ、却テ巨害ヲ醸成スルハ事理ノ必至ル所ナリ(62)。

対清外交には「支那」を熟知している専門家が当たるべきであるが、その「支那」専門家の候補者たちは、「老儒」にせよ「通弁」にせよ実力不十分であって、彼らを対清外交に携わらせることは不可能であるというのが陳政の意見であった。

このような陳政の批判に対し、伝統的漢学者たちはどのように答えたのか。有り体に言えば、何も答えていない。唯一の反応として挙げられるのは、陳政の「支那学難」連載の直後、漢学者の内藤耻叟が同じ雑誌に寄稿した「支那学難ヲ難ズ」である。そこでは「支那経籍ヲ講スル者ノ弊習ヲ論ゼラルルコト、痛切極至レリト云フベシ、当今老儒先生ノ内ニハ、カカル老耄《ろうもう》人モアルベク、余ガ如キモ、亦其ノ一ニ居ルモノト自嘆息スルコトナリ」と、一通り陳政の論旨への同意と自責の念を示して見せながらも、直後に「但其ノ徳川氏ノ政略、明祖ノ科挙文ヲ以テ天下ノ士ヲ愚ニスルト、同一轍ナリト云フニ至テハ、矯誣モ亦甚シト云フベシ」と述べ、あとはひたすらに徳川時代の儒学に「経世明倫」「治国安民」の要素が含まれていたことを論じる。内藤は言う。

〔……〕東照公ハ、干戈紛擾ノ間ニ在テ、務メテ経世ノ学ヲ講究シテ、経国有用ノ人物ヲ養成センコトヲ求ムルコト尤モ切至ナリキ、故ニ肥前名古屋《〔ママ〕》ノ陣中ニ於テ、藤原粛〔惺窩〕ヲシテ書ヲ講ゼシメシヨリ、其ノ聞カント欲スル所ハ、専古今治乱興亡ノ蹟ヲタヅネ、之ヲ当時ノ鑑戒トナサントスルニ在リ、故ニ講ゼシムル所ノ書モ、貞観政要、漢書、三略、十七史詳節等皆是レ経済有用ノ書ニ非ザルハナシ、〔……〕

〔……〕武野燭談ニモ、東照宮ノ御世ヨリ万ノ事古ニ立帰リ、中ニモ聖教廃レ、人生レテ今日ノ行ヒヲ知ラザル故ニ、世モ乱レ、君臣父子恩愛ニ背キケルヲ、人道ヲ諸国ニ遍ネク知ラシメンニハ、書籍ヲ広ク行ハルル様ニスルコソ、仁政ナルベシトテ、初メテ板刻ヲ仰付ラル云云トアリ、是レ全ク天下国家ヲ治ムベキ要道ト、人倫ヲ明カスベキトノ盛意ニテ、少シモ明祖ナドノ如キ、愚弄ノ手段ニ出ヅルニアラズ、其ノ後世将軍代代ニモ、未嘗テ

カカル卑怯ナル手段ヲ以テ、世人ヲ迷ハシタルト云フコトハ物ニ見当ラズ［……］

そして最終的には「井上先生ノ如キ博識先生モシラズシラズ世ノ風潮ニヒカレテ、深ク徳川時代ノ古書ヲ研究モナク、軽軽シク之ヲ毀謗セラルルハ、如何ニト存ズル余リニ之ヲ弁ズルコトナリ」と、陳政の議論を「徳川時代ノ悪ヲ掲ゲテ、前代ノ美ヲ損スル」という「青年輩」的な「世ノ風潮」に靡くものとして批判している(63)。

徳川期に「実学」の模索があり、その点に陳政が無頓着であったという内藤の指摘は、たしかに不当とは言えない。しかしながら、内藤もまた陳政の抱える問題意識と危機感を適切に理解しているとは言いがたい。上記の引用文から窺えるように、内藤の関心はいま現在の「支那」にいかに対処するかにあったのではなく、「徳川時代」の遺産を再発見することにあった。これは、後述するように島田重礼もそうであったし、他の多くの漢学者も同様であったと思われる。

内藤は、陳政の議論を「痛切極至レリ」と一見受け入れる素振りをしながらも、実は陳政の問題意識に正面から答えることなく、受け流してしまっている。なぜなら内藤は、当代の日本が「支那」といかに付き合うか、また漢学がそこにどのように携わっていくべきかという陳政の問題関心を共有していないからである。内藤にとって、そして多くの漢学者たちにとって、それは「漢学」の仕事ではなかった。この点について、漢学改革論者と伝統的漢学者の問題関心は大きくすれ違っていた。

話を陳政に戻すと、清国で科挙官僚を含む学者・知識人との交際を重ねた陳政にとって、漢学は「徳川時代」の遺産として終わるべきものではなく、対清外交の現場においてこそ、その「実用性」が発揮されるべきものであった。実用に耐えうる対「支那」人材を育成できていない現状において、漢学はどうすればよいのか。その答えを示す陳政の漢学論の集大成が、明治二六（一八九三）年四月、彼のもう一つの留学先である英国から日本に宛てられた書状において述べられた「漢学革新論」であった。

（四）「漢学革新論」

明治二六（一八九三）年四月、エディンバラに留学中の陳政が漢文で執筆し日本の友人へ送った書簡が、当時同文社より発行されていた雑誌『支那文学』に掲載された。これが「漢学革新論」である[64]。以下、この内容を検討する。

「漢学革新論」では、まず漢学衰退への危機感が語られる。「東洋問題」すなわち朝鮮半島をめぐる日清関係の緊迫化の中で、漢学は一時的な流行を見ているが、所詮これは時勢によるもので、放っておけば漢学は衰退してしまう。漢学が滅びれば日本は「操縦東亜之利器」を失うのであり、それゆえ漢学の興廃は「国謨」すなわち国家の大計に関わるものであるという。

> 是に於て東洋問題起こり、而して漢学も亦た其の間に振ふ。是れ漢学者の能く自ら振作せるに非ず、時勢然らしむるのみ。［……］漢学者は今日に当たり深く自ら艾《こ》りて新たにせざれば則ち漢学の衰頽、期して俟つべし。漢学の衰頽、曷ぞ介憂に足らん。然れども此学亡べば、吾が徒は東亜を操縦するの利器を喪ひ、此学興れば、吾が徒は東亜を操制するの利柄を得。此学の興衰、我が国謨の関する所なり[65]。

それでは、陳政の考える漢学振興策とは何か。それは今の漢学を改革して「実用支那学」を興すことである。陳政は「支那学難」で述べたような「漢学者」および「語言」の専門家（通弁）への批判を繰り返した後で、「実用利国、啓導世運之学」としての「支那学」を興すべきであると説く。

> 革新の法は、旧時の漢学を舍《す》て実用支那学を興すに在るのみ。蓋し今日我が国の漢学者、能く三四千載の支那書籍を読むも、現時の支那文に暢通せず、古文辞詞章を能くすれども俗言に達せず、旧史を識れども近時の制度を知らず、能く筆話すれども地理風俗に通ぜず。現時の政府組織、兵備の強弱、財務の暢否、民情宗教の繫ぐ所、物産運輸の至る所に至りては、碩儒宿彦《しゅくげん》と雖も、邈乎《ばっこ》として暗を探して影を捕ふるが如し。豈に悲しからずや。［……］今日漢学の興るや、漢学者能く利病を察し、長短を計較し、徒らに性理を空談し、或は考証に拘り、或は詞章の末に溺るるを為さず、能く実用利国、啓導世運の学、支那制度・文物・地理・物産・民業・運輸等の各端に於て、鑿々探討、精益《ますます》精を求め、以て我が国務を裨し、以て我が通商を祐くれば、則ち国家の慶、是より大なるは莫し。(66)

「漢学者」は「支那」の専門家として、その「近時制度」や「地理風俗」また「現時政府組織」「兵備」「財務」「民情宗教」「物産運輸」など、およそ「支那」に関わる全般的事項に通じていなければならないという陳政の信念が、ここにも表れている。それでは、陳政の「実用支那学」の体系はどのようなものだったのだろうか。陳政は言う。

> 支那学を革新するの法、余の見る所に拠れば、須らく分かちて以下の各科と為すべし。
>
> 文学科　此の科は専ら詞章を治め、文体の異同を弁ず。古今体を論ぜず、尽く之に暢通す。現時用ひる所の各体の文に至りては、尤も須く留意すべし。又支那の理学、漢唐経説、程朱の性理、陛王《［ママ］》［＝陸象山・王陽明］の静心を治むること、皆暢通を要す。又支那史を兼修し、近時沿革に至りては尤も詳究を要す。之を要するに此の科は、支那文学・理学・歴史に通達するなり。
>
> 制度科　此の科は制度を専修す。古今政体の沿革、法律の変更、財政の得失、兵備の整否、学政の興替、宗教の

異同、行政の更易、地理の概略、風習の異同を挙げ、之を講究することを要す。殊に現時制度を詳究するを以て要と為す。

地学科　此の科は支那各処の地理、都市の便否、運輸の利否、物産の異仝、山林池塘の状、鉱物の産地、地質の良否、及び民情の概略を専修するを以て要と為す。

民業科　此の科は支那農業の異同、工業の沿革、商業の組織等を専修するを以て要と為す。

余の茲に陳ぶる所の四科は皆専門に係る。此の専門を修むる者は、須く普通支那学を幷修すべし。普通支那学は則ち語言及び普通読書、善く書束《しょかん》を作る等。(67)

新しい「支那学」者たちは、まず「普通支那学」を修めて語学力や漢学の基礎教養を固めた上で、「文学」「制度」「地学」「民業」のいずれかを専攻する。(68)また、陳政は「支那通商学生」の案も述べており、上記の「地学科」または「民業科」を専修した「我商子弟」を「支那巨商店肆」に派遣して修業させることを説いている。ここには、清国発展の源として郷紳を、またその郷紳の力の基礎にある商業を高く評価した陳政ならではの視点がある。明治期において、三島毅や渋沢栄一の「義利合一論」のように儒教倫理と商業道徳とを接続しようと試みた例は存在するが、中国の商業を実地で学ぶことや、またその足がかりとして「普通支那学」を修めるべきことを説いた例は、管見の限り、陳政のほかに見当たらない。

外交官であった陳政は、この「漢学革新論」の中では漢学を「操縦東亜之利器」あるいは「実用利国」の学問と呼び、「国務を裨し、以て我が通商を祐く」とも述べているように、「国益」を誘導するための手段として捉えている。その意味で、陳政の言う「実用支那学」とは純粋に学問的な動機から「支那」を探究しようとするものではなかったが、一方で単純な国権拡張や大陸侵略の視線に回収されるものとも言いがたい。陳政は末尾で次のように述べている。

余此の地に在りて屢《しばしば》伝教牧師、或いは行医牧師の、支那に游びて帰る者、或いは支那に駐すること十数年に至ること有る者を見る。然れども其の談論する所は、大抵臆断肆説のみ。此英民の心を聳動するに足らざるに非ず。然れども譏詈《きり》の甚しき、亦一視同仁・互に恵済を為すの意に乖《もと》ること多しと為す。支那人の傲慢自尊を謂ふ勿れ、欧民加ふること甚だし。(69)

「支那学」は「操縦東亜之利器」であると同時に、「支那」を「臆断肆説」に惑わされずに正しく理解するためのツールであるべきであり、その先には「一視同仁、互為恵済之意」に基づく関係があるべきであるというのが陳政の考えであった。

(五) 陳政「支那学」論の意味

ここで改めて陳政の経歴を考えてみたい。陳政は印刷局幼年技生学場で漢学の初歩を修めたのち、直ちに清国公使館に送られ、そこで本格的に漢学を学んだ。早くから清国官僚に接し、本場の「支那学」を学んだ陳政にとって、外交の場で清国と対等に交際する以上、清国側のカウンターパートである官僚や知識人らが持つ知識体系を身につける必要性は、ごく自然に感じられたはずである。そして、その知識体系は、日本における「漢学」と相当程度重なっているのであるから、その知識を身につけているはずの漢学者たちが「支那」の専門家となるという発想も、陳政においては当然のものであった。

清国側から見ても、一八八五年に清仏戦争が終結して以降、より広い知識人の間に「洋務」の重要性が注目され始め、洋務人材の育成・登用に関する議論が起こっていたものの(70)、科挙は一九〇五年まで、すなわち陳政の「支那学論」からさらに一〇年以上も続き、留学生など西洋式教育を受けた人材の登用が本格的に始動したのはそれ以降であった。すなわち、清国との外交・通商のためには「支那学」を学ぶべきであるとする陳政の議論は、当時にあってはそれなりの背景と妥当性を持つ議論であったと言える。

それにもかかわらず、多くの伝統的漢学者は、この提案にさしたる反応を示さなかった。それは必ずしも、当時の漢学者たちに先見の明があって、いずれ科挙は廃止されるから、科挙官僚と渡り合うための「支那学」などは無用の長物となると考えていたからではないだろう。むしろ、漢学と「官話」の双方に通じ、さらに清国の諸制度・地理物産を学ぶべしとする陳政の要求が、当時の多くの漢学者たちにとってあまりにも現実味を持たなかったという側面の方が強かったのではないか。加えてその背景には、「時の用を為す」漢学を主張した重野安繹のような存在を別とすれば、多くの漢学者たちにとって、「支那」とはあくまで文化的な観察・鑑賞の対象であり、政治的・経済的に自らがその中に参与していく存在ではなかったという点を指摘できるだろう。特に日清戦争前後においては、後述するように、漢学と「支那」を結びつける態度それ自体に一種の危険性が伴っていたはずである。

また政府側、たとえば外務省にとっても、陳政のような経歴をすでに持っている人物を対清外交に活用するという発想はあっても、同様の人材を組織的に育成するという考えは迂遠に感じられたに違いない。何より西洋由来の「国際法」を基準にして対清外交を推し進めようとする政府の基本方針と、清国科挙官僚の知識水準と言語環境に寄り添おうとする陳政の「支那学」論が適合的であったとは思えない。

陳政が「漢学改革論」を発表してからおよそ半年後の明治二六（一八九三）年一〇月、文官高等試験制度を定めた文官任用令とあわせて外交官及領事館試験規則が制定され、形を変えて現在まで続く官僚・外交官の一括選抜・採用ルートが定められた。この制度により、採用後の赴任先に関係なく、外交官となるべき人材は西洋式の法律学を中心とする試験科目によって選別されることになった。「支那」相対化の流れが決定的となった日清戦争後、陳政の議論はさらに訴求力を失っていったことであろう。陳政自身がいつ頃まで「実用支那学」構想に期待を込めていたのかも定かではない。その後、陳政は外交官の道を歩み、義和団事件で命を落とすまで対清外交に尽力した。しかし、結局漢学は外交の場に活路を見出すことはできず、むしろ「支那」から離れ、日本国内での教育・研究・文芸の枠内での生存を模索していくことになる。

重野安繹、そして井上（楢原）陳政によって生み出された、「実用性」を軸とした漢学のオルタナティブ出現の可能性は、一旦ここで潰えている。しかし漢学を改革しようとする声は形を変えてなおも残り続け、今度は帝国大学を主な現場として湧き上がることになる。

三　帝国大学周辺の漢学改革論

（一）「漢学科」の限界

東京大学草創期における漢学の位置づけについては第一章で述べた所である。しかしいま一度簡潔にその概要を確認しておくと、次のようになる。明治一五（一八八二）年に初めて東京大学文学部の授業科目名として「支那哲学」の名称が「印度哲学」とともに登場し、その直後には、中国哲学史を西洋哲学と比較・折衷しつつ論じた「東洋哲学史」が井上哲次郎によって講じられた。しかし、明治一七（一八八四）年に井上が留学に出た後、東京大学において授業科目としての「支那哲学」を担当したのは、昌平黌出身の漢学者・島田重礼であり、また「支那哲学」を担った学科の名称は「和漢文学科」であった。その学科名は後に「漢文学科」「漢学科」と変化するものの、「支那哲学」が授業科目名以外に前面に出ることはなく、明治二六（一八九三）年、文科大学に講座制が導入された当時の名称でさえ「漢学支那語学」講座であった。「支那哲学」の名称が、授業科目名でなく制度的に独立した組織名として現れるのは、明治三一（一八九八）年に漢学科内で「経」「史」「文」の専攻に応じた別々のカリキュラムが登場してからさらに六年後、明治三七（一九〇四）年に「哲学科」中の「受験学科」の一つとして「支那哲学」が認められるのを待たねばならなかった(71)。

ごく大雑把に言うならば、東京（帝国）大学において、「漢学は「支那哲学」に変化を遂げた」と言うよりも、次のように言うべきであろう。まず「支那哲学」という名称が、上から与えられる形で先に登場したものの、それが既存の「漢学」とどう差異化されるべきか、そもそも「支那哲学」とは何かという問いに対する確信的な答えをなかなか摑めないまま、漢学と一部領域を共有しつつ、「支那哲学」の形が徐々に模索されていった。

このような「支那哲学」の動きに対して、明治一五（一八八二）年、「東洋哲学」という大分類の中に「支那哲学」と並ぶ小分類として設けられた「印度哲学」は、東西本願寺をはじめとする各宗派の危機感と相俟って、高楠順次郎などの留学生をいち早く欧州に派遣することで、英独の文献学的インド研究の精華を吸収し、以後の学問研究発展の方向性を早くから確定させていった。また、東京大学草創期には依然として国学の伝統を引く教官を多く抱えていた「和文学」は、チェンバレンおよびその高弟である上田万年や、芳賀矢一、三上参次といった、古典講習科ではなく帝国大学文科大学の本科を卒業した者たち、すなわち語学を含む西洋の諸学問を修めた者たちによって、次第に近代的方法論を吸収した国語学・国文学・国史学などへと変化していった。

漢学および「支那哲学」の学問としての変革の推移を、これらの同じく明治以前に伝統を遡ることのできる分野と比較すると、前者の変革がきわめて漸進的、あるいは停滞的と言ってよい動きをしていることが分かる。古典講習科卒業生ではない「学士」が「支那哲学」の教官として着任するのは、井上哲次郎を除けば明治三八（一九〇五）年の宇野哲人が最初であり(72)、また留学経験者が「支那哲学」の教官として実質的な着任を果たしたのは、明治四二（一九〇九）年の服部宇之吉が最初であった。それまでの中村正直、島田重礼、三島毅、竹添進一郎、重野安繹、根本通明、星野恒といった講師陣は、いずれも昌平黌などの出身であり、中村以外は海外経験はおろか、近代的な普通教育も経験していなかった（やや外れるのが、古典講習科出身の市村瓚次郎、また慶應義塾出身の那珂通世であるが(73)、両名がいずれも従来の漢学の枠を越えて「東洋史学」の創設へと向かったのは象徴的である）。それゆえ、少なからぬ学生の眼には、漢学科の体制、また漢学および「支那哲学」という学問は旧態依然たるものとして映っていた。それは一部の学生をして島田重礼（および井上哲次郎）を「腐儒」と呼ばしめ(74)、あるいは『早稲田文学』において「文科大学の一学生」は、漢学科の教師陣を「相も変らぬ旧来の漢学先生なれば学力深邃《しんすい》文章巧妙なるにも拘らず飽かぬ心地す」と評した(75)。なかには「当今の所謂漢学者概して明治以前の教育を受けたる老朽者にあらざれば、則普通学に乏き固陋なる学者にして、経術文章に長するも、脳中すでに陳腐なる知識の為に満され、絶えて進取の気象なく、到底今日の学術界に卓立して、他の学者と肩を斉うして論争すべきにあらざるなり」と痛罵した者もあった(76)。

明治二三（一八九〇）年に留学から帰朝した井上哲次郎は、担当した「東洋哲学史」講義において「支那哲学」を全く講じていないわけではなかったが(77)、そこでは「印度哲学」が一定程度の比重を占めていたこともあり(78)、文科大学において主として「支那哲学」を担当していたのは島田であったと言ってよいであろう。明治一〇年代後半、井上によって先端を切り開かれたかのように思われた「支那哲学」は、彼の留学期間中に、少なくとも帝国大学文科大学の中に限って言えば、「腐儒」や「旧来の漢学先生」が取り仕切っているものと学生に認識されるような状態になっており、一方で彼ら「漢学先生」たちの多くは、これまで本章で見てきたように、漢学に根本的な改革が必要だという認識には至っていなかった（少なくとも表立ってその必要性を論じてはいなかった）。

既存の漢学に対する反発は、漢学科の内部からも生じていた。明治三〇（一八九七）年には、桑原隲蔵や中山久四郎らの「要求」を背景に、漢学科の選択科目に「支那歴史」が登場し(79)、またその直後には藤田豊八を首謀とする学生らによって林泰輔助教授の排斥運動が起こった(80)。貝塚茂樹の回想によれば、曾我部静雄からの伝聞として、藤田は

「あんな古くさい学問ではだめだ、別の人に換えろと、急先鋒になって排斥運動を起こした」という。[81] 中見立夫は「漢学科史部に属する学生のあいだでは、いわゆる漢学的な発想の授業には飽き足らず、より歴史学的な方向性をもとめる雰囲気が顕著であったことがみてとれる」と指摘するが、[82] 明治三〇（一八九七）年前後は、漢学科の所属学生が急増し、彼らの学問的需要も多様化する一方で、教える側にはその需要に応えられるだけの準備が十分ではなく、既存の漢学をめぐる改革論議が一つの頂点を迎えた時期であった。また、戸川芳郎が早くに「東洋史学が漢学の継承発展としてあるよりは、むしろ旧方法からの断絶として確立した」と述べたように、[83] 東洋史学は、この時期に漢学から袂を分かつことによって成立したのであった。[84]

（二）藤田豊八の漢学論

林助教授排斥運動を起こした藤田豊八は、それ以前にも漢学改革に対する思い熱く、明治二八（一八九五）年には号の「剣峯」名義で「漢学者立脚の地如何」、また実名で「漢学教育の新生面」と題する論説を、いずれも雑誌『東亜説林』に発表している。そのうち「漢学教育の新生面」では、日清戦争後の時勢における漢学教育論として、従来の「徳育文教」方面のみならず、「支那語学」すなわち「正則支那語」の方面にも「新生面」を開くべきであると論じたが、[85] これはむしろ「支那」と漢学の距離を保とうとした従来の漢学者たちとは対照的であった。藤田は言う。

［……］近時日清の交通日に繁なるに至りて、商業上より支那語学の必要月に加はり来り、世人漸く意を注ぐもの多からんとするの折柄、征清の挙は益々その需用を切ならしめたり。遠からず四百余州我馬蹄の塵と化し、禹域変じて日域となるの暁は果して如何、その需用決して英独語の比にあらず、若し然らざるまでも、通称交易の外、国交私交の頻繁必ず従来の比にあらじ、支那語をして我普通教育中の一科たらしむるは具眼者の決して忽

にすべきことにあらず［……］

若しまた純然たる支那学者たらんとせば正則の支那語教育を経、彼の音を以て彼の文を解し、直読其の意を会するに務むること、英独学者の英独文に於けるが如くなるべきは勿論のみ、余は寧ろ従来の漢学者が此点に留意せざりしを怪しむ(86)。

ここには日清戦争の勝利に酔う青年の素朴な高揚感を感じ取ることもできるが、その熱っぽさや大陸経営への期待感と、大陸に淵源を持つ漢学とが接続され、既存の漢学の改革が求められていることに着目したい。漢学と「支那」との接続である。

そもそも日清戦争の勝利は、漢学の普及・発展という側面から言えば、負の影響を与えるものであった。すなわち日本の勝利という結果は、「教育勅語」に象徴されるような儒教道徳を重要な構成要素とした教育方針を肯定する材料となった一方で、藤田自身「日清戦争の影響は漸く世人をして漢学者の位置を疑はしめんとす」と述べているように(87)、漢字・漢学・儒教などの中に、日本ならざるものとしての「支那」を改めて見出す契機ともなった。それは、日清戦争以前から火の上がり始めていた「漢字排斥」ひいては「漢字全廃」を目指す国語国字論を後押しすることで、後述する中学校漢文科名廃止論争へも繋がってゆくことになる(88)。

漢学を現実の「支那」と接続させる考えは、すでに本章で検討してきたように、日清戦争以前から重野安繹や井上（楢原）陳政らによって論じられてきたが、藤田の議論は、そのような立場を受け継ぎつつ、日清戦争を経て漢学の地位がより厳しいものになるという危機感の中で発せられたものであった。また、この論考発表当時、藤田は現役の帝国大学文科大学漢学科の学生であり、これが漢学科内部からの批判であったことにも着目しておきたい。

(三) 白河次郎(鯉洋)の漢学科廃止論

藤田と同じく漢学科の内部から当時の漢学および帝国大学漢学科のあり方をより厳しく批判したのが白河次郎(鯉洋)である。白河は在学中より田岡嶺雲・藤田豊八らと雑誌『江湖評論』を発刊して文芸活動を展開し、明治三〇(一八九七)年に帝国大学文科大学漢学科を卒業した後は神戸新聞や九州日報に勤め、一九〇三年には張之洞に招かれて清国・南京の江南高等学堂総教習となり、晩年には衆議院議員も務めた人物である。経歴を見れば、学術研究を本業とした人物とは言いがたいが、『孔子』『支那文明史』『支那学術史』などの著作も持つ。

漢学科在学中の明治三〇(一八九七)年三月、白河はまず『東亜学会雑誌』に「し、じ」なる、姓名の最初の文字をとった筆名で「漢学と云ふ名称と文科大学の漢学科」を発表した。白河によれば、現状「漢学」と呼ばれているものは「尨漠雑駁」に過ぎ、また「批評の精神」や「理法」を欠き、「実験」に基づかず、「統一」「秩序」もないために、到底「研究」あるいは「学問」と呼べるようなものではなく、せいぜい「漢籍講習」と呼べる代物に過ぎない。また、そもそも古典研究の目的は「思想の源泉を索むるが為め」でなければならず、その目的のためにこそ、テキストの緻密な読解と解釈が手段として求められるのではあるが、「字義を解し、句意を知る」を以て「能事終れり」としている現状の漢学者の固陋さには問題がある。それゆえ、現状の「漢学」を適切に分類して「学問」化していく必要があるが、それは単に大学の課程において「支那哲学」「支那歴史」「支那文学」の三科を設ければよいというものではない。「支那哲学」と「支那歴史」は、ともにそれぞれ哲学および史学を専攻した人間が、新たに漢文読解の訓練を受けた上で、それぞれ「哲学」および「史学」の枠内で取り組むべきであって、従来の「漢籍講習」などは私塾に任せてしまうべきである(89)。白河は次のように述べて、漢学科の解体と「支那文学科」の設置を主張した。

今の文科大学の漢学科は、所謂漢学の混沌を承けて、猶ほ其の余習を存せり。哲学史学文学等の一部を学びて、更に之を字義訓詁の学と両立せしめんと力む。雑然として定形を見ず。今の漢学科に入るもの、此の混沌に迷ひ、此の散漫に惑ふ、憫れむべきにあらずや。［……］支那哲学支那歴史を専攻せんとするものを、哲学科史学科に入らしむる也。哲学史学の学科に随意科を設けて、大に漢文の素養を与ふる也。而して、経学と云ひ儒学と称する従来の漢学は、一代の字典若くは装飾として、其養成を私塾に託する也。[90]

続いて同年一〇月、漢学科を卒業した直後に『帝国文学』上に掲載した「漢学者の新事業」は、上記の論説と論旨を共有しつつ、より踏み込んだ提言を行っている。たとえば、帝国大学の漢学科を解体して「支那文学科」を置くべきという主張に加え、そこでは「言語学上より支那語を研究」する「支那語学」研究が行われるべきであるという。[91]また、「支那哲学」の研究はあくまでも哲学を専攻した哲学者が行うべきであり、「支那史学」も同様に歴史学を専攻した歴史学者が行うべきであるという従来の主張に加えて、次のような主張を行った。「支那文学」を除くその他「支那」に関する「各種の事項は、各種専門の科学者によりて」行われるべきであり、[92]さらに彼ら「支那」の事項を探究する学者は、「一大迷宮にして一大博物館」である実地の「支那」に積極的に赴いて研究を行うべきであって、政府も「大に有為の学者を支那に派遣すべ」きである。[93]

漢学の「雑駁」を嫌い、「支那哲学」と「支那史学」の研究はそれぞれ「哲学」すなわち西洋哲学、また「史学」すなわち西洋式の歴史学を専攻した人間に任せるべきだとした白河の考えは、白河の言う「雑駁」さを、むしろ相互連関性と捉えてそのままに受け入れようとした、後の「京都支那学」の姿勢とは正反対であるように見える。[94]また、白河の論調から、「一大迷宮にして一大博物館」という、「発見」されるべき他者としての「支那」観、また後の「大陸経営」へと繋がっていくような論調を見出さずにいることは不可能であり、現在の視点から見れば、白河の議論は様々な問題を含んでいるようにも思われる。しかしそれらを差し引いてもなお、若い白河が藤田同様に、帝大漢学科の体制、あるいは既存の漢学そのものに対して強烈な不満を有していたこと自体は注目されるべきである。
もっとも、白河の議論から数年後、おそらく白河にとって旧態依然たる漢学の象徴的存在であったであろう島田重礼は、次章で詳述するが、その「支那哲学」の後継者として哲学科出身の服部宇之吉を選んだのであり、彼は帝大教官として初めての清国公費留学を果たすことになる（無論このことは白河の議論が直接的な影響を与えたことを示すものではない）。白河は、自身の議論は漢学科の内部では受け入れられることがなかったと述べているが[95]、「漢学科の解体」というやや過激な論はともかく、従来の漢学のあり方に何らかの改革が必要であるという認識自体は、実は緩やかに共有されていたと考えることも可能かもしれない。

しかしながら、漢学から独立する形で東洋史学という学問が形成されたとはいえ、漢学そのもの、あるいは「支那哲学」をめぐる改革はすぐには行われることがなく、また藤田や白河といった漢学科内部からの議論に対し、たとえば島田による応答などは、少なくとも文章として見出すことはできない。さらに坂出祥伸も指摘しているように、明治三〇年前後という時代は、松本文三郎や遠藤隆吉、桑木厳翼ら哲学科出身者を中心に「漢学から「支那哲学」へ脱皮しようという試み」がなされた時代でもあって、時には匿名論者たちも既存の漢学の非「学問」性を厳しく批判したが[96]、これらの批判に対しても「漢学先生」たちは沈黙を守った。

内藤耻叟が井上（楢原）陳政の議論を正面から受け止めなかったように、「漢学先生」たちは、上記の改革論への反論が不可能であったのかもしれないし、あるいは反論することを得策と考えていなかったのかもしれない。いずれにせよ、漢学および「支那哲学」をめぐる改革論は、漢学科内部の学生たち、あるいは「支那哲学」に関心を持った新進気鋭の学者たちからの一方的な批判以上の深まりを見せることがなかった。

しかしながら、その数年後に、中等教育における漢文の存在価値をめぐる議論、すなわち「中学校漢文科名廃止論争」が発生すると、こちらに対しては「漢学先生」たちも必死の反抗を見せ、漢学をめぐる議論は「既存の漢学をいかに改革すべきか」という論点から「中等教育において漢学は不要か」という論点へとスライドさせられてしまう。そしてそれ以降、漢学改革をめぐる議論は下火になっていくのである。

（四）中学校漢文科名廃止論争と高橋作衛

「中学校漢文科名廃止論争」とは、明治時代における漢学・漢文をめぐる論争の中で最も広範囲に行われた論争であり、具体的には、明治三四（一九〇一）年三月に公布された「中学校令施行規則」の学科目名、特に「漢文科」の処置をめぐる論争である。以下に簡単に経緯を説明する。

明治三三（一九〇〇）年一二月に開催された高等教育会議（文部大臣諮問機関）において、中学校の「漢文科」を廃止して漢文教育は「国語科」の中で一括して行う（それゆえ「漢文科「名」廃止」と言う）、また高等師範学校・女子師範学校・高等女学校においては漢文教育を全廃する、とする文部省諮問案が提出された。なお直後に、高等師範学校においては漢文科を存置するよう修正されたが、女子教育における漢文排除はそのまま実行された。

旧制中学校は、男子のみの五年制の中等教育機関であり（明治三二〔一八九九〕年の中学校令では「男子ニ須要ナル高等普通教育」を施すものと表現された）、進学者は数から言えば小学校を卒業した男子のごく一部に過ぎなかったが、やがて高等学校・帝国大学へと進む「普通教育」の階梯を形成する、戦前中等教育の中核的存在であり、同時に、公教育における漢文教育の主な舞台でもあった。その中学校において「漢文科」を廃止し「国語科」の中で一括して漢文教育を行うべしという高等教育会議の諮問案は、もちろん漢文教育の廃止を意味してはいないものの、漢学者や漢学教師たちにとっては、漢文教育の縮小、あるいは将来的な廃止さえをも予感させるのに十分なものであった。

これを受けて在京の漢学者たちは反対運動を開始し、「或は反対意見を新聞に掲げて世論を喚起し、或は高等教育会議議員を歴訪して、漢文科名廃止の不可なる所以を痛論して、諮問案否決に賛成せられんことを求め」たという(97)。

のちに斯文会が編纂した『斯文六十年史』が「中学校漢文科名廃止反対運動」に一章を割いていることからも、この論争が当時の漢学界にとって少なからぬ衝撃を与えたことが窺える。一方で、漢学者の漢文科存置論に対しては、国文・国語学者を中心とした漢文科廃止論者からの批判も起こり、漢文科を国語科の中に移すことの是非というよりは、そもそも中等教育において漢文を教えることの是非が議論されるに至った。漢文科存置論者の議論も、いずれは漢文教育の廃止どころか、ひいては漢字の制限・廃止へと至るのではないかという危機感から、中等教育における漢文教育の最適な姿を探るものと言うよりは、中等教育における漢文教育の必要性そのものについて訴えた議論が目立った(98)。

この論争は、基本的には漢文科存置論と廃止論が正面からぶつかり合うものであり、妥協点を探る姿勢は希薄であった。中等教育における漢文教授法の現状に改善の余地があるという点では両者の認識が一致することはあったものの、そこからさらに一歩を踏み込んで、漢学者側が従来の漢学のあり方を見つめ直し、自ら改善・改革の方途を探ろうとするような議論は起こらなかった。また、議論の焦点が中学校における存廃問題に集中し、女子師範学校・高等女学校における漢文教育廃止には無反応であったことも、時代の制限があるとはいえ留意されなければならない。この論争は、結局は明治三四(一九〇一)年三月公布の「中学校令施行規則」に「国語及漢文」科が設置され、「漢文」の名前が残ったことを以て、形式上は漢文科存置派の勝利に終わったとされている。

明治三五(一九〇二)年から翌年にかけては、再び高等教育会議の席上において、中学校において漢文教育を全廃すべきであるとする議論が生じた。結局漢文教育の廃止には至らなかったものの(99)、この際、東京帝国大学法科大学教授で国際法学者の高橋作衛は、「支那」との関係に着目した独自の漢学擁護論を発し、論争の中心の一人となった。

高橋は、世界が数個の民族グループによる「民種的競争」の時代に至るとの分析から、日本・清国・韓国の三ヶ国が「漢文に依り三国の関係を維持し、同文国たるの観念に依り、永く世界の一方に割拠するは、日清韓三国の遠大なる政策といはざるべからず」と主張した。そのために高橋は、将来的には中学校でも漢文のみならず現代「支那語」

をも教えてゆくべきであるが、「今日各中学に支那語教員を配当する能はざるが故に、現存する漢学者により、中学程度に於て支那語修得の素養として、古文を原形の儘に教へしむるの要あり」と論じた[100]。

高橋にとって、漢文を学ぶ「実益」とは、従来しばしば主張されてきた「高尚なる文学上の趣味」や「徳性」の涵養にあるというよりも、むしろ「将来支那に於ける通商、航海、工業、農業、文学、軍事等、諸般の事業」に従事する際に、漢文の素養が必要となってくるであろうとの予測に基づくものであった。そして、このような主張の背景には、次のようなものがあった。すなわち、西洋文化を習得した日本は、是非ともこれを清国をはじめとする海外へ輸出しなければならず、そのためには現地語（清国ならば「清国今文」）を学ぶ必要があるが、現状ではその教員が少ないために、「清国今文を学ぶの階梯たるべき漢文を、其の中学程度に於て、学ばしめざるべからず」という考え方である[101]。もっとも「清国今文」の基礎として漢文を（訓読を排して）教えるという高橋の主張に対しては、「是れ特種の専門学校にて教養すべきものにして必ずしも中等教育の科目に加へざる可から」ずとの反論もあり[102]、また漢学者の側からこれに同調して議論を深める者もなく[103]、多種多様な論点の中に埋没していった。

高橋の議論は、重野、陳政、藤田、白河に続き、またもや同時代を生きる隣国としての「支那」と漢学（漢文）を結びつけようとする議論であった。この高橋の議論を含め、明治初期から同三〇年頃にかけて行われた漢学をめぐる議論の中には、漢学に現実の「支那」との連絡を持たせようとする傾向が一貫して見られたことが分かる。一方で、当時指導的立場にあった漢学者たちは、漢文と「支那」あるいは「亜細亜」との関連を直接否定することはなかったものの、彼らの発した漢学擁護論は、基本的には、作文や文章読解における語彙力養成、あるいは徳育など、それまで繰り返し主張されてきた立場を離れるものではなかった。

明治三四（一九〇一）年二月、内田周平、西村茂樹、井上円了らを含む一三名の連名で貴族院・衆議院に提出された「師範学校中学校漢文科名称存置請願書」には、次のように記されている。

文部当局者曰ク、国語ノ効用ハ重ク、漢文ノ効用ハ軽シ。故ニ軽キモノヲシテ、重キモノニ隷属セシムト。夫レ漢文ハ、我邦二千年来襲用スル所ニシテ、之ヲ内ニシテハ、道徳、歴史、文学ヨリ、日用往復文章、零雑記録ニ至ルマデ、漢文若クハ漢字漢語ヲ用ヒザルハ莫ク、今日普通文ニ於テハ、漢字漢語ハ、主位ニ居リ、仮名ハ僅ニ其助語ナル「テニヲハ」ヲ示スニ過ギザルニ至レリ。而シテ漢学漢語ヲ解スルニモ、亦漢文ヨリ入ルヲ、正当ニシテ便利ナリトス。之ヲ外ニシテハ、支那、朝鮮等、亜細亜大陸ニ向ヒテ、政治、文学、交通等ノ事業ヲ拡張シ、大ニ国利ヲ増進セント欲セバ、国民タルモノ、尤モ広ク漢語漢文ニ通ゼザル可カラズ。況ヤ教育勅語ノ叡旨ヲ奉行スルニ足ル可キ倫理ノ標準未ダ定ラズ。漢文ハ道徳書ハ勿論、歴史モ、文学モ、悉ク忠孝彝倫ヲ以テ之ガ骨髄ト為シ、世道人心ヲ匡正シ、勧善懲悪ヲ以テ要旨ト為スモノナレバ、既往二千年ハ言ヲ須タズ。今日ト雖モ、倫理科ノ援助ト為リツツアルハ、実ニ掩フ可カラザルノ事実ナリ。故ニ国語漢文効用ノ軽重ハ、未ダ遽ニ決ス可カラズ。而ルニ此ヲ以テ漢文科名削除ノ理由ト為スハ誤レリ[104]。

この請願書では、「漢文」擁護論として「支那、朝鮮等、亜細亜大陸ニ向ヒテ、政治、文学、交通等ノ事業ヲ拡張シ、大ニ国利ヲ増進セント欲セバ、国民タルモノ、尤モ広ク漢語漢文ニ通ゼザル可カラズ」と、漢文（漢学）と「支那」「亜細亜」との連関について言及されてはいるものの、その具体的な方策（たとえば、高橋作衛が述べたような「清国今文」修得の前段階としての位置づけなど）については述べられていない。むしろ、漢文それ自体については「我邦二千年来襲用スル所」と述べることによって、あくまでも日本が完全に自己の文化の中に同化したものと主張し、その中に「支那」的なるものを見出させないようにしているとも言える。この請願書の態度は、「亜細亜」への日本の「拡張」および「国利ヲ増進」するという、当時にあっては否定しがたい潮流を利用することによって漢文・漢学の必要性を補強するに留まっており、むしろその主眼は、日本語における「漢字漢語」の重要性および教育勅語に象徴されるような「忠孝彝倫」的道徳の伝達手段としての漢学の有用性を主張するところにあった。そしてこれは結局、従来の漢学・漢文教育に対し、教授法などの部分的な「改善」については許容の可能性を残しつつも、ドラスティックな「改革」については拒否する態度の表明であったと言える。

このように見ると、伝統的漢学者たちはいかにも保守的で無策であったように思われる。それでは「漢学先生」たちは、明治という新時代における漢学の活路について、どのように考えていたのだろうか。本章の最後に、ここまで幾度となく名前を出した、帝国大学において長年「支那哲学」を担っていた島田重礼を取り上げてそのことを考えてみたい。

四　島田重礼の漢学および「支那哲学」観

東京大学における授業科目名として「支那哲学」の名称が初めて登場したのは明治一五（一八八二）年であり、当初は中村正直と島田重礼が担当していたが、その内実は、伝統的な漢籍講読・講義の延長にほかならなかった。西洋哲学との対比・折衷の中で初めて「支那哲学」を論じたのは井上哲次郎であったが、井上が程なく留学に赴き、また中村も大学を去ったため、「支那哲学」が主として島田によって講じられる期間が続いた。島田は明治一八（一八八五）年九月から明治二〇（一八八七）年七月にかけて、特定の教科書を用いない形式で「支那哲学」の概論的講義を行った。この講義が行われることになった経緯については第一章で述べたので贅言しないが、再び簡単に説明すれば次のようになる。すなわち、当時東京大学綜理であった加藤弘之は、旧態依然たる教育方法を採る「支那哲学」「印度哲学」「日本古今法制」「日本古代法律」等の教員たちに対して、学問のあるべき姿についての加藤の立場から強烈な不満を述べたが、これを受けて島田が新しい講義の形を模索した結果が、島田による右の「支那哲学」講義であった。

井上の「支那哲学」講義が、古代から宋・元・明に至るまで、また儒家に留まらず老荘・諸子百家の思想家を幅広く、その博識さを誇るかのように渉猟したものであったとすれば、島田の「支那哲学」講義は、同じく古代から明代までの広きにわたり、かつ古代においては諸子百家を押さえつつも、儒家を中心に据えたオーソドックスな学説史を講じるものであった。以後、島田の講義の力点はこの学説史（学案）に置かれ、授業科目名としては「支那哲学」でありながらも、しばしば日本および中国における学術史を講じた。町泉寿郎によれば、島田は明治二九（一八九六）年から明治三〇（一八九七）年にかけては「周末諸子学案」と「日本諸儒学案」を講じ、また翌年度においては「経書解題」と「日本学案」を講じている[105]。

島田の「学案」へのこだわりは、ほかの点にも見られる。町田三郎によれば、島田は早くから「漢土歴代及我朝学統源流」について「歴代学案」の編纂を意図しており、また島田が清国公使・黎庶昌に送った書簡の中には、日本漢学について上古から徳川期に至る小史が述べられ、これは「明治における自覚的な「漢学史」研究の嚆矢をなすものであった」という[106]。また、島田は各種雑誌に論説や講演録などの形で文章を寄稿しているが、その中には明治二二（一八八九）年の「本朝儒学源流考」、明治二六（一八九三）年の「漢宋学の区別」、明治二七（一八九四）年の「伊物二氏の学案」、明治二八（一八九五）年の「徂徠学の話」、明治二九（一八九六）年の「清儒学案」および「本朝諸儒の経説を評す」、明治三〇（一八九七）年の「本朝古代の経学と唐代の学制」など、日中の儒学史について論じたものが多い（島田の著作の詳細については、次章を参照）。

加えて諸子学についても、島田は明治二五（一八九二）年から翌年にかけて『哲学雑誌』上に『韓非子』『荀子』『列子』『荘子』の「解題」を発表している。さらに、その直後には、同誌に「鬻子《いくし》」「関尹子」「鬼谷子」等の道家について『文献通考』『宋学士全集』『四庫全書総目提要』などからの抜粋が「解題」として無記名で掲載されている[107]。無記名の部分については、必ずしも島田の手によるものと断定できないが、少なくとも島田が同稿に目を通した可能性は高く、これらの諸子も島田の関心の射程内にあったと言うことはできよう。また、明治二七（一八九四）年頃には、島田が以前から交流のあった藤沢南岳を大阪・泊園書院から帝国大学に教授として招聘しようと試みた。南岳はこの誘いを固辞しているが[108]、しかし南岳は泊園書院での教育において先秦諸子学を積極的に取り入れようとしていたことから[109]、間接的に島田の諸子学への関心を窺うことは可能である。

これらに加えて注目すべきは、江戸期に択捉・蝦夷地調査を行い、のちに書物奉行などを務めた近藤重蔵（守重）による『書籍考』（『正斎書籍考』）の一部が、明治二六（一八九三）年一月から明治二七（一八九四）年七月にかけて『哲学雑誌』に連載されていることである[110]。この連載初回の冒頭には、次のようにある。

左ノ一篇ハ紅葉山文庫奉行近藤守重氏ノ書籍考中ノ一部分ナリ。書籍考ハハジメ一二巻ヲ刊行セシノミニテ他ハ未タ世ニ公ニセラレス、重野博士ノモトニ其稿本一部アルノミ。其貴重スベキモノナリト聞ク。本篇ノ如クモ未刊行ノモノナリ。今之ヲ博士ニ請ヒテ本誌ニ載スルニ当リ、博士ノ小引ヲ付スル筈ナリシモ、目下博士旅行中ニツキコレヲ欠ク[111]。

この文章からは、重野安繹が『書籍考』の所有者であること、かつ書き手（連載者）が重野ではないことが分かる。連載者は明記されてはいないが、島田が関与していた、あるいは少なくとも関心を共有していたと考えることは不可能ではない。水上雅晴によれば、近藤は清朝・乾嘉期の考証学を吸収しており、『書籍考』の書物分類法にもその影響が見て取れるが[112]、これは太田錦城・海保漁村など考証学の学統を継承する島田の関心と一致する。また、第一章で取り扱った高嶺三吉の遺稿中には、島田が明治一八（一八八五）年九月から明治二〇（一八八七）年七月にかけて行った上記の「支那哲学」講義を記録したノートも存在するが、その明治一九（一八八六）年一一月一二日の記録には「近藤重蔵」の名前が登場している(113)。

たとえ『書籍考』の連載者が島田自身ではなかったとしても(114)、帝国大学哲学科が中心となって発行している『哲学雑誌』において、なおも江戸時代における漢籍目録に関心が向けられ、約一年半、合計一三号にわたって連載が続けられたという事実は注目されるべきである。すなわち島田、あるいは少なくとも帝国大学の漢学者たちの関心は、「国家ノ須要ニ応ズル学術技芸ヲ教授」する（帝国大学令）と謳った帝国大学にあってもなお、日中を問わない過去の学問的蓄積の再発掘に向けられていた（あるいはそのことが「国家ノ須要ニ応ズル」と考えられていた）と言うことができよう(115)。そして、このような姿勢こそが、これまで本章で検討してきたような種々の漢学改革論を招いた一因であったと考えられる。

それでは、島田をはじめとする伝統的漢学者たちは、どのような意図からこのような方針を採ったと考えられるだろうか。

当時の漢学者たちの最大の関心事の一つは、漢学の生存・継続であったと言って差し支えないだろう。明治初期から漢学不要論（ひいては漢字不要論）が断続的に発生する状態にあって、この関心の方向性は必然であり、その最大の発露が「中学校漢文科名廃止論争」における漢学者たちの一致団結した行動であった。また、その理想とする方向性は別であったとしても、この関心に裏づけられてこそ、本章で紹介したような種々の漢学改革論も起こりえたと言える。

漢学はどうしたら生き延びることができるのか。島田の出した結論は、帝国大学において後進を育成しつつ、漢学の学問的な蓄積から、「支那哲学」として研究されるに値する資源を、可能な限り発掘しておくことであった。それまで「学案」と言えば、人物の列伝と学統の整理という要素がほとんどであったが、学問の発展史を簡潔かつ要領よく整理しておくことは、哲学研究によく整理された哲学史が必要なように、漢学および「支那哲学」研究においても必要であると考えられたのではないか。そして、この営みにおいて、清朝歴代の考証学者から学ぶ所はあったものの、同時代的な「支那」（当時にあってはなお清朝であるが）に政治的に関与していくという「実用」性を志向することは考えられていなかった。むしろ先述のように、日清戦争以降において、「支那」との近さを示すことは漢学の生存という観点から言えば負の影響があった。島田重礼が日清戦争終結の直後、明治二八（一八九五）年五月に行った講演に基づく「清儒学案」も、清朝初期から一九世紀中盤までの「清学の流派及び其師承淵源の大略」を、あくまで学術史として紹介したものであった。また同じく島田重礼は、東京学士会院における明治三〇（一八九七）年の講演において、日本儒学が「次第に退歩し、空詩浮文のみ世に行はるるに」至り、道徳が乱れ、政権が朝廷から武士に移ったのは、遣唐使によって唐代の「弊風」が輸入されたからであると述べている。[116]それは渡辺和靖の指摘するように、漢学が自らの中に有していた「支那」という要素を「放棄」する態度の表明であった。[117]

その一方で、「支那哲学」という名前を掲げている以上は、従来の漢学の主流を占めていた儒教のみならず、諸子学についても広く目を配る必要があった。それは本来、井上哲次郎が先鞭をつけていた所ではあったが、幸か不幸か井上はドイツに留学してしまい、さらに留学から帰朝後の井上の関心も主として印度哲学や「日本哲学」に向かったため（第二章参照）、井上が漢学および「支那哲学」に直接関わる機会は減じた（それを補ったのが、のちに京都帝国大学教授を務めた高瀬武次郎や、あるいは『支那哲学史』を著した遠藤隆吉など、数少ない井上の弟子たちであった）。

諸子学への傾注、言い換えれば「支那哲学」の中に儒教以外のものを見出そうとする動きは、言うまでもなく清朝考証学および江戸期の諸子学研究の流れを引き継ぐものでもあったのであろうが、それ以上に、漢字・漢学・儒教などの中に「支那」的なものを見出して攻撃しようとする議論に対抗して、「支那哲学」独自の領域を確保しようとする動きでもあった。中学校漢文科名廃止論争の中では、漢学（儒教）を通じた徳育の重要性も説かれたものの、一方でアカデミアにおいては、早くには井上哲次郎によって、その後は島田重礼を中心として、「支那哲学」の中に諸子学をも包含した「支那哲学史」の体系を構築していこうとする動きがあった。そしてそれは、現実の「支那」に、特に政治的に参与していくための「実用支那学」とは無縁の世界であった。

島田は、自分自身には漢学の「新生面」[118]を開くことができないことは分かっていたはずである。だからこそ、「支那哲学」に相応しい資料を可能な限り過去の蓄積から発掘しつつ、教育に徹し、後進を待ち続けた。その姿勢は、現代の「支那」に目を向け、自ら参入してゆくことで活路を見出そうとした漢学改革論とは全く異なるものであり、それゆえ両者はすれ違いのままに終わった。陳政の「支那学難」に対して返された内藤耻叟による「支那学難ヲ難ズ」は、その象徴である。

島田の晩年に現れた後継者が服部宇之吉であった。服部は哲学科在学中から漢学にも関心を示し、おそらく島田の勧めもあって諸子学研究に努め、その成果は服部在学中の明治二一（一八八八）年に『哲学会雑誌』に掲載された論文「列子学説一斑」、また卒業後に著された論文「墨子年代考」「荀子年代考」「名家の学を論ず」などとなって現れた。島田は服部を娘婿として迎え、島田が明治三一（一八九八）年に急逝すると、服部はその後継者となるべく帝国大学講師嘱託、次いで助教授となり、清国への官費留学に赴くことになる。漢学および「支那哲学」研究に「新生面」を開いたのが、この服部であった。次章以降では、この服部宇之吉に焦点を当ててゆく。

おわりに

明治初期から同三〇年前後にかけて行われた漢学改革論は、問題関心や方法論、漢学のあるべき姿などについての意見は多様でありつつも、一貫して、伝統を持ちながらも活力を失ったように思われた漢学と、眼前の巨大な政治的・地理的存在、しかも日本がすでにそこに関わり、また今後もさらに関わっていくであろう存在としての「支那」とをどのように結びつけるのかという関心が備わっていた。

そのような漢学改革論に対し、多くの「漢学先生」たちは概して無反応であった。明治三〇年代半ばに中学校漢文科名廃止論争が起こると、漢学をめぐる議論における論点は、中等教育における漢学の必要性に限定されていき、「漢学先生」たちもこれには精力的に反応したものの、その過程において多くの漢学改革論、特に「支那」との連続性を探る議論は見えなくなっていった。一方で中学校漢文科名廃止論争以後、中等教育における漢学教育の必要性に対して疑問の声が投げかけられることは少なくなっていった。

種々の改革論に対して、伝統的漢学者、特に島田重礼の取った立場は、少なくとも結果から言えば、来るべき後継者のために、過去の学問的蓄積の中から有用なものを可能な限り発掘しておくというものであり、その視線は現代ではなく過去に、海外ではなく自国に向けられていた。両者は結局、漢学のあるべき姿について、噛み合った議論を戦わせることはできなかった。明治時代には多くのあるべき漢学（あるいは「支那学」）の姿が議論されたものの、結局は島田に代表されるような（また多くの伝統的漢学者たちが採用していた）考証的な方法論が主流となり、既存の漢学あるいは「支那哲学」を批判し、オルタナティブを論じた者たちは、最終的には既存のディシプリンを飛び出していった。現代の日本における中国哲学・中国思想史にまで続く、緻密な文献学的方法を基礎とする姿勢が「定まった」と呼べるような時期を、歴史上の特定の一点に限定することは適切ではないかもしれないが、しかし本章で検討したような時期が、そのような方法論が大学を中心とするアカデミアにおいて確固としたものとなる分水嶺の一つであったとは言える。

前章と本章では、東京（帝国）大学における漢学および「支那哲学」から出発しつつも、そのあり方とは異なった展開を見せた、あるいはそのあり方に異議を唱えた議論を検討してきた。それらを踏まえて次章以降では、東京（帝国）大学における、いわば保守本流の漢学および「支那哲学」そのものに戻り、明治後期から大正期にかけて、それがどのように展開していったのかを、一人の人物を軸に追いかけてゆく。その中心的人物とは、島田重礼の事実上の後継者であって、東京帝国大学教授や斯文会副会長などを務めた服部宇之吉である。次章においては、服部が、その岳父でもある島田重礼とどのような関係にあり、いかにして島田の後継者としての地位を確立したかについて論じていく。

（1）三浦叶『明治の漢学』汲古書院、一九九八年。特に第一部「明治の漢学論」中の第三章「明治前期の漢学観――新旧思想の葛藤」から第六章「明治の文士・評論家の漢学観」までを参照。

（2）同書、一一四―一一五頁。西村茂樹は『日本道徳論』の中で、「儒道」の持つ道徳的有用性を認めつつも、①西洋で発達した精緻な「生器心性等ノ学」と矛盾する点、②「人ヲ固陋狭隘ニ陥」れて「進取」の気性に乏しくする点、③「尊属」と「卑属」の差が激しすぎる点、④「男尊女卑ノ教」の多い点、⑤「古ヲ是トシ今ヲ非ト」する尚古主義などの点から、そのまま今日の日本に適用することは不可能であると述べている（西村茂樹『日本道徳論』哲学書院、一八九二年、四〇―四二頁）。「尊属」と「卑属」の差というのは、たとえば君主と臣下、夫と妻、父と子、兄と弟……といった、儒教的な身分の差異関係を指しているのであろう。

（3）三浦叶『明治の漢学』汲古書院、一九九八年、一七二頁。

（4）同書、八四頁。

（5）この重野の論説については、様々な先行研究が多様な角度から焦点を当ててきた。なかでも筆者は陶徳民『明治の漢学者と中国――安繹・天囚・湖南の外交論策』（関西大学出版部、二〇〇七年）から、重野の漢学をめぐる議論について多くの教えを受けている。

また末広鉄腸は、明治一二（一八七九）年四月、重野に先立ち、従来の漢学を批判し現代中国語の習得を促す論考を「朝野新聞」上に連載している（四月一七・一九・二七・三〇日／東京大学法学部明治新聞雑誌文庫編『朝野新聞　縮刷版　九』ぺりかん社、一九八二年）。この論考の趣旨は、当時の漢学人気の復活に乗じ、慣れない洋学を棄てて漢学に戻り立身出世を果たそうとする「定見ナキ少年書生」たちの態度を「時運ノ進歩ニ背馳シテ毫モ一身ヲ益スル所ナキヲ信ズルナリ」と批判する点にある（文学論第二、四月一九日）。

その上で鉄腸は、「四書ヲ読ミ六経ヲ講ジ性命道徳ヲ談論スルニ非ザレバ諸子百家ニ渉猟シテ文章ヲ作為シ該博ヲ誇示」するような従来の「漢学」は「迂腐無用」であるが、一方で「我邦ニ緊要ナル漢学」もあると言う。それは、「我邦ト一葦水ヲ隔テテ相対峙シ其ノ交際貿易上ニモ直接ノ関係」を有する「支那ノ事情」を知るために、「支那」の「方今ノ言語ニ通ジ方今ノ文章ヲ読ム」という姿の「漢学」である。鉄腸は、現在の「少年子弟」で学問に臨む者は、基本的には「欧米ノ学」に向かうべきであるが、もし「眼ヲ我ガ隣邦タル支那ノ事情ニ注ガント」する者がいれば、上記のように従来とは異なる形で「漢学」を修めるべきであるという（文学論第四、四月三〇日）。この鉄腸の論考は早くに柳田泉が紹介し、そこで柳田は上記のような新しい形の「漢学」を「新漢学」と称した（柳田泉『明治初期の文学思想　上巻』春秋社、一九六五年、三八三頁）。

鉄腸の論考は重野よりも数ヶ月先行しているが、その主旨はあくまでも伝統漢学の批判にあり、現代中国語を学ぶべき理由、具体的方策、新たな姿の「漢学」と伝統漢学との関係などについては、重野の考察の深さには及んでいない。それゆえ、注釈で紹介するに留めた。

（6）戸川芳郎・神田信夫編『荻生徂徠全集　二　言語篇』みすず書房、一九七四年、九頁。

（7）重野安繹「漢学宜ク正則一科ヲ設ケ少年秀才ヲ選ミ清国ニ留学セシムヘキ論説」東京学士会院『東京学士会院雑誌』第一編第四冊、一八七九年、七七頁。

（8）中村正直「漢学不可廃論」東京学士会院『東京学士会院雑誌』第九編第四冊、一八八七年、四五―四八頁。

（9）同書、六三―六八頁。

（10）中村正直「支那学の迂闊ならざるを論ず」博文館『日本大家論集』第二八篇、一八八九年、六頁。

（11）重野安繹「漢学宜ク正則一科ヲ設ケ少年秀才ヲ選ミ清国ニ留学セシムヘキ論説」東京学士会院『東京学士会院雑誌』第一編第四冊、一八七九年、八七頁。

（12）松沢弘陽『近代日本の形成と西洋経験』岩波書店、一九九三年、一五〇頁。名倉信敦については、森田吉彦「名倉信敦と日清「新関係」の模索――幕末維新期の華夷思想的日中提携論」（東アジア近代史学会『東アジア近代史』第四号、二〇〇一年）にも詳しい。

（13）張偉雄『文人外交官の明治日本――中国初代駐日公使団の異文化体験』柏書房、一九九九年、一九〇頁。

（14）「歳己卯。紫詮王先生東游。館于余。余奉先生於書室。［……］既起。与余筆語。時雑以諧謔。相共驩然大笑。家人皆驚。

如是者月余。」重野安繹「扶桑游記序」『成斎文二集　巻二』冨山房、一九一一年、一八頁。
（15）黒木彬文・鱒澤彰夫編集解説『興亜会報告・亜細亜協会報告　第一巻』不二出版、一九九三年、五頁。
（16）重野安繹「漢学宜ク正則一科ヲ設ケ少年秀才ヲ選ミ清国ニ留学セシムヘキ論説」東京学士会院『東京学士会院雑誌』第一編第四冊、一八七九年、八七—八八頁。
（17）六角恒廣『中国語教育史の研究』東方書店、一九八八年、一三五—一六三頁。
（18）重野安繹「漢学宜ク正則一科ヲ設ケ少年秀才ヲ選ミ清国ニ留学セシムヘキ論説」東京学士会院『東京学士会院雑誌』第一編第四冊、一八七九年、八八—八九頁。
（19）松沢弘陽『近代日本の形成と西洋経験』岩波書店、一九九三年、一五七頁。
（20）同書、一五六頁。
（21）興亜会は明治一三（一八八〇）年二月に「支那語学校」を開設し、中国語教育を行った（ただし二年後に閉校した）。これは東京学士会院における重野の演説から約半年後のことであり、重野の演説が興亜会支那語学校の宣伝だったとまでは言えないだろうが、日清連携に際してまずは中国語教育を、というアプローチについては、少なくとも当時にあっては、日清提携論者の中でも一定の理解が得られていたものと思われる。
（22）陶徳民『明治の漢学者と中国——安繹・天囚・湖南の外交論策』関西大学出版部、二〇〇七年、三七頁。ただし陶徳民自身も指摘するように、日清戦争以降の重野は清国に対する「優越感」を示すようにもなる（同書、五五頁）。
（23）重野安繹「漢学宜ク正則一科ヲ設ケ少年秀才ヲ選ミ清国ニ留学セシムヘキ論説」東京学士会院『東京学士会院雑誌』第一編第四冊、一八七九年、九〇—九一頁。
（24）同書、九一頁。
（25）陶徳民『明治の漢学者と中国——安繹・天囚・湖南の外交論策』関西大学出版部、二〇〇七年、三四—三五頁。
（26）大久保利謙編『増訂　重野博士史学論文集　上巻』名著普及会、一九八九年、四二〇頁。陶徳民前掲書も同資料を引用している（四五頁）。
（27）竹村英二は江戸後期の考証学について検討する中で、清朝考証学それ自体よりも、むしろその成果を踏まえつつ江戸期の日本で独自の、かつ当時としては世界水準の発展を遂げた、経書の原典批判により積極的で「聖人を絶対視せずに相対的地位に定位し、客観的観察対象とする」ような態度を持つ江戸期の考証学こそが、明治初期の久米邦武や重野安繹に象徴される実証史学研究の導入・定着へ寄与したのではないかと検討する（竹村英二『江戸後期儒者のフィロロギー——原典批判の諸相とその国際比較』思文閣出版、二〇一六年、二二四頁）。

興味深いのは、その重野自身が、明治前期には実用性を考慮した漢学改革を唱えた一方で、太田錦城および海保漁村と、こちらも江戸期の考証学の学統・系譜を汲む島田重礼は、本章の後半で見るように、むしろ伝統的な考証重視の学風をよく守り、改革を結果的に退けているという点である。

(28) 洋学者・技術官僚で、のちに外交官を務めた大鳥圭介は、明治一九（一八八六）年、重野と同じく東京学士会院における演説で「支那は比隣の大国にて、交際貿易の点より見ても、其語学に通じ、其歴史、地理、物産、人情等を講究して記憶するは至要の事なり」と述べ、また「今本邦にて支那書を読むは変則の翻訳読なり。正則即正音棒読によらざれば言語を通じ詩文を作ることも本則には叶はぬなり」と、重野同様に「正則」の「支那」研究を主張している（大鳥圭介「学問弁」東京学士会院『東京学士会院雑誌』第八編第三号、一八八六年、三七―三八頁）。
ただ、このような議論が、（重野を例外とすれば）伝統的漢学者の中からではなく、既存の漢学の枠組みにとらわれない立場の論者から登場している点に注意すべきである。

(29) 佐藤武敏「井上（楢原）陳政とその中国研究」大東文化大学東洋研究所『東洋研究』第七九号、一九八六年。

(30) 対支功労者伝記編纂会編『対支回顧録　下』対支功労者伝記編纂会、一九三六年、二四四頁。明治一〇（一八七七）年当時の初等教育としては、明治五（一八七二）年頒布の「学制」に基づき、四年ずつの「下等小学」および「上等小学」からなる計八年の「尋常小学」のほか、より簡易なものとして免状を持った教師が自宅で教える「小学私塾」などの制度が設けられていた。ただし陳政の伝記の中で比較的詳しい部類に入る『対支回顧録』でさえ、彼が幼少期に受けた教育については「小学を卒へて」としか書かれておらず、その詳細は定かでない。
生年を考えれば、陳政は明治五（一八七二）年の学制頒布時点でおよそ満一〇歳であるから、それまでに、あるいはその後も（新設された何らかの小学校にも通ったにせよ、並行して）私塾で教育を受けていた可能性が高い（第四章で取り上げる服部宇之吉は、陳政より五歳下であるが、小学校と並行して漢学者の私塾に通っている）。特に本文で述べるように、印刷局の幼年技生学場で漢学の才能を認められたことを鑑みれば、相当な漢学の訓練をそれまでに受けていたと見るべきであろう。

(31) 渡辺盛衛編『得能良介君伝』印刷局、一九二一年、四四六頁。

(32) 同書、同頁。

(33) たとえば島田重礼が明治三（一八七〇）年に開いた私塾・双桂精舎のカリキュラムでは、これらのテキストはいずれも「下等」に含まれる（東京都立教育研究所『東京教育史資料大系　第一巻』東京都立教育研究所、一九七一年、七四一頁）。

(34) 渡辺盛衛編『得能良介君伝』印刷局、一九二一年、四五四頁。

(35) 井上陳政「留学略記」『禹域通纂　上』大蔵省、一八八八年、一頁。
(36) 渡辺盛衛編『得能良介君伝』印刷局、一九二一年、四頁。
(37) 日本における清国公使館の活動、また同所における日清文人の交流については、次の文献を参照。陳捷『明治前期日中学術交流の研究——清国駐日公使館の文化活動』汲古書院、二〇〇三年。
(38) 井上陳政「留学略記」『禹域通纂　上』大蔵省、一八八八年、一頁。
(39) 佐藤武敏による全訳が存在する（佐藤武敏訳注「楢原陳政『游華日記』」大阪・郵政考古学会『郵政考古紀要』第四六、四九、五〇、五三号、二〇〇九―一二年）。
(40) 井上陳政編『曲園自述詩』博文館、一八九〇年、二七葉表。
(41) 『支那内治要論』『禹域通纂』については、次の箇所を参照。佐藤武敏「井上（楢原）陳政とその中国研究」大東文化大学東洋研究所『東洋研究』第七九号、一九八六年、二八―三八頁。
(42) 何如璋は同治七（一八六八）年に進士となり翰林院編修に任用されたエリート科挙官僚であったが、李鴻章はその洋務に関する能力をも高く評価したという（張偉雄『文人外交官の明治日本——中国初代駐日公使団の異文化体験』柏書房、一九九九年、一六頁）。
(43) 「道光之季、巨猾遽驚、炎焚大沢、旋復夏服、綱紀惟存、遺俗是保、昭燕翼之謨、継丕承之業、而民則辟田疇、修樹藝、以発滞蓄、利懋遷、興技巧、以饒財用、上下国治、遵養時晦、亦足以多也。我邦毗隣、永矢聯誼、利済通商、莫切於此、而彼邦制度典章、与兵刑礼楽、殖産簡器、与風俗嚮背、素修予講、以備施用、不可暫廃焉」井上陳政「禹域通纂序」『禹域通纂　上』大蔵省、一八八八年。
(44) 佐藤武敏「井上（楢原）陳政とその中国研究」大東文化大学東洋研究所『東洋研究』第七九号、一九八六年、二八頁。
(45) 井上陳政『禹域通纂　下』大蔵省、一八八八年、五七五頁。
(46) 東京地学協会は、のちに帝国大学初代総長となる渡邉洪基らによって明治一二（一八七九）年に設立された。渡邉がウィーン滞在中に同地の地理学協会に入会したことが契機となったといい、瀧井一博は同協会の目的を「国家の統治にあたって、地（理）学の知識は内政外政の双方にとって必要不可欠［……］そのような認識を統治に与る国家のエリートに周知させ、国運隆盛のための地政学的知識を流通せしめる」ところにあったと整理する（瀧井一博『渡邉洪基——衆智を集むるを第一とす』ミネルヴァ書房、二〇一六年、一二六頁）。設立当初の「東京地学協会」の「地学」とは、現在の「地理学」を意味していた。

同会設立当初の会合では、主として異国の見聞談が報告されており、陳政の報告もそのような性質に沿うものであった。

(47) ただ、同会の運営は程なく形骸化し、明治二六（一八九三）年には帝国大学出身の地質学者を中心とする「地学会」と合併した（名称は東京地学協会のまま）。それ以降は地理学ではなく「地学」（地球科学・地質科学）の学術団体として、現在に至るまで活動を続けている。
(48) 井上陳政「支那漫遊中ノ経歴」東京地学協会『東京地学協会報告』第九巻第七号、一八八七年、四―五頁。
(49) 同書、七頁。
(50) 岸本美緒『明清交替と江南社会――一七世紀中国の秩序問題』東京大学出版会、一九九九年、二八頁。
(51) 井上陳政「支那漫遊中ノ経歴」東京地学協会『東京地学協会報告』第九巻第七号、一八八七年、四―五頁。
(52) 同書、一六頁。
(53) 同書、八頁。
(54) 同書、一六頁。
(55) 岸本美緒『明清交替と江南社会――一七世紀中国の秩序問題』東京大学出版会、一九九九年、二八頁。
(56) 佐藤武敏「井上（楢原）陳政とその中国研究」大東文化大学東洋研究所『東洋研究』第七九号、一九八六年、六頁。
(57) 張偉雄『文人外交官の明治日本――中国初代駐日公使団の異文化体験』柏書房、一九九九年、一三五頁。
(58) 松本三之介『近代日本の中国認識――徳川期儒学から東亜協同体論まで』以文社、二〇一一年、五九―七六頁。
(59) 同書、六八頁。
(60) 井上陳政「支那学難」金港堂『文』第一巻第一六号、一八八八年、二四四頁。
(61) 井上陳政「支那学難（続キ）」金港堂『文』第一巻第一八号、一八八八年、二七〇頁。
(62) 同書、二七〇、二七一頁。
(63) 井上陳政「支那学難（続キ）」金港堂『文』第一巻第一九号、一八八八年、二八五頁。
(64) 内藤耻叟「支那学難ヲ難ズ」金港堂『文』第一巻第二〇号、一八八八年、三〇三―三〇四頁。
(65) 東眼西視人「漢学革新論」『支那文学　第三冊　百家言』同文社、一八九三年所収。「東眼西視人」は井上陳政の筆名である旨が、冒頭「編者」によって述べられている。『支那文学』は、池田蘆洲および東京大学古典講習科卒業生の山田済斎が、久米幹文を社主に頂いて結成した「同文社」が発行した雑誌（三浦叶『明治の漢学』汲古書院、一九九八年、四五五頁）。明治二四（一八九一）年八月から少なくとも翌年八月にかけて刊行され、明治二六（一八九三）年には合冊本が発行された。
(66) 「於是東洋問題起、而漢学亦振其間、是非漢学者能自振作、時勢使然耳、［……］漢学者当今日不深当自艾新則漢学衰頽、可期而俟、漢学衰頽、曷足介憂、然此学亡、而吾徒喪操縦東亜之利器、此学興、而吾徒得操制東亜之利柄、此学興衰、我国謨所関、」
(66)「革新之法、在舎旧時漢学而興実用支那学耳、蓋今日我国漢学者能読三四千載之支那書籍、而不暢通現時支那文、能古文辞詞章而不達俗言、識旧史而不知近時制度、能筆話而不通地理風俗、至現時政府組織、兵備強弱、財務暢否、民情宗教所繋、物産運輸所至、雖碩儒宿彦、邈乎如探暗捕影、豈不悲哉、［……］今日漢学之興、漢学者能察利病、計較長短、徒不為空談性理、或拘於考証、或溺於詞章之末、而能為実用利国、啓導世運之学、於支那制度文物地理物産民業運輸等各端、鑿々探討、精益求精、以裨我国務、以祐我通商、則国家之慶、莫大於是、」
(67)「革新支那学之法、拠余所見、須分為以下各科、
文学科　此科専治詞章、弁文体異同、不論古今体、尽暢通之、至現時所用各体文、尤須留意、又治支那理学、漢唐経説、程朱之性理、陛王之静心、皆要暢通、又兼修支那史、至近時沿革尤要詳究、要之此科、通達支那文学理学歴史也、
制度科　此科専修制度、挙古今政体沿革、法律変更、財政得失、兵備整否、学政興替、宗教異同、行政更易、地理概略、風習異同、要講究之、殊以詳究現時制度為要、
地学科　此科以専修支那各処地理、都市便否、運輸利否、物産異仝、山林池塘之状、鉱物産地、地質良否、及民情概略為要、
民業科　此科以専修支那農業異同、工業沿革、商業組織等為要、
余茲所陳四科皆係専門、修此専門者、須幷修普通支那学、普通支那学則語言及普通読書、善作書柬等、」
(68) 漢学を洋学のように専門分化させるという案は、漢学者の川田剛（甕江）にも見える。しかし川田の議論は「蓋五大洲中建国之旧、莫漢土若焉。以故今日泰西所行制度技芸、漢土往往有先講之者」という言葉に見えるように、「泰西」の「制度技芸」が実はすでに「漢土」の中にもあるのだという、本章の本文で述べた中村正直のような前提を想定しつつ、その成果を探索することを目指していることから、同時代的な「支那」との関わりの中で漢学を見ようとするものではない（川田剛「論漢学宜分経籍為修身政事刑律工芸諸科専攻其業」東京学士会院『東京学士会院雑誌』第二編第五冊、一八八一年、五頁）。
(69)「余在此地屢見伝教牧師、或行医牧師、游支那而帰者、或有駐支那至十数年者、然其所談論、大抵臆断肆説耳、非此不足聳動英民之心、然識詈之甚、亦乖一視同仁互為恵済之意為多。勿謂支那人傲慢自尊、欧民加甚焉、」
(70) 箱田恵子『外交官の誕生——近代中国の対外態勢の変容と在外公館』名古屋大学出版会、二〇一二年、一八〇頁。
(71) たとえば哲学科の「受験学科」には「哲学及哲学史」「支那哲学」「印度哲学」「心理学」「倫理学」「宗教学」「美学」「教育学」「社会学」があった。「史学科」「文学科」もそれぞれ複数の「受験学科」を擁し、実質的な専攻を示すものであった。
(72) 井上は「東洋哲学史」を含め主に哲学専攻者向けの授業を担当し、また講座制確立後は「哲学・哲学史」講座の所属とな

っているので、厳密な意味では「支那哲学」の教官ではない。

(73) 那珂通世は明治五（一八七二）年五月に慶應義塾に入り、明治七（一八七四）年七月に慶應義塾大阪分校の英語教師となった。慶應義塾以前には英学塾の北門社明治新塾に通ったという（窪寺紘一『東洋学事始――那珂通世とその時代』平凡社、二〇〇九年、七七、九九頁）。

(74) 東方学会編『東方学回想Ⅰ　先学を語る（一）』刀水書房、二〇〇〇年、一七二頁。

(75)「文科大学の消息」早稲田文学社『早稲田文学』第五五号、一八九四年、六四頁。

(76) 秋水生「漢学研究の方法」東洋哲学会『東洋哲学』第四編第四号、一八九七年、二〇一頁。

(77) 町泉寿郎「幕末明治期における学術・教学の形成と漢学」二松学舎大学東アジア学術総合研究所日本漢文教育研究推進室『日本漢文学研究』第一一号、二〇一六年、一四二頁。

(78) 磯前順一・高橋原「井上哲次郎の「比較宗教及東洋哲学」講義――解説と翻刻」東京大学史史料室『東京大学史紀要』第二一号、二〇〇三年。

(79) 東京大学百年史編集委員会編『東京大学百年史　部局史　二』東京大学、一九八六年、五〇八頁。

(80) 林泰輔は明治二九（一八九六）年六月より明治三〇（一八九七）年一一月まで助教授の任にあった（同書、五〇九頁）。また林については町田三郎『明治の漢学者たち』に「林泰輔と日本漢学」が収められており、そこに引用されている林の年譜によると、帝大助教授の退職理由は「疾病のため」となっている（町田三郎『明治の漢学者たち』研文出版、一九九八年、二五〇頁）。

(81) 東方学会編『東方学回想Ⅱ　先学を語る（二）』刀水書房、二〇〇〇年、四三頁。

(82) 中見立夫「日本的「東洋学」の形成と構図」岸本美緒責任編集『「帝国」日本の学知　第三巻　東洋学の磁場』岩波書店、二〇〇六年、二九頁。

(83) 戸川芳郎「漢学シナ学の沿革とその問題点――近代アカデミズムの成立と中国研究の〝系譜〟（二）」理想社『理想』第三九七号、一九六六年、一五頁。

(84) 学問としての「東洋史」の確立については、前掲中見論文および次の文献を参照。吉澤誠一郎「東洋史学の形成と中国――桑原隲蔵の場合」岸本美緒責任編集『「帝国」日本の学知　第三巻　東洋学の磁場』岩波書店、二〇〇六年。

(85) 藤田豊八「漢学教育の新生面」東亜説林社『東亜説林』第四号、一八九五年、三五頁。

(86) 同書、同頁。

(87) 剣峯「漢学者立脚の地如何」東亜説林社『東亜説林』第三号、一八九五年、二〇頁。

(88) 長志珠絵『近代日本と国語ナショナリズム』吉川弘文館、一九九八年、一三六―一三七頁。
(89) ただし「支那文学」のみは、英文学やドイツ文学などが独立した学科を持つように、従来の「漢学」的方法論に文献学・言語学等を加えた「支那文学科」を設けてもよいとした。
(90) し、じ「漢学と云ふ名称と文科大学の漢学科」東亜学会『東亜学会雑誌』第一編第二号、一六七頁。
(91) 白河次郎「漢学者の新事業」帝国文学会『帝国文学』第三巻第一〇号、一八九七年、三二頁。
(92) 同書、同頁。
(93) 同書、三九頁。
(94) 「[……]開設当時の支那学関係の三教授［狩野直喜、内藤虎次郎、桑原隲蔵］は、みな若くして卓越した学者であつたが、これらの先生が他科の教授と少しく様子の違つていたことは、これらの先生は独りその担当の部門において学識が勝れていたばかりでなく、およそ支那の学問である以上どの部門のことにも相当深い造詣を有つていられたことである。そして此等の先生の一致した意見として、支那の学問というものは、各部門が相互に関連をもつているから、他と独立して一局部一時期のことを研究するわけにゆかない。されば一局部一時期のことを研究するにしても、先ず一応支那の学問全体に通じた上で然る後やるべきであるというのであつた。これがその後京都大学でいう支那学の意味であつて、単に支那に関する研究ならば何でもそれは支那学であるとするのとは少しく趣が違う。」小島祐馬「開設当時の支那学の教授たち」京都大学文学部編『京都大学文学部五十年史』京都大学文学部、一九五六年、四三五頁。
(95) 「[……]吾人が当然促さんとする所は、文科大学漢学科の更革にあり。吾人は此れに関して屢言ふ所ありき。しかも吾人が不明、未だ文科大学有司の一顧を得ず、又之を同学諸子に糺して一も容るる所を為るを得ざりき。吾人は自ら取て益々正しとなす也、今又一たび更に之を言ふを得ん乎。」白河次郎「漢学者の新事業」帝国文学会『帝国文学』第三巻第一〇号、一八九七年、二九―三〇頁。
(96) 坂出祥伸『東西シノロジー事情』東方書店、一九九四年、二六―三〇頁。
(97) 斯文会『斯文六十年史』斯文会、一九二九年、二八八頁。
(98) 打越孝明「中学校漢文科存廃問題と世論――明治三十四年「中学校令施行規則」発布前後」早稲田大学教育学部『学術研究（教育・社会教育・教育心理・体育学編）』第三九号、一九九〇年、四〇頁。
(99) この際の議論については、次の文献を参照。打越孝明「明治三十年代後半の中学校漢文教育存廃論争について――第七回高等教育会議への廃止建議をめぐって」皇學館大学人文學會『皇學館論叢』第二四巻第五号、一九九一年。
(100) 高橋作衛「漢文奨励論」開発社『教育時論』第六三八号、一九〇三年、二七―二八頁。

(101) 同書、二八頁。
(102) この際の議論については、前掲打越論文の次の箇所を参照。打越孝明「明治三十年代後半の中学校漢文教育存廃論争について」、四二頁。
(103) ただし明治三四（一九〇一）年に提出された市村瓚次郎の議論では、「漢文国」すなわち「支那朝鮮」と「英語国」すなわち「英米及び其の領属地」の双方に深い関係を持つ我が国においては、中等教育において英語を教えるのはもちろん、漢文も「支那朝鮮」における一種の「標準文」として、かつ「現在の支那語を学ぶ階梯」として是非とも教授されるべきである、とする論旨が見られる（市村瓚次郎「中等教育に於ける漢文の価値」哲学館『東洋哲学』第八編第二号、一九〇一年、一〇四頁）。
(104) 斯文会『斯文六十年史』斯文会、一九二九年、二九一頁。
(105) 町泉寿郎「幕末明治期における学術・教学の形成と漢学」二松学舎大学東アジア学術総合研究所日本漢文教育研究推進室『日本漢文学研究』第一一号、二〇一六年、一五四頁。
(106) 町田三郎『明治の漢学者たち』研文出版、一九九八年、一〇二―一〇五頁。
(107) 島田重礼の記名があるものとしては、「解題　韓非子」（第七冊第六四号）、「解題　荀子」（第七冊第六九号）、「解題　列子」（第八冊第七六号）、「解題　荘子」（第八冊第八二号）。記名がないものとしては、「解題　鬻子」（第九冊第九二号および九三号）、「解題　関尹子」（第九冊第九三号および九四号）、「解題　鬼谷子」（第一〇冊第九九号）。
(108) 吾妻重二編『泊園書院歴史資料集――泊園書院資料集成一』関西大学出版部、二〇一〇年、三九五頁。
(109) 松井真希子『徂徠学派における『老子』学の展開』白帝社、二〇一三年、一七三頁。
(110) 『正斎書籍考巻三』（『近藤正斎全集　第三』国書刊行会、一九〇五年、二七九―三三三頁）に相当。なお、島田重礼が所蔵していたと見られる近藤守重関連書籍として、東京大学総合図書館には以下の文献が収められている。
近藤守重『右文故事』（「島田氏双桂園蔵書記」印記）
近藤守重写『春秋正義』（「海保先生遺書」「島田氏双桂園蔵書記」「島田氏双桂樓収蔵」「島田重礼」印記）
近藤守重『辺要分界図考』（「海保先生自所書録」および「島田氏双桂園蔵書記」「島田氏双桂樓収蔵」印記。海保漁村が自ら筆写したものか）
(111) 「解題　易類解題」哲学会『哲学雑誌』第八巻第七一号、一八九三年、六一四頁。
(112) 水上雅晴「近藤重蔵と清朝乾嘉期の校讐学」北海道大学大学院文学研究科『北海道大学文学研究科紀要』第一一七号、二〇〇五年、一三二頁。
(113) 金沢大学附属図書館蔵「高嶺三吉遺稿」中「支那哲学」。同日の講義を記録した文章の末尾に、改行して「（近藤重蔵）」

と記録されている。ただし、この日の講義の内容は諸子百家の法家であり、どのような文脈でこの名前が記録されたのかは不明である。当時の『帝国大学一覧』は本科および選科の在籍学生の氏名を記録しているが、その明治一九—二〇年度版に「近藤重蔵」なる氏名の学生は記録されていないため、たとえば「近藤重蔵」が高嶺のノートの代筆者の氏名なども考えにくい。

(114) 島田以外に連載者として考えられるのは、内藤耻叟である。内藤は連載当時すでに帝国大学を離れているが、先に挙げた「支那学難ヲ難ズ」の中で近藤に言及していた（内藤耻叟「支那学難ヲ難ズ」金港堂『文』第一巻第二〇号、一八八八年、三〇四頁）。また、内藤は明治二二（一八八九）年に「陸軍教授」に任命されているが（官報第一九四三号、一八八九年一二月一八日、一九四頁）、蝦夷探検および「文化露寇」（フヴォストフ事件）に伴うロシアとの交渉という近藤の事績が、日清戦争直前期において軍事的関心から想起され、結果として「書籍考」の発掘に繋がったという推測もありうる。ただし、これらはあくまでも推測の域を出ない。

(115) 帝国大学令の「国家ノ須要ニ応ズル」との文言は、少なくとも当時にあっては「基礎研究の軽視・応用研究の重視」という態度と直接的に結びつくものではない。明治二六（一八九三）年、帝国大学令の改正によって帝国大学に講座制を敷くにあたり、井上毅文部大臣は自ら講座ごとの職務俸額を定めたが（当時は一人の教授が一講座を担当していたため、担当教授の年俸に相当する）、寺﨑昌男によれば、そこには「基礎学・基幹学重視の側面」を見出すことができ、それは「井上の学問観を示すだけでなく、この時期の政治指導者が決して応用的・実用的諸学だけを重視したのではないことを示す事実である」という。たとえば文科大学漢学支那語学第一講座の職務俸額は六五〇円であるが、これは工科大学・農科大学のいかなる講座の職務俸額よりも高く（工科は最高六〇〇円、農科は五〇〇円）、法・医・文・理の各分科大学における最高額と同額であった（寺﨑昌男『日本近代大学史』東京大学出版会、二〇二〇年、八八—九二頁）。

(116) 島田重礼「本朝古代の経学と唐代の学制との関係」東京学士会院『東京学士会院雑誌』第一九編第八冊、一八九七年、三三〇頁。

(117) 渡辺和靖「明治期「漢学」の課題」愛知教育大学『愛知教育大学研究報告（人文科学編）』第三五号、一九八六年、一〇四頁。

(118) 「新生面」という言葉は、『東京大学百年史』において服部宇之吉に対し使われている。「西洋哲学の組織的な研究法をもって、中国哲学に新生面を拓いたのは、服部宇之吉（一八六七—一九三四）である。」（東京大学百年史編集委員会編『東京大学百年史　部局史　一』東京大学、一九八六年、五一五頁）

第四章　「孔子教」の前提
――島田重礼と服部宇之吉

はじめに

前章までは、主に明治中期までの東京（帝国）大学を舞台として、そこにおける漢学および「支那哲学」のあり方を「本流」とすれば、そこを起点とはしながらも、しかし同時に距離のある、あるいは「本流」を批判する中で新しい学問の形を提唱していった「傍流」たちの言説を追いかけることによって、間接的に明治期の漢学および「支那哲学」の射程を推し量ってきた。

本章では「本流」に戻り、明治後期以降の「支那哲学」界で中心的な役割を果たした一人の人物に着目することで、同時期において「支那哲学」が具体的にどのように展開したのかを追う。その人物とは、戦前の東京帝国大学における「支那哲学」の象徴的存在であった、服部宇之吉である。服部の詳細については本章および次章で徐々に明らかになるが（次章の末尾には略年譜を付した）、東京帝国大学教授や斯文会副会長などを務め、明治後期から昭和初期の「支那哲学」界をリードした人物の一人である。

思想面で言えば、服部は「孔子教」論の主唱者として言及されることが多いが、これは康有為が提唱した儒教国教化運動である「孔教運動」に影響を受け、康有為への批判の中で形成された言説であった。日本国内にあって「孔子教」という表現を用いたのは服部だけではなかったものの、「儒教」や「儒学」ではなく「孔子教」という表現・概念にこだわり続け（服部が「儒教」や「儒学」という語を用いなかったわけではないが、同時に「孔子教」はそれらとは別の概念であることを、服部はしばしば強調した）、またその理論的説明を試みた人物としては、服部以外にいない。それゆえ、戦前を代表する「支那哲学」者である服部宇之吉の思想を分析する際には、彼の「孔子教」論を捉えることが必要となる。

服部の「孔子教」論の詳細については次章で述べられるが、本章ではまず、服部のキャリアの中で「孔子教」論が萌芽してくる、その前提条件を、服部の生い立ちから追いかけてゆく。また、さらにそれに先立ち、帝国大学における服部の師であり、義理の父でもあった漢学者・島田重礼についても改めて検討する。

やや本論を先取りして紹介すれば、服部宇之吉は、帝国大学哲学科を卒業し西洋哲学を修めた、より広く言えば西洋式の普通教育を修めた最初の世代の漢学者あるいは「支那哲学者」であり、その点で言えば、島田など昌平黌出身の伝統的漢学者とは一線を画していたし、そのことは先行研究においても着目されてきた。一方で服部は、島田の娘婿でもあり、島田は服部を事実上の後継者と認識していた。それは島田が西洋哲学に理解があり、新知識を用いた漢学の抜本的な刷新を期待したから、というわけでは必ずしもない。むしろ自身の伝統的な漢学のスタイルを継承してくれるであろうという期待を込めたからでもある。

どのような点で服部が島田の後継者であると言えるのか、また服部のキャリアの中で、どのように「孔子教」論が芽を出し始めるのか。本章と次章では、これらの点を随時検討してゆく。

一　島田重礼について

本書でたびたび言及してきた島田重礼は、江戸末期に昌平坂学問所で教育を受けたものの、西洋式の普通教育は受けたことのない、いわば古いタイプの漢学者であり、世代的には「天保の老人」でもあった。しかし、洋学とは無縁の島田ではあったが、洋学教育のために創設された東京（帝国）大学において長年にわたり漢学および「支那哲学」を講じ、必ずしも「支那哲学」を専門としない学生たちに斯学を授けると同時に、近代日本の「支那哲学」を築き上げた多くの学者たちをも育成した。特に服部宇之吉と狩野直喜の両名は島田の学問と人格を慕い、東京・京都の両帝国大学において、考証を重んずる島田の態度を受け継いだ「支那哲学」の学風を定着させた。(1)

明治漢文学史研究において、島田重礼は必ずしも知られていない名前ではないが、島田自身に焦点を絞った研究は少ない。島田を正面から取り扱った研究は、かつては町田三郎『明治の漢学者たち』所収の「島田篁村の学問一斑」がほぼ唯一であった。近年では町泉寿郎による論考もあり、そこでは島田の学統が太田錦城・海保漁村の考証学を継ぐものであることが示され、また帝国大学教授時代の講義の概要についても検討されているが、(2)研究の余地は依然として残されている。

島田に関する研究の少なさの理由を推し量るならば、まずはその著作の少なさを挙げざるを得ない。島田は、生前に少なからぬ論考を雑誌などに投稿し、また東京大学において行われたいくつかの講義録も伝わってはいるものの、まとまった著書は一冊も刊行しておらず、死後二〇年を経過した大正七（一九一八）年、長男の島田鈞一によって刊行された『篁村遺稿』が伝わるのみである。ところが、この唯一の著作らしい著作と呼べる『篁村遺稿』についてさえ、これまで十分な検討が加えられてきたとは言いがたい。

そこでまずは、『篁村遺稿』を手がかりとし、先行研究の成果を踏まえながら、島田重礼の生涯と事績を整理・紹介する（島田鈞一との混同を避けるため、しばらくは「重礼」と呼称する）。『篁村遺稿』に掲載された全作品を仔細に検討することはできないが、特に重要と思われる作品をいくつか取り上げる。それにより、東京（帝国）大学において服部宇之吉をはじめとする次世代の「支那哲学」者たちを育成した漢学者・島田重礼を理解するための一助としたい。

（一）島田重礼の生涯について

島田重礼の生涯については、『篁村遺稿』掲載の「篁村島田先生墓碑銘」をはじめ、重礼の生前もしくは死の直後に出版された文献を通して、ある程度窺うことができる。(3) それらを整理すると、次のようになる。

重礼は天保九（一八三八）年、武蔵国大崎に生まれた。幼くして両親を失い、姉に育てられた。初め大沢赤城に就いて学び、次いで海保漁村の塾に入って学問を深めた（本格的に学問を始めた年齢の記載は、史料によって一定しない）。その後、安積艮斎の塾にも入ったが、入塾後間もなく艮斎が没したため、自宅に戻って独学を続けた。文久三（一八六三）年には昌平坂学問所に入り、同校教授であった塩谷宕陰および中村正直に才能を認められ、慶応元（一八六五）年に昌平黌学術大試を受けて甲科合格を果たし、同校助教となった。慶応四（一八六八）年、越後・村上藩の若き藩主である内藤信民に請われて同藩藩校・克従館の文学教授に就任したが、実際には越後に赴任せず、江戸に留まった。この経緯については後述する。

明治二（一八六九）年、重礼は東京・下谷に私塾・双桂精舎を開き、漢学を教えた。明治七（一八七四）年に東京師範学校教諭となり、明治一二（一八七九）年には東京大学文学部講師、さらに明治一四（一八八一）年には東京大学文学部教授となって「漢文学」や「支那哲学」などの講義を担当した。その後、明治一九（一八八六）年、東京大学が帝国大学へと改組されたのに伴って帝国大学文科大学教授となった（これらの経緯は第一章で論じた）。その他、高等師範学校、東京女子師範学校、学習院などでも教鞭を執った。明治二一（一八八八）年には文学博士を授与され、明治二五（一八九二）年には東京学士会院の会員に選出された。明治三一（一八九八）年八月、東京帝国大学教授在職のまま病死した。

前述の通り、重礼は生前に単著を出版することはなかったが、各種雑誌に論説および講演録などを寄稿した。それらをまとめると、表1のようになる。その多くは講演録であり、またその他の作品も漢文訓読体のものが多く、重礼が漢文を雑誌に寄稿することは多くはなかった。この中では「学弊論」「祭小山遠士文」「安藤巌君遺徳碑」のみが漢文で書かれている。

（二）島田重礼の事績と学風

ここからは、重礼を知る貴重な手がかりである『篁村遺稿』から、島田の事績と学風を検討する。同書は、その名の示す通り、重礼（号：篁村）の遺稿集である。重礼の死から二〇年後の大正七（一九一八）年、長男の島田鈞一によって編纂・出版された。鈞一は第一高等学校教授・東京文理科大学教授などを務めた。鈞一は重礼の死後も双桂精舎を継承して運営を継続していたが、『篁村遺稿』発行の際にはすでに漢学塾としての営業は停止していた。

『篁村遺稿』は漢文のみを採録し、碑文・書簡・序類などが大部分を占めている。また、同書が重礼の漢文著作を全て収録したものではないことは、鈞一が「例言」において、次のように述べていることからも分かる。

先人はもっぱら経学に力を注ぎ、講学の傍、文章を作った。その遺文が数百篇ある。そこで六〇篇を選び、刊行した。これを『篁村遺稿』と名付ける。(4)

表 1 島田重礼の寄稿文

刊行年月	題　名	掲載誌
1886 年 10 月	東洋学会発会ノ演説	『東洋学会雑誌』第 1 号
1887 年 11 月	儒書ヲ読マスシテ儒教ヲ誹ル勿レ	『東洋学会雑誌』第 9 号
1889 年 7 月	老子弁ヲ弁ズ	『哲学会雑誌』第 9 号
11 月	本朝儒学源流考	『斯文学会雑誌』第 5 号
1890 年 7 月	本朝儒学源流考	『斯文学会雑誌』第 13 号（第 5 号の続き）
8 月	学弊論	『天則』第 3 編第 2 号
10 月	墨子兼愛説ヲ論ス	『哲学会雑誌』第 44 号
10 月	本朝儒学源流考	『東洋学会雑誌』第 4 編第 9 号（『斯文学会雑誌』第 5 号と同内容）
11 月	古人ノ苦学	『東洋学芸雑誌』第 110 号
1891 年 3 月	祭小山遠士文	『天則』第 3 編第 9 号
7 月	五常の弁	『天則』第 4 編第 1 号
1891 年 7 月-1892 年 8 月	支那文学講義　論語	『支那文学』第 1 冊-第 23 冊
1891 年 11 月	風水ノ説	『哲学会雑誌』第 57 号
1892 年 2 月	和漢薦挙考	『東京学士会院雑誌』第 14 編第 2 冊
6 月	解題　韓非子	『哲学雑誌』第 64 号
10 月	漢文ノ沿革	『日本大家論集』第 4 巻第 10 号
11 月	解題　荀子	『哲学雑誌』第 69 号
11・12 月	漢文ノ話	『東洋学芸雑誌』第 134・135 号
11 月	釈奠考	『東京学士会院雑誌』第 14 編第 10 号
1893 年 6 月	解題　列子	『哲学雑誌』第 76 号
7 月	漢宋学の区別	『東京学士会院雑誌』第 15 編第 7 号
12 月	解題　荘子	『哲学雑誌』第 82 号
1894 年 6 月	伊物二氏ノ学案	『哲学雑誌』第 88 号
7 月	儒学四大変	『東洋哲学』第 1 編第 4 号
9 月	百済所献千文考答或人問	『東京学士会院雑誌』第 16 編第 8 号
11 月	漢籍を読む心得	『日本大家論集』第 6 巻第 11 号
11 月	百済所献千文考駁論につき	『東京学士会院雑誌』第 16 編第 10 号
1895 年 3 月	漢籍ヲ読ム心得	『東洋学芸雑誌』第 162 号（『日本大家論集』第 6 巻第 11 号とほぼ同内容）
5 月	漢文に就て	『帝国文学』第 1 巻第 5 号
12 月	徂徠学の話	『東京学士会院雑誌』第 17 編第 10 号
1896 年 1 月	清儒学案	『東京学士会院雑誌』第 18 編第 1 号
12 月	本朝諸儒の経説を評す	『東京学士会院雑誌』第 18 編第 10 号
1897 年 2 月	東亜学会発会式に於ける文学博士島田重礼君の演説	『東亜学会雑誌』第 1 巻第 1 号
2 月	安藤巌君遺徳碑	『東亜学会雑誌』第 1 巻第 1 号
9 月	本朝古代の経学と唐代の学制との関係	『東京学士会院雑誌』第 19 編第 8 号
11 月	支那古代の教育法	『東亜学会雑誌』第 10 号
1898 年 4 月	校勘之学	『東京学士会院雑誌』第 12 編第 4 号
5 月	漢文に就きて	『文章』第 4 号（『帝国文学』第 1 巻第 5 号と同内容）

それゆえ、当然のことながら、同書に収録された文章の選択および配列は、全く鈞一の意図に基づいていることに注意しなければならない。

同書は全三巻から構成され、巻上は表・書・序類などを、巻中は序類・記・跋・伝などを、また巻下は碑銘・祭文などを主に収録している。同書には、重礼の文章のほかに、枢密顧問官・細川潤次郎（十洲）が大正三（一九一四）年に著した序、第一高等学校教授・塩谷時敏（青山）による「篁村島田先生墓碑銘」、先述の島田鈞一「例言」、そして重礼の娘婿であり大東文化学院教授を務めた安井小太郎による「篁村遺文跋」が付されている。巻上には細川が著した『十洲詩抄』への序「十洲詩抄序」も収録されており、重礼生前における両者の交流を窺わせる。

塩谷時敏による「篁村島田先生墓碑銘」は、重礼の略歴を記すとともに、彼の学風を次のように伝えている。

> 先生の経学の方法としては、漢儒に基づきながら、宋代・清代の学問も合わせて採るものであった。先生は子弟に次のように語った。「両漢の経師は、みな伝承する所があった。宋儒は義理を弁じること、きわめて詳しく、きわめて丁寧であった。清人の考拠に至っては、的確かつ詳細なものであって、無視してはならないものである。この三者を合わせてこそ、学問を論じることができよう。」先生が講説される際には、例を引き、詳らかに論証された。その語りは滔々として淀みなく、難解な文章も明快に切り分けて、その極意を明らかにされた。全ての疑問が明らかになるまで、止まることはなかった。[5]

ここでは、重礼の学問の特徴として、漢（訓詁）・宋（義理）・清（考拠）の三つの学問を兼ね備えていたことが指摘されているが、文章の後半において示唆されているように、重礼は清朝諸儒の実証性を重んじる態度に最も強い共感を示した。『東京大学百年史』は重礼を「本邦の経学研究に清代考証学を本格的に導入した最初の学者である」と述べているが[6]、重礼はその学風を海保漁村から継承したのであった。海保漁村は太田錦城に学んだ儒学者であり、特に考証に秀でていた[7]。巻下所収の「祭海保漁村先生文」で、重礼は漁村の学問を次のように評価している。

儒学の源流にまで遡り、その源泉を究めようとするものであった。重要なものとそうでないものを選り分けられ、大事なものはよく味わい、そうでないものは捨ておかれた。学問の奥深い所を探究され、少しも残すところがなかった。その広大さは河や海ですら言い表すことができず、その微細さは絹の糸ですら譬えようがない[8]。

重礼の考証学への好意的な態度は、清朝の考証学者・兪樾（曲園）に対し、彼の古希を祝う序「兪曲園七十寿序」（巻中所収）を送っていることからも窺えるが、それはまた、彼が長年教授を務めた東京（帝国）大学における講義においても表れていた。宇野哲人は、学生時代の記憶として、重礼が『詩経』の講義の準備に『皇清経解』を用いていたと述べており、また吉川幸次郎は、狩野直喜が重礼から、『詩経』の注釈書として、清代の学者・胡承珙の『毛詩後箋』を推薦されたという話を伝えている[9]。

また、前章でも言及したが、重礼は中国哲学および日本漢学の通史編纂に意欲を示していた。「篁村島田先生墓碑銘」は、重礼の「歴代学案」に対する関心を次のように伝えている。

かつて漢土歴代および我が朝の学統源流を研究された。広く古今にわたりながら、要点をしっかりと押さえ、疑問の余地もないほど明瞭であった。生徒がその記録を伝え、一冊に綴り集め、これを「歴代学案」と名づけた[10]。

この「我朝学統源流」そして「歴代学案」の最も初期の姿は、巻上所収の「与黎蒓斎書」において示されている。

巻上の冒頭においては、まず明治天皇の大婚二五周年を祝う「賀大婚満二十五年表」が掲げられ、のちの大正天皇の立太子を祝う「賀立皇太子表」がそれに続いており、どちらも闕字・平出が施されている（同書所収の他の文章においても、しばしば闕字が行われている）。先述の通り、同書に収録された文章はいずれも息子の島田鈞一による編集を経ているものであり、重礼の元の文章がどのようであったのかは、もはや知ることができないが、これらの文章は、重礼の明治天皇および皇室に対する敬愛の念を示すものと言える。

それに続く「復池田公書」および「与友人某書」は、「例言」で鈞一が「復池田公書」や「友人某書」などの諸篇は、早い時期の作品ではあるが、先人がどのような人物であったかをよく表している[11]。

と述べていることから分かるように、重礼が若い頃の作品である。「復池田公書」の「池田公」とは、鳥取藩主の池田慶徳を指す。重礼が越後・村上藩から藩校教授としての待遇を受けていたことはすでに述べたが、彼が実際には越後に赴任することなく、江戸に留まっていたということは、この「復池田公書」において次のように述べられていることから分かる。

私は村上藩との間に君臣関係があったわけではありませんが、二年にわたってその俸給を得ておりましたので、恩がないというわけでもありません。先年、越後への赴任を辞するにあたりまして、侯から度々説得されること四度に及び、そのたびに越後への赴任の期間を減らしていただきました。二、三年、さらには一年となり、最後には数ヶ月でもよいから、となりましたが、ついに私は固辞して赴任することがありませんでした。そこで侯は、私を東京に置いたまま、藩の教育を統括させることにしたのです。[12]

同書で重礼は、姉が越後への同行に難色を示したこと、そして自分を女手一つで育ててくれた姉を置いて遠方に行くことはできないという理由から、越後への赴任を断っている。この頃、重礼の名声を聞いた鳥取藩主の池田慶徳は、厚遇を約束して重礼を鳥取藩へと誘ったが、重礼は全く同じ理由によって、この誘いを断った。この固辞を伝える書簡が「復池田公書」である。

一方で「与友人某書」は、学問を諦めてどこかに仕官した方がよいと重礼に誘いをかける「友人」に対し[13]、自分が昌平黌に入学したことや、学問に対する強い決意などを述べ、その誘いを固辞する文章である。この文章の中でも姉の存在が語られ、姉が自身の学問の志を後押ししてくれたことを述べており、重礼の学問に懸ける覚悟の重さと、姉を慕う気持ちを窺うことができる。また同書では

書を読むのならば天下の大学に行くべきであり、師を選ぶのならば方今の第一人者を得るべきである。そして方今の泰斗と言えば、やはり塩谷先生ではないか。[14]

とも述べられており、自らを高く評価してくれた昌平黌教授・塩谷宕陰に対する尊敬の念が表れている。また上記の表現から、この文章は、重礼が一八六五年に昌平黌に入学してから、宕陰が没する一八六七年までの間に書かれたことが分かる。

「与黎蒓斎書」の名前はすでに紹介したが、この「与黎蒓斎書」および巻中所収の「送清国公使黎蒓斎序」は、重礼の駐日清国外交官たちとの交流を物語っている。前章でも言及したが、明治一一（一八七八）年、東京に清国公使

館が開設されると、中国古典の素養を持つ多くの政治家や漢学者たちが、筆談での文化交流を求めて公使館を頻繁に訪れるようになった。重礼が、清国の外交官、特に第二代公使の黎庶昌（蒓斎）と深く交流を行っていたことが、上記の二つの文章から分かる。

表2　島田重礼による序文一覧

題　名	書　籍	出版年（序執筆年）
「新刊史記序」	凌稚隆『史記評林』	1885（1883）
「春山樓文選序」	小山朝弘『春山樓文選』	1883
「文章軌範補註校本序」	海保漁村『文章軌範補註校本』	1877
「続文章軌範補註校本序」	海保漁村『続文章軌範補註校本』	1877
「支那通史序」	那珂通世『支那通史』	1888
「瞽人伝序」	石川二三造『本朝瞽人伝』	1892（1890）
「班馬史抄序」	島田鈞一・谷保太郎『班馬史抄』	1892
「増訂豆州志稿序」	秋山章『増訂豆州志稿』	1888
「視志緒言序」	塩谷宕陰『視志緒言』	1866
「十八史略補註序」	曾先之『十八史略』	1883（1880）
「近世名家文粋序」	東条永胤『近世名家文粋』	1877（1876）
「感詠一貫序」	佐藤元萇『感詠一貫』	1882（1878）
「国史評林序」	羽山尚徳編『国史評林』	1878

黎庶昌は一八八一年から一八八四年まで、および一八八七年から一八九〇年までの二度、日本に清国公使として滞在した。重礼の両文章の成立時期を考えると、まず「与黎蒓斎書」においては、町田三郎が指摘するように、冒頭で「請以弊邦文献之略為贄」と述べている所から、黎庶昌が一八八一年に初めて来日してから間もない時期に送られたものと思われる[15]。一方で「送清国公使黎蒓斎序」は、その題の示す通り黎庶昌の帰国に際して送られたものと思われるが、そこで「既而又持節我邦者。前後凡六年」「今茲庚寅冬月。任満将帰」と述べられていることから、黎庶昌が清国公使として二度目に来日した際の帰国の折、庚寅年の明治二三（一八九〇）年に送られたものと思われる。

そのほかに巻上に収録されているのは、いずれも当時出版された書籍に付された序文である。表2に対応関係を一覧にして示す。

重礼の昌平黌学術大試甲科合格の翌年に出版された塩谷宕陰『視志緒言』に序を付けていることは、宕陰が重礼の実力を高く評価していたことを示している。

巻中の序盤には、「送井上君迪《くんてき》之欧州序」と「送内田仲準序」が並べて掲載されている。「送井上君迪之欧州序」は、井上哲次郎が明治一七（一八八四）年に欧州留学へ向けて出発する際に重礼が送ったものである。この当時の井上が、西洋哲学と東洋哲学の双方にわたる該博な知識を備えた若き俊英として知られていたことが、同書において次のように述べられている所から窺うことができる。

大学助教・井上君迪は、早くから西洋哲学を考究しながら、経史をも広く渉猟された。かつて東洋哲学史を著し、孔子・曾子・子思・孟子から、楊子・墨子・老子・荘子・申子・韓非子に至るまで、およそ哲学に関わる者について、余すところなく包含している。(16)

一方の「内田仲準」とは漢学者・内田周平を指す。「送内田仲準序」は、明治一九（一八八六）年に内田が帝国大学文科大学撰科を卒業して故郷へ帰る際に贈られたものである。なお、島田が序を贈った井上と内田が、明治二四（一八九二）年、雑誌上で「支那哲学」における「性」論をめぐり激しい論争を繰り広げたことについては、第二章で論じた通りである。

巻中の中盤には「書赤城先生遺文後」が掲載されている。「赤城先生」とは、重礼が初めて師事した師である大沢赤城を指す。重礼が入門した当時、赤城はすでに高齢であり、また困窮した生活を送っていたようであるが、重礼は彼の学問に対する誠実な態度を慕い、彼から学問の基礎を習得した。同書において、重礼は当時の思い出と師の姿を次のように語っている。

赤城先生、名は賚《らい》、字は四海。大沢氏、上毛の人。経史全般に明るく、特に音韻学に詳しかった。［……］私が少年の頃、先生から句読を習った。先生は当時八〇歳に近く、白髪が肩まで垂れ下がっていた。先生の家はきわめて貧しかった。［……］私は当時大崎に住んでおり、先生の家までは一里余りあった。毎日早朝になると先生のもとへ出かけた。到着すると、私は竃に火を起こし、先生は孫を背負って室内を掃除した。飯が炊き上がる頃には、割れた鍋で茶を沸かし、向かい合って朝食を頂いた。折しも真冬の頃、窓は破れて敷物もぼろぼろ、雪が室内にまで積もって、これを踏むとサクサクと音がしたもので、見ていられないほどであった。しかし先生は意気盛んで、暇さえあれば倦まずに書を繙かれ、生気溌剌として困難の中にあることを忘れておられるかのようであった。今の人には到底真似できるものではない。なんと偉大なる人物であったことか。(17)

『篁村遺稿』に収録された文章の題名で「先生」という敬称を用いているのは、先述の海保漁村、この大沢赤城、そして江戸期を代表する儒学者の一人・新井白石の三名に対してのみである（ただし別の文章の中では、塩谷宕陰や尾藤二洲などに対しても「先生」の敬称が用いられている）。白石については、巻中に「白石先生書孝経首解跋」、巻下に「祭白石先生文」を収録する。「白石先生書孝経首解跋」では、白石が貧窮に耐えながらも学問を積み重ね、「一つとしていい加減な所もなく、誤った所もない」（無一懈筆。無一訛誤）と言うべき『孝経』の注釈書『孝経首解』を完成させたことを褒め称えており、また「辛巳」すなわち明治一四（一八八一）年に書かれた「祭白石先生文」においては、その冒頭で

先生が亡くなられてから、今や一五〇年余りであるが、もはや世の中に真の儒者はおらず、臣下でありながら君主の師を務めるような存在もこの国にはいない。(18)

と述べ、江戸期の儒者としては最高度の出世を果たし、将軍・徳川家宣の侍講として当時の政策に強い影響力を持っ

た白石に対して賛辞を送っている。

巻中所収の文章をさらにいくつか概観すると、「南摩羽峰七十寿序」は東京大学教授などを務めた南摩綱紀（羽峰）の古希を祝う序文。「戸島村併合記」は、明治二二（一八八九）年の町村制施行による合併で消滅した戸島村（現在の埼玉県幸手市）の記録を述べた文。「遊行道山記」は、重野安繹・木原老谷（節夫）・川島楳坪（梅坪）・星野恒らとともに行道山（現在の栃木県足利市）や足利学校を訪れた際の旅行記である。「題先世遺墨後」は「私は幼くして両親を失った」（重礼丱角喪怙恃）という一文から始まり、重礼が自らの祖先の遺墨を収集しようとしたことを記す。「書親灯書影後」は、鷲津宣光（毅堂）が明治一五（一八八二）年に著した『親灯余影』について述べた文章。「長竹秀斎伝」は、重礼と親交のあったある鍼医の伝記であり、重礼自身も彼の治療を受けたことが記されている。また「僧玄道伝」は、豪放磊落な性格で酒好きであったという僧侶・玄道の伝記であり、重礼が若い頃に彼に面会した際の印象も併せて述べられている。

巻下の冒頭を飾る「牧野公遺徳碑」は、小諸藩主・牧野康哉の事績を讃えるものであり、「自公之没。殆四十年」とある。牧野は文久三（一八六三）年没、また島田は明治三一（一八九八）年没であることから、島田の最晩年に書かれたものであろう。「藤巌安藤君遺愛碑」は、もともと明治三〇（一八九七）年の『東亜学会雑誌』第一巻第一号に「安藤巌君遺徳碑」として掲載された文章であり、徳川家康に仕えた戦国武将・安藤直次の事績を述べる。「追悼碑」は戊辰戦争で朝敵として処分された村上藩家老・鳥居三十郎について述べたもの。また「従五位内藤藤翁公墓碑銘」も、かつての村上藩主・内藤信親（信思）について「癸未」すなわち明治一六（一八八三）年に執筆されたものである。「村上種川碑」は、現在の新潟県村上市を流れる三面川で江戸期から明治期まで行われた「種川の制」という鮭の天然繁殖法について述べたものである。これら一連の村上藩に関する文章からは、かつて重礼を江戸在住のまま藩校教授として厚遇したという村上藩との強い結びつきが窺える。

一方で、巻下には「高橋竹軒君教思碑」や「正四位男爵森岡君墓誌銘」のように、重礼との交流を確認できない人物の墓碑銘も含まれているが、このことは、島田が当時第一級の漢学者・漢文家として、様々な人物の墓碑銘を依頼される立場にあったことを示していよう。異彩を放つのは「海軍三等火夫伊藤留次郎碑」で、日清戦争における威海衛の戦いで戦死した若き水兵の「義烈」さを漢文で表現している。『篁村遺稿』を締め括るのは、重礼の娘婿・安井小太郎による「篁村遺文跋」であり、重礼が特に「詩書三礼」に詳しく、また「博聞宏覧」を誇りながらも、常々

学問は系統だっていなければならない。学んでも系統がなければ、記問の学に陥らない者はほとんどいない。(19)

と述べ、学問がいわゆる「記問」「記誦」に陥ることを戒めていたことや、「歴代学案」がついに完成しなかったことを惜しむ声などが述べられている。

『篁村遺稿』は先述の性格上、一貫した議論や思想体系を有した書物ではない。また、その内容も、序文や墓碑銘などが多くを占め、重礼自身の思想を窺うことのできる部分は少ない。ただ、その中でも先行研究においてしばしば着目されるのが、重礼が編纂を意図していた「歴代学案」の原型を示したとされる「与黎蒓斎書」である。町田三郎は、この「与黎蒓斎書」を次のように評価する。

右の島田篁村のいわば「日本漢学小史」とでもいうべきものは、上代と徳川期の二期を描いたもので、たとえば宋学の導入や五山の文学活動など欠けていて、質量ともに不備は免れない。しかし実はこの一文こそ、明治における自覚的な「漢学史」研究の嚆矢をなすものであったことは注意されねばならない。

おそらく黎庶昌の維新以後、近代化の路線を歩む日本への関心と、逆に近代化の過程でとかく忘れられ否定さ

れがちなわが国の漢学が、将来の展望を見出すべく過去の歴史を振りかえり、同時に中国の識者の意見をも徴したいとの思いが合致して、こうした書翰の形をとらせたものであろうと思われる[20]。

重礼は明治二二（一八八九）年に「本朝儒学源流考」を発表したものの、分量としては雑誌上でわずか数ページに過ぎず、これを単著として世に問うことはついにできなかった。しかし、重礼は単に「支那哲学」のみならず、日本儒学を東京（帝国）大学における講義の中で学生に伝えようとしていたし[21]、また日本・中国を合わせた中国古典学の「通史」を模索することによって、大学の中で学問分野としての「支那哲学」が生存する道を切り開こうとした。西洋哲学に「哲学史」があるように、漢学が近代的な意味での「学問」となるためには、やはり「通史」が必要であった。そのような事情を背景として、重礼は「漢学史」の編纂を試みたのであり、「与黎蒓斎書」はその意図の初期における現れであった。

『篁村遺稿』のみを見れば、島田重礼は書籍の序文・跋文や碑文を数多く執筆した典型的な古い漢学者という印象を受けるかもしれないが、しかしながら同時に彼は様々な模索を通じて、漢学と「支那哲学」の橋渡しをした人物であったと言える。近代日本における「支那哲学」の中核を担った狩野直喜、あるいは死後『日本儒学史』を遺した安井小太郎、そして服部宇之吉は、まさに島田の門下から生まれたのであった。

二　初期服部宇之吉の学風

（一）服部の「留学」をめぐる問題設定

服部は、明治二三（一八九〇）年に帝国大学文科大学哲学科を卒業した。文科大学長・外山正一の紹介を受けて文部省に入省したものの一年で辞し（卒業後文部省に就職するも早期に離職してしまうのは井上哲次郎と共通している）、その後は第三高等中学校教授、高等師範学校教授を経て、浜尾新と外山正一の文部大臣秘書官などを歴任した。第三次伊藤内閣で文部大臣となった外山正一の秘書官の任を伊藤内閣の退陣によって解かれたのは、明治三一（一八九八）年六月、服部が三一歳のときであった。

大学卒業後の約一〇年間、一貫して大学の外で教育および教育行政に携わってきた服部であったが、明治三二（一八九九）年三月に東京帝国大学文科大学講師嘱託、同五月には助教授となり、同時に「漢学研究」および「教授及研究法攻究」のため留学命令を受けた(22)。この留学以降、服部は大学の内部に活動拠点を移し、自他ともに認める「支那哲学者」としての活動をスタートさせた。

当時において留学は、帝国大学の教授職に就任するために必要な、半ば儀式的な側面をも有していた。そのため、服部が文科大学助教授就任と同時に留学生として選抜されたということは、彼の帝大教授就任がその時点で（あるいは講師嘱託の時点で）内定もしくは強く意識されていたことを意味する。しかしなぜほかの誰でもなく、服部こそが東京帝国大学における漢学および「支那哲学」の教授候補、すなわち正統な後継者として選抜されたのかについては、これまでの研究では必ずしも明らかにされてはこなかった。と言うよりも、この問いに対してはすでにいくつかの定型的な解答が用意されているために、これまであまり疑問視されてこなかったと言った方が適切かもしれない。

たとえば、服部自身は最晩年の回想で「外山先生と浜尾先生及び東京高等師範学校長矢田部良吉氏との話合が段々進んで、自分を東京帝国大学の教授として漢学を担任せしむる為め支那に留学させようといふことの議が追々に熟した結果である(23)」と述べている。これは、服部の選抜については、先述の外山、当時高等教育会議議長を務めていた浜尾、そして帝国大学理科大学教授を経て高等師範学校校長となった矢田部らとの人脈が一定の役割を果たしたことを窺わせる。また『東京大学百年史』においては「洋学を兼修した基礎のうえに、中国古典学を新たに建設させようとする文教幹部の意図がはたらいていた」と述べられている。[24]「文教幹部」が浜尾・外山らを指すのかは定かではないが、この記述に基づいて考えるならば、同じ東京帝国大学文科大学であっても漢学科出身者ではなく哲学科出身の服部に対してこそ、旧来の「漢学」を脱して新しい「中国古典学」を「建設」させる期待がかけられていたことが、服部が選抜された要因の一つであったのではないかとも思われる。

しかしこれらの説明によっても、なお若干の疑問は拭いえない。たとえば、服部の選抜が外山・浜尾らの推薦によるものであるとすれば、なぜ彼らはほかでもない服部を選んだのであろうか。服部が西洋哲学と漢学および「支那哲学」を兼修した人材であったことは確かではあるが、では同時期に同様の人材はほかに存在しなかったのだろうか。存在したのだとすれば、服部が選ばれ、彼（ら）が選ばれなかった理由はどこにあったのだろうか。

このような問いに対する解答を準備するためには、まず同時期、すなわち初期服部の学問的特徴について明らかにしつつ、[25]加えて同時期の留学制度および具体的な留学生選抜の状況についても検討を加える必要がある。そこで、まずは初期服部の学問的特徴について、同時期の著作の具体的な内容の分析を通じて明らかにしていく。

（二）初期服部における西洋哲学と漢学および「支那哲学」

同時代のほぼ全ての知識人がそうであったように、服部もまた幼少期より漢学教育を施された。服部最晩年の回想である「服部先生自叙」[26]によれば、服部は慶応三（一八六七）年に二本松藩士・服部藤八の三男として生まれたが、生後間もなく母を失い、また戊辰戦争で父をも失い、以後は父親の弟夫婦に育てられた。

養父が「麻布区六本木町の藩邸」に職を得た後、[27]宇之吉はそれを追って養母とともに明治六（一八七三）年に上京し、同藩邸内に居を定めた。初め岡寿考という漢学者の塾に入門し「四書の素読」を学んでいたが、[28]明治九（一八七六）年に麻布小学校が新設されると、同塾に通いつつ小学校にも入学した。飛び級を繰り返して小学校を四年で卒業すると、明治一二（一八七九）年から翌年にかけては別の私塾で漢学・数学・英語を学習し[29]、明治一四（一八八一）年に共立学校に入学、明治一六（一八八三）年には大学予備門へと進学した。ちょうど制度の改定期に当たった服部は、大学予備門での三年間に加えてさらに一年間を第一高等中学校の生徒として過ごさねばならず、明治二〇（一八八七）年にようやく帝国大学に入学した。服部が初めて文章を雑誌に寄稿したのはこの翌年、すなわち帝国大学二年生のときのことであった。

服部の著作一覧は、死後『漢学会雑誌』に掲載された「服部先生追悼録」中の「服部先生著述目録」によって知ることができる[30]。いまそれを補完しつつ、同時期の著作を年代順に一覧化すると、本章末尾の表3のようになる。

まず一見して気づくのは、哲学科出身であるにもかかわらず、西洋哲学を論じた著作が意外に少ないことであり、また帰国後に精力的に取り組んだ「孔子教」はもとより、儒教関連と思われる著作さえもほとんど見当たらないということである。「西洋哲学の組織的な研究法をもって、中国哲学に新生面を拓いた」と評される服部ではあるが[31]、西洋哲学を論じた著作は大学在学中と卒業後のごくわずかな時期にしか見られず、加えてそれらの多くは学説あるいは哲学史の概説であって、専門的な論考はほとんどない。

たとえば明治二二（一八八九）年の「純正哲学ノ本領」は、哲学の存在意義は「理学［科学］ヲ総合シテ」「以テ万有全体ヲ通観シ得セシムル」ところにあると述べた、科学万能論に対抗する哲学擁護論である[32]。同年の「降神術ノ話」は、当時アメリカで流行していたスピリチュアリズムの現況についての解説であり、その契機となったフォックス姉妹のエピソードについて詳しく語られているものの、それ以上のものではない。「ソクラテスの哲学」および「ソクラテス」は、ソクラテスに関するやや詳細な論考ではあるが、「ソ氏の伝」という副題が示す通り、伝記の域を出るものとは言いがたい。「原始信仰の梗概」では、カント、フィヒテ、シュライアマハーなどによる宗教の定義の紹介から始まって、「宗教運動の順序」について述べ[33]、その「第一期」としての「拝物教（Fetichism）」について論じているものの、それ以降については記述がなく未完のままである。また「希臘哲学即古代哲学」は、古代哲学が「ソクラテス前の哲学」「ソクラテス流の哲学」「アリストートル〔アリストテレス〕後の哲学」に分かれることについて述べているが、わずか一ページ余りで前者同様に未完となった[34]。

哲学科の学生あるいは卒業生として、西洋哲学、特に古代ギリシア哲学に関心を持っていたと思われる服部だが、程なくその関心は古代ギリシアから、もう一つの古代の世界へと移ってゆくことになる。その関心の対象こそが漢学および「支那哲学」、とりわけ諸子学であった[35]。

以下、順に各著作について簡単にその内容を見ていくと、まず文科大学在学中の明治二一（一八八八）年に「列子学説一斑」を『哲学会雑誌』に発表し、列子の「年代」および「伝統」について、他の漢籍に徴した考証を行うと同時に、その「万有原始論」および「精神論」について、簡潔ではあるが「へらくりたす〔ヘラクレイトス〕」および「あいをにあん物理学派〔イオニア学派〕」との比較を行いながら考察を加えた[36]。列子とヘラクレイトスの比較は、第一章で検討した井上哲次郎風の東西折衷哲学の影響を窺わせる[37]。

また明治二四（一八九一）年から翌年にかけて、服部は雑誌『支那文学』内において「支那文学講義・諸子門」の『老子』担当として連載を持ち、同書の解題および第一章から少なくとも第一四章までの各章に注解を加えた[38]。参考として引用する注釈としては、河上公章句・王弼注のほかには南宋の林希逸のものが多く（第一・三・四・五・六・一〇・一一章）[39]、また『淮南子』『荘子』などの本文および注釈も用いている（第五・六・一〇・一一章）。ただし冒頭にはフィヒテとヘーゲルが引用され、また第二章「天下皆知美之為美、斯悪已。皆知善之為善、斯不善已。」の解釈にあたっては「美」と「善」に着目して「真理界、事実界、及価値界」の区別について言及している[40]。これは当時の服部が、井上哲次郎などと同様に、西洋哲学と漢学および「支那哲学」との比較・折衷を念頭に置きつつ研究を進めていたことを示している。

しかし明治二九（一八九六）年の「墨子年代考」や「荀子年代考」の頃になると、西洋哲学者の名前は一切登場しなくなる。「年代考」という名の示す通り、両論文は墨子および荀子の活動年代などについて考証を行ったものであるが、いずれも漢籍によって漢籍を考察するという手法が採られている(41)。大日本教育会における講演に基づく「習字に就きて」では、服部は教育における「習字」の役割について「文字の形の観念を明確にすると云ふのが第一の目的であらうと思ふ」という結論に至るのだが(42)、その結論を導くにあたって許慎の『説文解字』に基づき「支那の文字の性質」である「六書」について概説している(43)。明治三一（一八九八）年の「詩書に見えたる天に就きて」では、その名の通り『詩経』および『尚書』（書経）に登場する「天」観について整理し、特に天人相関について詳しく論じている(44)。明治三二（一八九九）年の「孟子闢異端弁」では再び諸子学に戻り、孟子の「闢」いた「異端」、つまり「楊墨二子についての学」について『荀子』を交えつつ論じた(45)。

このような著作の特徴を鑑みると、服部は文科大学在学中から留学直前まで一貫して漢学および「支那哲学」、特に諸子学に関心を示し続けていた一方で、西洋哲学は、在学中と卒業直後の一部の時期を除けば、それは具体的な著作の表層には現れてこず、思考の補助線となるに留まっていたと言える。

（三） 初期服部における儒教倫理と修身

ここまで取り上げた著作群とはやや性質の異なるものとして、服部が第三高等中学校教授時代から高等師範学校教授時代にかけて執筆した『中等論理学』『心理学』『倫理学』などの教科書類が挙げられる(46)。

これらの中で特に注目すべきものは『倫理学』である。同書は初め明治二九（一八九六）年に金港堂書籍より「教員文庫」シリーズの一書として刊行されたが、明治三二（一八九九）年一〇月には改訂版が同社から出版され、また翌年三月には「師範学校修身科用教科書」として文部省の検定を受けている。

同書は大きく言えば、明治二三（一八九〇）年の教育勅語渙発後に数多く刊行された、広く儒教倫理を基礎として執筆された倫理・修身科の教科書群の中に位置づけることができるが、同書の特徴としては、個別の倫理徳目の紹介に際して、具体例として中国古典を豊富に引用している点が挙げられる。たとえば、倫理・修身「教育の理想的目的」とされる「道徳的品性」および「成徳」は『荀子』勧学篇の「徳操」を引いて説明され[47]、また「人道」および「人性」については『孟子』『中庸』『淮南子』『尚書』などを引用しつつ「人道（人倫）は人の天性に本づき循ふもの」であると述べている[48]。また実践倫理としての「孝」は『礼記』祭義篇および『孝経』を用いて説かれ[49]、「夫婦の道は人道の本」であることが「詩経三百篇、関雎を以て始む」ことにより示される[50]。同書を締め括る言葉は『孟子』の「道在爾、而求諸遠」である[51]。

一方で同書には「漢学者」への痛烈な批判が見える点にも注意したい。服部によれば、「本邦現行の」修身教育について、「多くは論語中庸の類を講ずるのみ」であり、「徒に聖経賢伝に拘泥し字義章句の間に全力を費し」ているという現状がある。そのため「漢学者流の人をして倫理科を教授せしむるに就きては、特に注意」が必要であると言う[52]。さらに服部がこの約一年後に発表した論考では、より詳細に、漢学者が中学校における「倫理」科を担当している現状について批判を加えている[53]。

明治三〇年前後は、前章でも検討したように、既存の漢学者への批判と漢学改革論が盛り上がりを見せた時期でもある。後述するように、服部は漢学者・島田重礼の正統な後継者として選抜されたのだというのが本章の論旨であるが、服部は決して頑迷固陋な「漢学者」ではなかった。服部にとって、中学校の倫理・修身科における漢学および「支那哲学」、あるいは広く漢籍というものは、あくまでも「徳を磨き身を修むるの方便」[54]の一つであり、また服部も自身を必ずしも純然たる「漢学者」とはみなしていなかった。短期間ではあるが文部省で教育行政に携わり、その後も第三高等中学校および高等師範学校で教鞭を執っていた服部は、「聖経賢伝」の「字義章句」解釈の専門的「漢学者」である以前に「教育者」、特に漢文と哲学（倫理学）という、「修身」教育についての東西の両輪を修めた教育者であるというアイデンティティを早くから有していたと考えられる。これは後年の服部の活動を考える上でも重要な視点になる。

『倫理学』の内容に戻れば、そこで説かれる「倫理」とは、後年の服部における「孔子教」の言説に近いものがあるとは言えるものの、それは中国古典、とりわけ「教育勅語」において援用された儒教を基礎に据えて倫理・修身道徳を説く以上は避けがたく生じる類似性の範囲を出るものとは考えられず、孔子の「人格」を集中的に取り上げて論じた後年の「孔子教」論とは未だ一線を画している（「孔子教」論の具体的な内容については次章で後述する）。同書に『論語』からの引用がないわけではないが、上記の通り引用文献は『荀子』や『淮南子』など多岐にわたっており、孔子それ自体への特別な注目は認められない。

（四）服部宇之吉と島田重礼における諸子学の位置づけ

井上哲次郎が指摘するように[55]、服部の学問形成に、帝国大学在学中に漢学科教授として「漢文学」および「支那哲学」を講じた島田重礼の強い影響があったことは確実であろう。前章までに幾度となく名前を出してきた島田であるが、彼は「日本の経学研究に清朝考証学を本格的に導入した最初の人[56]」とも称されるように、その師である海保漁村、ひいては太田錦城を継承して考証を重んずる学風を形成していた[57]。その学風は、西洋学術の受容と伝授という使命を帯びた近代的学術機関である東京大学においても、島田が「清代樸学の方法を学科指導の基礎にすえた[58]」ことで受け継がれた。上記の著作内容と併せて考えると、初期の服部は島田と同じく考証学に由来した実証的な姿勢を保ちつつ、その主たる関心は経学ではなく諸子学に向いていたと言える。服部はたしかに哲学科出身ではあるが、あるいは実証を重んじる西洋近代学術としての西洋哲学に親しんだ身であればこそと言うべきか、その学風は海保、島田と続く伝統的「漢学者」のそれを継ぐものであった。

ところで、劉岳兵は「彼［服部］をただ島田重礼一系の伝統的考証学者と見るのは適切でない」と述べ、このような服部の学風の背景にはリース（Ludwig Riess）のもたらしたランケ史学の影響があったとも見る。(59) しかし明治政府の修史事業に従事していた重野安繹が、明治一一（一八七八）年の時点で末松謙澄を英国およびフランスに派遣して、歴史学者のゼルフィー（G. G. Zerffi）に『史学』（*The Science of History*）の執筆を依頼しているように、(60) リースの来日以前から実証主義的歴史学は漢学者の強い関心を集めていたのであり、その関心は考証学の方法論の延長線上に芽生えたものであった。もちろん、服部の在学中にもリースは哲学科の必修科目「史学」を担当していたから、(61) 当然その影響が服部に全くなかったとは言いきれないであろう。しかし、初期服部の著作が示している、漢籍によって漢籍を考察するという考証学的な姿勢を鑑みるとき、そこには「ランケ史学」の影響というよりは、そのような近代歴史学の方法論をも吸収した上での「考証学者」の影響を、やはり第一に見出すべきであろう。

では、服部が継いだ島田の学風とは、具体的にはどのようなものだったのだろうか。先に島田の生涯について『篁村遺稿』を手がかりに検討した際に、島田は体系的著作を残さないままに世を去ったことを述べたが、同時に、その断片的な著作群の背後には、通時代的な「漢学史」編纂の意図が存在し、その関心は儒学のみならず広く諸子学にまで向けられていた。事実、前章で指摘したように、また本章表1においても確認できるように、島田は『哲学雑誌』上に『韓非子』『荀子』『列子』『荘子』など諸子についての「解題」を発表していたのであった。

島田における「通史」および諸子学への注目は、まずは彼の依拠した考証学における諸子百家の文献学的な再評価という歴史的な流れの延長線上に位置するものであったとも考えられるが、同時に当時の「哲学史」をめぐる模索とも関連させて考える必要がある。たとえば、明治一六（一八八三）年にいずれも東京大学哲学科出身の井上哲次郎および有賀長雄が分担して講述した『西洋哲学講義』は「希臘哲学ハテールス［タレス］氏ヨリ始マリ、ソクラチース氏ニ興リ、アリストートル氏ニ至リテ極レリ」との認識の下に(62)、ソクラテス以前からスコラ哲学までの古代哲学を一九回にわたって論じており、うち四回をソクラテス以前の哲学者たちの紹介に当てている(63)。また明治一九（一八八六）年に出版された中江兆民訳『理学沿革史』（上下巻）は「印度」「百児矢亜〔ペルシア〕」「支那」などの「古昔国民ノ諸説」から説き起こしつつ、ソクラテス以前の哲学者たちが豊富に論及され、上巻の約半分がこれらの記述に費やされている(64)。

「支那哲学者」たちが漢学および「支那哲学」を体系的な学術史として記述しようとした際にも、古代を基礎として近代の発展へと至るという西洋哲学史の基本モデルや、上記の『西洋哲学講義』や『理学沿革史』に共通するような、古代における百家争鳴状態を肯定的に評価するという姿勢を意識していた可能性は否定できない。「支那哲学史」の通史的記述は、先ほど名前を挙げた末松謙澄が英国滞在時に日本人学生会で講じたという明治一五（一八八二）年出版の『支那古文学略史』における先駆的な試みを別にすれば(65)、早くは明治二一（一八八八）年に出版された『哲学館講義録』における内田周平の講義「老荘学」中に見え(66)、また明治三〇年代前半には松本文三郎『支那哲学史』（東京専門学校講義録として明治三一（一八九八）年以降断続的に出版）が、明治三三（一九〇〇）年には遠藤隆吉『支那哲学史』が登場した。これらの著作は、いずれも周以前から諸子百家までを「支那哲学」における最初期とみなし、同時代を「思想活動の最も盛んなる時代(67)」などとして肯定的に捉え、儒家・道家を含めて諸子百家を並列的に紹介し、かつ多くの紙幅を割いている点で共通している。漢学および「支那哲学」を通史的に記述するにあたっては、儒教のみならず諸子学を含めた網羅性が求められると、他の「支那哲学史」執筆者と同様に島田もまた考えていたとするならば、島田の道家を含めた諸子学に関する著作（「解題」など）は、いわば「歴代学案」編纂の基礎作業としての意味を持っていたとも考えられる。

初期服部が示した諸子学への関心は、そのような同時期における島田の学問的関心と明らかに無関係ではなかった。

服部が島田の「歴代学案」構想をどう捉え、また自身の学問をそれとの関係でどのように位置づけていたのかについて明確な記録はない。ただ、島田がおそらく諸子学を純粋に訓詁的な動機だけから考究していたのではなかったのと同様に、服部にとっても諸子学は、当時模索されつつあった体系的な通史としての「支那哲学史」の基礎として研究されなければならない領域としての意味を持っていたのではないかと考えられる。

（五）島田重礼の正統な後継者としての服部宇之吉

ここまで検討した通り、初期服部の学風は海保漁村・島田重礼の系譜上に位置する、考証学に由来する実証的なそれであり、また服部の諸子学への関心は島田と共通していた。このように島田の方法論・学問的関心の両面を継いだ服部は、島田の正統な後継者として、帝国大学における支那哲学の担当教授への道を歩むことになる。ともに哲学科出身である松本文三郎と遠藤隆吉は、先に述べたようにそれぞれ『支那哲学史』と題した著作を残して同分野におけるその学識を示したが、松本の関心は直後に印度哲学へと向かい、また遠藤の関心は社会学へと向かった。

一方で、漢学科において島田を師とした人物としては、先述の通り早くも明治二一（一八八八）年から哲学館で「支那哲学史」などを講じていた内田周平がいる（内田については第二章でも井上哲次郎との論争の文脈で言及した）。ただ、あくまでも儒学を中心に講じ、かつ個人としては朱子学を奉じて、のちには山崎闇斎の「崎門学」の崇拝へと転じていった内田の関心は、島田・服部のそれとはやや異なっていたと言える。[68]また明治二〇年代後半から三〇年代初期の漢学科からは、いずれも清国へ留学した後に京都帝国大学で教鞭を執ることになった狩野直喜（明治二八（一八九五）年卒）、桑原隲蔵（明治二九（一八九六）年卒）、高瀬武次郎（明治三一（一八九八）年卒）らが輩出している。しかし、桑原の関心は「支那哲学」ではなく「支那史学」（東洋史学）にあり、また狩野も島田の考証学という学風を受け継いだ俊英ではあったものの、[69]服部という強力な先任者がいた以上、東京における島田の後継者とはなりえなかったと思われる。高瀬については、以前別稿で論じたこともあるが[70]、早くから井上哲次郎との関係も深く、島田とは学風も大いに異なり、後継者には相応しくなかったであろう。

三　服部の留学と周辺人脈

ここまでは初期服部の学問的特徴を検証しつつ、それが島田重礼のそれを継承したものであり、服部が島田の正統な後継者と言えることを、思想的側面から確認してきた。次に、服部が明治三二（一八九九）年に文部省外国留学生として選抜された事情および要因について、制度的な側面からも考察することで、当時の服部が置かれていた状況、および東京帝国大学における「漢学」をめぐる状況について、多角的に明らかにしたい。

まず当時の留学制度および東京帝国大学からの派遣状況について確認した上で、適宜他の資料を用いつつ、服部が選抜された必然性について検討する。

（一）服部宇之吉留学時の文部省外国留学制度および文科大学

明治三（一八七〇）年に「海外留学生規則」が制定されて以来、文部省は一貫して官費留学生選抜の主導権を握っていたが、明治三二（一八九九）年には留学政策に変化が見られ、東京帝国大学においては各分科大学が大学本部の評議会に対して候補者を推薦し、さらに評議会はそれらを取りまとめて大学としての派遣優先順位をつけた上で文部省に候補者リストを上申し、文部省はそのリストに基づき上位から順に複数名を選ぶという方式へと変更された（人数は年度により異なっていた）[71]。この変化に伴い、少なくとも東京帝国大学内では文部省へ提出する「派遣理由書」が作成されるようになり、そこではまず留学候補者それぞれの氏名および専攻が列挙された上で、さらに個別の専攻について留学生の派遣を要する理由が述べられた。服部が留学生として選抜されたのは、まさにこの転換が生じた明治三二（一八九九）年であった。派遣理由書において服部の専攻は「漢学（経学）」とされ、その理由は次のように記されている。

漢学（経学）
漢学ハ支那哲学トシテ、又国文ノ淵源トシテ、文学諸科中ニ於テ重要ナル学科タリ。然ルニ近時漢学専門ノ耆《き》宿《しゅく》凋落シ、之レガ継続者トシテ、講座ヲ担任スベキモノ、漸ク跡ヲ絶タントスルノ恐アリ。是故ニ速ニ留学生ヲ支那及ビ西洋ニ派遣シテ其候補者タラシムルノ要アリ。(72)

つまり、服部は「漢学専門ノ耆宿」の「継続者」として「講座ヲ担任スベキモノ」と位置づけられていたことになる。また、この「漢学」が「国文ノ淵源トシテ、文学諸科中ニ於テ重要ナル学科」であるという一節は、たとえば明治一五（一八八二）年の古典講習科設立を伝える『東京大学第二年報』中の「本邦旧典、史類、歌詞、文章等ノ如キハ、史家及ビ社会学、政事学、修辞学等ニ従フ者ノ、尤モ欠ク可ラザル所ナリ(73)」を連想させるものであり、和漢の古典が諸学問の基礎として有用であるという主張が、明治三二（一八九九）年の段階においてもなお大学内でなされていたことを示している（前章で検討した、明治三四（一九〇一）年の「師範学校中学校漢文科名称存置請願書」にも似たような論調が見られる）。なお、冒頭に「漢学ハ支那哲学トシテ」と「支那哲学」の名が記されてはいるものの、それは漢学と訣別した、新しい中国古典学としての「支那哲学」という意味を帯びていたと言うよりも、両者の分界は厳密には定められておらず、実質的には「漢学」（の思想的側面）の単なる別称に過ぎなかったとも考えられる(74)。だからこそ、前章で検討したような各種の批判も生じたのであった。

これに関連して、当時の文科大学における漢学および「支那哲学」系講座の状況について確認しておきたい。明治二六（一八九三）年に文科大学に講座制が導入された際に「漢学支那語学」第一講座担任教授に就任したのは島田重礼であったが、その島田は明治三一（一八九八）年八月に他界してしまう。同講座をまず継いだのは島田より一一歳高齢の重野安繹であり、当時すでに七〇歳を超えていた。重野は明治二五（一八九二）年の久米邦武の「神道ハ祭天ノ古俗」にまつわる筆禍事件に伴って一度文科大学教授を辞しており、この人事はベテランの再登板という形であったが、それは重野を再び教授にせねばならないほどに文科大学の漢学系人材が逼迫していたことの裏返しでもあったと言えよう。「漢学支那語学」第二講座は明治二八（一八九五）年から根本通明（第二章で見たように、井上哲次郎は彼を「迂僻固陋」と批判した）が担当していたが、根本は重野よりもさらに高齢であった。

このような状況の中で、島田を継ぐべき漢学および「支那哲学」系教授の補充は文科大学にとって急務であったと考えられ、それは同候補として選抜された服部の高い留学生候補者順位からも窺える。明治三二（一八九九）年度の留学生候補者の中で、服部は文科大学としては筆頭、全学順位でも法科大学の美濃部達吉、理科大学の池田菊苗らを抑え、二〇名中の第五位に位置していた(75)。

以上を勘案すると、服部は、新時代に相応しい、西洋哲学の方法論を取り入れた中国古典学としての「支那哲学」を確立すべしという期待を背負って留学生として教授候補に選抜されたと考えるよりも、まずは高齢化の著しい「漢学支那語学」講座担当者の補充要員として選抜されたと見る方が実状に即していると言える。

（二）外山・濱尾・矢田部トライアングルと服部宇之吉との関係

すでに述べたように、服部は自身の選抜について、ともに東大総長・貴族院議員・文部大臣を歴任していた外山正一および濱尾新、そして当時の服部の勤務先である東京高等師範学校の校長であった矢田部良吉らによる「話合」の結果であると述懐している。三者の中でもとりわけ服部との関係が深かったのは外山および濱尾であり、外山は服部の文科大学在学中に必修科目「社会学」および「心理学」を担当し、濱尾は服部の最初の職場である文部省専門学務局の長であった。さらに濱尾・外山が文部大臣に就任した際には、服部はそれぞれの秘書官となって彼らの執務を支えた。

明治三一（一八九八）年六月に第三次伊藤内閣が退陣して外山が文部大臣を辞すると、これに伴い服部も文部大臣秘書官の職を解かれ、九月には古巣の東京高等師範学校教授に復帰した。さらに翌年の三月には東京帝国大学文科大学の講師嘱託となり、五月には同助教授となるとともに清国およびドイツへの留学が決定した。同年度の『東京帝国大学一覧』を見る限り、この時期の服部は授業を担当していないことから、この講師嘱託および助教授就任は全く以て留学準備のための人事であったと考えられる。このような経歴と併せて考えると、外山・濱尾・矢田部らによる「話合」が行われたのは、服部が文部大臣秘書官を退いた明治三一（一八九八）年六月から、講師を嘱託された明治三二（一八九九）年三月の間にかけてであったと思われる。

ところですでに見た通り、明治三二（一八九九）年当時の東京帝国大学における留学生選抜は、あくまでも各分科大学内での候補者の推薦および大学本部の評議会による学内総合順位決定の後に、候補者名簿を「派遣理由書」とともに文部省へ上申するというものであった。服部の留学が協議されたであろう上記の期間において、濱尾は高等教育会議の議長、外山は貴族院議員かつ高等教育会議のメンバーであったものの、両名ともに東大の学内職に就いていたわけではない。矢田部は明治一〇（一八七七）年から明治二四（一八九一）年にかけて理科大学で教授を務めてはいたものの、明治三一（一八九八）年から明治三二（一八九九）年当時にかけてはあくまでも東京高等師範学校長であった(76)。

濱尾・外山はともに東大総長を務め、また外山は文科大学長をも経験した人物ではあるが、あくまでも服部選抜当時の肩書きに基づいて「学内」と「学外」の区別を施すのであれば、上記の三名はいずれも「学外」の人物であり、留学生選抜に干与できる立場であったとは言えないようにも思われる。この点についてより詳細に考察すべく、さらに分析を進める。

（三）外山正一の影響力――『外山正一日記』より

服部の留学に関する学内選考に影響を与えたと思われる上記三名のうち、特に強い影響力を持ったのは総長および文部大臣経験者の濱尾および外山の両名であったと考えられる。うち外山については同時期の日記が残されており（明治三一〔一八九八〕年五月二八日から明治三二〔一八九九〕年一二月二五日まで）、服部の留学が協議されたであろう時期の外山の動向を示すものとして有用であると思われる。そこで同日記のうち服部に関連する記事を追い、分析することにする。ただし同日記については基本的に翻刻資料を用い(77)、日記原本を確認する際にはその旨を述べる(78)。

同日記からは、明治三一（一八九八）年六月の外山の文部大臣退任後も、服部が頻繁に外山と接触していたことが窺える。八月一六日には「島田〔重礼〕博士容体宜シカラザル由、三浦謹之助氏ノ診断ヲ乞ヒタキ由」を告げる服部に対し、外山は「紹介状ヲ呈」しており、島田が他界した後には服部は外山を訪れ「先日来ノ礼ヲ述」べている。また同年一〇月二〇日から三〇日にかけて服部は三度外山を訪問しており、最終日の一〇月三〇日にはそのまま外山に同行して「宴会」に参加した。同年は一一月二四日、一二月三一日にさらに外山を訪問し、一一月二四日の訪問では文部省内の人事について「本日沢柳ハ普通学務局長ニ、上田ハ専門学務局長ニ任ゼラレ、嘉納〔治五郎〕ハ非職ニ成リタル由」を報告している。翌年二月には服部の長男がジフテリアにより他界し、外山は弔問に訪れている（服部はおよそ半年のうちに義父と長男を亡くしたことになる）。その後三月に二度、七月に一度、八月に三度服部は外山を訪れ、服部が清国への旅程に立った九月一七日には、外山は新橋駅で服部を見送った。その二日後、九月一九日には「服部宇之吉氏養父嘉平」が外山を訪れ(79)、「此ノ度洋行ニ就キ礼詞ヲ述ベタ」という。

以上が同時期の「外山正一日記」中の服部に関する主な内容であるが、服部の人事に関する直接的な言及はなく、ただ外山と服部との接触の事実が示されるに留まる。しかし服部の清国出発後、九月一九日に「養父」が外山に対して「礼詞ヲ述べ」ていることから、服部の選抜にあたっては少なからず外山の影響力が働いていたと考えられる。

外山の影響力について、さらに同日記をもとに検討する。同日記からは、同時期において留学相談者が頻繁に外山のもとを訪れていることが分かる。まず明治三一（一八九八）年六月一四日には金沢庄三郎が訪問して「朝鮮へ留学生として往き度由の願望を陳述」[80]し、翌年一月一五日には谷本富が来訪し「木下京都大学総長ヨリ京都大学教授トスル為メニ洋行セシムベキ由申渡リアリタル由」を外山に告げている[81]。二月五日には大日本仏教青年会幹部であった広田一乗が訪れ「本願寺より支那行之相談ありたれども謝絶せし由を語」ったところ、外山は「支那の機会ハ決して失ふべからざる所、廿年も滞在之積りで宜敷く行くべしと懇々説」いたという。さらに三月一三日には渡邊龍聖が「音楽学校独立の際免ぜらるる場合には留学所望之由」を外山に告げ[82]、三月一九日には狩野直喜が「支那留学京都大学及外国語学校より申出之件」について外山を訪問している[83]。これらの記録からは、留学希望者にとって、また留学について相談事のある人間にとって外山が訪問すべき重要人物であったことが窺える。では、その影響力はどこに由来するものだったのだろうか。

（四）外山正一の影響力と服部宇之吉の選抜

外山が文部大臣退任後も貴族院議員を務めていたことは先述した。貴族院では明治三二（一八九九）年三月七日に「海外留学生増員ニ関スル建議」が提出されているが[84]、外山の日記の三月三日の記事には、提出日・発議者・賛成者が空欄となった同名の「建議案」として、その本文および提出理由が記されており、さらに日記原本を確認すると、そこには訂正・推敲の跡が窺え、外山が同「建議」の作成あるいは起草に関与していたことが推察される。日記内の

「建議案」の本文によれば、それは新設予定の帝国大学・高等学校はおろか「「既設」直轄学校」においても現に生じている教員不足を解消すべく「政府ハ海外留学生ノ人員ヲ大ニ増加スルノ計画ヲ定メ、其ノ予算ヲ次ノ議会ニ提出セラレンコトヲ希望ス」るものであった。「海外留学生増員ニ関スル建議」は長岡護美および三島弥太郎を発議者として貴族院に提出されると、その翌々日の三月九日に貴族院本会議で可決された。この四ヶ月後、文部省は高等教育の整備拡張計画を示した「八年計画調査書」を閣議提出しており、そこでは同計画を遂行するための手段としての留学生派遣計画が示された(85)。

すでに同「建議」の提出以前には、日清戦争後の急速な工業化・近代化や中学校の増設を受けて高等教育機関および教員の拡充が広く論じられ、そのための建議も複数提出されていたとはいえ(86)、外山が留学生の派遣を増加する同「建議」の作成・起草に携わっていたとすれば、それは彼が文部大臣退任後も貴族院議員として、また高等教育会議員として、教育行政とりわけ留学政策に一定の影響力を及ぼしていたことを示すものと考えることができる。また外山のもとに多数の留学生が訪れていることからは、彼が元文部大臣として、あるいは元東大総長として、留学生の人選にも影響力を持っていたことが窺える(87)。

服部が島田の正統な後継者と呼べるような存在であったことはすでに述べたが、その島田の病死によって空いた穴を埋めうる者は、服部を措いてほかにはいなかった。このような事情から、服部はまずは東京帝国大学において「漢学（経学）」を継ぐべき存在として位置づけられることになった。また同時期の東京帝国大学における留学生選抜は、制度としては学内推薦を基礎とするものではあったが、服部の選抜においては外山がいわば留学政策の重鎮としての影響力を発揮した可能性が高い。服部が東京帝国大学における漢学・支那哲学の正統な後継者となるべく留学生に選抜されたことには、その先任者としての島田のみならず、外山からの厚い信頼と期待も寄与していたと言える。なお、外山は新橋駅で服部を見送ったおよそ半年後の明治三三（一九〇〇）年三月八日に世を去った。島田と外山の逝去の

服部の身分・所属	年	月	書名または論文名	発表誌（論文）または出版社（書籍）
高等師範学校教授	29	4-5	「墨子年代考」	『哲学会雑誌』第 11 巻第 110-111 号
		10	『倫理学』	金港堂書店、「教員文庫」シリーズ
		11	「荀子年代考」	『哲学雑誌』第 11 巻第 117 号
	30	1	『中等論理学』（再版）	冨山房、明治 25（1892）年出版の同題の訂正再版
		2	「習字に就きて」	『教育公報』第 187 号
		5	「名家の学を論ず」	『東亜学会雑誌』第 1 編第 6 号
		9	「中学教育に於ける倫理科教授に関して漢学者に問ふ」	『東亜学会雑誌』第 1 編第 8 号
文部大臣（濱尾新）秘書官	31	2	「墨子ノ学ヲ論ズ」	『東亜学会雑誌』第 2 編第 2 号
		3	「詩書に見えたる天に就きて」	『哲学雑誌』第 13 巻第 133 号
東京高等師範学校教授	31	11	「漢文を学ばん人に告ぐ」	『学窓余談』第 1 巻第 3 号
	32	3	「孟子闢異端弁」	『東洋哲学』第 6 編第 2 号
東京帝国大学文科大学助教授（留学中）	32	10	『倫理学』（再版）	金港堂書店、明治 29（1896）年出版の同題の訂正再版
		11	『論理学教科書』	冨山房

注）『倫理学』および『論理学教科書』が出版された当時、服部はすでに清国へ留学中であるが、序文の日付がそれぞれ「明治三十二年六月」「明治三十二年八月初旬」となっていることから留学前に脱稿していたものと考えられるため、同表に掲載した。また「社会的現象として降神術を論ず」は海外論文の「大意を訳出」した無署名記事であるが、直後に発表された「降神術ノ話」において、同名の論文について「私ハ其大意ヲ訳シテ哲学会雑誌第廿七号及第廿八号ニ出シテ置キマシタカラ、御一読ヲ望ミマス」（服部宇之吉「純正哲学ノ本領」福島県青年会『福島県青年会雑誌』第一号、一八八九年、五頁）と述べていることから、服部の訳になるものとみなして同表に掲載した。

時期がわずかでも異なっていたとしたら、上に述べた人事の事情はまた違っていたかもしれない。

おわりに

本章では、服部宇之吉に焦点を当て、その師である島田重礼の分析から始め、服部が島田の正統な後継者として選抜され、留学に至るまでの過程を追ってきた。具体的には、服部が東京帝国大学における教授候補として文部省外国留学生に選抜されたのはなぜかという問題意識の下に、二つの視点から考察を行った。まずは初期服部の学問的特徴について考察し、その主要な関心が早くから漢学および「支那哲学」の中でもとりわけ諸子学に向かっていたこと、またその実証的な方法論は、海保漁村・島田重礼の系譜上に位置づけられることを確認

表3　清国留学以前の服部宇之吉の著作（著書・論文）一覧（年は明治）

服部の身分・所属	年	月	書名または論文名	発表誌（論文）または出版社（書籍）
帝国大学	21	11-12	「智識相対論」	『教育報知』第146・148・150号（「寒江釣夫」名義で発表）
		12	「列子学説一斑」	『哲学会雑誌』第2冊第23号
	22	5	「因明大意」	『教育週報』第5号
		5	「純正哲学ノ本領」	「福島県青年会雑誌」第1号
		5-6	「純正哲学ノ本領」	『教育週報』第6-7号（「福島県青年会雑誌」掲載のものと同内容）
		5-6	「社会的現象として降神術を論ず」	『哲学会雑誌』第3冊第27・28号
		9	「降神術ノ話」	『教育週報』第21・24号
	22.12-23.2		「ソクラテスの哲学」	『教育週報』第34・35・36・38・40・42号
文部省	24	1-3	「ソクラテス　ソ氏の伝」	『教育報知』第249・250・252・254・259号（「ソクラテスの哲学」を加筆したもの）
		5-6	「老子講義」	『海潮』第1号・第2号
文部省／第三高等中学校教授	24.8-25.8		「支那文学講義　諸子門　老子」	『支那文学』第2号から少なくとも第23号まで
第三高等中学校教授	25	1	「禁酒主義の一方便」	『反省会雑誌』第7巻第1号
		2-11	「原始信仰の梗概」	『反省会雑誌』第7巻第2号・3号・5号・6号
		10	『中等論理学』	冨山房
	26	3	「希臘哲学即古代哲学（紀元前六百年より紀元六百年に至る）」	『反省会雑誌』第8巻第3号
		不明	『心理学』	不明

した。次に、当時の留学制度および具体的な選抜状況について「外山正一日記」などを元に考察を進め、服部が選抜された明治三二（一八九九）年当時の東京帝国大学における留学生の選抜制度が学内推薦に基づいていたこと、ならびに服部の専門が「漢学（経学）」とされていたことを確認した。また、服部と親交の深かった外山が留学政策に一定の影響力を持っていたことを確認し、服部が「学内」推薦を経て高順位で留学候補者として選抜された背景には、「学外」からの外山の影響力があったことを指摘した。

島田重礼は昌平黌出身の漢学者であり、いわゆる「普通学」を修めなかった。一方で服部宇之吉は、立ち上がったばかりの近代学制のもと、西洋由来の学問を、広くかつ高水準で修めた。両者の経歴は対照的であり、衝突が起こってもおかしくなかったようにも思える。前章で見たように、島田を含めて帝国大学の漢学者は「腐儒」や「旧来の漢学先生」などと呼ばれていたし、服部も、中学校における倫理教育の担い手としてという立場からではあるが、彼が旧態依然とみなした漢学者への批判を行っていた。しかし、島田と服部は衝突しなかった。服部宇之吉の息子、服部武は回想で「島田重礼は父が好きだったんですって、そして父も島田重礼が好きだったんですって」と述べている[88]。二人の共通点は、幼くして両親を失っていることだけではなかったであろう。およそ三〇歳違いの、親子ほどの年齢差のお互いを間近で見ればこそ、その将来あるべき姿を含めた漢学への思いに両者通ずるものがあることに気づいたのではないか。次章では、島田を継いだ服部が、ドイツ留学を経て本格的に儒教に関心を向け始め、やがて「孔子教」論に至るまでを検討する。

(1) 東京大学百年史編集委員会『東京大学百年史　部局史　二』東京大学、一九八六年、五〇八頁。
(2) 町泉寿郎「島田重礼と考証学」牧角悦子・町泉寿郎編『講座　近代日本と漢学　第四巻　漢学と学芸』戎光祥出版、二〇二〇年、二四—四一頁。
(3) たとえば、次のような文献。荻原善太郎『日本博士全伝』吉岡書籍店、一八八八年。西村龍三『万国古今碩学者列伝』自由閣書店、一八九〇年。「会員文学博士島田重礼ノ伝」東京学士会院『東京学士会院雑誌』第一四編第二冊、一八九二年。「故島田文学博士の略歴」哲学会『哲学雑誌』第一三巻第一三九号、一八九八年。「島田博士逝く」哲学館『東洋哲学』第五編第九号、一八九八年。
(4) 「先人専力於経術。講学之暇。時作文章。有遺文数百篇。乃簡選六十篇而刻之。名曰篁村遺稿。」島田重礼『篁村遺稿　巻上』島田鈞一、一九一八年。
(5) 「先生治経。原乎漢儒。兼採宋清。語子弟曰。両漢経師。皆有所伝承。宋儒弁義理。綦精綦切。至清人攷拠。的確詳審。不可移易。合此三者。始可言学矣。其臨講説。引喩曲証。纚纚数百言。剖抉疑互。闡発奥秘。至無余蘊而後止。」同書、一丁裏—二丁表。
(6) 東京大学百年史編集委員会『東京大学百年史　部局史　一』東京大学、一九八六年、五〇八頁。

（7）吉川幸次郎は、狩野直喜が海保漁村を自らの師である島田重礼と同程度、あるいはそれ以上に高く評価していたことを回想している（東方学会編『東方学回想Ⅰ　先学を語る（一）』刀水書房、二〇〇〇年、一七八頁）。島田重礼の学統関係については、前掲の町論文に加えて、次の文献も参照。古賀勝次郎「安井息軒を継ぐ人々（三）——島田篁村・岡松甕谷・竹添井井」早稲田大学社会科学学会『早稲田社会科学総合研究』第一一巻第一号、二〇一〇年。

（8）「溯洄洙泗。悉其源委。簸揚沙汰。咀醇吐醨。鉤深索賾。無遺銖錙。究河海而不足語其大。析繭絲而不足譬其微。」島田重礼『篁村遺稿　巻下』島田鈞一、一九一八年、三七丁表。

（9）東方学会編『東方学回想Ⅰ　先学を語る（一）』刀水書房、二〇〇〇年、一六八頁。

（10）「嘗検勘漢土歴代。及我朝学統源流。貫穿古今。原原本本。綱挙目張。瞭然如指掌。生徒伝相箚記。綴緝成篇。名曰歴代学案。」島田重礼『篁村遺稿　巻上』島田鈞一、一九一八年、二丁表。

（11）「復池田公書与友人某書等諸篇。雖係早作。以足明先人出処本末。」

（12）「且礼之於村上。固非有君臣之分。然糜其廩粟者。且二年。不可謂無恩矣。方去歳辞北行。侯又敦喩数四。減留越之期。若二三年。若一年。漸減至数月。遂固辞而不赴。於是使礼身居東京。以総藩教。」島田重礼『篁村遺稿　巻上』島田鈞一、一九一八年、六丁裏。

（13）「今足下卒然誘之。以就他途。」同書、一三丁裏。

（14）「読書当就天下之大学。択師当得方今第一人。而方今之泰斗。其惟塩谷先生乎。」同書、一三丁表。

（15）町田三郎『明治の漢学者たち』研文出版、一九九八年、一〇三頁。

（16）「大学助教井上君迪。夙覃心西洋哲学。旁渉経史百氏。曾著東洋哲学史。自孔曾思孟。至楊墨老荘申韓之徒。凡関哲学者。囊括罔遺。」島田重礼『篁村遺稿　巻中』島田鈞一、一九一八年、三丁表—三丁裏。

（17）「赤城先生名賚。字四海。大沢氏。上毛人。博渉経史。尤邃於音韻学。［……］礼舞象之年。受句読先生。先生時年殆八十。皓髪鬖鬖然被肩。家酷貧。［……］礼時家大崎。相距里余。毎晨星而往。至則吹火当竈。先生負孫拚掃室内。炊将熟。瀹茗折脚鐺。相対朝食。時際隆冬。破窓敝席。雪積寸許。蹈之琤然有声。見者以為不堪。而先生意気益旺。暇則繙閲不倦。充然若忘身在困阨中者。此豈今之人乎哉。嗚呼士抱負偉器。」同書、一九丁表—一九丁裏。

（18）「嗚呼自先生之亡。於茲百有五十年。世無真儒。国無師臣。」同書、三〇丁表。

（19）「学貴有統緒。学而無統緒。則不為記問之学者幾希。」島田重礼『篁村遺稿　巻下』島田鈞一、一九一八年、四一丁裏。

（20）町田三郎『明治の漢学者たち』研文出版、一九九八年、一〇四頁。

（21）島田重礼の講義録の中には「日本諸儒学案」「日本学案」などと題されたものも残されている。東京（帝国）大学における重礼の講義および講義録については、次の文献を参照。町泉寿郎「幕末明治期における学術・教学の形成と漢学」二松学舎大学東アジア学術総合研究所日本漢文教育研究推進室『日本漢文学研究』第一一号、二〇一六年。

(22) 漢学会「服部先生追悼録」東京帝国大学文学部支那哲文学研究室漢学会『漢学会雑誌』第七巻第三号、一九三九年、三五〇頁。

(23) 服部宇之吉「服部先生自叙」服部先生古稀祝賀記念論文集刊行会編『服部先生古稀祝賀記念論文集』冨山房、一九三六年、一二―一三頁。

(24) 東京大学百年史編集委員会『東京大学百年史　部局史　一』東京大学、一九八六年、五一六頁。

(25) 本章ではドイツ留学出発前の服部を「初期服部」と表記する。

(26) 服部宇之吉「服部先生自叙」服部先生古稀祝賀記念論文集刊行会編『服部先生古稀祝賀記念論文集』冨山房、一九三六年。

(27) 現在の港区南青山に存在した丹羽家の下屋敷が、そのまま丹羽子爵邸として利用されたものか。上屋敷は現在の千代田区永田町に存在した。

(28) 塾の名を「乾々堂」といい、当時の飯倉片町に位置した。学科としては「漢学・筆道・図学・物産学・化学」を教え、漢学では「初級」として『孝経』『逸史』『小学』『蒙求』『古文真宝』を、「中等」として四書五経や『近思録』『日本史』(『日本外史』か)『文章軌範』などを教えたという(東京都立教育研究所編『東京教育史資料大系　第一巻』東京都立教育研究所、一九七一年、四二一―四二二頁)。

(29) うち漢学は「[麻布]区材木町宮崎艮山の塾」に学んだという。当時の東材木町には「宮崎誠」が開いた私塾「宮崎学校」があり、おそらく同塾を指すと思われる。同塾では漢学・数学・習字を教え、漢学としては四書五経に加えて『史記』『漢書』『三国志』『十八史略』『綱鑑易知録』『元明史略』『明史紀事本末』などを教えたという(東京都立教育研究所編『東京教育史資料大系　第二巻』東京都立教育研究所、一九七一年、四五三頁)。

(30) 漢学会「服部先生追悼録」東京帝国大学文学部支那哲文学研究室漢学会『漢学会雑誌』第七巻第三号、一九三九年、三五六―三六二頁。

(31) 東京大学百年史編集委員会『東京大学百年史　部局史　一』東京大学、一九八六年、五一五頁。

(32) 服部宇之吉「純正哲学ノ本領」福島県青年会『福島県青年会雑誌』第一号、一八八九年、九頁。

(33) 服部宇之吉「原始信仰ノ梗概」反省会『反省会雑誌』第七巻第二号、一八九二年、二五―二六頁。

(34) 服部宇之吉「希臘哲学即古代哲学(紀元前六百年より紀元六百年に至る)」反省会『反省会雑誌』第七巻第一号、一八九二年、一二―一三頁。

(35)　服部の諸子学への関心は、壮年期の事業である『漢文大系』編纂（明治四二（一九〇九）年―大正五（一九一六）年）においても発揮され、服部は『韓非子翼毳《よくぜい》』『老子翼』『荘子翼』『列子』『七書』『荀子』『淮南子』などの解題を担当した。

(36)　服部宇之吉「列子学説一斑」哲学会事務所『哲学会雑誌』第二冊第二三号、一八八八年、六七六頁。

(37)　当時井上はドイツ留学中ではあるが、留学以前に行った「東洋哲学史」講義では、『列子』の「凡所見亦恒見其変」をヘラクレイトスの「転化説」と比較している。同講義については、次の拙稿を参照されたい。水野博太「「高嶺三吉遺稿」中の井上哲次郎「東洋哲学史」講義」東京大学文書館『東京大学文書館紀要』第三六号、二〇一八年。

(38)　同文社の『支那文学』については、前章注(64)においても言及したように、池田蘆洲および古典講習科卒業生の山田済斎が、久米幹文を社主に頂いて結成した「同文社」により（三浦叶『明治の漢学』汲古書院、一九九八年、四五五頁）、明治二四（一八九一）年八月から少なくとも翌年八月にかけて発行された。廃刊時期は不明であるが、管見の限り明治二五（一八九二）年八月発行の第二三巻まで確認できる。同巻では服部の文章は途中で途切れており、連載の継続を窺わせる形ではあるものの、未完と判断する。

(39)　林希逸による『老子』注釈書である『老子（鬳斎《けんさい》）口義』は、室町時代以前に日本に伝来した（王廸《てき》『日本における老荘思想の受容』国書刊行会、二〇〇一年、一六五頁）。江戸期に林羅山による訓点本が『荘子口義』『列子口義』と併せて刊行され、いわゆる「三子」の「口義」が揃うと、一七世紀後半以降の「三子」読者は概ね林希逸注を読むことになった。徂徠学が登場するとその批判を受けたものの、「三子口義」の流行は服部が『老子』に解説を施した明治・大正期にまで継続した（小島毅「解題――林希逸『老子鬳斎口義』の背景」松下道信主編『林希逸『老子鬳斎口義』訳注稿』、平成一五―一六年度科学研究費補助金（基盤研究（C）（二））研究成果報告書、東京大学大学院人文社会系研究科、二〇〇五年、九頁）。

(40)　服部宇之吉「老子」同文社『支那文学』第五号、一八九一年、二一頁。

(41)　「墨子年代考」において、服部は墨子の出自について『史記』『漢書』『隋書』などの宋人説を退けて高誘『呂氏春秋』注の魯人説を取り、墨子の生卒年や「全書ノ体裁」の考証から「其ノ書ハ其ノ没後門人等ノ手ニ成リシモノ」とした（服部宇之吉「墨子年代考（承前）」哲学会事務所『哲学会雑誌』第一一巻第一一一号、一八九六年、三八四―三九二頁）。
　また「荀子年代考」では、荀子の年齢や出仕時期について『史記』と劉向『序録』との総合的考察から導かれる矛盾から説き起こし、『塩鉄論』毀学篇、応劭の『風俗通』、汪中の『述学』などの議論を紹介しつつ、宋濂『諸子弁』の説を「最モ事実ニ近キモノ」としている（服部宇之吉「荀子年代考」哲学会事務所『哲学会雑誌』第一一巻第一一七号、一八九六年、九〇七―九一五頁）。

(42)　服部宇之吉「習字に就きて」帝国教育会『教育公報』第一八七号、一八九七年、二〇頁。

(43) 同書、一七頁。
(44) 初期服部が経書の内容について詳しく論及しているのは、管見の限り同論文においてのみである。もちろん服部は、幼少期からの漢学訓練を通じて、経書の主要な内容をそれまでに一通り学習していたのであろうが、研究関心という点では諸子学が先行していたと言える。
(45) 服部宇之吉「孟子闢異端弁」哲学館『東洋哲学』第六編第二号、一八九九年、六六頁。
(46) のちに服部が京師大学堂に正教習として赴任した際には教育学・論理学・心理学を教えたとされており（大塚豊「中国近代高等師範教育の萌芽と服部宇之吉」国立教育研究所『国立教育研究所紀要』第一一五集、一九八八年、五八頁）、このうち論理学および心理学については服部が漢文による教科書を自作している（服部宇之吉『論理学講義』冨山房、一九〇四年）。論理学については明治二五（一八九二）年の『中等論理学』ではなく明治三二（一八九九）年の『論理学教科書』の漢訳であると考えられる。心理学については、漢訳版と思われる『心理学講義』についてはその存在が確認できるものの（服部宇之吉『心理学講義』東亜公司、一九〇五年）、その元になったであろう日本語版の存在は確認できていない。
(47) 服部宇之吉『倫理学』金港堂書籍、一八九六年、二一―四頁。
(48) 同書、二六頁。
(49) 同書、一〇九―一三一頁。
(50) 同書、一五二頁。
(51) 同書、二〇九頁。
(52) 同書、五―七頁。
(53) 服部宇之吉「中学教育に於ける倫理科教授に関して漢学者に問う」東亜学会『東亜学会雑誌』第一編第八号、一八九七年。その漢学者批判の内容を整理すれば、以下のようになる。
①そもそも倫理科の教授には、「実践倫理」および「理論的倫理学」の知識、また「国史」「世界大勢の推移」「人類文化の趨勢」などの広範な知識を必要とするが、多くの漢学者にはその素養がない。
②あらゆる実践倫理がその発祥地の「人種」的影響を受けているように、儒教もまた「北方支那人種の産物」としての限界を持ち、そのままでは現代の日本には適用しがたい。特にその「勤労節倹自足」を重んじる「縮小主義」の精神は、全く不要とまでは言わないが、それだけでは「進取勇往」の精神が求められる現代に適応できない。
③儒教が教え、目指す「安心立命」の境地に対しては「哲学上種々の疑問困難」がありうる。儒教はその挑戦に応えて「倫理、教育の主義及び仮定を堅固確実に組織し建立」することが求められるが、それには「哲学上の修養」が必要である。

しかしながら、多くの漢学者にはその素養がない。

④今や立憲制となった本邦で「社会の中流以上」となるべき人材を育成する中学校においては、最低限の「立憲政治の根本」すなわち「帝国憲法の精神、自治制及び国民の義務たる兵役納税等に関する法律の精神、万国交際の通誼」といった知識にも留意すべきであるが、多くの漢学者にはその素養がない。

⑤複雑化する現代日本社会においては「公共心」の涵養が課題・急務であるが、儒教は「私徳」の涵養には熱心であったものの、「公共心の養成・公徳の修養」には気を配ってこなかった。儒教にそのための潜在力がないとは思わないが、改革が必要である。

(54) 服部宇之吉『倫理学』(再版)、金港堂書籍、一八九九年、二〇九頁。

(55) 井上は、服部が哲学科出身にもかかわらず中国古典に興味を示した動機について「蓋し其の師の感化に因ることであろう」、すなわち「服部博士は多分島田重礼氏の教を受けて、之に推服し、其の結果、漢学に興味を抱かれるようになったであらうと思ふ」と推測している(井上哲次郎「服部宇之吉先生を追懐す」斯文会『斯文』第二一編第九号、一九三九年、一五頁)。

(56) 町田三郎『明治の漢学者たち』研文出版、一九九八年、一〇一頁。

(57) 東京大学総合図書館には、島田重礼の蔵書が寄贈されたものとして、①文政五(一八二二)年、海保漁村が太田錦城の『論語』講義を記録したと思しきノート、②嘉永四(一八五一)—安政四(一八五七)年、島田重礼が海保漁村の『論語』講義を記録したと思しきノート、が保存されている(南葵文庫、貴重図書)。①と②のどちらにも「島田氏双桂樓収蔵」「海保先生自所書録」の印が押されている。

①は「論語口義」と題された四分冊の冊子であり、学而から堯曰まで『論語』全篇についての「口義」が記録されている。第一分冊の表紙裏には「政午九月一日書於聿修堂中」と、また第四分冊の末尾には「文政五年壬午十一月二十七日畢」と記されている。「政午」は「文政壬午」すなわち文政五(一八二二)年のことであろう。「聿修堂」は、奥医師を務めたこともある医師・多紀元簡(桂山)の書斎名である(多紀は錦城の後援者であった)。これは『海保漁村先生年譜』の次のような記述と合致する。

此年従錦城師受論語義。君侍講筵最勤。未嘗一日廃。錦城師於講説。詞鋒風発。弟子筆授者。大半不能具記。而君独縷記。略無有遺漏。集録為冊三十余巻。今猶蔵于家。筆所論語口義跋曰。文政五年十一月二十七日畢。(漁村先生記念会編『海保漁村先生年譜』漁村先生記念会、一九三八年、七—八頁)

ただし、東京大学総合図書館に所蔵されているものは(学而から堯曰まで『論語』の全体を講じたものであっても)四分冊であり、「三十余巻」とは開きがあるように思われる。両者の関係についてはなお調査を要する。

②は二分冊の冊子であり、第一分冊は「論語古義　辛亥仲冬初七」と、第二分冊は「論語口義」と題されている。また第二分冊の末尾には「丁巳三月廿九日　此日尓終　嶋田■■［〝習是〟か］」と記されている。嘉永四（一八五一）年が「辛亥」であり、「仲冬」は一一月を指す。次の「丁巳」は安政四（一八五七）年である。

『海保漁村先生年譜』には、漁村の経書講義の記録が以下のように記されている。

嘉永五年　壬子　五十五歳　正月［……］同月二十二日。発会。講論語。此歳二之日論語・左伝。七之日尚書・左伝。（三五―三六頁）

嘉永六年　癸丑　五十六歳　此歳二之日講尚書・左伝。七之日講論語・左伝。（三七頁）

安政元年　甲寅　五十七歳　二之日講論語・左伝。七之日講尚書・左伝。（四一頁）

安政二年　乙卯　五十八歳　此歳七之日講尚書・左伝。二之日講易・論語。（四一頁）

安政三年　丙辰　五十九歳　此歳二之日講論語。七之日講尚書・左伝。（四二頁）

安政四年　丁巳　六十歳［……］此年三月［……］此月二十二日、始講孟子於直舎。（四三―四五頁）

『論語』講義の開始日にはやや差異があり、また『海保漁村先生年譜』には『論語』講義がいつ終わったのかは記されておらず、『論語』を講じ終わった後に『孟子』に入ったのだとすれば、こちらもやや差異がある。

仮に②が島田重礼が日付の通りに記録したものであるとすれば、これは天保九（一八三八）年生まれの島田が一〇代半ばの頃、大沢赤城のもとを離れて安積艮斎の塾に入る前に、海保漁村から受けた講義の一部ということになる。史料の詳細についてはなお検討・研究の余地が多分に残されているが、少なくとも、島田がこれらのノートを保存していたことは、太田錦城・海保漁村・島田重礼という学統が、島田自身においても意識されていたことを改めて示しているとは言えよう。

(58) 東京大学百年史編集委員会『東京大学百年史　部局史　一』東京大学、一九八六年、五〇八頁。

(59) 劉岳兵『日本近代儒学研究』北京、商務印書館、二〇〇三年、一九五―一九六頁。

(60) 永原慶二『二〇世紀日本の歴史学』吉川弘文館、二〇〇三年、一七頁。

(61) 帝国大学編『帝国大学一覧　従明治二十年至明治二十一年』帝国大学、一八八七年、一三〇、一三二頁。

(62) 井上哲次郎『西洋哲学講義　巻之一』阪上半七、一八八三年、八―九頁。

(63) 「テールス氏」「ピサゴラス学派」「エリア学派」「ヘラクリトス氏」「エムペトクリース［エンペドクレス］氏」「原子論者」（「リューシッポス［レウキッポス］」および「デモクリトス」）「アナキサゴラス氏」を紹介した。またソクラテスからプラトンへの系譜からは外れたもののソクラテスの弟子の一派であった「メガラ学派」「シリン学派［キュレネ派］」「犬儒学派」についても紹介している。

（64）中江兆民訳『理学沿革史　上』文部省編輯局、一八八六年。原著はアルフレッド・フイエ（Alfred Fouillée）による *Histoire de la Philosophie*（一八七五年）。

（65）末松謙澄『支那古文学略史』末松謙澄、一八八二年。同書において末松は、「支那古文学ノ東洋文学ニ必要ナルハ猶希臘羅甸学ノ西洋文学ニ於ケルカ如シ」との認識のもと、「春秋ノ末ヨリ戦国ノ末マテ」の「文学」について「周官」「管子」「老子」「孔門諸書」「晏子」「楊朱墨翟」「列子」「孟子」「商子」「公孫龍子」「荘子」「孫呉兵法」「蘇秦張儀」「屈原宋玉」「荀子」「申韓」「呂氏春秋、竹書紀年、左伝、国語」の項目を立てて論じた。ここでいう「文学」とは、literature の訳語（いわゆる狭義の「文学」）ではなく、それ以前の漢文脈における「文学」を継承して、思想・歴史を含んだ広く学問全般を指している。なお、同書末尾によれば末松は上記の内容について「明治十五年六月十一日在英国日本学生会ニ於テ」講述したというが、前序（河田熙）・後序（土田政次郎）の日付がいずれも「明治十五年三月」とされていることから、正しくは「明治十四年六月」であろう。

（66）内田は哲学館の「第一年級」向け講義である「老荘学」において「専ラ一学ヲ攻ムル者ト雖モ多少他学ノ性質ヲ了知セザルベカラズ」として、班固の「十家」の分類に従って「周春秋戦国ノ際ニ興リタル学術ノ種類並ニ其性質ノ大略ヲ示シ」、これを「老荘学講義予篇」と位置づけた（内田周平「老荘学」哲学館『哲学館講義録』第一年級第二〇号、一八八八年、五五頁）。

　なお同じく内田の手による「第二年級」向けの講義として「支那哲学（儒学史）」が掲載され、その冒頭で「支那哲学」の時代区分として「古代儒学」（＝「周一代」「発明ノ時期」）「中古儒学」（＝「漢魏唐」「訓詁ノ時期」）「近世儒学」（＝「宋元明」「義理ノ時期」）と儒学に基づく通史的視点を示したが（内田周平「支那哲学（儒学史）」哲学館『哲学館講義録』第一期第二年級第二号、一八八九年、一頁）、実際には『論語』『尚書』『易経』の解説が講義の中心を占めた。「第三年級」向けの講義録としては同じく内田による「支那学」が掲載されたが、これも実際には『論語』『易経』などの解説を中心とした、いわば「儒学史」であった。

（67）遠藤隆吉『支那哲学史』金港堂書籍、一九〇〇年、一頁。

（68）学問的特徴ではないが、内田が選科の出身であったことも併せて考慮すべきであろう。明治二〇年代に東京帝国大学文科大学哲学科の選科生として過ごした西田幾多郎の回想が示すように、正科と選科との間には待遇的・心理的な差別が存在していたと言える（西田幾多郎「明治二十四、五年頃の東京文科大学選科」上田閑照編『西田幾多郎随筆集』岩波書店、一九九六年、二九一―三三頁）。

　もっとも、西田が帝国大学に在学していた明治二〇年代当時にあっては、高等中学校から帝国大学への学生供給に依然として未整備な側面が残されていたことなどから、選科から正科へ編入する道が（険しいながらも）開かれていたことに注意すべきである。京都帝国大学法科大学教授となった高根義人、および東京帝国大学法学部教授や学士院院長などを歴任した山田三良は、いずれも選科生として東京帝国大学法科大学に入学した後で、「全科試験」と呼ばれる高等中学校卒業程度の学力検定試験（高等中学校で教授される全科目についての試験）に合格することによって正科への編入を果たし、正科生として法科大学を卒業することで法学士となった（東京大学百年史編集委員会編『東京大学百年史　通史　二』東京大学、一九八五年、一二七―一二九頁）。

(69)　狩野は明治三九（一九〇六）年から数年度にわたって「支那哲学史」を京都帝国大学において講じたが、倉石武四郎によればそれは「清儒の考証の学と西洋人の支那研究とを打って一丸とした講義」であったという（倉石武四郎『本邦における支那学の発達』汲古書院、二〇〇七年、八五頁）。また、狩野門下の小島祐馬は「東京大学で篁村先生の教を受けた人は多数有ったであろうが、その考証学を継承して之を発展せしめたのは、狩野先生を措いて外にはなかった」と評している（小島祐馬「狩野先生の学風」京都大学人文科学研究所『東方学報』第一七号、一九四八年、七頁）。

(70)　水野博太「明治期陽明学研究の勃興――井上哲次郎『日本陽明学派之哲学』に至る過程」日本思想史・思想論研究会『思想史研究』第二四号、二〇一七年。

(71)　辻直人「二十世紀初頭における文部省留学生の派遣実態とその変化についての一考察」東京大学史史料室『東京大学史紀要』第二六号、二〇〇八年、二二―二三頁。

(72)　〈東京大学文書館蔵〉「塚本靖外十六人海外派遣ノ義上申　留学生派遣ヲ要スル理由」『留学生関係書類　自明治三十二年至明治三十七年』一八九九年。

(73)　斯文会編『斯文六十年史』斯文会、一九二九年、二三三頁。

(74)　たとえば松本文三郎は、「支那哲学」には「終始を一貫する組織系統な」く「確然不動の定義なるものな」きために「論理的思想」が欠乏し、また「高尚なる思弁あるも精確なる研究な」きために「物理的思想」が欠乏するという欠点があると指摘している（松本文三郎「支那哲学に就いて」哲学館『東洋哲学』第五編第四号、一八九八年）。旧態依然とした「漢学」に向けられるような批判が、「支那哲学」という名前に対して向けられている。

(75)　辻直人「明治三〇年代の文部省留学生選抜と東京帝国大学」東京大学大学院教育学研究科『東京大学大学院教育学研究科紀要』第四〇巻、二〇〇〇年、三〇頁。

(76)　当時帝大総長を務めていた濱尾新に、矢田部良吉を教授として推薦したのは外山正一であり（外山正一『丶山存稿　後編』湘南堂書店、一九八三年、五三三頁）、また突如として「非職」となった矢田部に高等師範学校に職を得させるべく尽力したのも外山（および後に高等師範学校長を務めた嘉納治五郎）であったという（同書、五五七―五五八頁）。

外山と矢田部の関係に限って言えば、外山は一貫して「推薦者」という役割を果たしていたことになる。服部についても、明治二三（一八九〇）年の彼の最初の就職の際に服部を文部省の濱尾に「推薦」したのは外山であったが（服部宇之吉「服部先生自叙」服部先生古稀祝賀記念論文集刊行会編『服部先生古稀祝賀記念論文集』冨山房、一九三六年、九頁）、留学時においても外山が「推薦者」としての役割を果たした可能性は少なくないと考えられる。

(77) 柳生四郎「外山正一の日記（五）」―「外山正一の日記（二十一）」東京大学出版会『UP』第五四―七二号、一九七七―七八年。

(78) 東京大学総合図書館蔵「日記　M31. 11. 1-M32. 10. 24」『外山正一史料』。

(79) 正しくは「喜平」か。本章第二節で述べたように、戊辰戦争により実父を失った服部宇之吉は、以後叔父の喜平に引き取られて育てられたという（東方学会編『東方学回想Ⅰ　先学を語る（一）』刀水書房、二〇〇〇年、一一〇頁）。

(80) 実際に金沢は同年一〇月から大韓帝国へと留学している。

(81) 谷本は明治三三（一九〇〇）年より欧州へ留学し、帰国後に実際に京都帝大教授に就任した。

(82) 東京音楽学校は当時高等師範学校の管轄下にあり、渡邊龍聖は高等師範学校教授であった。明治三二（一八九九）年に東京音楽学校が高等師範学校からの「独立」を果たしても渡邊は「免ぜらるる」ことなく、明治三四（一九〇一）年には東京音楽学校校長に就任した。

(83) 明治二八（一八九五）年に東京帝国大学文科大学漢学科を卒業した狩野は、この明治三二（一八九九）年から東京外国語学校で漢文を教えている。狩野の清国出発は明治三三（一九〇〇）年四月であるが、前年の三月の時点ですでに京都帝国大学から教職の打診を受けていたことが分かる。

(84) 官報第四七〇二号、一八九九年三月八日、一五一頁。

(85) 辻直人「二十世紀初頭における文部省留学生の派遣実態とその変化についての一考察」東京大学史史料室『東京大学史紀要』第二六号、二〇〇八年、二六―二八頁。

(86) 大西巧「日清戦後における文部省教育政策をめぐる一考察――「八年計画」立案までを中心に」関西大学教育学会『教育科学セミナリー』第四一号、二〇一〇年、四四頁。

(87) 文部大臣を退任した外山は足繁く大学図書館に通うようになり、時に大学本部にも顔を出した。帝国大学の同窓会であった学士会の会合にも定期的に参加しており、当時にあっては「学内」と「学外」の区別は曖昧であったと言うべきかもしれない。

（88）　東方学会編『東方学回想Ⅰ　先学を語る（一）』刀水書房、二〇〇〇年、一一七頁。

第五章　漢学から「孔子教」へ

はじめに

前章は、服部宇之吉の師であり岳父でもあった島田重礼の検討から始め、服部が東京帝国大学における漢学および「支那哲学」の後継者として選抜されて留学に赴くまでを扱った。そこにおいて、当時の服部は儒教への関心が全くなかったわけではないが、それよりも島田の影響を受けた諸子学への関心が強かったことを確認した。本章では、その後の服部がドイツ留学を経て儒教解釈に関心を本格的に向け始め、辛亥革命を契機として「孔子教」論を形作ってゆく過程を検討する。

本章の前半で中心的な分析対象となるのは、服部がドイツ留学中の明治三五（一九〇二）年に著したドイツ語小冊子 *Konfucius* である(1)。同書の存在は『服部先生古稀祝賀記念論文集』の著述目録にも、また「服部先生追悼録」中の著述目録にも記されているにもかかわらず、従来の服部研究においては分析対象とされてこなかった。しかし、同書には後の服部の「孔子教」論の基礎を形成するような儒教観・孔子観を見出すことができ、服部あるいは近代日本における儒教の展開を分析する上で欠かせない資料である。同書は、服部が儒教・孔子を中心的な論題に据えた初めての著作であり、以後の彼の言説の基礎をなしている。そこで、まずは *Konfucius* の内容を概観し、後年の服部の「孔子教」論を形成する「人格」「天命」といった重要概念の論じられ方を押さえつつ、その成立背景を同時期の日本における哲学の受容状況と比較する。また、服部と同様に西洋哲学を背景としながら孔子や儒教を論じた大西祝との比較を行い、これらを通じて服部の「孔子教」論の原型を捉えることを試みる。

本章の後半では、*Konfucius* において確認できた服部の儒教解釈の芽が、その晩年にかけて、同時代の中国大陸における政治情勢と並行する形でどのように「孔子教」として形を整えられてゆくのかを検討する。

一　服部のドイツ留学と *Konfucius*

（一）服部のドイツ留学と *Konfucius* の持つ意味

服部の経歴を再確認しよう。服部は明治二三（一八九〇）年に帝国大学文科大学哲学科を卒業後、文部省、第三高等中学校教授、高等師範学校教授などを経て、文部省時代の恩師である浜尾新および大学時代の恩師である外山正一両文部大臣の秘書官を務めた後、明治三二（一八九九）年五月に東京帝国大学文科大学助教授に就任した。その後、彼は同年九月に文部省から清国およびドイツへ計四年間の留学を命じられ、まず清国・北京に赴いた。しかし、翌年六月に同地で義和団事件に遭遇し、留学は一時中断することとなった(2)。義和団事件の収束後、明治三三（一九〇〇）年九月に帰国を果たした服部は、改めて文部省より「漢学教授及同研究法研究」を目的としてドイツ留学の命を受け(3)、同年一二月に日本を出発した。

服部のドイツ留学について残された資料はきわめて少ない。服部自身の回想も、わずかに「自叙」において次のように述べられているのみである。

明治三十三年十二月独逸に向け出発し、印度洋を経てマルセイユに上陸し、陸路ベルリンを経て二月初旬留学地たるライプチヒに着きました。同地に居ること一年にしてベルリンに転学した。ライプチヒに於ては支那学助教授ドクトル・コンラーデー氏、又ベルリンに於ては東洋学セミナールの支那語教授ドクトル・グルーベ氏と親しく交り、その他二三の講義を聴き、主として支那哲学に関する文献を蒐集した。(4)

服部は留学中、ライプツィヒ大学とベルリン大学に滞在した。「コンラーデー」はライプツィヒ大学のアウグスト・コンラーディ（August Conrady）であり、また「グルーベ」はベルリン大学のヴィルヘルム・グルーベ（Wilhelm Grube）である。一九〇一年二月にライプツィヒに到着した服部は、およそ一年半のドイツ生活の後、日本政府から清国・京師大学堂（北京大学の前身）のポストを打診されるとこれを受諾し、一九〇二年七月には帰国の途に就いた。その後、服部は京師大学堂師範館において、外国人教師としては最高位である正教習の地位に就き(5)、一九〇九年一月に帰国するまで同地で教育に従事した。

Konfucius は上記のドイツ留学中に執筆され、帰国年の一九〇二年に出版された。現代ドイツ語では一般的に *Konfuzius* と綴られるこの単語は、もちろん「孔子」を意味する語である。服部の日本語著作の中で、最も早く「孔子」または「孔夫子」を題名に含んだものは、管見の限り明治四三（一九一〇）年四月刊行の『弘道』（日本弘道会）に掲載された「孔夫子の人格」および同年同月刊行の『日本及日本人』（政教社）に掲載された「支那人の見たる孔夫子」であるが、この *Konfucius* の出版は明治三五（一九〇二）年であり、それらよりも約八年早く出版されている。のみならず、この *Konfucius* にはその後の服部の儒学観・孔子観の中核を構成する基本的な主張がほぼ揃って見えており、服部における「孔子教」論の成立を考える上で重要である。(6)

明治三二（一八九九）年の留学以前の服部の著作および学風については、前章で論じたので詳述しないが、著作の一部において儒学あるいは孔子に言及することはあっても、それを主題として取り上げることはなかった。一方で服部は、京師大学堂での職務を終えて明治四二（一九〇九）年に帰国し、東京帝国大学教授としての活動を本格的に開始してからは、ほぼ生涯にわたって儒学および孔子を論じ続けることになる。これは明治三二（一八九九）年から明治四二（一九〇九）年までの間、すなわち服部が主として国外で活動していた時期において、彼の孔子に対する認識が変化したことを窺わせるものであるが、明治三五（一九〇二）年に出版されたこの *Konfucius* は、まさにその変化の渦中の時期に著された著作として検討に値する。そこで、以下では *Konfucius* の中身を具体的に検討してゆく。

(二)「孔子の教え」(Lehren des Konfucius) と「人格」(Persönlichkeit)

同書は、まず一七ページにわたって章立てのない文章が続いた後、最後の二ページにおいて „Anhang: Einige Sprüche des Konfucius"（補遺：孔子によるいくつかの箴言）と題して『論語』および『孝経』の抜粋が箇条書きで記されるという構成になっている。

Konfucius の本文は、中国の広大さと、それによって生じる各省の独立性についての言及から始まる。中国は「広大な面積と、莫大な数の人口とを有する国家」であり[7]、一部の地域を除いては国内の交通も易しいものではない。各省はほとんど自立した状態にあり[8]、各地域の住民は方言（Dialekte）を話し、それぞれの方言は、別々の地域の人間の間における意思疎通に困難が生じるほどに異なっているという[9]。中国で複数の方言が話されているという事実はすでに江戸期から知られており、またその方言ごとの独立性がきわめて高いという認識自体も、すでに西欧人による中国での布教・商業経験が蓄積されていた当時にあってはほとんど常識であったとも思われるが[10]、これに続いて服部は次のように述べる。

このような、またさらに別の視点からすれば別々の独立した部分にほとんど分かれてしまいかねない中国において、何が国家の統一を維持しているのだろうか。それは、主として孔子の教えである[11]。*Konfucius* に見出すことのできる孔子観と、より晩年の「孔子教」論とは完全に同一ではないが、この「孔子の教え」（Lehren des Konfucius 英：Teachings of Confucius）こそが広大な中国の統一を維持しているという主張は、服部の生涯において一貫しており、彼の孔子観の基礎を形成している。同様の主張は、日本語においては早くは明治四二（一九〇九）年に行われた講演の中にほぼ同じ論旨が見え[12]、大正六（一九一七）年に出版された『孔子及孔子教』にも同様の議論が見える[13]。

ここで服部が一般的に「儒教」を指す Konfucianismus ではなく、Lehren des Konfucius という呼称を用いていることに着目したい[14]。服部は *Konfucius* においてわずか一度しか Konfucianismus という語を用いていない[15]。それも、孔子の死後に弟子ごとに分派した各学派を指して Schulen des Konfucianismus（英：Schools of Confucianism）と呼ぶ文脈において使用しており、孔子以前をも含めたいわゆる「儒教」の総称として用いているのではない。のちに服部は「欧米人の所謂コンフューシァニズムなるもの」について「孔子以前の支那の教と孔子の教とは大に違ふ」と述べた上で、「孔子は従来の教に大なる改革を加へたといふので、特にコンフューシァニズム即ち孔夫子教といふのであるかと問へば、欧米人は右様の区別を全く考へては居らぬのである」と述べ、「欧米人の説は孔子の真意を得ざるものがある」「名と実が一致せぬ」と批判している[16]。服部が *Konfucius* において Konfucianism という語の使用を徹底して避け、Lehren des Konfucius という呼称を用いたのは、明治三五（一九〇二）年の時点ですでに上記のような問題意識、すなわち一般に言う Konfucianismus は、孔子の以前と以後とで明確に区別されるべきであるという考えを抱いていたからであろう。それでは、そのような「孔子の教え」とは一体どのようなものなのだろうか。

しばしば指摘されることではあるが、『論語』において孔子は自らの教えを体系立てて述べているとは言いがたく、同じテーマに関する質問についても、弟子や場面に応じて様々に異なった答え方をしている。服部によれば、「それぞれの答えは、まさに門弟ごとの人格（Persönlichkeit）と素質（Anlagen）とに応じたものであった」[17]。個々の断片的な言説とその集積が一見すると非体系的に見えるということは、必ずしも孔子の教えそのものが非体系的なものであったということを意味しないと服部は考える。一見別個のものに見える教えは、実は「彼の人格において統合され、また完全な連関と調和の中にもたらされた」のであって[18]、「孔子自身が、まさに彼の哲学の中心点であり、そこにおいて彼の教えの全てが体現されていた」のである[19]。すなわち服部によれば、「孔子の教え」の本質は「孔子」という人物そのもの、さらに言えばその「人格」（Persönlichkeit）にこそある。それゆえに「孔子を尊敬する」と言うときには、その「人格」が直接の尊敬の対象となり、敬意を呼び起こす泉源となる。このことを後に服部は「孔夫子は何処迄も完全円満理想的の人格として之を尊ぶという、斯ういふ所に孔夫子の孔夫子たる所の非常なる偉大の点があると思ふのであります」と述べた上で[20]、この「孔夫子の人格」こそが「当時に在って衆人を感化し、又二千年の下今日に至って我々をして景慕措く所を知らしめざる、而も東洋の世道人心を維持し、支那の四億万の人種を統一する偉大なる力」であると説明している[21]。

（三） 同時期の日本哲学界

服部が *Konfucius* において見せた「人格」に対する強い関心は、同時代、つまり明治二〇年代後半から三〇年代前半にかけての日本哲学界における西洋哲学の受容状況と軌を一にするものであった。当時積極的に受容された西洋哲学とは、カント哲学および倫理学であり、それを継承・発展させたイギリス理想主義、具体的に言えばグリーン（Thomas Hill Green）のそれであった。グリーンを本格的に日本に紹介したのは帝国大学文科大学教授の中島力造であり、Personality の訳語としての「人格」という言葉も、このグリーンの倫理学説をめぐって井上哲次郎から中島に提案され、流行したものであったという。[22]

中島が留学先の米国から帰国したのは明治二三（一八九〇）年三月、帝国大学文科大学講師属託として「倫理学」を教授し始めたのはその九月のことである。服部は同年七月に帝国大学を卒業しているので、帝国大学においては中島と直接の接点を持っていたわけではない。しかしながら、中島力造によって紹介されたグリーンの倫理学説は、彼に倫理学を学んだ中島徳蔵、西田幾多郎、溝淵進馬らによってさらに受容・研究されつつ、その成果が『哲学雑誌』や『教育時論』上に発表されており、[23]また明治三〇年前後には中島力造本人によっても改めてその紹介がなされている。[24]第三高等中学校教授・高等師範学校教授を務め、自らも倫理学の教科書を執筆し、[25]かつ『哲学雑誌』に寄稿経験を持っていた服部が、そのような哲学・倫理学界の動向を知らなかったとは考えにくい。孔子の「人格」にその思想の本質を見る服部の視点は、このような日本の哲学界、特にグリーン哲学の受容状況に影響を受けたものであると言える。

服部によれば、孔子の「人格」の偉大さは「完全なる知（Intellekt）・情（Gemütes）・意（Willens）の調和に基づく」という。[26]特に重要なのは意志の力（Willenskraft）であり、孔子はドイツの教育学者・心理学者であるヘルバルト（Johann Friedrich Herbart）の言う「内面的自由」（innere Freiheit）[27]を有していた、と服部は述べている。[28]テーテンス（Johannes Nikolaus Tetens）が発意し、カント（Immanuel Kant）が継承した「知・情・意」の三分法は、明治期の日本においても特に心理学の分野で広く受け入れられ、[29]服部自らも京師大学堂における授業用の教科書『心理学講義』においても用いた分類法である。[30]

ヘルバルトは教授段階説などで知られるが、このヘルバルトに影響を受けたライン（Wilhelm Rein）らによるヘルバルト主義の教育思想は、明治二〇（一八八七）年に来日したドイツ人教師のハウスクネヒト（Emil Hausknecht）によって初めて日本に導入された後、明治二〇年代後半にかけて全国的に爆発的な流行を見た。ハウスクネヒトは明治二

○(一八八七)年九月から同二三(一八九〇)年七月にかけて、帝国大学文科大学および同特約生教育学科において教育学を教えているが[31]、これは服部の在学年と全く一致している。服部がハウスクネヒトの授業を受けたとの記録はなく、また前章末に掲載した著作一覧からも分かる通り、当時の服部がヘルバルト主義教育思想について論考を残しているわけでもないが、しかし大学卒業後の明治二〇年代後半、まさにヘルバルト主義が爆発的流行を見ていた時期に第三高等中学校と高等師範学校で教鞭を執っていた服部にとって、ヘルバルト主義の教育思想は馴染み深いものであったはずであり、実際に明治二九(一八九六)年の『倫理学』では、ヘルバルトの「五箇の道徳的観念」と「仁義勇誠」とを比較している[32]。服部は大正七(一九一八)年に東京帝国大学で行った公開講義において、孔子の「仁」には「成己」「成物」の二要素が含まれているが、「成己」は「知情意三者の円満調和的発達によりて始めて現実と」なるものであり、これはとりもなおさず「自我実現説」であると述べている[33]。「孔子の教え」の本質を知・情・意の円満な発達に見つつ、そこに「自我実現」を重ね合わせる視点は、服部の孔子観において一貫したものであったと言えよう[34]。

二 *Konfucius* における「天命」(Schicksal)

「人格」(Persönlichkeit)に加え、もう一点 *Konfucius* における服部の孔子解釈を特徴づけているのは「天命」(Schicksal)への強い関心である。すなわち服部は、孔子の道徳哲学(Morallehren)の基礎には「天命」を確信することおよびその「天命」に従うことがあると考えている。服部は次のように述べる。

行為と結果との間には、ある定められた関係がある。正義［Rechte］は行為者に幸運［Glück］をもたらすのに対して、不正［Unrechte］は不運［Unglück］をもたらす。これが天の意志［Wille des Himmels］である。しかし、それがあらゆる場合において確実に生じることを期待すべきではない。［作物の］収穫は自然に依存するものであり、幸運は天命［Schicksal］に依存するものである。それに賛成することも、反対することもできない。ただ、為し得かつ為すべきことを為し、その結果を天に委ねることしかできない。しかし、行為の結果が当然に不運となるということは決してない、という態度を取らねばならない。正義を為し、あるいは義務を果たした、したがって為しうる限り全てのことを為したという意識の下でこそ、完全な内なる平安［Frieden］を享受して然るべきなのであり、落ち着いて結果を受け入れることができるのである。(35)

服部によれば、これこそが「孔子の道徳哲学の基礎にある思想［Idee］」であり、(36)この思想に至るためにこそ「知情意の調和の取れた発達が絶対的に必要」である。(37)そして、そのための方法が「五経」を中核とした学問・教育なのであった。(38)

「孔子」と「天命」といえば、『論語』中の「五十而知天命」という言葉を想起し、また晩年の諸国遍歴を思い浮かべよう。服部も*Konfucius*において、孔子は「多くの不運に遭遇した、長く厳しい遍歴」の後に故郷に戻ったことを述べている。しかし服部によれば、その遍歴を経ても孔子はなお「またいずれ彼の時代が来るであろうという希望に満ちていた」。服部は、孔子が遍歴後に抱いたこの希望こそが「彼の道徳的な教説と信念との特徴を、明確に示している」のだという。(39)

孔子が遍歴を経てもなお「希望に満ちていた」ことが、なぜ彼の「道徳的な教説と信念との特徴」とを示すことにつながるのか。*Konfucius*においてはそれ以上の深い言及はないが、明治四三（一九一〇）年の講演「儒教の天命説」では、この点に関連しつつ、服部の「天命」観がより明確に示されている。その講演において服部は、「天命」には

「二義」があると述べる。第一義の「天命」とは、性質としては「総ての人に対する命令」であるが[40]、直接的には「天子」などの限られた人物にのみ下され、その他の人々には彼らを通じて間接的に下されるものであって、また「去就」を伴うものである[41]。一方で、第二義の「天命」とは「生死夭寿、或いは富貴貧賤は天より之を制すと云ふ意味の天命」である[42]。『論語』において、孔子が「五十而知天命」（為政）と言うときの「天命」が第一義の天命であり[43]、一方で子夏が「死生有命、富貴在天」（顔淵）と言うときの「命」および「天」は第二義の天命を指すものとされる[44]。言い換えれば、第一義の「天命」とは「人が自身に進歩発達努力する根原が其処から出る」所の「天命」であり、第二義の「天命」とは「人事を尽して時の遇不遇は是命なりとして、外に在るものを求めずして己に在るものを尽す」際に意識される「天命」である[45]。

このような「天命」の二分法は、朱子学の文脈においても見られる。たとえば、陳淳は『北渓字義』において、「命」には「理でいう場合」と「気でいう場合」の「二義」があるという。「天命之謂性」（『中庸』）「五十而知天命」などという場合の「命」は「理だけを指して言った」ものである。一方で、「貧富・貴賤・夭寿・禍福」について述べた「死生有命」や、「智愚・賢不肖」について述べた「仁之於父子、義之於君臣、命也」（『孟子』尽心下）と言うときの「命」は「気」について説いたものであり、「天から授かった気に長短・厚薄の不揃いがあることを」言っているのであるという[46]。この『北渓字義』における「命」の二分法は、先の服部の「天命」の二分法と概ね重なるようにも見えるものの、前者が「五十而知天命」の「命」を「理」と見ているのに対し、服部はその「天命」をあくまでも「命令」であって「遂行」すべきもの、「進歩発達努力する根原が其処から出るもの」と解釈している点で異なっている。

服部も、自身の考えを朱子学のそれとは区別しようとする。たとえば、右の『北渓字義』が示すような「気」の「天稟の厚薄」によって「富貴貧賤寿夭の別」が生じるという考えは「ファタリズム［fatalism 運命論］」であって、

「孔孟の所謂天命はファタリズムで無いのであります」として退けている[47]。また『論語集注』における朱熹の注釈についても「私はどうも朱子の此解釈には服することが出来ない」と述べる[48]。朱熹は「五十而知天命」については「天命［……］乃事物所以当然之故也」と注釈し、また「四十而不惑」については「於事物之所当然、皆無所疑」と注釈している[49]。服部はこれについて「朱子語類などに拠つて［……］解り易く申せば、四十而不惑と云ふことは［……］孝とか忠とか信とか云ふものがそれが人の当に為すべきの道である。と云ふことを知つて、それを信じて疑はないのが不惑である［……］もう一段進んで其当然の道と云ふものの本源本拠を知らなければならぬ、それを知つたのが知天命である」と朱熹の解釈を整理した上で、「当為の道を知つた上で、其道が人性に基くものであると云ふことを知るのに十年の年月がかかるか」という疑問を呈し、『朱子語類』においても自身が抱いたのと同様の疑問をぶつけた問答があるが、朱熹の弟子に対する回答では「疑問は解決されていない」と述べている[50]。なお服部は、「五十而知天命」の解釈については朱熹以外の注釈にも概ね批判的だが、清朝考証学を代表する劉宝楠『論語正義』については、「天の使命を感得したと解釈」しているとして、「当を得たもの」と評価している[51]。

服部によれば、孔子晩年の遍歴は第一義の「天命」を「知」ったことに基づくものであった。すなわち「天命我に在りといふことを信じた孔夫子は之を行はむとするが為めに、天下を巡遊し席暖かならぬ程天下を周遊された」のであり、「孔子一生の活動」はまさに「五十而知天命」から生じている。それゆえ「孔夫子の人格の偉大なる所以は「知天命」の自信といふものがあるから」なのであり、「孔夫子を理解し、論語を解釈せむとするには、又孔夫子の教学の趣意を知らむとするには、此「知天命」といふ三字に注意しなければならぬ」のである[52]。

ここから遡って *Konfucius* における服部の「天命」観を見ると、そこには未だ積極的に「天命」を「二義」に分けようという議論を見ることはできない。しかし「収穫［Ernte］は自然［Natur］に依存するものであり、幸運は天命［Schicksal］に依存するものである。それに賛成することも、反対することもできない」と、上記の「第二義」に類する天命観を述べる一方で、その「天命」に基づく結果を受け入れるには「行為の結果が当然に不運となるということは決してない」という信念の下に「為しうる限り全てのことを為」すことが求められている。また、別の箇所では「天」（Himmel）の存在とその「至高の道徳的な力」に対して確信を持つことが必要であると述べられており、[53]「天」と「天命」への確信が、それに基づいた行動へと繋がる可能性を示している。これは「天命我に在り」という「確信」の持ち方をするような上記の「第一義」の「天命」観とはやや異なるものではあるが、その萌芽をここに見て取ることは不可能ではない。また *Konfucius* においても服部は、孔子は「古代の賢帝の道徳および政治原則の回復を通じた社会の再生」が必要であると感じていたが、それは自分以外には行いえないという確信を、自身の「良心」（Gewissen）に基づいて得ていたのであるとする。[54] ここには「良心」と「天命」の開きはあるものの、全体としては、明治四〇年代に表出された「天命」の議論の原型が、*Konfucius* に現れていることを見て取ることができる。[55]

この「天命」という概念は、その後の服部の「孔子教」論においてもきわめて重要な概念であり続け、また服部の「孔子教」解釈を特徴づける概念ともなった。中島隆博が指摘しているように、戦前日本の儒教は広く「宗教ならざる倫理もしくは道徳の教え」として理解されており、[56] 服部もまた、本章で後述するように、辛亥革命後に中国において展開された康有為らによる儒教国教化運動、すなわち「孔教運動」に対する批判の中で、「孔子教」は「宗教」ではないとする論を形成していった。一方で、服部の「孔子教」論における「天命」とは、「孔子の教え」が完全に「倫理」に回収されることに留保を付するものでもあった。すなわち服部によれば、孔子はそれ以前の「原始儒教」における「宗教的要素」を排除しつつ、その教えを「倫理的」に説いたのではあるが、[57] 同時に「孔子の教への根本は天及び天命に関する孔子の信念」なのであって、それは「孔子の人格の原動力」となるような「宗教的信念」である。[58] 無論服部によれば、「孔子教」は決して「宗教」ではないのではあるが、一方で「此の宗教的信念を度外視して、孔子教は単に現世と人事とのみを説」くものと捉えることもまた「大なる誤り」なのである。中島は、このような服部の「孔子教」論が持つ「宗教」性を「哲学的宗教性」と呼び、それが「国民道徳論」を超えて「宗教」的次元を有する倫理道徳を形成しようとする動きの中に位置づけられることを述べている[59]。*Konfucius* において現れた「天命」に関する議論は、のちに孔子の教えの核心部分として「天命」への「確信」があるという議論へと繋がり、最終的には「孔子教」の持つ「宗教」性への議論へと接続していった。先に見た「人格」の問題と併せて考えれば、服部の儒教・孔子解釈に関する基本的な論点は、すでに *Konfucius* の時点で出揃っていたと言えるだろう。

三　もう一人の「孔子教」論者——大西祝との視点の差異

服部に先駆けて孔子および儒教を西洋哲学の視点から解釈しようとした人物としては、大西祝の名前を挙げることができる。大西は、帝国大学文科大学哲学科における服部の一年先輩に当たる。カント哲学および先述のグリーン哲学を吸収しつつ『良心起源論』などの西洋哲学・倫理学に関する著作を残した大西ではあるが、儒教に関してもいくつかの論考を残している。

大西の儒教観は、明治二四（一八九一）年の『六合雑誌』第一二〇・一二一号に掲載された「儒教と実際的道徳」に簡潔に提示されている。大西によれば、儒教は明治維新以降の「此二十年来西洋学者流の棄てて顧みざりし」ものではあるが、長年にわたり「我国従来の風紀道徳」を維持してきた実績がある[60]。無論、往時のように孔子を「完全無欠の大聖人」とみなすような形で「孔子の道徳説」を再興させることは不可能であるが[61]、一方で儒教にはやはり「一国の風紀徳教を養成する一勢力」となるだけの可能性は残っている[62]。それは儒教の持つ「実践的の辺」であり[63]、具体的には「吾人の品性を養成する」ための「積徳修練の工夫」を「学問の第一義」とし、「品徳を以て万事に越えて貴ぶべきものとなし、苟しくも之を欠かば社会の栄位に居るの価値なきものとなしたる」点であった[64]。また「此れが為には万事を犠牲に供するも尚ほ足らず」という「理想」としての「君子」の概念も、大西は「士人を動すに有力なるの理想」として高く評価した[65]。

小坂国継が指摘するように、大西は同様の論旨によって「武士道」の「励精刻苦、務めて撓《たわ》まざるの精神」としての側面をも評価している[66]。ここでは、儒教は「武士道」と並んで「風紀道徳」の維持・養成に有用な実践倫理としての側面が評価されている。大西は、西洋の倫理学に比べて儒教が「実行的」であるがゆえに尊いという議論については、そもそも「道徳の実行に関する所なき倫理説は其存立すべきの理由を有せざる」ものであるとして批判するが[67]、一方でやはり「儒教は之を西洋近世の倫理学に比すれば其理論的の辺に於ては大に細はしからざると共に、其実践的の辺に於ては頗る研究の功を積める所あり」としている[68]。大西によれば、西洋の倫理学説には「実行」の側面が全くないという一部の者による議論は行き過ぎで、かつ儒教にも「理論」の側面が全くないわけではないが、儒教の積極的な価値は、やはり「風紀道徳」に資する「実践」の面にこそ見出しうるのであった。

やや遡ると、大西が帝国大学在学中の明治二〇（一八八七）年に著した論考「孔子教」においては孔子の「理論」的側面についての探究が見られる。そこにおいて大西は、孔子の思想の要諦を「諸徳の調和」特に「仁義礼知若しは知仁勇の三四の徳」の重視に見出し、『中庸』において徳行が「知仁勇」に分類されていることは心理学者が「心の作用」を「知情意」に分類していることと「相応ずる所」があると述べている[69]。「知仁勇」に「知情意」を当てはめ、孔子にその理想的な発達を見る姿勢は、先に見た服部の *Konfucius* における主張と一致している。また大西は、孔子が「世にありて三千の弟子を率い、死して支那の後世を支配」した「感化力」の泉源はその「品格」、たとえば「其弟子を教ふる道、其弟子に接する情」や「天下の民をば棄つるに忍びざるの衷情」にあるとしているが[70]、これも服部が孔子の尊敬される所以は「人格」にあるとした主張に近いものがある。

しかしながら、先に見た「儒教と実際的道徳」を踏まえて考えれば、大西の儒教観は、孔子をソクラテスと比肩しうる「道徳哲学者」（Moralphilosoph）と呼び(71)、西洋哲学や倫理学によってその基礎づけを図った服部のそれとは、やはり一線を画していると言わざるを得ない。何より大西は、儒教、特に孔子は「鬼神」や「性」の善悪などの「メタフィジカルの問題(72)」あるいは「哲学の大問題(73)」に対する回答を避けているとして、孔子を「哲学者」と捉えることに対してのみならず、「支那哲学」という枠組みそのものへの懐疑をも示している。

此頃支那哲学てふ一風の哲学ありと思惟して、孔子をば支那の大哲学者と称するものあれども、此説如何ぞや。予は容易に同意を表し難し。孔子が知り難きを理由として重大なる問題をばさし措きて之を論及せざりしは、吾人の太だ遺憾に思ふ所なり(74)。

また、大西は「孔子教」において「仁」は「愛の意義を最も重し」とするものであるが、「尚ほ明白なる定義を下さんと［する］ならば仁は善（グード）をなすの謂」であって、その「善（グード）」とは「終極の思想にして解釈するを得」ない、すなわちそれ以上は解釈の仕様がないものであると言う(75)。ここではそれ以上議論が深められることはなかったが、大西はのちに『倫理学(76)』において、儒教の徳目としての「仁」の倫理学上の限界を示している。『倫理学』では、倫理学の形態として、いくつかの「徳目」を補助としつつ個々の行動が道徳的であるか否かがその都度直観的に判断される「直覚説」と、「吾人に共通なる善き目的」を示す「最高規律」を設けた上で個々の行動の道徳性が評価される「形式説」とが論じられており、儒教の「智仁勇」「仁義礼智」といった儒教の徳目は「直覚説」の中で語られ、一方でカントの倫理学は後者の「形式説」の代表とされている(77)。そこでは、「仁」は「只だ人のためを図る」「其の人に取りて真に善きものを来たすと謂ふに外なら」ないものであると定義されるが、大西はさらに「然れども寧ろ吾人の知らんことを要する所はそれより以後の問題にあらずや。吾人に取りて真に善きものといふことの何なるかを明かにする、是れ倫理学上の大問題なり」と述べ、あくまでも「仁」が「直覚説」の限界の内にあり、「真に善きもの」「善（グード）」が何であるのかについてはその説明を欠いていることが強調される[78]。そして、この「直覚説」の問題点を解決するものこそが、カントを代表とする「形式説」の倫理学であった。

大西も、また後の服部も、ともに「孔子教」という言葉を用いてはいるが、両者が意味する所は異なる。大西は「孔子は只だ古の聖王を祖述するに止まりて己れ独得一派の道を開」くことはなかったものの、「真に善く支那固有の思想を代表」した「支那人中の支那人」であるがゆえに「支那人」による尊敬を受けているのであるとする[79]。一方で服部は、先に述べたように後年にはより明確に孔子以前と孔子以後とを弁別するのであるが、*Konfucius* においても、孔子は単に先王の道を「述べて作ら」なかったのではないとする。服部は、次のように述べる。

孔子自身の言葉に拠れば、彼は何も新しい教えを伝えなかった。そうではなく、彼はむしろ古い教えの伝導者であった。しかし彼は単にそれらを後世に伝えたのではなく、むしろこれまで展開されてきた道徳的・政治的な教えをまとめ上げ、ひとつの一貫した教説へと体系化したのである。ただしこの体系的な繋がりは、ただ彼の精神にのみ存在したのであって、彼の教説は、常にただ個別的な教えという形でのみ述べられたのであった[80]。

「古い教え」を「まとめ上げ」「体系化した」ということは、『孟子』においては「集大成」（万章下）という言葉で表現されるが、服部はその「体系化」にこそ孔子の独自性が発揮されていると見る。服部が後に主張するような、孔子は「民族的教義」としての「儒教」から「宗教思想」を排除して「世界的教義」としての「孔子教」を作り上げたのであるという説はまだ *Konfucius* には見えず[81]、それどころか服部は「孔子の教えは朝鮮・日本にも広まったものの、孔子はとりわけ中国の賢人であって、彼を理解することは中国を理解しようとする者にとって絶対に必要である」とまで述べているのであるが[82]、孔子によってそれ以前の教説が独自の形式で体系化され、それゆえ孔子以前と以後を明確に区別しなければならないという基本的な考え方は、この *Konfucius* においてすでに見出すことができる。

大西も、またこの時期の服部も、孔子や儒教は何よりもまず「支那」のものであると捉えており、そこに西洋哲学の目指すような「普遍性」を無理やりに見出そうとはしていない（その意味で、第二章で検討した、儒教を含む東洋哲学を西洋哲学と同等の普遍性を持つ地位にまで押し上げようとした井上哲次郎とは距離がある）。しかし、大西は儒教の有用性を認める一方で、その哲学および倫理学としての限界を見ているのに対し、服部の議論は、孔子および儒教に西洋哲学との類似性を見出し、あるいは前者を後者によって基礎づけようという姿勢も持ちつつ、評価すべき点は積極的に評価しようとしている。ここに、あくまでも西洋哲学者たらんとした大西と、後に「支那哲学」の泰斗として「西洋哲学の組織的な研究法をもって、中国哲学に新生面を拓いた[83]」と評されることになる服部の違いが顕著に現れていると言えるだろう。

四　辛亥革命と「孔子教」論の形成

ここからは、服部がドイツ留学から帰国した後、中国と様々な形で携わり、あるいは観察する中で、どのように「孔子教」論が形成されてゆくのかを検討する。

服部の「孔子教」論は、陳瑋芬の言うように「辛亥革命後の民主共和政体の成立を眼前にして生まれた」ものであり[84]、康有為らによる儒教国教化運動すなわち「孔教運動」への批判を伴っていた[85]。従来、服部の「孔子教」論の研究は、主としてこの康有為の「孔教運動」との差異に着目するか（たとえば儒教を「宗教」と見るか否かなど）、あるいは序章でも述べた所ではあるが、井上哲次郎に象徴される「国民道徳」的な言説の一類型に過ぎないとみなして、戦時体制へと向かう日本をいかに言説・倫理面から輔翼したのかを把握しようとしてきた[86]。このような研究は、一面では妥当性を備えているものの、一方で服部らによる言説を、単に公権力を主体とした儒教イデオロギーの政治利用史の一環としてのみ捉えようとする傾向にもあり、それが本書の取る道ではないことは、序章で述べた通りである[87]。

服部の言説の変化を捉える際、辛亥革命がその契機として重要であることは右の通りである。これを機に服部の「孔子教」論が形成されたならば、それは服部自身においてどのような過程を経て成立したものであったのか。服部には、これまで検討したような、辛亥革命以前に有していた儒教観・孔子観が基礎としてあり、辛亥革命期に生じた様々な変化を契機として、「孔子教」論の形が整えられていった。この際、革命の前後で服部の中国観に変化が生じており、これが「孔子教」論の形成に大きな影響を与えている。服部の言説を考える上では、この内実を捉えることにこそ意義があるが、このような分析は、従来必ずしも十分には行われてこなかった。

議論の進め方としては、まず服部が辛亥革命以前に抱いていた中国観を検討し、それが革命後どのように変化したのかを検討する。とりわけ服部が革命直後に限られた情報の中で行った状況分析と、革命からやや時間が経ち、様々な追加情報に接する中で、中国の状況についての具体的な危機意識が形成されてからの言説の間には少なからず異同があり、「孔子教」論は後者の段階において、具体的な論敵と結びつきながら形成されていったのであった。

(一) 辛亥革命以前の中国観

服部は、清国に対しては好意的かつ同情的であった。辛亥革命の直前まで、その憲政実現の前途が多難であることを認めながら、清国の自己改革には肯定的かつ楽観的であり、時には日本人に対して、清国と清国人とを正しく理解し、彼らの努力を認め、その発展のために積極的に協力すべきことを説いた。

おそらくその好意と同情とは、服部が明治三五（一九〇二）年から明治四二（一九〇九）年まで、北京の京師大学堂師範館正教習という立場にいたことに由来するところが大きい。服部が、教育制度の範を全面的に日本に取っていた当時の清国における高等教育および教育行政の中心において主導権を発揮すべき地位にあったことは[88]、彼をしてこの老大国を単なる研究対象から、同情とともに教育・指導すべき対象へと引き上げさせた。しかしそれゆえに、服部の清国に対する視線は、好意的かつ同情的でありながらも、必ずしも対等な国家同士の関係を希求したものであったとは言えず、常に自らおよび日本が主体として清国を「善導」する立場であるという前提に立ったものであったことも否定できない。

京師大学堂赴任中の服部の関心は、主として清国における教育問題へと向かった。当時の服部の論考には、日本が清国の教育行政改革を主導しているという自負と、その改革に大きな影響を与えることが予想された清国内の政治情勢や、日本の主導権を崩そうとする諸外国の動向などへの警戒感が現れている。

服部が日本の影響力の発現として自負したのは、光緒三二（一九〇六）年三月に頒布された「教育宗旨」中の「五端」（忠君・尊孔・尚公・尚武・尚実）における「尊孔」の存在であり、また光緒末に孔子の祭祀上の位地が「中祀」から「大祀」へと昇格させられたことであった。服部は、これらの孔子重視の動きは「我国の孔子に対する尊崇」が「支那に影響した」結果であることを強調した。服部によれば、清国人留学生や日本を視察した各省の提学使によって[89]、日本の「徳育」が「教育勅語を基本として居」り、その教育勅語も「孔子の教に適合」しているため、結果として「日本では、一般に孔子を尊崇してある」ということや、また「孔子の教の日本に行はれ、日本の風俗の為めに善美なること、及び富強の基は、これに外なら」ないことなどが清国へと伝わっているのであって、服部はこれによって清国が「新教育とともに孔子の位置を進めた」ものであると考えた[90]。これに加えて服部は、一九〇五年に実現した科挙の廃止にも日本の影響力を見た。服部の率いる京師大学堂を中核とした「新教育」に対する「絶大ノ妨碍[91]」は、科挙を中核とする伝統的教育であったが、しかし「中央及ビ地方ナル有力ノ大官中科挙廃止ヲ主張スル者多キニ至」らしめ[92]、清国をしてついに科挙の廃止に踏み切らせた決定的な理由は「日露戦争の結果、清国の当路者が覚醒した」ことに由来するという[93]。つまり服部によれば、日本人は「教習」として清国の教育に直接携わるのみならず、留学生および教育視察官を通じてその「善美」なる「風俗」を暗黙のうちに知らしめ、また日露戦争などをその教育の成果として見せつけることによって、直接と間接の双方から清国の教育制度改革に多大な影響を与えていたのであった。

これらの主張は、決して無根拠な大国意識から発せられたものではない。「教育宗旨」について言えば、日本に清国の視察団が訪れているのは事実であり、その上奏文ではしきりに日本が比較対象として述べられている[94]。また科挙の廃止についても、服部はその上奏文を根拠としながら「日露戦争が如何に大なる痛撃を加えて、彼等をして覚醒するに至らしめた［か］が明か」であると述べている[95]。

しかしながら、日本による清国教育行政の独占は長くは続かなかった。明治四二（一九〇九）年三月、すなわち服部が京師大学堂を去って帰国した直後に発表した論考において、服部は日本の独占的地位が崩壊しつつあることを察知しつつ、諸外国の活発な活動の現状と、日本政府の支援の不十分さを訴えた。服部が特に危機感を抱いたのは、米・英・独・露の列強各国が、国家的な支援のもとで相次いで清国に大学を建設しようとしていることであった。一方で日本には国家規模での支援はなく、清国で日本人の経営する学校といえば「同文書院を除くの外は皆一私人の力」であって、諸外国のものと比べれば「規模も小に設備も不完全で成績は上ら」なかった[96]。

当時は清国から日本への留学が盛んであったが、服部はこの点についても課題を見出していた。増加傾向にあった留学生の数に対し、「我が官立学校では支那の生徒を多く引受けて之に十分なる満足を得させる事は設備上困難」である一方で、清国には留学生に通常の日本人学生と同じクラスで同じ授業を日本語で受けさせたいという願望があり、「支那人の為に学校を設けることは、彼方で非常に厭が」った。日本国内において清国側の望むような教育体制を整えることは「如何しても経費に関係する事だから困難には相違ない」ことを服部は理解しつつも、「外国では［……］大金を掛けて支那に大学を迄設けるのだから、少し位内地で支那人教育の為に尽力しても宜さ相なものだ。政府のみとはいはぬ、さらに国民も之に対して戮力せなければならぬ」と力説した。(97) とりわけ「政府」に対しては「多く教員を出しては居る、がそれ以外何もして居らぬ様だ」と手厳しかった。(98) 服部は、「両宮［光緒帝および西太后］崩御」直後で不安の残る清国ではあっても、同国が「新政を大成する」ことに対して「旨く行かうと想像して居る」と楽観的な見通しを述べ、「東亜大局の為めに又善隣の好誼の為に」「日本政府も国民も之に対して道徳上又其他の方面より十分の援助を与ふる」べきであると強調した。(99)

これらの態度は、日本が「支那」を善導すべきだという使命感と、それに伴う日本の国益への関心を背景としていたとはいえ、そこから直ちに、服部はもっぱら清国における自国権益の拡大のみを意識して行動した帝国主義者であったと即断するのは、適切とは言いがたい。服部は、日本と同じく皇帝を戴き、日本を近代化のモデルとして仰ぎ見ていた清国に対しては一貫して好意的であって、憲政実現の前途にも、多難の中に希望を見出していた。また服部は常に「日本人の清国に対する知識欠乏」を嘆いて「片言隻語」に惑わされない相互理解の重要性を主張しつつ、日清を「東洋の二大帝国」と並び称し、両国が「常に円満なる交際を保つこと」によって「永遠に平和を維持」すれば「世界の大勢に従て益す進歩発達することが出来る」という両国共存の意識を、少なくともこの時点においては持っていた。(100)

服部が唯一懸念を抱いていたのは、西洋学術の導入に伴って中国にも広がり始めていた、民主主義・社会主義・無政府主義といった「新思想」であった。当時フランスで呉稚暉、李石曾、張人傑らによって刊行されていた無政府主義雑誌『新世紀』は、「雑誌を毎号支那の各学校等へ無代償で贈」り、「北京［京師］大学堂へも毎号送って来」ていたが、服部はこれを学生の目に触れる前に処分していたという。(101) 服部がこれらの「新思想」を恐れた理由は、当時清国でしばしば利用された「西学中源説」にある。すなわち服部は、一部の清国人が、西洋において発展した自然科学としての光学の「源」を『墨子』の中に見たように、これら「新思想」が実は中国に古来より存在するものとして「復古と云ふ側で是等の主義が興る」可能性を見ていた。たとえば民意による統治者の交替を認める「民主主義」について、古くから桀紂の放伐などの革命の歴史があることに加え、その革命の根拠となる天命の概念についても「民心の去就を以て天命の去就と為す」という考え方があり、そこから「民主主義の基礎が支那古聖賢の言論中にあると云ふことは明か」であるという議論が存在したという(102)。また「社会主義」の主張する土地の公有制については「井田制」との関連が論じられていた。すなわち、「共有制と私有制とを合せた」形の「井田制」の存在以前には「必ず土地共有の時代が有った」ことになるが、これは「近世社会主義の主張する事柄と甚だ相近いことが支那の昔にすでにあった」ことになり、中国における社会主義導入の根拠として利用されかねない危険性を持つ(103)。さらに「人が人の作つた所の道徳或は法律と云ふ様なものに支配されず、自然の理法に従つて生活するを合理と」するという「無政府主義」についても、これを道家思想に見立てて「道教の哲学上の原則に基いて無政府主義を主張する者が出て来」る恐れがあると危惧していた(104)。

この時期の服部は、「西学中源説」の形をとって中国人の西洋思想に対する心理的障壁を下げさせた上で浸透しようとする「新思想」に危機感を抱いていたものの、基本的には清国の自己改革に対して楽観的であり、また同じ帝国としての日清両国の共存に期待を寄せていた。ところが辛亥革命が勃発すると、清という一つの王朝のみならず、皇帝という存在・制度自体が中国から消滅することになる。この中国史上類を見ない政治的変化に、服部はどのような反応を見せたのだろうか。

（二）辛亥革命直後の分析

中華民国の政体を支える思想は、まさに服部が危惧していた「新思想」の一つである共和主義であった。この共和主義と、政体の変更に伴って変革を加えられようとしていた同国における儒教および孔子像について、辛亥革命後の服部は批判を展開してゆく。とはいえ、服部は辛亥革命の勃発後直ちに上記のような反応を示したのではなく、宣統帝が退位し、清朝が滅亡してもなお、しばらくはその推移を冷静に分析しようとしていた。その時期を経て、服部は、もはや中国に正統な孔子の教えが存在する余地はなく、日本のみがその正統性を持つという「孔子教」論を形成していくことになる。まずは、服部が辛亥革命直後の中国に向けた視線がどのようなものであったのかを確認したい。

一九一一年一〇月に武昌蜂起が生じると、翌年初めには孫文を臨時大総統として中華民国の建国が宣言された。しかし程なく実権は袁世凱に移り、第二代臨時大総統となった袁世凱のもとで、三月には宣統帝が退位し、清朝は終焉を迎えた。この中国史上例を見ない政治変革に対し、服部は直ちに驚きや嫌悪や反発を示したのではなく、まずは事態の推移と原因を、可能な限りこれまでの中国史の延長線上に位置づけながら、冷静に観察・分析しようと試みた。

袁世凱が第二代臨時大総統に就任した直後の明治四五（一九一二）年三月二八日、服部は学士会事務所で開催された法理研究会[105]において「清国事変の裏面観」と題して講演を行い、服部自身の「事変」すなわち辛亥革命観について語った。

服部によれば、この「事変」は「相撲」に喩えるならば「両方〔清朝側と革命側〕の勝負が未だ必ず一方が負け、一方が勝つといふ程までに進まない中に行司〔袁世凱〕が勝負を決して仕舞つた」ものであった[106]。まず清朝を見ると、たしかにその末期においては、「皇位継承の規定」すなわち「弟は兄の後を継ぐことが出来ない」ことなどによる幼帝の連続擁立[107]、また西太后と張之洞という「威望」ある人物の相次ぐ逝去によって「朝廷の威厳、権威」が弱体化していた[108]。しかし同時に、徴税にせよ外交にせよ、清朝が歴代の「漢人」王朝と比較して突出した悪政を布いていたとは言いがたく、いくらか政策上の失敗があるにせよ、それらは服部の目からすれば「歴史上漢人がやつて来たのと同じやうなる失敗」に過ぎなかった[109]。服部の清国に対する同情的な視線が窺える。

一方で「革命等」の存在も、中国においては決して珍しいものではなかった。中国には古くから「国家の権威に服さざることを以て自ら高しと為すといふ思想」があり、また「人民が自衛の為に団結するといふ傾」がある。それゆえ中国では古くから多くの「秘密結社」が生じており、それは清においても同様であった。さらに清朝末期においては、日本および欧米に留学して「新知識」を得た者たちが「翻つて自国の状態を見て憤慨し、革命思想を懐く者も出来、又側から助ける者もあって従来の革命的秘密結社を統一して一大勢力を為さんとする考へ」が生まれて「革命党」の結成に繋がった。その「革命思想」は、従来の秘密結社の中心を占めていた「下層民」ではなく「身中流に位する者」や「軍隊」に普及し、これによって「革命運動」は「大なる発展」を遂げた[110]。しかし「革命党の方でも内部に色色事情も有り」、清朝と「革命党」のどちらか一方が他方を圧倒する状況ではなく、「角力が永引けば、清朝は余程窮境に陥いるが、革命党の方も同じく窮境に陥いつた」はずであった。この拮抗状態で「団扇」を上げた「行司」が袁世凱であった[111]。袁世凱は自身の北方における権力および列強からの信頼を頼みとしつつ、「南人」すなわち革命政権を「ぐづぐづして居ると」「外国の干渉」ゆえに「分裂になつて仕舞ふ」と「恫喝」し[112]、結果として袁世凱を頂点とする政権が確立した。服部が辛亥革命の直後に示した分析は、およそこのようなものであった。

この講演において服部は、辛亥革命以前から警戒感を示していた「新思想」について、「革命党」が従来の「革命的秘密結社」の枠を越えて強大化した一因として捉えている。しかし同時に服部は、革命の結果生じた政権がその「新思想」の一つである共和主義政体であることに注意を払ったというよりは、むしろ皇帝の退位と共和主義政体の成立が、袁世凱の政治手腕によって、ある意味では偶発的に生じた結果に過ぎないことを強調しているように見える。また、中国史上例を見ない皇帝制度の廃止・「天子」の消滅という事態についても、それを重く捉えて懸念を呈したり、日本における皇室の安定性を危惧したりすることはなく、その要因を「支那の相続法」などに求めて冷静に分析しようとしている。

「革命党」については、その成立に「新思想」の影響を見出そうとするよりも、むしろ「革命党」台頭の基礎自体は従来から中国にあったと捉えており、そこに「新思想」の影響力をさほど積極的に見ようとはしていない。「革命思想」それ自体は「近来の文明に接触するといふことに関係なしに」「常に支那に潜んで居る」のであり、「天子に臣たらず、諸侯に友たらず」という思想の例は『韓非子』にも見え、結社については古くに『史記』「游俠列伝」があり、この「革命思想」と結社とが結びついた「革命の動機となる所の秘密結社」の例は、王莽期の「赤眉の賊」や後漢末期の「黄巾の賊」の時代からあるという[113]。

また、この講演に先立つ別の論考の中で、服部は清国の滅亡を「唯だ気の毒」と評しつつ「国家の危急存亡の秋に当つて奮然起つて一人の死を以て之が維持を唱ふるものなき一事」を憾んだが[114]、この講演の中でも「容易に角力の勝敗が決して仕舞ひましたのは、皇族や旗人の意気地がないことも余程関係して居ると思ふ」と述べ、それに続いて「明末に李自成が北京に入らむとした時の前後の有様と、此の間の北京に於ける皇族連中の態度とは少しも変つたことはない」と述べ、清朝の最末期における皇族の動向を、明末のそれに準えてみせた[115]。

このように、辛亥革命直後の服部の分析は、そこに共和主義などの「新思想」の影響力を見るというよりは、それを冷静に政治的な諸要因に分解し、かつそれらの諸要因を中国史の延長線上に捉えて、革命結社あるいは王朝の滅亡などについて、過去にも同様の例が存在したことを示すことで、いわば歴史的な相対化を図るものであったと言える。かつて民主主義・社会主義・無政府主義などの「新思想」が「西学中源説」を利用して中国に流入・普及することを警戒していた服部は、辛亥革命後は、革命などは中国史に幾度となく存在する事象であるから特別なことではないと言わんばかりの冷静（楽観的）な分析を下した（後述するが、これには服部の中国を見る基本的な姿勢が関連している）。それ以前の革命にはなかった皇帝の退位という大事件についても、そこに大きな驚きを見せることはなく、それどころか「首尾よく穏に行つたと思ひます」と評する余裕すら窺える。(116) しかしながら、三月末時点におけるこのような論調は、その数ヶ月後に行われた別の講演では大きく変化し、それ以降の服部は、革命と共和主義、また「新思想」が引き起こす様々な思想的変動に対して警戒感を示すようになっていく。

(三) 辛亥革命以後の中国観

それまで政変の推移を冷静に観察していた服部が、辛亥革命および共和主義政体への危機感を語り出すようになったのは、明治天皇の崩御と大正への改元（七月）を経た、大正元（一九一二）年一一月に発表された論考「支那に於ける道徳の危機（孔子祀典の存廃問題等）」においてであった。この論考は同年一〇月二一日に東京帝国大学山上《さんじょう》会館で行われた孔子誕辰会における演説に基づいている。(117) 先の法理研究会における講演からおよそ七ヶ月後のことであった。

この講演の冒頭において服部は、実は「自分は窃に支那にして民主共和政体に変ぜんか、支那の人心に大なる変動を生じ、延いて我が国にも影響するに至る無きかを憂」いていたのだと述べ、「爾来支那の状況を察するに果して道徳倫理に関して根本が漸く動揺せんとする兆候」が現れており、「吾人大に自ら警めざるべからざるものがある」ゆえに、この講演を行うのであると述べている。(118) この時点ですでに、三月に行った講演とは大きく論調が異なっていることが見て取れる。

この服部による二つの演説の間、中国では、教育における儒教と孔子の取り扱いをめぐり「革命」と「反動」の間で揺れ動きが生じていた。すでに見たように、清国においては「教育宗旨」に「五端」が定められ、服部はそこに日本の影響を見た。しかし中華民国初代教育総長・蔡元培が発した「対於新教育之意見」（新教育についての意見）は、そのうち「忠君」と「尊孔」からの脱却を論じ、(119) また「公民道徳」の徳目を「法蘭西之革命」における「自由、平等、親愛」に求めた。[120]一方で、程なくこのような脱儒教的な動きに対する反動として多くの尊孔団体が設立され、孔子の教えは必ずしも「民主共和」に反するものではないから儒教および孔子を教育から排除する必要はなく、むしろ積極的に利用する価値があると論じ、政府もそれに追随する動きを見せた。服部は、蔡元培に見られるような脱儒教的な動きはもちろん、それに対する反動としての尊孔団体の動きも、正統な孔子の教えからは逸脱していると考えた。

服部によれば、「支那人の性質」は「一面頗る理性的であると同時に一面又甚だ感情的」なものであり、またそのような「感情的」な性質を持つ「支那人」の「革命主義者」たちが理想としたのは「仏国革命」であった。服部は、辛亥革命について「感情的要素の有る支那人が仏国革命を理想としたのであるから、革命後の結果も大方は予想される」と、その結果が思わぬ方向に暴走することを憂慮していたが、事態は先に見た「相撲」のような推移を辿り、その結果は、服部によれば「清帝の退位が革命派の予想よりも早く且容易に行はれたので〔……〕意外に穏かに革命が出来た」というものであった。[121]三月の講演における「首尾よく穏に行つたと思ひます」という服部の評は、このような安堵に由来したものであった。

しかし服部は、革命主義者たちが「仏国革命に学ばんとしたところの事は各種の方面に漸く実現しつつある」と、なおも危機感を抱いていた。[122]その危機とは「道徳の危機」である。「道徳の危機」としてまず服部が強調したのは、革命による脱儒教的な動きに伴って生じると予想された、「孝」と「忠」という儒教の二大徳目に関する認識の変化であった。「孝」については、「家庭革命」によって、儒教において「父子の本」であった夫婦関係が「従来の如く窮屈なるもので無く自由なるもの」とされることや、また離婚の自由を法的に認めることによって「家の結合が鬆くな」り、結果として「支那古来の道徳」が「根本より破ら」れるのではないかと危惧した。[123]また「忠」については、清朝に忠誠を尽くした漢人、具体的には曾国藩などが革命勢力によって「漢賊」と呼ばれ、その祠堂が破壊されるといった事態が生じていることを重く見た。すなわち歴代の王朝交替時にあっても、史書は「仕ふるところに忠なりし者は忠義伝に列」し、「忠不忠は現朝を以て言ふにあらずして前朝を以て言ふた」のであった。一方で「三百年間漢人にして清朝の為めに力を致したる者は皆漢賊で、清朝に反対し国家の治安を害したる者は皆漢の忠士となる〔。〕此に至りて名分将た何れの処にか存すべき」と、辛亥革命期における「忠」概念が、あくまでも「主に忠なれば猶ほ其の忠を認め」るという本来の姿から逸脱していると服部は考え、「独り支那の為めに危ぶむにあらず亦我が邦の為めに警戒せん」と警告を発した(124)。

服部は、この講演録を掲載した『東亜研究』の翌号には「儒教に於ける君臣の大義」を掲載した。そこでは、君臣関係を「意志一致により結合維持さるる任意的関係」と捉える「支那後代」の解釈を批判し、「周代古礼及び孔子の言行」によって得られる「儒教の本旨」からすれば、君臣関係は「人倫の本」かつ「父子の関係と同じく天倫」であって(125)、それは「各々其の事ふるところの為めに忠を尽くす」ものであることを説いた(126)。論旨は先の講演と同様である。

革命によって揺らぐ儒教の伝統的徳目に対する服部の批判はこのようなものであったが、「孔子教」論の形成という点から言えば、より大きな影響を与えたのは、それに対する反動としての尊孔団体の動きと、それに追随した政府の動きであった。

服部自身は、日本における伝統的な儒教解釈と同じく「革命」を肯定せず、「孔子の尊皇主義忠孝主義は確に革命に反対の者」であると捉えていたものの、中国における歴史的事実としての革命の存在はもちろん、「支那人は〔……〕革命は孔子の是認するものと解している」という認識もあった。しかし、これまで中国史において生じてきたような天子を入れ替える形での「従来の革命」と、天子それ自体を廃する「今回の革命」とは全く異なるものであり、仮に「従来の革命」が「尊王主義」と「忠孝主義」という孔子の教えに反しないという立場に立ったとしても、「今回の革命は全然天子を去ったので尊王といふこととは明白に相容れない」ものであった(127)。

服部は、今次の「革命」が従来の「革命」とは異なり、またそれは孔子の「尊王主義」に反しているという見方は、中国においても生じていると考えた。中国で組織された「孔道会」[128]に関して提出された「中央政府内務部」の「指令」、つまり政府の公式見解が、孔子と「民主共和」は矛盾しないと殊更に強調しているのは、「孔子の教を民主共和と相容れずと為す説」の存在に対して「孔子を護らんとする」姿勢の表れであると、服部の目には映った（もともと「支那人」の中では革命と孔子の教えは矛盾しないのだから、今次の「民主共和」革命が従来の革命と同様であれば、わざわざ「指令」など出す必要はないはずであるが、そうでないのは、彼ら自身「民主共和」革命が孔子の教えと矛盾することを察しつつ、なおも孔子を統治に利用したいと考えているのだ、という思考である）。この「指令」によれば「孔子の道は民主共和に在る」のであって、孟子は「明に民主共和を説き孔道を発揮した」ものの、それ以降は誰一人として「聖人の大旨を知る者無」く、ようやく「近来西洋の学術入りて学者再び民主共和の理を知り聖人の大旨再び明かにな」ったのであって、共和政体と孔子本来の教えは実は一致するのだという[129]。しかしながら、「孔子の道は民主共和に在る」という考えは、当然服部の取るところではなかった。服部によれば、それは「曲解」にほかならなかった。

服部の考えからすれば、このような状況では、もはや中国において「孔子教」は「民主共和主義に曲解して之を保存するか」あるいは「正当に解釈して民主共和に妨げ有りとして之を廃するか」の二者択一のほかなく、中国としては「一朝にして孔子教を廃せんことは国基を危くする」に違いないから「之を民主共和に付会するの外」ないかもしれないが、いずれにせよ服部の考える「正当」な「孔子教」の存在する余地は、もはや中国大陸には存在しえなかった[130]。ここにおいて服部は「将来孔子教の真髄を発揮せんは当に吾人の責任に帰すべし」と自覚するに至るのである[131]。

この一〇月の講演の時点では、服部の論敵は未だ漠然としていた。しかし同年一二月に康有為・陳煥章らの「孔教会」が中華民国教育部から、翌年一月に内務部から承認を受けて政府公認団体として確立し、二月には雑誌『孔教会雑誌』を発刊、九月には第一回全国大会を曲阜で開催と、その動きを活発化させると[132]、彼らとその活動が明確な批判対象として定められてゆく。その中でもまず明確に服部が論敵としたのは、康有為が依拠した讖緯思想（緯書）および公羊学であった。また、儒教を「宗教」として捉えようとする動きに対しても、服部は攻撃を加えた[133]。同時にその批判は、革命によって成立した共和主義政体そのもの、またその革命を支える「天命」の解釈へも向かっていき、これらを批判する中で、「真の」孔子の教え、すなわち「孔子教」がいかなるものなのかが具体的に述べられてゆく。服部の「孔子教」論は、このような辛亥革命に伴う様々な言説の中で具体的に形作られていった。

五　論敵の確定と「孔子教」論の確立

服部の「孔子教」論は、儒教を西洋列強におけるキリスト教に相当するような中国の「国教」とし、国民統合の手段として位置づけようとした康有為らによる孔教運動を強く念頭に置きながら、孔子の教えをあくまでも宗教ではなく倫理として捉えることを特徴とする。それはまず、康有為らが孔子およびその教えの中に神秘性を見ようとした根拠であるところの、讖緯思想と公羊学を否定することから始まった。

服部は讖緯研究それ自体は否定しなかったものの[134]、「讖緯を孔子に托するは全然誤解若しくは誣妄に出づる」こと[135]、また「讖緯は孔子と交渉無く此を用ゐて説かるる孔子教は真の孔子教にあらざる」ことを主張し[136]、讖緯思想と「孔子教」との区別を説いた。また服部は、「聖人」が「人事に本づきて天意を推知する」ことは認めるものの、それは緯書などに見られる「前知予言」とは一線を画することを説く[137]。そもそも服部によれば、中国では孔子は革命を是認したものと考えているが、実際にはそうではないのであって、その革命が孔子により「前知」されていたとする考えは「二重の誣妄」であり、ましてや孔子が「民主共和」を理想としていたという理論は「論理滅裂」にして「論者の頭脳が健全なるやを疑はざる」を得ないものであった[138]。また公羊学についても、『春秋公羊伝』そのものについては論評を控えつつ（『春秋公羊伝』の研究そのものは否定していない）、テキストとしての『春秋公羊伝』と、何休の注に基づいて発展した公羊学とを区別し、公羊学が『春秋』を利用しつつ孔子の本意を捻じ曲げたこと、[139]および「現時支那人」が公羊学に依拠して「孔子の権威に藉りて革命の道徳的根拠と為さんと」していることを批判した。[140]

このような服部の姿勢は、辛亥革命以前の体験に由来するものであった。服部は、清国滞在中に実見した「孔子尊崇」の状況について、その方法が「現世利益」の獲得を目的とする「神仏」崇拝、たとえば関帝信仰とは大きく異なっていることから、「支那人は孔子を人格の人として尊び、神としては見」ていないと考え、讖緯思想など孔子を神秘的に捉える例も全くないわけではないが、それは「一般の信仰では無い」と評した。[141]服部は、先に取り上げた講演「支那に於ける道徳の危機」の中で、孔子による「尊祀拝礼」は宗教的であるから孔子および儒教を教育から排除すべきであるという「宗教々育分離」論に対し、右のように中国では孔子は神として崇拝されてきたのではないと論じつつ、さらに孔子の教えそのものが「宗教」的ではないという議論を展開した。すなわち服部は、『礼記』郊特牲篇の「祭有祈焉、有報焉、有由辟焉」に拠りながら、「宗教的祭祀」には特に「祈」すなわち「将来の幸福を求むること、および「由辟」すなわち「目前又は将に来らんとする禍害を避けんとする」ことが必要であるが、孔子の「尊祀拝礼」には「祈」と「由辟」すなわち現世利益の追求という側面がなく、ただ「孔子万世の為めに教化を開き吾人は其の教化によりて人たることを得」ているという恩に報いているだけであるから、それは「宗教」ではないと論じた。[142]

大正三（一九一四）年になると、服部は祭祀に関する論点を整理して「儒教に於ける祭祀の意義」と題した講演を行い、再び『礼記』を引きながら、孔子はそれ以前の祭祀を「形式」はそのままに「純倫理的」に説いたのであると述べた。[143]服部が清国において経験した「孔子は神としては崇拝されていない」という印象は、辛亥革命期における孔子尊崇問題に反応する際には「孔子の教えは宗教的ではない」という命題へと転じ、それはやがて経書の解釈を通じて理論化され、「孔子教」論の重要な一部分を形成した。

また服部は、古代において一種の「民主的思想」が生じていたことを認めつつも、民主共和体制が現今の中国において「国民思想より当然生ずべきもの」であったとは考えなかった(144)。すでに指摘したように、服部は辛亥革命以前から「民主主義の基礎が支那古聖賢の言論中にある」ことは認めている。その際に具体的な根拠として提示したのは、『尚書』皐陶謨篇にある「天命有徳、五服五章哉、天討有罪、五刑五用哉」であった。服部はこの句を「天が命ずると云ふのは天下の民心が総て帰服した場合であるし、天下の民心が睽離した場合には即ちそれが天が討つと云ふことになる」と解釈し、ここから「民心の去就を以て天命の去就と為す」という思想が導かれ、民主主義の根拠となることを述べている(145)。服部はこの『尚書』の文言に「民主的思想」があることを、辛亥革命の後にも改めて認めているが、それは「何等の変化なしに今日に伝は」っているものではなく、「三代以後に於ける思想」は「民主共和政体と相容れざるもの」であることを、「天命」の概念を用いて説明した。服部は上記のような「民心の去就を以て天命の去就と為す」という天命観を「原初的天命説」とし、それは「夏殷を経周初に至りて大成」されて「大成的天命説」となったと述べた(146)。たしかに「原初的天命説」には「民主的思想」の要素があったのかもしれないが、それは「三代以後」にはすでに変化していたというのである。

「原初的天命説」と「大成的天命説」の差異は、天命が去就する条件にある。「原初的天命説」において、「天命」は個人の徳の有無によって即座にその去就が定まる。しかし「大成的天命説」においては、「天命は人に帰するにあらずして家に帰する」ものであり、「天命を受くるには〔……〕数世積年の準備を要する代りに一旦帰したる天命は容易に之を去ら」ないものとされた。すなわち「大成的天命説」によれば、天命が去就するにはまず「積極的理由」として天命が帰そうとしている個人に「大徳有りて更に大功を民に建つる」ことのみならず、「祖先に大徳有りて大功を民に建てたる者」が必要であり、また「其子孫に亦有徳の人出て更に大功を民に建て以て祖先の功徳を深くせる者」が必要であるが、これに加えて「消極的条件」として「当代の天子不徳にして民心之を去るの一事」が必要であるとされ、「天命」の去就にはいくつもの条件が必要であるという。[147] 服部によれば、孔子はこのような「大成的天命説」に伴って発達した倫理をさらに「大成」したのであり、この「大成的天命説」と孔子の教は今なお「国民の心裏に浸染」し「今日まで人心を支配」しているという。[148] このような歴史的経緯を意図的に無視して「原初的天命説」を引っ張り出し、「堯舜の時代」と現代とを無理やり結びつけようとする考え方にこそ「支那民主共和政体の弱点」がある、というのが服部の主張であった。[149]

服部からすれば、「民主共和政体」も、それを支えようとする讖緯思想や公羊学などの言説も、正統な経書解釈から導かれるような中国本来のあり方からは乖離したものであった。もちろん、現実世界ではその「民主共和政体」としての中華民国が実際に成立していたわけではあるが、服部によれば、それは単に「初めより成功を期せざりし試みが狂言作者の利用するところとなり意外なる局面の展開を見た」に過ぎず、多くの「論者」が言うような「国民の間に鬱積せる革命思想の機を得て爆発したるもの」などではなかった。ここで服部が「狂言作者」と述べているのは袁世凱のことであろう。辛亥革命直後に服部が「相撲」に喩えながら語った分析を思い出せば、辛亥革命は、清朝と革命派との間で明確な勝負がつかないうちに袁世凱という「行司」が軍配を上げた結果なのであって、服部からすれば、「民国の成立」は「自然と言はんよりは寧ろ一種の狂言の結果」に過ぎなかった。[150]

このように服部の「孔子教」論は、革命以前からの論点が辛亥革命を契機に理論化され、あるいは革命という現実を前にして改めて「天命」などの重要概念に対する理論化を行う中で形成されていった。その過程において服部が拠り所としたのは経書すなわち古典であり、とりわけ古代制度の記述としての「礼」を重視した。古典解釈の産物である讖緯思想や公羊学を攻撃する際に、服部は自身が正しいと考える古典解釈によって対抗したのは言うまでもないが、同時に服部は、現状の政治制度である共和主義を批判する際にも、それがいかに古典解釈から導き出される中国本来のあるべき姿から乖離したものであるかを論じることにより、その不合理さと非歴史性を説明しようとした。服部の中国分析には、常に古典が参照軸として存在していた。

六　方法としての古典とその限界

古典を現状分析および現状批判の根拠とする姿勢は、服部において、辛亥革命の前後を通じて一貫して見られたものであった。たとえば、大正五（一九一六）年の刊行ではあるが明治四四（一九一一）年の講演を元にしている『東洋倫理綱要』において、服部は次のように述べる。

古典は古典である、今日の国民生活に交渉がないと考へる人があるが、私は初めからさうではないと思つた。而して支那に行つて見るに及んで、古典は今日も尚生きて居ることを認めた。支那の国民思想を此の古典に関係なしに理会しやうとすると大なる誤解を生ずる。［……］古典は支那民族の発展の経験に由つて出来たものである、支那民族固有の思想である、其の発展の方針が続いて居る以上は古典の勢力が続いている筈である。発展の方針が一変して局面を一変せねばならんと云ふことになれば古典の勢力はなくなるが、古の発展の方針が今日まで続いて来た。これが善いか悪いかと云ふことは別として、兎に角古典は支那国民の思想を支配して居る。[151]

この姿勢は、辛亥革命後も変化することはなかった。中華民国成立後、大正二（一九一三）年八月の日付が入った『漢文大系　礼記鄭注』の「解題」において、服部は次のように述べている。

支那ハ保守ヲ以テ名有リシニ、近時六千年ノ歴史ヲ顚覆シ、一朝ニシテ民主共和国トナレリ。随ツテ世態人情ニ大ナル変化ヲ生ズベシト雖モ、六千年ノ歴史ハ、此方面ニ於テ急激ノ変化ヲ許サズ［……］礼記ハ先秦ヨリ漢初ニ及ブ間ノ材料ヲ取リシモノナルガ、世態人情ノ写実トシテ、今猶ホ古ノ如クナルモノアリ、一部ノ礼記支那ヲ解スルニ多大ノ資料ヲ供給ス。此書ヲ措キテ支那ヲ論ズル者ハ、終ニ其正鵠ヲ得ザルモノ多キヲ自覚センノミ、此書豈ニ啻ニ古典トシテ尚ブベキノミナランヤ。(152)

服部が参照点とした古典とは、現実世界がそこに復古すべき基準でも、あるいは単なる考証の対象でもなく、あくまでもそこから「古の発展の方針」を探ることにより、現在を分析・批判するための手段であった。たとえば、宣統帝が即位し醇親王が「監国摂政王」となった際には周代から明代に至る監国制度の変遷を述べ(153)、聖王の作った制度としての井田制における土地共有の考え方が社会主義導入の根拠となるかもしれないという危惧を抱けば、井田制を研究し、それは聖王の制度ではないと強調することで、社会主義の概念は本来中国（聖人）に備わっていたものであるというロジック（西学中源説）を相対化しようとした。大正二（一九一三）年に発表された「宗法考」は、冒頭に「支那に於ける家族制度を理解せんとするには宗法を知らざるべからず」とある通り(154)、その目標はあくまでも現代の「家族制度」理解にあるのであって、辛亥革命に伴う「家族革命」によって大きな変動を迎えつつあった中国における家族制度の基層構造を、古典を媒介として理解しようとしたものである。大正六（一九一七）年の「経伝に見えたる支那古代風習一斑」では「古代の風習にして今日に伝はり、支那風習の特色を成し居るもの」、たとえば衣装、飲食、家屋の構成、家族構成、葬儀などについて「経伝」を引きつつ解説を加えた。その冒頭において服部が自ら述べるように、彼は古典研究によって「支那国民の保守性」を立証しようとしたわけではなく、「現代の風俗習慣を考究するのみにては徹底せる理解を得るべからず、必ず遡りて経伝に其の淵源を求むるによりて始めて十分理解を得るもの多きことを証する」という意図があるのだが、同時にそれは、現代があくまでも古典世界の延長線上に成り立っており、それに沿った漸進的な変革は否定しないものの、そこから逸脱する「共和革命」の如き飛躍的変化を望まない（本来あるべきはずではない）という考えを服部が持っていたことをも示している。

あくまでも古典文献の研究を重んじる服部の態度は、官学への「異議申し立て」として大正期に勃興した「民間学」[155]や、実際に中国の奥深くにまで入り込み、時には人的コネクションを利用して大小様々な影響を日中双方に及ぼした「支那通」たちの姿勢とは正反対であるようにも見える。同時代の「支那通」の代表格とも言うべき後藤朝太郎は、「古来日本人は支那の知識を得んとするに多く古典より這入る」ことが「普通一般の方法」であるが、「文学に現はれたり、古典に現はれて居る支那」を見て「神髄を捕まへたものと考へるのは非常なる誤り」であって、「支那の根底的の知識」は「実際社会を本当に研究」してこそ得られると述べている[156]。後藤から見れば、服部などは「普通一般の方法」を採用した典型的人物の一人であったろう。しかし、服部は古典研究をあくまでも「今日の国民生活」を解明する手段として位置づけていたのであって、「実際社会」の研究を不要と考えていたわけではない[157]。たしかに、京師大学堂時代から常に日本を主体、「支那」を客体として捉え続け、またフィールドワークを伴うような、後藤が強調したような意味での「実際社会」の研究にはほとんど関心を示さなかった服部ではあるが、それは服部が現実の中国から目を背けようとしていたということを意味しない。古典知識を持ちつつ、清国での行政参与経験を豊富に有していた服部は、「支那」の理解には古典と「実際社会」の双方の研究が必要であることを認識しながらも、自身はあくまでも古典解釈を中心とする立場に留まったのであった。

このような服部の態度には、時代の表面的な変化によって左右されにくい中国文化の基層部分およびその国民性の深層部分に対する日本人の理解を促進し、日中両国の親善に寄与したいという意図があったとも考えられる。しかしそれは同時に、古典解釈から導かれる本来あるべき（と服部が考える）姿と、中国の現状との間に乖離が感じられたときに、辛亥革命を「狂言の結果」と評したような態度へと繋がり、ひいてはそのような本来あるべき姿の範囲を外れた（と服部が考える）中国に対する日本の大小の介入を黙認する服部の晩年の姿勢へと繋がる一因ともなった。

死の半年前に当たる昭和一四（一九三九）年一月、服部は東京中央放送局の海外放送を通じて「隣邦の人士に告ぐ「国民精神の根本に復れ」」と題する原稿を読み上げ、同年三月の『斯文』に原稿を掲載した。そこで服部は中華民国に対し、昭和一三（一九三八）年一二月のいわゆる第三次近衛声明（日支国交調整方針に関する声明）に基づいて、日本に領土的・金銭的野心がないことを訴えながら、「支那国民精神」である「右文主義」に立ち返って「東亜の新秩序の樹立」という「右文の事業」に協力するよう呼びかけ[158]、日本が「胸襟を開き、誠意を吐露した以上」は、「支那」も「至誠」という「民族的精神」に則ってこれに応えてほしいと述べた[159]。上記のような服部晩年の態度が、ここに象徴的に現れていると言える。

このような晩年の服部の態度を「軍国日本の対外侵略拡張政策に荷担」し「日本の対外侵略戦争の本質を糊塗しようとした」ものとして批判を加える研究もあり[160]、そのような側面は一概には否定しがたく、直視すべき事実でもある。しかし本書の中で幾度となく繰り返しているように、従来の研究は、服部最晩年の態度に象徴されるような「天皇制国家の精神的秩序を担おうとする強烈な使命感」と「政治権力への接近の道を選択していった」という（その経緯よりもむしろ）結果に[161]、あるいは服部の「孔子教」論に代表される近代日本の儒教解釈が「皇道を醇化し、国体を維持する教化の道具」となり「軍国主義の弁護」ひいては「軍事拡張を鼓吹」するまでに至ったのだという指摘に[162]、あるいはその服部を含めて「殆ど一色の体制御持論」であった「戦前日本シナ学」の性質そのものを暴き出すことに主眼を置いてきたのに対し[163]、本章では、なぜそのような経緯が生ずるに至ったのか、実際のテクストに沿いつつ、その過程を明らかにすることに努めてきた。本書の問題意識から服部晩年の態度を捉え直すならば、それは古典解釈という方法を通じて、あるべき中国の姿、すなわち多少の逸脱はあるにせよ、長期的に見ればいつかは回帰してゆくはずである姿を想定していた服部と、革命後、時間が経てば経つほどその古典の延長線上には捉えきれない姿を展開していった現実の中国とのギャップを一因として生まれたものと言えるのではないだろうか。

七 「孔子教」の到達点

上記の如く辛亥革命を契機として形成された服部の「孔子教」論は、最終的にどのような形を示し、またどのように近代日本儒学史の中に位置づけられるのだろうか。昭和一四（一九三九）年に出版された『孔子教大義』を手がかりに、最後にそのことを示したい。

同書は服部の死後に出版されたものではあるが、その序文によれば、内容自体は、大正六（一九一七）年に南葵文庫で行われた公開講座の筆記録に基づくものである[164]。「孔子教」の骨格は大正期にすでに固まっていたと見てよいだろうし、それゆえこの『孔子教大義』によって服部の「孔子教」論のおおよその「到達点」を確認することも不当ではないだろう[165]。

服部が「孔子教」という言葉を用いるのは、それが「儒教」とは異なる概念である、つまり孔子において何らかの質的な転換が遂げられていると考えているからであって、それゆえ孔子以前・以後を同じ「コンフューシァニズム」の語で呼び通す欧米人を、服部は「孔子の真意を得ざるものがある」と批判する[166]。そもそも欧米の「支那学者」たちの多くは経書解釈に際し、せいぜい宋学者の説を読んでいるだけで、宋学と漢唐訓詁学とを比較するという水準にも至っておらず、「一般の欧米人」に至っては「レッグ［James Legge］やジャイルス［Herbert Giles］の翻訳せるもの」を読んでいるに過ぎない[167]。かように欧米人の孔子理解には限界があることが述べられた直後には、現代の「支那民国」についても、先に本章でも述べたように、孔子の教は「曲解」された末に残されているばかりである、と述べる文章が続く。孔子の教えを正しく理解できる、正しく理解する資格を有するのは、もはや現代にあっては日本のみであるという、特に大正期以降の近代日本における儒教解釈に特徴的な自負心は、明示されてこそいないものの、服部の中にも存在していると言えるだろう。

さて、服部は孔子以前の儒教を「原始儒教」と呼称し、それは孔子による変革の結果「孔子教」となったとした（ただし孔子以後に展開された儒教・経学の内容は必ずしも「孔子教」には含まれない）。「述べて作らず」と言うように、孔子は新たに「教や思想を創作」することはなかった。服部によれば、欧米人はそれを真に受けて「孔子以前の教と孔子の教との間に何も別に違つた所はない」と解釈してしまうのであるが[168]、しかし孔子は、原始儒教の中に複数系統存在していた「政治・道徳等に関する思想」について、「深き研究の結果、傍系的思想を棄て正系的思想を採り、或は従来、左程顕著でなかつたものに適当の重みを与へ、或は従来左程発達して居らなかつたのを更に進め」たのであって、結果として孔子の独自性が発揮された「孔子教」が成立した、と服部は考える[169]。

孔子による取捨選択の上に形成された「孔子教」と、そうではない、すなわち孔子以前から存在したものの孔子によっては選ばれなかった思想とを分ける特徴は、服部によれば、

①「道」を「天地の道」（宇宙の法則・自然の理法）と見るか「人の道」と見るか
②「道」を「他律的」（外部的な権威からの命令）と見るか「自律的」（人間の内部に出発点を持つもの）と見るか
③「宗教的」であるか「倫理的」であるか
④「法治主義」か「徳治主義」か

といった点に整理でき、いずれも後者が「孔子教」の特徴であって、前者は「原始儒教」の中にしか見えないか、もしくは諸子百家に受け継がれたとされる。たとえば①の前者の思想は老子、②は墨子や荀子[170]、④は韓非子が継承したという。

これらの中でとりわけ服部が強調するのは、③の宗教性に関する議論である。服部は、「孔子教」とは、それまで

の「原始儒教」に含まれていた「宗教的要素」の多くを排除したものであるとした。[171] すなわち孔子以前は「吉凶禍福は凡て鬼神の意志に依」るために鬼神の祭祀を行うべきであるという思想が存在した一方で、『尚書』の「皇天無親、惟徳是輔」(「天は特別に或人に親しむといふことはない、唯徳を輔ける」)という言葉に表れているような、「吉凶禍福は己れの為す所の善悪如何に在る、決して鬼神の意志に在るのではない」という、天意よりも人為を強調する思想も登場しつつあり、孔子は後者を取った。ただし「孔子は国家の典礼や民間の習俗を自分の主義に依つて改めるだけの権威有る位地には居らなかつた」ために、「後世に至るまで支那の典礼習俗は孔子の主義通りには直らなかった」という。[172]

上記のような「孔子教」の定義それ自体は、操作不可能な「自然」あるいは「鬼神」などに対し、人為の範囲を強調・拡張しようとするものであって、直ちに日本の優位性を誇示するような言説へ繋がるものではない。ただし、そこから敷衍してゆく議論を考えるとき、そこには「支那」と「日本」との峻別が立ち現れてくる。それは右の「支那の典礼習俗」の問題に加え、本章ですでに見たような、儒教を「宗教」として見ようとする動きに対する批判、「革命」論、「忠孝」論などに特に顕著に現れたのであった。

「革命」否定論と「忠孝」一致論の強調は、早くは後期水戸学の中でも述べられ、代表的には井上哲次郎の『国民道徳概論』や、[173] やがては『国体の本義』に結晶してゆくような、[174] 近代日本に特徴的な儒教解釈である。服部もまた、それこそが本来の「孔子教」であるという語り方を以て、この二つの論点を肯定的に語った。

たとえば、「天命」は常に「去就」すると見る「天命説」はあくまで「支那の革命思想」であって、それは「我が国体と全く相容れ」ないばかりか、[175] 孔子本来の思想からも逸脱しているとした。服部によれば、孔子は殷周革命を「歴史上の事実」として認めこそすれ、それを積極的には肯定しなかった。[176] また「忠孝」について、服部は「支那」の「国民性」と「国民道徳」では「忠よりも孝、公義よりも私恩」を重視する傾向があるが、これは「儒教本来の主義」に反するものであって、[177] また優先順位として「父子関係」(孝)よりも劣位に置かれるような「支那」の「君臣関係」（忠）は、本来の「孔子の教へ」とは異なっているとした[178]。

服部は、これらのように孔子本来の教えに反する「支那」の対極に日本を置き、「忠孝一本の国体」を誇り[179]、「君臣の大義」を有する日本こそが「孔子教」の正統な後継者であることを強調した[180]。服部に対する後世の否定的な評価はここに由来する。

戦前日本における「支那哲学」の権威として、服部が右のような側面を持っていたことは確かであり、今後とも批判的な分析を要しよう。しかし同時に、それらの言説の形成過程を分析することで、なぜそのような言説が登場したのか、あるいは近代日本の「支那哲学」にそれ以外の側面や可能性は存在しなかったのかといった問いにも答えてゆくことが可能になろう。

おわりに

本章では、まず服部がドイツ留学中に著したと思われる小冊子 *Konfucius* に現れた「人格」や「天命」といった重要概念に着目しつつ、その背景には、同時代の日本哲学界における西洋哲学の受容状況が存在していることを明らかにした。また、同じく西洋哲学の背景を持ちながら儒教に着目した人物として大西祝を挙げ、その服部との視点の差異を比較した。次いで辛亥革命前後の服部について考察し、「孔子教」論の形成過程を追った。服部は清国には好意的かつ同情的な視線を向け、かつその改革の前途を楽観視していたが、「新思想」には辛亥革命以前から危機感を覚えていた。辛亥革命が勃発すると、服部は当初は冷静に事態の分析を試みたが、革命後に孔子・儒教が「曲解」されて利用されつつあると感じると、共和主義政体そのものはもちろん、共和主義と孔子および儒教の無矛盾を説こうとする言説、具体的には康有為らによる「孔教運動」の思想的基礎となった讖緯思想や公羊学などを論敵として攻撃し、

明治 44（1911）	5 月	東京高等師範学校教授・同校専攻科漢文科学級主任兼任（43 歳）
大正 4（1915）	8 月	ハーバード大学 The Professor of Japanese Literature and Life として 1 年間渡米（48 歳）
大正 5（1916）	2 月	『東洋倫理綱要』（大日本漢文学会）（48 歳）
	12 月	『支那研究』（明治出版社）（49 歳）
大正 6（1917）	1 月	『孔子及孔子教』（明治出版社）（49 歳）
大正 6（1917） 大正 11（1922）	1 月- 1 月	御講書始担当（49-54 歳）
大正 6（1917）	6 月	帝国学士院会員（50 歳）
大正 7（1918） 大正 9（1920）	7 月- 3 月	支那哲学支那文学第二講座担任（51-52 歳）
大正 7（1918）	11 月	『儒教と現代思潮』（明治出版社）（51 歳）
大正 9（1920） 昭和 3（1928）	3 月- 3 月	支那哲学支那文学第一講座担任（52-60 歳）
大正 10（1921） 昭和 3（1928）	9 月- 4 月	東宮職御用係（53-60 歳）
大正 11（1922）	10 月	名古屋高等商業学校教授（55 歳）
大正 12（1923）	11 月	大東文化学院講師嘱託（56 歳）
	12 月	対支文化事業調査委員（56 歳）
大正 13（1924）	9 月	東京帝国大学文学部長（57 歳）
大正 15（1926）	1 月	『支那の国民性と思想』（京文社）（59 歳）
	4 月	京城帝国大学総長（59 歳）
昭和 3（1928）	6 月	東京帝国大学名誉教授（61 歳）
昭和 4（1929）	4 月	「儀礼鄭注補正」を『支那学研究』に連載開始（61 歳）
	4 月	大東文化学院教務嘱託、東京文理科大学講師嘱託（61 歳）
昭和 4（1929） 昭和 8（1933）	2 月- 9 月	國學院大學学長（61-66 歳）
昭和 4（1929）	4 月	東方文化学院理事長、同東京研究所長（61 歳）
昭和 9（1934）	10 月	満日文化協会理事（67 歳）
昭和 13（1938）	4 月	『新修東洋倫理綱要』（同文書院）出版（70 歳）
昭和 14（1939）	7 月 11 日	逝去（72 歳）
	10 月	『孔子教大義』（冨山房）出版
昭和 16（1941）	12 月	『儒教倫理概論』（冨山房）出版

注）「服部先生自叙」（服部先生古稀祝賀記念論文集刊行会編『服部先生古稀祝賀記念論文集』冨山房、1936 年、1-32 頁）および「服部先生年譜」（東京帝国大学文学部支那哲文学研究室漢学会『漢学会雑誌』第 7 巻第 3 号、1939 年、349-403 頁）に基づき、筆者による調査を加えた。年齢は満年齢。著作紹介は主要な単著のみで、必ずしも全点を網羅しない。

服部宇之吉　略年譜

慶応 3（1867）	6 月 2 日	出生（0 歳）
明治 6（1873）		二本松より上京
明治 9（1876）		麻布小学校入学
明治 14（1881）		共立《きょうりゅう》学校入学
明治 16（1883）		大学予備門入学（帝国大学入学直前の 1 年を「第一高等中学校」生徒として過ごす）
明治 20（1887）	9 月	帝国大学文科大学入学（20 歳）
明治 23（1890）	7 月	帝国大学文科大学哲学科卒業（23 歳）
	8 月	文部省入省（23 歳）
明治 24（1891）		文部省退職、第三高等中学校教授就任（哲学・歴史・英語を教える）（24 歳）
明治 26（1893）	8 月	教務主任・教頭就任（26 歳）
明治 27（1894）	6 月	第三高等中学校退任（第三高等中学校は第三高等学校に改組。従来の大学予科を解散し、高等学校内に法学部・医学部・工学部の専門学部を設けた）（27 歳）
	9 月	高等師範学校教授、同校幹事就任（校長は嘉納治五郎）（27 歳）
明治 29（1896）	10 月	『倫理学』（金港堂書店）（29 歳）
明治 30（1897）	11 月	文部大臣（濱尾新）秘書官（第 2 次松方内閣）（30 歳）
明治 31（1898）	4 月	文部大臣（外山正一）秘書官（第 3 次伊藤内閣）（30 歳）
	6 月	文部大臣秘書官辞任（第 3 次伊藤内閣の退陣による）（31 歳）
	9 月	東京高等師範学校教授（31 歳）
明治 32（1899）	5 月	東京帝国大学文科大学助教授を兼任（31 歳）
	9 月	東京帝国大学助教授専任（清・ドイツへの 4 年間留学を命じられる。9 月 17 日出国）（32 歳）
明治 33（1900）	6-8 月	義和団事件に遭遇し、義勇兵として活動（33 歳）
	11 月	『北京籠城日記』（博文館）（33 歳）
	12 月	帰国後、ドイツへ出発（33 歳）
明治 34（1901）	2 月	ライプツィヒ到着（33 歳）
明治 35（1902）	7 月	ベルリンにて京師大学堂への赴任を承諾。東京帝国大学文科大学教授、文学博士授与（34 歳）
	9 月	帰国後、北京へ出発。京師大学堂師範館正教習（35 歳）
明治 38（1905）	1 月	『清国通考』第 1 編（三省堂）（37 歳）
明治 42（1909）	1 月	清国から帰国（41 歳）
明治 42（1909） 大正 7（1918）	2 月- 7 月	支那哲学支那史学支那文学第三講座担任（創設当時の「第一講座」は星野恒、「第二講座」は市村瓚次郎が担任）（41-51 歳）
明治 42（1909） 大正 3（1914）	11 月- 12 月	『漢文大系』シリーズ刊行（42-47 歳）

「孔子教」はその中で作り上げられていった。その際に服部が主要な方法論として用いたのは古典の解釈であり、そのような古典解釈を重視する服部の中国分析の態度は、辛亥革命以前と以後とで一貫したものであったが、古典解釈から導かれる中国の歴史的にあるべき姿と現実の中国との間には、やがて埋めがたい懸隔が生ずることになり、結果的に服部は徐々に同時代の中国への関心を失っていった(181)。

第三章で検討したような「実用支那学」を提唱した者たちは、漢籍すなわち古典だけでなく現実の「支那」をも見よと主張した。服部も現実の「支那」を見る必要性を認めていたし、また実際に見たのでもあったが、しかし服部自身は、あくまで古典によって現実の「支那」を見ようとする態度を貫いた。それは長い目で見れば、伝統漢学へ向けられた批判に対する一つの応答であり、かつ単に政治的・経済的関心に留まらず文化的理解を基礎にした他者理解の道を提唱したという点では、それ自体が非難されるべき方法であったとは言いきれない。しかしながら、革命と皇帝制度の廃止という大きな歴史の転換点にあっては、その方法は現実の「支那」、激動の「支那」を観察するに際して、必ずしも有効に機能しなかったと言えるだろう。

（1）同書の全訳については、次の拙訳を参照されたい。水野博太「服部宇之吉 *Konfucius*」日本思想史・思想論研究会『思想史研究』第二三号、二〇一七年。

（2）義和団事件については大山梓編『北京籠城　北京籠城日記』（平凡社、一九六五年）に詳しい。同書は柴五郎の「北京籠城」のほか、服部が明治三三（一九〇〇）年に出版した『北京籠城日記』および大正一五（一九二六）年に出版された「北京籠城回顧録」を収録する。後者の「北京籠城回顧録」は、服部の還暦記念として『北京籠城日記』の限定版を出版した際に付されたものである。『北京籠城日記』が時系列に沿って事変の推移を淡々と記している一方で、「北京籠城回顧録」では、事件発生から相当の年月が経過した上での回想ではあるものの、当時のエピソードや服部自身の心情が具体的に語られている。

また、服部が清国留学のために東京を発った明治三二（一八九九）年九月一七日から、義和団事件勃発直前の翌年六月一八日までの行動を記録した私家版日記『北馬録』が近年発見・翻刻されている（陳捷「服部宇之吉『北馬録』解題・翻刻」

東京大学東洋文化研究所『東洋文化研究所紀要』第一八二冊、二〇二三年)。

(3) 漢学会「服部先生追悼録」東京帝国大学文学部支那哲文学研究室漢学会『漢学会雑誌』第七巻第三号、一九三九年、三五一頁。

(4) 服部宇之吉「服部先生自叙」服部先生古稀祝賀記念論文集刊行会編『服部先生古稀祝賀記念論文集』冨山房、一九三六年、一五―一六頁。

(5) 大塚豊「中国近代高等師範教育の萌芽と服部宇之吉」国立教育研究所『国立教育研究所紀要』第一一五集、一九九八年、六〇頁。

(6) 丹羽香は、前章の注釈でも取り上げた服部宇之吉「中学教育に於ける倫理科教授に関して漢学者に問ふ」(東亜学会『東亜学会雑誌』第一編第八号、一八九七年)において、すでに後の「孔子教」論の原型が見えると述べている(丹羽香「近代日本人の中国意識についての一考察――服部孔子教提唱の始点から」中央学院大学商学部・法学部『中央学院大学人間・自然論叢』第四一号、二〇一六年)。丹羽によれば、同論考において服部は「儒教」を「堯舜以来相伝へ孔子が集めて大成した」ものと述べ(服部、六七五頁、丹羽、一〇頁)、「安心立命」を強調し(ただし服部はそれを「儒教」に限定せず「倫理教授」全般の目的だとしているのだが)、その「安心立命」は必ずしも「宗教的の意味を帯び」る必要はないと述べており(服部、六七八頁、丹羽、一〇頁)、かつその「論説は国政の時局に及び、国内の農工業をも儒教にからめて論述するなど、その思想の背景に国の繁栄と教育理念との関係が色濃く窺われ」ていることから、「服部孔子教の原初的一文、源流もしくはその雛型と見てよいだろう」という(丹羽、一一頁)。

まず最後の指摘について言えば、服部によれば「儒教」の「実践倫理」は「節倹自足の縮小主義」であって、これを「商工業の発達」し「進取勇往の趨勢」である現代社会にそのまま適用することは不適切であるから、適切な「取捨変通」がなされるべきであるが、現在の中学校で「倫理」を教えている漢学者たちは「論語・中庸・小学の類を唯如字的に講ずる」ばかりでそれができていない、という批判および改革要求の文脈で述べられていることに注意すべきである(服部、六七七―六七八頁)。現状の「儒教」のあり方に何も手が加えられないのならば、それはむしろ「商工業の発達」にとっては害悪でさえある。

また、たしかに同論考は、服部が儒教を論じたものとしてはごく早い時期に属し、後の服部と大きく矛盾するようなことが述べられているわけでもない。「安心立命」の強調については、本文で述べる *Konfucius* における「天命」の重視と通ずるところもある。しかしながら、それは *Konfucius* ほどに体系立てられたものではなく(たしかに「安心立命」は儒教に由来する語彙ではあるが、先述の通りそれは儒教に限らない「倫理教授」全般の目的として述べられたものである)、また「孔子教」論の最重要概念の一つである孔子の「人格」については、独立して論じられるまでに至っていない。服部の同論考は、後の「孔子教」論と矛盾するものではなく、大きく言えば連続性があるが、やはり *Konfucius* と比べれば依然として距離があると思われる。

（7） „Land von einer großen Ausdehnung und einer ungeheuren Anzahl der Einwohner“ Hattori, Unokichi. *Konfucius*, Frankfurt a. M.: Neuer Frankfurter Verlag, 1902, p. 3.

（8） „[…] ist jede Provinz fast selbständig.“ *ibid.*, p. 3.

（9） „Die Einwohner […] haben […] sprechen Dialekte, die sich dermaßen unterscheiden, daß Leute aus zwei verschiedenen Orten sehr oft einander nur mit großer Schwierigkeit oder gar nicht verstehen können.“ *ibid.*, p. 3.

（10） たとえば第二代香港総督を務めたジョン・フランシス・デイビス（John Francis Davis）は、一八三六年の著作において中国国内の方言の多様性に触れており、次のように述べている。「このように、中国語の普遍性はただ文字においてのみ当てはまるのであって、帝国［中国］の両端に住み、同じ書物を読む者同士は、文書ではお互いのことを完全に理解できても、会話ではお互いほとんど理解しあえないのである」。It is in this way that the universality of the Chinese language extends only to the written character, and that the natives of the two extremities of the empire, who read the same books, and understand each other perfectly on paper, are all but mutually unintelligible in speech.（Davis, John Francis. *The Chinese: A General Description of the Empire of China and its inhabitants VOL. II*, London: Charles Knight, 1836, p. 152）

　中村正直は明治二二（一八八九）年の東京学士会院における講演で、幕末の英国滞在時にデイビスと交流したと述べており、またデイビス著の「チャイナといへる書」（Davis, John Francis. *China: A General Description of That Empire and Its Inhabitants, &c., VOL. II*, 1857, London: John Murray. Davis 前掲書の改訂版）に言及している（中村正直「古今東西一致道徳の説」東京学士会院『東京学士会院雑誌』第一一編第五冊、一八八九年、二三八頁）。

　このほかにも、中国大陸に方言を含めていくつかの言語が存在し、それらの間には時として口頭によるコミュニケーションが不可能になるほどの乖離があるという事実は、「南京口」（南京官話）、「福州口」（福州方言）、「漳州口」（閩南語系）などいくつかの専門に分かれていた長崎通詞たちの経験によっても、ある程度は知られていたであろう。

（11） „Was erhält nun in China, welches in dieser wie noch in anderer Hinsicht beinahe in verschiedene selbständige Teile geteilt ist, die Einheit der Nation? Das sind hauptsächlich die Lehren des Konfucius.“ Hattori, Unokichi. *Konfucius*, Frankfurt a. M.: Neuer Frankfurter Verlag, 1902, p. 3.

（12） 服部宇之吉「中和位育」孔子祭典会編『諸名家孔子観』博文館、一九一〇年、一六四—一六五頁。

(13)「太古より今に至る、年を閲すること六千年、代を更むること十余、種族既に一ならず、言語風俗亦同じからざる支那に於て、四億の民衆を統一し、国家の統一を保持するものは、実に孔子を中心とせる教に因り、然かも其教の此く偉大なる勢力を有する所以は、一に孔夫子の偉大なる人格の力に在り」。服部宇之吉『孔子及孔子教』明治出版社、一九一七年、四一頁。

(14) 当時のドイツ語においてはConfucianismusなどのスペルも用いられており、表記には揺れがある（何乏筆・谷心鵬編「徳語之中国哲学研究書目（至二〇〇六年）」『中国文哲研究通訊』第一五巻第二期、台北、中央研究院中国文哲研究所、二〇〇七年、五三―一四六頁）。

(15) Hattori, Unokichi. *Konfucius*, Frankfurt a. M.: Neuer Frankfurter Verlag, 1902, p. 4.

(16) 服部宇之吉『孔子教大義』冨山房、一九三九年、二頁。服部は「孔子以前の教へ」と「孔子の教へ」とを区別し、前者を「原始儒教」、後者を「孔子教」と呼んだ。服部によれば、当時の「政治・道徳・教育等に関する思想」には「正系」と「傍系」とがあったが、孔子が「深き研究の結果、傍系的思想を棄て正系的思想を採り、或は従来、左程顕著でなかつたものに適当の重みを与へ、或は従来左程発達して居らなかつたのを更に進める」ことによって「孔子教」が成立したのだという（同書、三二頁）。

(17) „[...] jede Antwort war eben der Persönlichkeit und den Anlagen des Schülers gemäß.“ Hattori, Unokichi. *Konfucius*, Frankfurt a. M.: Neuer Frankfurter Verlag, 1902, p. 10.

(18) „Konfucius hat nämlich kein Lehrsystem, sondern nur eine Menge von Lehren angekündigt, und diese sind in seiner Persönlichkeit vereinigt und in vollständigen Zusammenhang und Einklang gebracht.“ *ibid.*, p. 4.

(19) „Seine Person war geradezu der Centralpunkt seiner Philosophie, in welcher alle seine Lehren sich verkörperten.“ *ibid.*, p. 4.

(20) 服部宇之吉「中和位育」孔子祭典会編『諸名家孔子観』博文館、一九一〇年、一六九頁。

(21) 同書、一六九―一七〇頁。

(22)「人格と云ふ言葉は今では広く用ひられて日本の辞書から省くことは出来ないが、あれは英語のPersonalityの訳語である。中島博士が或時Personalityは何と訳したらよからうかと訊かれたので、直ちにそれは人格と訳したらよからうと答へたところ、博士は早速倫理学の講義に人格といふ言葉を使用された」。井上哲次郎「中島力造博士を追憶す」大日本図書『丁酉倫理会倫理講演集』第四三六号、一九三九年、八二頁。

ただし佐古純一郎によれば、Personalityの訳語としての「人格」は、『哲学雑誌』第八巻第八〇号（明治二六〔一八九三〕年）において、まず心理学についての外国語論文「心理学に於ける無意識作用論の発達」の抄訳の中で用いられた（佐古純一郎『近代日本思想史における人格観念の成立』朝文社、一九九五年、五〇頁）。なお同抄訳には訳者の名前は記されていない。

(23) 中島徳蔵は「「具リーン」氏智識哲学論ヲ読ム」を『哲学雑誌』上に明治二七（一八九四）年一二月（九巻九四号）、溝淵進馬は「「具リーン」氏智識哲学論」を同じく『哲学雑誌』上に明治二八（一八九五）年二月（一〇巻九六号）から七月（一〇巻一〇一号）にかけて掲載した。また西田幾多郎は明治二八（一八九五）年、「グリーン氏倫理哲学の大意」を『教育時論』三六二—三六四号上に連載した。

(24) 中島力造『輓近の倫理学書』冨山房、一八九六年、一三—一五頁。中島力造『列伝体西洋哲学小史　下』冨山房、一八九八年、一六〇—一七六頁。

(25) 服部宇之吉『倫理学』金港堂書籍、一八九六年。

(26) „Auf dieser vollständigen Harmonie des Intellekts, des Gemütes und des Willens beruht die Größe seiner Persönlichkeit." Hattori, Unokichi. *Konfucius*, Frankfurt a. M.: Neuer Frankfurter Verlag, 1902, p. 9.

(27) ヘルバルトは、道徳的理念として「内面的自由の理念 die Idee der inneren Freiheit」「完全性の理念 die Idee der Vollkommenheit」「好意の理念 die Idee des Wohlwollens」「正義の理念 die Idee des Rechts」「公正の理念 die Idee der Billigkeit」の五つを主張した。「ヘルバルトによれば、これらは意志自身および意志相互の間に考えられる最も根源的な、また最も単純な基準的関係を表すものであって、道徳の根本概念は、すべてこれによってつくされる」ものであった（稲富栄次郎『ヘルバルトの哲学と教育学』玉川大学出版部、一九七二年、八九頁）。

(28) ‚Am bedeutendsten war aber seine starke Willenskraft. Nach der Terminologie Herbarts hatte er die vollständige „innere Freiheit".' Hattori, Unokichi. *Konfucius*, Frankfurt a. M.: Neuer Frankfurter Verlag, 1902, p. 9.

(29) 元良勇次郎は、明治三〇（一八九七）年の時点で「現今心理学ヲ講ズルモノ、知情意ノ三分法ヲ用フルヲ常トス」と述べている（元良勇次郎『心理学十回講義』冨山房、一八九七年、四三頁）。

(30) 服部宇之吉『心理学講義』東亜公司、一九〇五年。

(31) 特約生教育学科は、ハウスクネヒトの提案によって明治二二（一八八九）年四月に開設された特別課程である。帝国大学文科大学・理科大学の卒業生および選科修了者ならびに入学試験に合格した中等学校教員を入学資格者としたが、文科大学選科修了者一名を除くほか十数名の入学者は全員が中学校の教員であったという。翌年七月に一二名の卒業生を輩出すると同時に、ハウスクネヒトの帰国に合わせて廃止された（東京大学百年史編集委員会『東京大学百年史　部局史　一』東京大学、一九八六年、四一九—四二〇頁）。

（32）服部宇之吉『倫理学』金港堂書籍、一八九六年、六二頁。

（33）服部宇之吉『儒教と現代思潮』明治出版社、一九一八年、六六頁。なおグリーンの self-realization の訳語としては、まず「自我実現」が用いられたが、「あまり自我を力説すると個人主義のやうに聞え、個人主義者に利用される嫌がないではない」（井上哲次郎「中島力造博士を追憶す」大日本図書『丁酉倫理会倫理講演集』第四三六号、一九三九年、八一頁）という背景のもと、明治四〇（一九〇七）年頃から「人格実現」という語が用いられるようになったという（新谷賢太郎「わが国におけるT・H・グリーンの倫理思想の展開過程」金沢大学教育学部『金沢大学教育学部紀要』第一〇号、一九六二年、一一五頁）。ただし本文において、また次の注釈においても示しているように、服部自身は「自我」を「実現」するという表現を継続して用いている。

（34）これ以外にも、昭和一四（一九三九）年の『孔子教大義』や、昭和一六（一九四一）年の『儒教倫理概論』などにも、仁を「自我実現」の概念を用いて説明した箇所が見える。なお『孔子教大義』は、本章本文でも後述するが、大正六（一九一七）年に南葵《なんき》文庫で行われた公開講座の講義録が刊行されたものである。また『儒教倫理概論』は、その序文によれば、松平直亮の主宰した「修養会」（服部が副会長を務めた日本弘道会内の有志会合）において行った講義の記録を刊行したものであって、その詳細な時期は不明であるが、「東大退職後は多く東方文化宣揚のため尽す所あらんことを希ひ、終始公私共多忙なりと雖、儒教の真髄を闡明せんこと亦自ら先務となす所なり。是れ曩に辱知松平直亮伯其主宰せらるる修養会のため儒教倫理概論抗議を求めらるるや欣んで其嘱に応へし所以なり」と述べていることから、昭和三（一九二八）年の東大退官後と考えられる。いずれの著作も、出版は服部の死後であるが、内容としてはそれよりも早い段階で固まったものである。

『孔子教大義』には次のように言う。

［……］「忍びざるの心」を十分に伸張するやうにするのが、孟子の所謂「達」即ち拡充である。扨、拡充即ち発達は知・情・意三方面の円満調和的発達によつて始めて可能となるのである。［……］此様に見て来ると、仁は結局自我を完全に実現することを意味するもので、中庸に所謂「成己」の事である。（服部宇之吉『孔子教大義』冨山房、一九三九年、一五五頁）

また『儒教倫理概論』には次のように言う。

思ふに仁を発達実現して見ると、そこで始めて人の人たる所以が完くなる。凡人が始めて聖人となる訳である。其の実現といふことは［……］知情意の調和的発達は必須条件である。中庸に所謂智仁勇の円満なる調和が必要条件となるのである。即ち仁の実現といふことは或る意味から考へると我の円満なる実現といふ意味になつて来る。論語顔淵篇に「克己復礼為仁」とある。［……］此の顔淵に説かれた仁の説明の仕方は正しく自我の発展とか自我の実現といふ見方か

ら説かれたものと思ふのである。（服部宇之吉『儒教倫理概論』冨山房、一九四一年、二五一―二五二頁）

(35) „Zwischen Handlungen und ihren Folgen gibt es ein bestimmtes Verhältnis. Das Rechte bringt dem Thäter Glück, das Unrechte dagegen Unglück. Das ist der „Wille des Himmels". Es ist aber nicht zu erwarten, daß es unfehlbar in allen Fällen so zugeht. Wie die Ernte von der Natur abhängt, so hier das Glück vom Schicksal. Man kann nichts dafür oder dagegen. Man thue nur, was man thun kann und muß, und überlasse die Resultate dem Himmel. Man verhalte sich aber so, daß das Unglück niemals die natürliche Folge der Thaten sein muß. Mit dem Bewußtsein, daß man Rechte gethan oder die Pflicht erfüllt, also alles, was in seiner Macht steht, gethan habe, darf man sich seines vollständigen inneren Friedens erfreuen und kann mit Gleichmut die Resultate hinnehmen." Hattori, Unokichi. *Konfucius*, Frankfurt a. M.: Neuer Frankfurter Verlag, 1902, p. 11.

(36) „Das ist die den Morallehren des Konfucius zu Grunde liegende Idee." *ibid.*, p. 11.

(37) „Um nun diese Idee zur vollständigen Herrschaft zu bringen, ist die harmonische Ausbildung des Intellekts, des Gemütes und des Willens unbedingt notwendig." *ibid.*, p. 11.

(38) *ibid.*, p. 11.

(39) „Nach langer mühevoller Wanderschaft, während welcher ihm manches Mißgeschick begegnete, kam er zur Heimat zurück, betrübt, daß er keine Gelegenheit zur Durchführung seiner Lehren gehabt hatte und doch voll Hoffnung, daß seine Zeit noch einmal kommen werde. Man könnte diese Hoffnungsseligkeit vielleicht als Einsichtslosigkeit tadeln, aber sie beweist deutlich die Eigentümlichkeit seiner moralischen Lehren und Überzeugungen." *ibid.*, p. 7.

(40) 服部宇之吉「儒教の天命説（承前）」哲学会『哲学雑誌』第二五巻第二七九号、一九一〇年、五七一頁。

(41) 同書、五七四頁。

(42) 同書、五七七頁。

(43) 同書、五七八頁。

(44) 同書、五七七頁。

(45) 同書、五九三頁。

(46) 佐藤仁訳『朱子学の基本用語――北渓字義訳解』研文出版、一九九六年、四八―四九頁。

(47) 服部宇之吉「儒教の天命説（承前）」哲学会『哲学雑誌』第二五巻第二七九号、一九一〇年、五九二―五九三頁。

(48) 渋沢青淵記念財団竜門社編『渋沢栄一伝記資料　第四一巻』渋沢栄一伝記資料刊行会、一九六二年、四二七頁。

(49)『四書章句集注』北京：中華書局、二〇一二年、五四頁。

(50) 渋沢青淵記念財団竜門社編『渋沢栄一伝記資料　第四一巻』渋沢栄一伝記資料刊行会、一九六二年、四二六—四二七頁。服部が参照したと思われる『朱子語類』の箇所としては、巻二三「論語　五」に朱熹の門人の言葉として「問：「『四十而不惑』，是於事物当然之理，如君之仁，臣之敬，父之慈，子之孝之類，皆暁之而不疑」とあり（『朱子語類』中華書局、一九九四年、五五二頁）、また同篇に「又問：「『四十而不惑』，何更待『五十而知天命』？」曰：「知天命，是知得微妙，而非常人之所可測度矣。」」とある（同書、五五五頁）。

(51) 服部宇之吉「孔子の「知天命」を論ず（承前）」日本警察新聞社『日本警察新聞』第五六六号、一九二二年、一四頁。なお劉宝楠は「五十而知天命」の注釈として次のように述べる。「「天命」とは、『説文解字』に「命とは、使である」とあるが、これは天が己にそのようにさせるということである。〔……〕天命を知るとは、己が天によって命じられた者であり、無駄に生きているのではないということを知ることである。」（「天命」者，説文云：「命，使也。」言天使己如此也。〔……〕知天命者，知己為天所命，非虚生也。）劉宝楠撰・高流水点校『論語正義』北京：中華書局、一九九〇年、四四—四五頁。

(52) 服部宇之吉「孔夫子」日本弘道会事務所『弘道』第二三〇号、一九〇九年、三九頁。なお服部は同箇所で「天命を知る」ことは「今日の倫理学の言葉で申しますと、即ち自我実現であります、自我を実現して終に天人合一の地に至る所に於て、「知天命」の境界に入るのであります」とも述べている。服部によれば、先に述べた「成己」にせよ、この「知天命」にせよ、孔子の教えの本質は「自我実現」にあった。「自我実現」とは、とりもなおさずグリーンの倫理学の主題でもある。

(53) „Die Morallehre verlangt, daß man sich jederzeit des Daseins des Himmels bewußt und von seiner höchsten moralischen Macht fest überzeugt sei.“ Hattori, Unokichi. *Konfucius*, Frankfurt a. M.: Neuer Frankfurter Verlag, 1902, pp. 11-12.

(54) „Durch sein Studium der Geschichte und seine Beobachtung des damaligen politischen Zustandes wurde ihm die Notwendigkeit der Regenerierung der Gesellschaft durch die Wiederherstellung der moralischen und politischen Prinzipien der alten weisen Kaiser klar. Er war ferner in seinem Gewissen davon überzeugt, daß niemand außer ihm dies vollbringen könnte.“ *ibid.*, p. 6.

(55) この「天命」への関心について服部は、「北京籠城」における戦場体験、特にあるとき銃弾が自身の頭上一寸を掠めたという経験から「天命に関する」「一つの悟り」を得たと述べ（服部宇之吉「儒教の天命と不動心」実業之日本社『実業之日本』第二六巻第一三号、一九二三年、二九頁）、また「深く死生有命を悟り孔子教の天命説を深刻に味は」ったと回顧している（服部宇之吉『孔子教大義』冨山房、一九三九年、二頁）。
なお服部は「儒教の天命と不動心」の冒頭において、「天命」の考えについては幼少期に読んだ太田錦城の『梧窓漫筆』

が影響しているとして、次のように述べている。

私は幼少の頃から漢学の先生に就いて、漢書を学んだのであつたが、その時代には、孟子の不動心などと云ふことは難しくてよく分らなかつた。

ところが先生から太田錦城の梧窓漫筆を読むやうにと云はれたので、論語や孟子を読む傍らそれを読んだのであるが、その中に天命と云ふことを説いてある。一体儒教では天命と云ふことを喧しく云ふが、錦城は総ての人の身に其の人相応の天命があると云ふ語があつたが、それが子供にも分り易いやうに説いてあるので、深く脳裡に泌み込んだやうに思ふ。即ち天命はその人の境遇、地位、経験等でそれぞれ悟れるものであらうと云ふことが朧気ながら分つて来たやうであつた。[……]

その後天命に関する私の考へは追々多少相違して来たが、若し私が多少なりとも不動心を有して居るとすれば、それは、子供の時の考へが籠城の経験に依つて強められた結果であらうと思ふ。(二八―二九頁)

「幼少」というから、ここで服部の言う「先生」は島田重礼ではないだろう。前章の注釈で言及した漢学塾の教師の誰かかもしれない。

また前章の注釈で述べた通り、島田は、師の海保漁村が太田錦城より授かった『論語』講義の記録を保存していた。服部は、島田ほどには太田錦城と密接な関係を持たないが、幼少期から『梧窓漫筆』を読むなど、全く無関係であったのでもない。なお『梧窓漫筆』中に「天命」を述べたものとして、下巻冒頭に以下のようにある。

人々頭に戴きたる。天と云ふものあり。天子は天下を能治め玉ふ是天より命ぜられたる処なり。諸侯は。一国を能治めたまふ。是天より命ぜられたる処なり卿大夫士は上は君を補佐し。下は三民を撫育す。是天より命ぜられし処なり。農工商売の三民も。其各の家業を務る。是天なり。此理を知れば。左伝の邾の文公を知命と云しも。明白分暁なり。さて医者は。其業を精明にして。世人の病患を能治る是天なり。儒者は。何を以て天命とするや。学を講じ道を明にし。天下の人の惑を解きて。天下の悪を戒め破り。天下の善を勧め導く事是天より命ぜらるる処にして。頭に戴たる天なり。

(太田錦城著・荒井堯民校『梧窓漫筆』共同出版、一九〇九年、九三―九四頁)

(56) 中島隆博『共生のプラクシス――国家と宗教』東京大学出版会、二〇一一年、二三七頁。
(57) 服部宇之吉『孔子教大義』冨山房、一九三九年、六三頁。
(58) 同書、九二頁。
(59) 中島隆博『共生のプラクシス――国家と宗教』東京大学出版会、二〇一一年、二四〇―二四一頁。
(60) 『大西博士全集　第五巻　良心起源論』警醒社、一九〇四年、三五〇頁。

(61) 同書、三五九—三六〇頁。
(62) 同書、三六二頁。
(63) 同書、三六三頁。
(64) 同書、三六四—三六五頁。
(65) 同書、三六八—三六九頁。
(66) 小坂国継『明治哲学の研究——西周と大西祝』岩波書店、二〇一三年、二三九—二四二頁。
(67)『大西博士全集　第五巻　良心起源論』警醒社、一九〇四年、三五五頁。
(68) 同書、三六三頁。
(69) 同書、三三六頁。
(70) 同書、三四八—三四九頁。
(71) „Konfucius war ein Moralphilosoph wie Sokrates, blieb aber in der Religionsphilosophie hinter Buddha zurück.“ Hattori, Unokichi. *Konfucius*, Frankfurt a. M.: Neuer Frankfurter Verlag, 1902, p. 17.
(72)『大西博士全集　第五巻　良心起源論』警醒社、一九〇四年、三六〇頁。
(73) 同書、三四五頁。
(74) 同書、同頁。なお『大西博士全集』において、この部分には大括弧（［　］）が付されており、欄外には「編者曰、本編中の括弧［　］は著者自ら附せられたるものにして憶ふに削除せんとせられたるものか、尚ほ不明なれば此の儘にせり」と記されている（同書、三三五—三三六頁）。
(75) 同書、三四一頁。
(76) 東京専門学校における同名の講義録を元とする。明治二八（一八九五）年から同三〇（一八九七）年頃に成立した（佐古純一郎『近代日本思想史における人格観念の成立』朝文社、一九九五年、二二九頁）。
(77)『大西博士全集　第二巻　倫理学』警醒社、一九〇四年、一四二頁。
(78) 同書、八九頁。
(79)『大西博士全集　第五巻　良心起源論』警醒社、一九〇四年、三三〇頁。
(80) „Nach seinen eigenen Worten hat Konfucius keine neuen Lehren verkündigt, sondern er war mehr ein Fortpflanzer der alten. Er pflanzte sie aber nicht nur einfach fort, sondern vereinigte vielmehr die bisher entwickelten moralischen und politischen Lehren und systematisierte sie zu einer zusammenhängenden Lehre. Dieser systematische Zusammenhang bestand

aber nur in seinem Geiste, und seine Lehre wurde immer nur in der Form einzelner Lehren verkündigt." Hattori, Unokichi. *Konfucius*, Frankfurt a. M.: Neuer Frankfurter Verlag, 1902, p. 10.

(81) 服部宇之吉『東洋倫理綱要』大日本漢文学会、一九一六年、一三九―一四〇頁。

(82) „Zwar sind dieselben auch in Korea und Japan verbreitet, aber er ist vor allem der Weise Chinas. Ihn zu verstehen ist unbedingt nötig für den, welcher China verstehen will." Hattori, Unokichi. *Konfucius*, Frankfurt a. M.: Neuer Frankfurter Verlag, 1902, p. 3.

(83) 東京大学百年史編集委員会『東京大学百年史　部局史　一』東京大学、一九八六年、五一五頁。

(84) 陳瑋芬「近代日本と儒教――「斯文会」と「孔子教」を軸として」九州大学博士論文、一九九九年、一二七頁。

(85) 陳瑋芬「近代日本における孔子教論者の天命説について――「天命」と「国体」を中心として」楊儒賓・張寶三共編『日本漢学研究初探』勉誠出版、二〇〇二年、八八頁。

(86) たとえば戸川芳郎は服部を「国民道徳論」のより「支那哲学」的方面からの「輔弼者」として捉え（戸川芳郎「漢学シナ学の沿革とその問題点」理想社『理想』第三九七号、一九六六年、一一頁）、坂出祥伸は服部を易姓革命の排除や忠孝一本などを特徴とする天皇制と親和的な「日本儒教」の代表論者とみなした（坂出祥伸『東西シノロジー事情』東方書店、一九九四年、八八頁）。このような捉え方は国外の研究者においても大きくは変わらず、たとえば李梁によれば、中国大陸において日本漢学研究の嚆矢を放った人物の一人である厳紹璗は、服部を「ファシズム文人」と評したという。李梁自身はこの評価は行き過ぎであるとするものの、同時に李梁自身も、服部の論調は「明らかに軍国日本の対外侵略戦争に荷担する迂論」でもあったとする（李梁『近代日本中国学におけるポリティックスとアカデミズム――服部宇之吉と近代日本中国学』富士ゼロックス小林節太郎記念基金、一九九三年、七四頁）。李慶『日本漢学史』も、服部の議論は「日本の「天皇制」のために、「大東亜共栄」の政治目的のために奉仕するものであって、当時の日本政府の政策と一致していた」と表現する（李慶『日本漢学史（修訂本）　第一部　起源和確立（一八六八―一九一八）』上海、上海人民出版社、二〇一〇年、四一六頁）。

(87) 服部宇之吉に焦点を当てた先行研究としては、他にも次のようなものがある。曽我部静雄「法制史家としての服部宇之吉博士」東北大学『文化』第四五巻第一・二号、一九八一年。陳瑋芬「服部宇之吉の孔子教論――その「儒教非宗教」説・「易姓革命」説・及び「王道立国」説を中心に」日本思想史懇話会『季刊日本思想史』第五九号、二〇〇一年。子安宣邦『「アジア」はどう語られてきたか――近代日本のオリエンタリズム』藤原書店、二〇〇三年。丹羽香「服部宇之吉と中国――近代日本文学の中国観への影響として」中央学院大学商学部・法学部『中央学院大学人間・自然論叢』第一九号、二〇〇四年。Harrell, Paula S. *Asia for the Asians*, Portland: MerwinAsia, 2012. 謝群「清末の日本人教習の「行動」と「思想」――京師大

学堂師範館正教習服部宇之吉を中心に」愛知大学国際問題研究所『愛知大学国際問題研究所紀要』第一四九号、二〇一七年。

これらを含めた服部宇之吉に関する先行研究の多くは、大まかに言えば、次のいくつかの要素によって構成されている。①人物・経歴の紹介、②北京（京師大学堂）滞在時の経歴への関心、③昭和初期の「御用学者」的側面への批判。

なお②については、謝群やHarrellなど、服部宇之吉の妻・繁子による同地での女子教育の試み（および西太后との関係）に触れる研究もある。もっとも②の要素を含むものであっても、服部の教育活動の背景には「中国教育主権の取得」という隠れた意図があり、また服部は「伝統的な儒教を日本軍国主義のために改造させ」「対外侵略の行為を美化する言論を発表」し「ファシズムを唱える学者になった」と述べる謝群のように（謝・前掲書、七四頁）、③の要素を強調するものは少なくない。筆者は本書執筆の過程で、服部が厳密な意味での「軍国主義」や「ファシズム」を称賛した文章を発見することはできなかったが、とはいえ本書が先行研究で縷々指摘されている③の要素全てを否定するものではないことは、再三ではあるが述べておきたい。

(88)　一九〇三年一二月下旬の時点で京師大学堂（師範館および仕学館）には九名の外国人教習がおり、うち五名は日本人、かつ外国人教習としては最高位である「正教習」はいずれも日本人で、仕学館正教習は法学者の巌谷孫蔵であった（大塚豊「中国近代高等師範教育の萌芽と服部宇之吉」国立教育研究所『国立教育研究所紀要』第一一五集、一九九八年、五三―五四頁）。

(89)　各省の教育行政官である提学使は、明治三九（一九〇六）年八月から三ヶ月にわたり日本に滞在し、東京の各学校などを視察したほか、文部省の高等官から教育史・教育制度に関する講義を受けた（汪婉『清末中国対日教育視察の研究』汲古書院、一九九八年、二七一―二九四頁）。

(90)　服部宇之吉「支那人の見たる孔夫子」政教社『日本及日本人』第五三一号、一九一〇年、二〇頁。

(91)　服部宇之吉「清国ノ立憲準備（承前）」国家学会事務所『国家学会雑誌』第二四巻第二号、一九〇九年、七頁。

(92)　同書、同頁。

(93)　服部宇之吉「清国の覚醒と排外思想」博文館『太陽』第一二巻第一三号、一九〇六年、八〇頁。

(94)　服部宇之吉「清国の教育宗旨五大綱及上諭」帝国教育会『教育公報』第三〇八号、一九〇六年、三七―四〇頁。

(95)　同書、同頁。

(96)　服部宇之吉「支那人教育に対する所見」中央公論社『中央公論』第二四巻第三号、一九〇九年、三六頁。

(97)　同書、三七―三八頁。

(98)　同書、三九頁。

(99) 同書、四二頁。
(100) 服部宇之吉「清国の教育宗旨五大綱及上諭」帝国教育会『教育公報』第三〇八号、一九〇六年、三七—四〇頁。
(101) 服部宇之吉「清国人の政治思想」東邦協会『東邦協会会報』第一七二号、一九〇九年、二頁。
(102) 同書、四—五頁。
(103) 明治四四(一九一一)年一月から三月にかけて、雑誌『漢学』(第二編第一号—三号/東亜学術研究会刊行)に発表された「井田私考」において、服部は、「井田法とは土地が未だ個人の私有に帰せざる時代に於て共有地の使用に関する習慣及び規定」であって「聖王の造意に出」たものではないと主張した(服部宇之吉「井田私考」東亜学術研究会『漢学』第二編第一号、一九一一年、八頁)。ここには、井田があくまでも世界史に共通して見られる土地共有制度の中国における一形態に過ぎないと示すことによって、井田を社会主義導入の根拠とすることを回避させようという意図があったと考えられる。
(104) 服部宇之吉「清国人の政治思想」東邦協会『東邦協会会報』第一七二号、一九〇九年、四—六頁。
(105) 明治二七(一八九四)年、帝国大学法科大学法理学講座教授であった穂積陳重の指導の下に組織された「独逸流「セミナリー」」を母体とし、順次学外にも会員を拡大して「毎月一回談論会」を開いたという(「法理研究会記事」法学協会『法学協会雑誌』第一五巻第一号、一八九七年、八五—八六頁)。
(106) 服部宇之吉「清国事変の裏面観」国家学会事務所『国家学会雑誌』第二六巻第六号、一九一二年、九七頁。
(107) 同書、九八頁。
(108) 同書、一〇五頁。
(109) 同書、一〇六頁。
(110) 同書、一一七—一一八頁。
(111) 同書、一一九頁。
(112) 同書、一二五頁。
(113) 同書、一〇九—一一一頁。
(114) 服部宇之吉「滅亡せる支那帝国」経済時報社『経済時報』第一一〇号、一九一二年、一二頁。
(115) 服部宇之吉「清国事変の裏面観」国家学会事務所『国家学会雑誌』第二六巻第六号、一九一二年、一二七頁。
(116) 同書、一二八頁。
(117) 渋沢青淵記念財団竜門社編『渋沢栄一伝記資料　第四一巻』渋沢栄一伝記資料刊行会、一九六二年、一四一頁。
(118) 服部宇之吉「支那に於ける道徳の危機(孔子祀典の存廃問題等)」東亜学術研究会『東亜研究』第二巻第一一号、一九一二年、一二頁。

(119)「満清時代に、いわゆる欽定教育宗旨なるものがあり、忠君、尊孔、尚公、尚武、尚実を言った。忠君と共和政体は合わず、尊孔は信教の自由と相反するものであるから（孔子の学術は、後世のいわゆる儒教・孔教とは分けて論じなければならない。以後の教育界がどのように孔子を処理し、またどのように孔教を処理すべきかは、別にこれを討論すべきであって、ここには贅言しない）、論じなくてもよい」。

満清時代，有所謂欽定教育宗旨，曰忠君，曰尊孔，曰尚武，曰尚実。忠君与共和政体不合，尊孔與信教自由相違（孔子之学術，与後世所謂儒教、孔教分別論之。嗣後教育界何以処孔子，及何以処孔教，当特別討論之，慈不贅），可以不論。蔡元培『蔡元培文集　巻二・教育（上）』台北、錦繍出版、一九九五年、八四―八五頁。

(120) 同書、七九頁。

(121) 服部宇之吉「支那に於ける道徳の危機（孔子祀典の存廃問題等）」東亜学術研究会『東亜研究』第二巻第一一号、一九一二年、一三頁。

(122) 同書、同頁。

(123) 同書、一四―一五頁。

(124) 同書、一六頁。

(125) 服部宇之吉「儒教に於ける君臣の大義」東亜学術研究会『東亜研究』第二巻第一一号、一九一二年、一〇頁。

(126) 同書、一五頁。

(127) 服部宇之吉「支那に於ける道徳の危機（孔子祀典の存廃問題等）」東亜学術研究会『東亜研究』第二巻第一一号、一九一二年、一八頁。

(128) 一九一二年、王錫蕃・劉宗国らによって「孔道会」が設立され、七月に「孔道会宣言」および「孔道会大綱」が「大総統」宛に送付された（中国第二歴史檔案館編『中華民国史檔案資料滙編　第三輯　文化』南京、江蘇古籍出版社、一九九一年、五九―六四頁）。なお、この服部の演説の二週間前には、上海・山東会館において康有為・陳煥章らが「孔教会」の成立大会を開いている（竹内弘行『後期康有為論――亡命・辛亥・復辟・五四』同朋舎、一九八七年、五三頁）。

(129) 服部宇之吉「支那に於ける道徳の危機（孔子祀典の存廃問題等）」東亜学術研究会『東亜研究』第二巻第一一号、一九一二年、一八―一九頁。

(130) 同書、二一頁。

(131) 同書、二一―二二頁。

(132) 竹内弘行『後期康有為論――亡命・辛亥・復辟・五四』同朋舎、一九八七年、五三―五四頁。

(133) 辛亥革命以前において服部が康有為の学説を論じたことは確認できていないが、その代表作『新学偽経考』と『孔子改制考』は、明治三二（一八九九）年一〇月の康有為の日本亡命前後にはすでに日本国内において知られていた。まず『新学偽経考』が諸学者の関心を引いたようで、たとえば重野安繹の門人である荘原和は明治二八（一八九五）年に『新学偽経考弁』を著し（坂出祥伸『中国の人と思想11　康有為』集英社、一九八五年、二四四頁）、島田重礼も『新学偽経考』を読んでいたという宇野哲人・吉川幸次郎らの証言がある（東方学会編『東方学回想Ⅲ　学問の思い出（二）』刀水書房、二〇〇〇年、二八頁）。狩野直喜は明治三二（一八九九）年の「康氏の新学偽経考を読む」の冒頭で「康氏の学術は、孔子改制考、新学偽経考の二書に就きて、其一斑を窺ふことを得べし」と述べた上でその「孔子改制」説を紹介しており、少なくとも康有為の亡命以後は両書併せて知られていたことが分かる（狩野直喜『読書籑余』みすず書房、一九八〇年、三五八頁）。

(134) 服部宇之吉「孔子教に関する支那人の誣妄を弁ず」東亜学術研究会『東亜研究』第三巻第一〇号、一九一四年、三頁。

(135) 同書、同頁。

(136) 同書、八頁。

(137) 同書、五頁。

(138) 同書、九頁。

(139) 服部宇之吉「春秋公羊学の妄を弁ず」東亜学術研究会『東亜研究』第三巻第六号、一九一三年、二頁。

(140) 同書、九頁。

(141) 服部宇之吉「支那に於ける孔子尊崇」東亜学術研究会『東亜研究』第一巻第一号、一九一一年、七―八頁。

(142) 服部宇之吉「支那に於ける道徳の危機（孔子祀典の存廃問題等）」東亜学術研究会『東亜研究』第二巻第一一号、一九一二年、二〇頁。

(143) 服部宇之吉「儒教に於ける祭祀の意義」國學院大學総合企画部『國學院雑誌』第二〇巻第五号、一九一四年、二五頁。

(144) 服部宇之吉「思想道徳の上より観たる民国の前途」国家社『国家及国家学』第一巻第九号、一九一三年、四〇頁。

(145) 服部宇之吉「清国人の政治思想」東邦協会『東邦協会会報』第一七二号、一九〇九年、四―五頁。

(146) 服部宇之吉「思想道徳の上より観たる民国の前途」国家社『国家及国家学』第一巻第九号、一九一三年、四二頁。

(147) 同書、四二―四三頁。

(148) 同書、四五頁。

(149) 同書、四〇―四一頁。

(150) 同書、四八—四九頁。これ以降、服部は、現代中国に関連する歴史的事項について触れることはあっても、具体的な中国政治評論を行わなくなる。袁世凱の復辟にも、それ以降の政治情勢の変化にも触れることはなかった。
(151) 服部宇之吉『東洋倫理綱要』大日本漢文学会、一九一六年、三一八—三一九頁。
(152) 服部宇之吉編『漢文大系　礼記鄭注』冨山房、一九一三年、一〇—一一頁。「礼」研究は服部畢生の事業でもある。服部最晩年の仕事は「儀礼鄭注補正」であった。「儀礼鄭注補正」については、次の文献を参照。田琛「服部宇之吉の「儀礼」研究——「儀礼鄭注補正三」を中心に」関西大学大学院東アジア文化研究科『文化交渉——東アジア文化研究科院生論集』vol. 1、二〇一三年、三三九—三四八頁。
(153) 服部宇之吉「監国考」好学会『好学雑誌』第六七号、一九〇九年、一〇頁。
(154) 服部宇之吉「宗法考」東洋協会調査部『東洋学報』第三巻第一号、一九一三年、一頁。
(155) 鹿野政直『近代日本の民間学』岩波書店、一九八三年、九頁。
(156) 後藤朝太郎『支那文化の解剖』大阪屋号書店、一九二一年、二七六—二八一頁。
(157) 服部は明治四三（一九一〇）年五月から七月にかけて、雑誌『漢学』上で「時文講義」を連載した（東亜学術研究会、第一編一号—三号）。「時文」とは、中国語では「科挙に用ゐられし文体」（明清においては八股文）を指すが、日本では「清国官府の公文、商界其他一般に用ゆる書牘等の文体」を指し、その連載では後者の「時文」、すなわち清国の公用文体の読解方法を講じ、それによって「清国朝野最近の形勢を窺」いつつ、同時に官制や習慣など「清国の事情」についても解説した。竹田復の回想によれば、服部は、「時文」で書かれた中華民国政府公報の読解演習を研究室で課外に行っていたこともあったという（東方学会編『東方学回想Ⅰ　先学を語る（一）』刀水書房、二〇〇〇年、一二〇—一二一頁）。
(158) 服部宇之吉「隣邦の人士に告ぐ「国民精神の根本に復れ」」斯文会『斯文』第二一巻第三号、一九三九年、四—五頁。
(159) 同書、七頁。
(160) 李梁『近代日本中国学におけるポリティックスとアカデミズム——服部宇之吉と近代日本中国学』富士ゼロックス小林節太郎記念基金、一九九三年、七三—七四頁。
(161) 陳瑋芬「服部宇之吉の孔子教論——その「儒教非宗教」説・「易姓革命」説・及び「王道立国」説を中心に」日本思想史懇話会『季刊日本思想史』第五九号、二〇〇一年、六三—六四頁。
(162) 劉岳兵『日本近代儒学研究』北京、商務印書館、二〇〇三年、二〇七頁。
(163) 李梁『近代日本中国学におけるポリティックスとアカデミズム——服部宇之吉と近代日本中国学』富士ゼロックス小林節太郎記念基金、一九九三年、七四頁。

(164) 昭和一四（一九三九）年六月、服部の死の一ヶ月前に記された『孔子教大義』の序文には、次のようにある。

予北京より帰国せる後、暫くしてハーヴアード大学教授に任ぜられ米国に赴き、主として儒教に関する講義を担当し、やがて帰朝せる後、故・徳川頼倫氏、予をして其の経営せる南葵文庫に於て孔子教に就き講演せしむ。講演は半歳に亘り連続十回に及びたれば、予自ら講演筆記を校閲し刊行に便にせしも、久しくして刊行せられず、予の訂正せる校本はやがて伯爵・松平直亮閣下の有に帰し、後ち更に同伯爵が久しきに亘りて顧問として尽瘁せられ予亦現に副会長として微力を致しつつある日本弘道会の蔵するところと為れり。即ち松平閣下より同会に寄附されたるに由るなり。頃者、冨山房、之を印行せんとし、予、松平伯の承諾を得て刊行に著手せり。（服部宇之吉『孔子教大義』冨山房、一九三九年、四頁）

また、当時の南葵文庫の報告には次のようにある。

文学博士服部卯《ママ》之吉氏は当今漢学界に於て随一の人なり。依つて請ふて東洋倫理思想の大義を開講せり。則ち「孔子教大義」の題目の下に一月二十四日を初日とし、自後毎月第一、第三月曜日を以て講日となし、其日午後六時三十分より約二時間半に亘り詳細なる研究を発表せられたり。（南葵文庫『南葵文庫報告　第九』南葵文庫、一九一七年、一一頁）

(165) 『孔子教大義』の冒頭では「民国初期の支那」における「孔子教」問題、つまり儒教国教化運動について批判的に分析している。その書き振りは「民国五六年頃支那で憲法問題として国教と為すべきや否やを論議された所の孔子教」などと過去を振り返るような形になってはいるが（服部宇之吉『孔子教大義』冨山房、一九三九年、一頁）、おそらく服部は南葵文庫での公開講座当時、今まさに進行中の問題として儒教国教化運動を論じたのであろう。

(166) 服部宇之吉『孔子教大義』冨山房、一九三九年、二頁。

(167) 同書、三―四頁。

(168) 同書、二頁。

(169) 同書、三一頁。

(170) 荀子も「儒者」には違いないが、「道は聖人が造つたものだ」とする荀子の思想は、道はあくまで「人の性に率ふ」自律的なものであるという「儒教全体の思想と矛盾」しており、であるがゆえにその意見は「徹底的には主張されぬところ」があって、「何故に人が其道を理解し又行ふことが出来るか」という点においては、道を「他律」のものとする荀子本来の「出発点」とは「矛盾」が生じているのだという（同書、六二頁）。

このような服部の荀子観は、大正二（一九一三）年の「荀子解題」（『漢文大系』第一五巻所収）で荀子の経歴や学問的意義を詳述し、「後人荀卿ヲ病ム者アレドモ、荀卿ハ思・孟ノ説ヲ以テ孔子ノ旨ヲ失フト為シテ此挙ニ出デタルモノニテ、亦学者自ラ信ズルコト篤キノ致ス所ノミ」とバランスの取れた見方を示していることとやや開きがあるようにも感じられる（服部宇之吉校訂『漢文大系　荀子集解』冨山房、一九一三年、一六頁）。ただこれは、服部における荀子観の転換というよりも、一方が南葵文庫において「孔子教」を集中的に論じた一般向けの報告、とりわけ「道」の「自律」と「他律」の差異を強調する文脈における表現であるということと、他方は専門家向けの『漢文大系』における解題であるという違いに起因するとも考えられる。

(171) 服部宇之吉『孔子教大義』冨山房、一九三九年、六三頁。
(172) 同書、八二―八四頁。
(173) 井上哲次郎『国民道徳概論』三省堂、一九一二年、二六五―二八八頁。
(174) 文部省編『国体の本義』文部省、一九三七年、一八、四八頁。
(175) 服部宇之吉『孔子教大義』冨山房、一九三九年、三五三―三五四頁。
(176) 同書、三六〇頁。
(177) 同書、一七三頁。
(178) 同書、三九七頁。
(179) 同書、一七三頁。
(180) 同書、三九八頁。
(181) 事実として、服部は大正一二（一九二三）年からは狩野直喜とともに対支文化事業（東方文化事業）調査委員に就任しており、その調査のために訪中している。その他、京城帝国大学創立委員にも名を連ね、大正一五（一九二六）年から昭和二（一九二七）年までは同大学総長を務めたほか、晩年の昭和九（一九三四）年には満日文化協会の理事を務めるなど、その活動範囲は東アジア全域に及んでいた。そのほかにも、ドイツへ留学していたこと、北京で長らく教鞭を執ったこと、ハーバード大学へ客員教授として赴いたことなどを思い出せば、服部はきわめて国際経験豊富な人物であったと言えよう。「孔子教」論に限らない中国研究書としても『清国通考』（明治三八〔一九〇五〕年）、『支那研究』（大正五〔一九一六〕年）、『支那の国民性と思想』（大正一五〔一九二六〕年）などを出版し、服部は「支那哲学」の研究者であると同時に、いわば「チャイナ・ウォッチャー」であったかのようにも見えるが、しかしそれらの著作の内容の多くは歴史的事項、せいぜい清国末期の制度までに留まっており、服部の関心は、やはり革命以後の変転めまぐるしい政治情勢を逐一追いかけるまでには至らなかったように思われる。

終章　中心と周縁

近代日本思想史に限らず、ひいては日本国内にさえ限らない話だが、近年の人文学研究は、「中心」から「周縁」や「境界」へという大きな潮流を形成してきた。たとえば「東京」から「京都」や「大阪」へ、「中央」から「地方」へ、「都市」から「郊外」へ、「政・官・学・財」から「民間」や「市民」へ、「日本」から「海外」や「植民地」へ、「男性」から「女性」や「子供」へと視野を広げ、様々な歴史や体験や経験を、批判的思考のもとに掬い上げてきた。人文学の果たすべき役割の一つに、これまで無視され、抑圧され、虐げられ、可視化されてこなかった声を可視化するという使命があるとすれば、この潮流は確かな成果を上げてきたし、今後も継続されてゆくだろう。

しかし一方で、少なくとも一部の分野について言えば、逆にその「中心」の分析が、ある時期以降長らく更新されず（あるいは「周縁」と同程度の熱意を持って再び研究対象とされることもなく）、認識がある時点から固定化されたまま、置き去りにされてきた傾向があるという点も否めないように思われた。「中心」を離れて「周縁」へ向かおうとする動きは、「中心」がそもそも全体を把握する上で重要と考えられ、それゆえ「中心」ばかりに研究関心が集中してきたことへの反省を含んでいたはずである。

たとえば、遥か昔にはもっぱら政治史を「中心」として描いてきた歴史学は、その「中心」への過度な集中に対する反省から、社会史や文化史などの「周縁」領域へと探究の対象を拡大していった。しかしそれは、言うまでもないが、歴史学という方法に基づいて過去を記述する上で、政治史が政治史として持つ重要性を失ったことを意味していない。政治は人々の全てではないにしても、相応の影響力を持つ要素であることに変わりはなく、方法論としては様々な更新がありながらも、政治史を完全に無視した、あるいはどこかの時点で政治史の研究を放棄してしまった歴史学というものはありえないはずである。

このことを近代日本の漢学および「支那哲学」ひいては近代日本における学術の発展という、本書が取り扱った論題の範囲に落とし込んでみると、少なくともそのような「中心」の一つは東京（帝国）大学であった。明治一〇（一八七七）年、東京開成学校と東京医学校の（書類上の）合併により、日本初の近代的総合大学として設立された東京大学は、その当初こそ他の官立高等教育機関と比べて突出した存在ではなく、司法省法学校などとの競争を経験したものの、明治一九（一八八六）年の帝国大学令以降は、近代日本における中央集権・東京一極集中構造の形成と相まって、学術・研究の側面において多大な影響力を持つようになっていった。明治三〇（一八九七）年の京都帝国大学を皮切りに、植民地を含めた各地に帝国大学が設立されてゆくのではあるが、しかし単純な学部数・教官数・学生数といった規模の面のみならず、教官による研究活動や各種の学会・講演会・委員会などをも含めた学術・教育、あるいは学生文化や価値観など、どの面から見ても、東京（帝国）大学（および学生文化という点から言えば、それに加えて長らく校地を接していた第一高等（中）学校）が有していた影響力は相当に大きかった。「東京」がきわめて強力な「中心」として機能してしまっていたからこそ、それを相対化・非中心化するものとしての「京都支那学」が注目を浴び、またその学術の「中心」が、政治権力というもう一つの「中心」と分かちがたく結びついた姿が、繰り返し批判の対象とされてきた。

しかしながら、そのような潮流の一方で、「中心」そのものに対する客観的な分析は、やや脇に追いやられてきた面があったのではないか。言うまでもなく、「中心」そのもののあり方を具体的に明らかにすることによって初めて、その「中心」が果たしてきた機能を批判的に再検討することが可能となる。ほかでもない、近代日本において良かれ悪しかれ学術の「中心」であり続けた東京（帝国）大学を継承する国立大学法人東京大学において、その「中心」が何であったかを具体的に再検討しようとする大小のプロジェクトが近年になっていくつか進められてきたことも、大きく言えばこのような動機に関連しているのではないかと思われる(1)。

以上のような理由から、研究の対象を「中心」から「周縁」へと広げてきた人文学の大きな流れの中で、あえて本書では「中心」に光を当て直してきた。しかしながら、終章において自ら本書の限界を指摘するならば、そのような構成を取ってきたにもかかわらず、その「中心」すら、なお研究の余地が多分に残されている。

本書では、これまで様々な理由から本格的な研究対象とはされにくかった井上哲次郎、島田重礼、服部宇之吉といった、東京（帝国）大学の漢学および「支那哲学」を語る上で欠かすことのできない重要人物について検討してきたが、同大学で漢学に携わった人物は彼らだけではない。特に、帝国大学の卒業年次では服部の後輩ながら、実際には留学中の服部よりも早く教壇に立ち、また『支那哲学史講話』など広く普及した概説書を著すなど、大正―昭和期の日本において服部と並び立つ「支那哲学」の代表的存在となった宇野哲人は、重要人物ではありながら、本書において分析の対象とすることはできなかった。宇野は、その著作の多さに加えて、昭和の戦前・戦中期には服部よりも積極的に「時局」的発言を行った人物であり、また戦後もしばらく存命であったから、これまで研究対象とはされにくく、またどのように取り扱うかについても容易ではない面があった。しかしそうであればこそ、本書において井上哲次郎を取り扱ったように、宇野が戦前に有していた影響力についても冷静に分析していく必要があろう。宇野以外にも、東京帝国大学出身の漢学および「支那哲学」者、ひいては植民地を含めた帝国大学で活躍した者までを含めて考えると、近代日本における漢学および「支那哲学」の発展史は、学術史としてなお記述されるべき余地を少なからず残していると言える。

また、本書は近代日本における漢学および「支那哲学」を分析対象としてきたが、同時期（特に清末民初期）の中国において展開された様々な思考や、それに関連して日本で展開された「支那」論の広がりについては、十分に説き尽くすことはできなかった。第二章の注釈では、支那哲学者・高瀬武次郎の著作が中国大陸における草創期の「中国哲学史」編成に少なからぬ影響を与えたことを指摘したものの、まさに明治期の日本が西洋思想を選択的に受容し、その選択のあり方こそが思想史の探究の一つの対象となっているように、当時の中国の知識人たちがどのように日本の「支那哲学史」を選択的に受容し、自らのものとしていったのかという点について分析を深めることができれば、真の意味で、当時の東アジアにおける知の国際的な循環を描き出すことができるように思われる。また、日本において「支那」論を展開した人物として、たとえば松本三之介、子安宣邦、岡本隆司らの著作において分析されているような、宮崎滔天、吉野作造、石橋湛山、矢野仁一、北一輝、内藤湖南、橘樸《しらき》、尾崎秀実《ほつみ》らを挙げられるが、(2)彼らのような、時には実際に大陸に赴き人脈を形成しながら「支那」について積極的に論じた評論家・思想家たちの「支那」論と、本書で中心的に検討したようなアカデミックな漢学および「支那哲学」の関係についても、なお研究の余地は大きいだろう。この点に関連して、すなわち漢学および「支那哲学」と、現実の「支那」との関係について以下に述べ、本書を締め括ることにしたい。

しばしば言われてきたことだが、本質的に、近代日本の漢学および「支那哲学」は「支那」不在のまま、もしくは「支那」をある意味で無視したまま進められてきた。東京（帝国）大学で漢学を受け持った島田重礼、そして服部宇之吉は、むろん学者・研究者であれば当然のことではあるが、古典文献の読解と考証を基本的な態度とし、現実世界の同時代を生きる存在としての「支那」を直接的な考察の対象から遠ざけてきた、という共通点を指摘することができる。「実用支那学」を興すべし、古典のみならず「支那語」を学ぶべし、実際に「支那」に赴き四百余州を探索すべしという「実用支那学」の議論に対して、島田をはじめとして伝統的漢学者たちが冷淡な態度を取っていたことは、第三章で述べた通りである。また服部については、たしかに第五章で述べたように、実際に清国・北京に一八九九年九月から義和団事件を挟み約一年間、また京師大学堂の正教習としては一九〇二年九月から一九〇九年一月までの約六年半を同地で過ごし、また晩年に対支文化事業調査委員となってからは中華民国執政下の中国大陸を訪問してもいるのだが、しかし服部自身の問題関心からか、あるいはその身分に伴う交際・行動範囲に由来して、彼が重点を置いたのは、やはりあくまでも古典であって、清国および中華民国の公用文を読むことはあっても、その関心がテキストを読むという行為を中心に展開したこと、ともすれば紙上の制度を調査する以上の範囲にまで踏み出ることが少なかったことは、否定しがたいように思われる。このような服部の態度は、同じく長期間にわたって清国を実地で体験してきた井上（楢原）陳政（第三章参照）や、あるいは幾度となく「支那」の奥地へ入り込み、半ば手当たり次第に、時にセンセーショナルに「支那」の情景を本や講演で日本人へ伝えた、功罪入り混じるような「支那通」の後藤朝太郎（第五章参照）などとは、明らかに異なっている。

繰り返すように、文献の考証を重んじる服部の態度は、研究を本分とした学者としてはむしろ当然であろうし、かつ服部自身にしてみれば、「時文」の重要性を強調するなど、古典のみならず現実の「支那」に対しても同時に目配りをしていたのではあろうが、しかし大学全体の学風ということを考えると、戦前日本のアカデミア、とりわけ東京（帝国）大学における漢学および「支那哲学」は、基本的には同時代の「支那」とは切り離されて進められてきたものであったと言える。

そしてその傾向は、程度の差はあるだろうが、「京都」においても否定しがたく存在していた。子安宣邦は内藤湖南の『支那論』における「支那人に代つて支那の為めに考える」という態度に「対象の認識論的な支配の欲求」を見出しつつ[3]、きわめて批判的に内藤の議論を検討する中で、京都帝国大学で展開された「支那学」について「〈支那学〉的言語とは、〈古典的中国・伝統的中国〉についての歴史学的、文献学的知識にもとづいて中国を語り出す言語をいうのである」と述べている[4]。もちろん「京都支那学」の学者たちは、敦煌学への貢献も少なくなく、また羅振玉や王国維といった中国知識人との交流を積極的に持った点において、「東京」の漢学者および「支那哲学」者たちとは一線を画していた、と言えるのかもしれない（青木正児や吉川幸次郎など、文学の方面にまで視野を広げれば、なおさらその感は強まるであろう）。倉石武四郎は狩野直喜を回想する中で「先生が漢籍を読み、また読むことにあれだけ執着を持たれたのは、中国の人の美しいと思うものの美しさを知り、中国の人のおもしろいと思うもののおもしろさを知ろうとされた」からであると述べているが[5]、一方で狩野をはじめ「京都支那学」の面々にも、辛亥革命後の「ヤング・チャイナ」を嫌う者が多かったと言われる[6]。彼らにとって「支那哲学」あるいは「支那学」の中心は、やはり「古典的中国・伝統的中国」だったのであり、倉石の回想の中で言われている「中国の人」の感性とは、美術を含めた古典作品に通底的に流れ、そこから抽出されてくるべき理念として想定されていたはずである。その意味では、「古典」を軸にして「支那」を観察しようとした服部の態度は、決して服部あるいは「東京」に限られたものではなかったのであり、戦前のアカデミアにおける漢学者および「支那哲学」者たちの基本的な態度とは、第三章で検討したような少数の例外を除けば、まさに右のようなものであったと言えよう。

近代日本の漢学および「支那哲学」は、基本的に「支那」不在のまま進められた。本書は、ともすると今述べたこの事実を再確認しただけのように見えてしまうかもしれない。しかし同時に本書は、単にそのような「支那」不在の「支那哲学」や近代日本儒学を予定調和的に描き出すのみではなく、いくつかの注目に値する契機についても論じてきたつもりである。それは、各章で論じられた様々な改革の試みであり、また従来きわめてナショナリスティックな力学の中で一国主義的に形成されてきたと思われてきた様々な思想が、実は（井上哲次郎の「日本哲学」を含めて）海外からの、あるいは海外への直接・間接的な影響の中で形成されてきたということであった。それは今日の「学術交流」のような分かりやすい形を必ずしも取ってはいなかったが、近代とりわけ明治期の日本における思想および学問形成が、意識的にせよ無意識的にせよ、これまで考えられてきた以上に国際的な知の循環と交流の中で行われたものであったことを示している。

（1）たとえば、以下のようなプロジェクトが本書執筆の前後において進められてきた（職位はいずれも採択当時）。

東京大学大学院人文社会系研究科多分野交流演習「東京大学草創期の授業再現」（代表者：葛西康徳、東京大学教授、二〇一四―一八年度）、東京大学連携機構ヒューマニティーズセンター企画研究「学術資産としての東京大学」（代表者：鈴木淳、東京大学教授、二〇一七―二〇年度）、科学研究費助成事業・基盤研究（B）「東京学派の研究」（代表者：中島隆博、東京大学教授、二〇一八―二一年度）、科学研究費助成事業・基盤研究（B）「『哲学雑誌』のアーカイヴ化を基礎とした近代日本哲学の成立と展開に関する分析的研究」（代表者：鈴木泉、東京大学教授、二〇一八―二二年度）

『哲学雑誌』は「哲学会」の刊行する学術機関誌であって、「哲学会」は明治一七（一八八四）年、井上円了、井上哲次郎、有賀長雄、三宅雄二郎、棚橋一郎ら東京大学関係者を中心に、加藤弘之、西周、西村茂樹、外山正一ら大学内外の賛同を受けて設立された。現在、「哲学会」および『哲学雑誌』は東京大学文学部哲学研究室を中心に運営・刊行されており、「日本哲学会」およびその機関誌『哲学』とは別組織・別媒体である。

上記に加えて、東京大学と北京大学によって二〇一九年に開始されたジョイント教育・研究プログラムである「東アジア藝文書院（East Asian Academy for New Liberal Arts）」においては、旧制第一高等学校で学んだ中国人留学生に関する資料の調査・研究を目的とする「一高プロジェクト」が展開された。旧制第一高等学校、あるいは広く旧制高等学校という、戦前期の学歴競争社会における紛れもない「中心」を研究対象とすることそれ自体は、必ずしも過去を「栄光」とみなして懐古すること、もしくは反対に、過去の「罪悪」を現代的価値観から批判することのいずれかに終わってしまうものではなく、むしろ「中心」が「中心」であったがゆえに果たしえた様々な機能（たとえば上記プロジェクトについて言えば、戦前の中国人留学生教育の中心的な拠点の一つであったという、旧制第一高等学校が果たしていた機能）を出発点としつつ、過去への批判的分析を含む新たな研究の可能性へと開かれているものでもある。

（2）松本三之介『近代日本の中国認識――徳川期儒学から東亜協同体論まで』以文社、二〇一一年。子安宣邦『日本人は中国をどう語ってきたか』青土社、二〇一二年。岡本隆司『近代日本の中国観――石橋湛山・内藤湖南から谷川道雄まで』講談社、二〇一八年。

（3）子安宣邦『日本人は中国をどう語ってきたか』青土社、二〇一二年、五六頁。

(4) 同書、四九頁。
(5) 倉石武四郎「シノロジストの典型」弘文堂『東光』第五巻、一九四八年、一三頁。
(6) これとは逆に「ヤング・チャイナ」の動き、とりわけ文学活動を支持した若い世代については、陶徳民『日本における近代中国学の始まり――漢学の革新と同時代文化交渉』(関西大学出版部、二〇一七年)の第二章「民国初期の文学革命に対する日本知識人の反応――吉野作造・青木正児・西村碩園などの場合」を参照。

あとがき

本書は、著者の博士論文に大幅な改訂を加えたものである。著者は博士学位申請論文「大学と漢学——東京帝国大学とその前身校における漢学および「支那哲学」の展開について」を二〇二〇年に東京大学大学院人文社会系研究科に提出し、所定の審査を経て、二〇二一年一月に博士（文学）を授与された。主査は小島毅先生、副査は中島隆博先生、町泉寿郎先生、山口輝臣先生、高山大毅先生であった。審査の労を執って頂いた先生方に感謝を申し上げる。

著者が儒学に関心を持ち始めたきっかけは、加地伸行先生の全訳注による『論語』（講談社学術文庫）を高校生の頃に読んだことであった。『論語』の解釈には人の数だけスタイルがあり、またそれに対する意見も様々だとは思うが、当時の著者は「君子」を「教養人」と訳す独特のスタイルに惹かれて儒学に興味を持ち、大学の専門課程では中国思想を専攻しようと早々に決めてしまった程である。ただ同時に、詳しいことは専門課程に進学してから勉強すれば良いとも考え、実際に大学三年生の春に専門課程（文学部中国思想文化学専修課程、以下「中思文」）に進学するまでは、ほとんど儒学や中国思想について研鑽することがなかった。今なおこの時の怠惰が悔やまれる。

小島毅先生には、学部から博士課程まで一貫して指導教員を務めて頂いた。学部生の頃、大学院との共通ゼミで「傅説」を「でんせつ」と読み大恥をかいたことを今でも思い出すが、小島先生を始めとする中思文研究室の先生方・先輩方は、未熟な著者を根気強く指導してくださった。

修士課程に入学後、大学院で「東京大学草創期の授業再現」と題された多分野交流演習が始まった。目を引く題名であるが、これは実際には、哲学・歴史学から法学まで様々なご専門の先生が集まり、戦前の東京大学について広く学術史的観点から検討するという演習であった。この際に小島先生から「服部宇之吉」という名前を教えて頂いたことが、直接本書に繋がっている。この演習のコーディネーターでもあった葛西康徳先生にもお世話になった。

修士課程では、副指導教員を黒住真先生に務めて頂いた。著者は学部以来中国思想史を勉強しつつ、近代日本における儒学に関心を持っていたが、日本思想史については無知であった。黒住先生のゼミで、近世から近代に至る日本思想史を、多様なバックグラウンドの方々と共に学んだことが、著者の研究態度の背骨を作り上げてくれたように思う。著者の修士課程修了と同時に黒住先生は定年退職されたが、そのご指導を賜ることができたのは幸運であった。

博士課程では、中島隆博先生に副指導教員を務めて頂いた。東洋と西洋、古代と現代を、多言語を操り自由自在に行き来する姿は、実に前に在るかと思えば忽焉として後ろに在るようで、著者はどこまで追いかけることが出来ていたのか甚だ心許ない。中島先生も長年携わってこられた東京大学エグゼクティブ・マネジメント・プログラム（東大ＥＭＰ）では、知的にチャレンジングではあるがどこから手を付けたら良いのかわからない、「何とかかじりつきたくても、爪すら引っかからない」講義を「つるつるの壁」と表現することがあるようだが（東大ＥＭＰ・横山禎徳編『東大エグゼクティブ・マネジメント――課題設定の思考力』東京大学出版会、二〇一二年、一八九頁）、著者自身も同様の感覚を幾度となく覚えた。ただ、その「つるつるの壁」に向き合う中で、著者は徐々に、東アジアの思想史だけを眺めていてはなかなか気づくことのできない、「西洋から見た東アジア」「東アジアから見た西洋」「東アジアと西洋の知的循環」という視点を持つことの重要性を教わったように思う。本書がその成果を十分に発揮できていることを望む。

博士課程在学中には、東京大学の交換留学制度を利用し、また一般財団法人霞山会から奨学金を頂き、国立台湾大学へ留学する機会に恵まれた。いわゆるコロナ禍は、この台湾留学中に始まったのだが、台湾の優れた初期対応と、留学の受け入れ教員を引き受けて頂いた佐藤将之先生や陳瑢真氏に助けられ、大禍無く留学生活を送ることができた。佐藤先生のゼミでは、西洋思想史・中国思想史に関する様々な文献を扱い、国際的な思想史研究の最前線を経験できたように思う。英語と中国語の文献を読み、中国語で発表するという行為は、著者にとって極めてチャレンジングな行為であったが、台湾大学出身で中思文研究室（当時）の蒋薫誼氏から中国語添削などの支援を受けつつ、何とか乗り切ることができた。日本の研究室で日本語を何不自由なく扱う留学生の方々と接している時にも頭では理解していたつもりだが、外国語を読み、それを外国語で発表することが極めて難しい知的営為であることを改めて実感した。それを高度な水準で成し遂げている留学生の方々には、頭が下がる。

本書は二〇二四年度東京大学学術成果刊行助成制度（第五回東京大学而立賞）により出版の機会を得た。助成主体の東京大学、非常に丁寧で有益な査読コメントをお送り頂いた審査員の方々、また刊行を引き受けて頂いた東京大学出版会と、編集をご担当頂いた同出版会の山本徹氏に感謝したい。

また本書は疑いなく、いくつかの資料がなければ、その根幹部分が成立しなかった。特に貴重資料閲覧の便宜を図って頂いた金沢大学資料館、二松学舎大学附属図書館および町泉寿郎先生、東洋大学井上円了哲学センターおよび故・三浦節夫先生に感謝したい。

著者は台湾留学から帰国後、幸いにも連携研究機構・東京大学ヒューマニティーズセンターで仕事をする機会を得て、そこで博士論文を完成させた。同センターは東京大学総合図書館内の居室に置かれ、研究のみならず、非常勤講師の授業作成に際して各種調査を行う上でも、これ以上を望むことはできないほどの環境であった。東京大学総合図書館を維持・運営して頂いている職員の皆様、同機構設立時から機構長を務め、その運営・存続と研究環境の整備に並々ならぬ尽力をなされてきた齋藤希史先生、そして同機構の設立を主導され、その維持のために多大のご支援を続けてこられた潮田洋一郎氏に感謝を申し上げ、本書を終える。

二〇二四年一〇月

水野博太

著者略歴

1988 年　新潟県生まれ
2011 年　東京大学文学部卒業
2021 年　東京大学大学院人文社会系研究科博士課程修了
　　　　博士（文学）
現　在　東京大学附属図書館特任研究員

主要著作

「明治期陽明学研究の勃興――井上哲次郎『日本陽明学派之哲学』に至る過程」（日本思想史・思想論研究会『思想史研究』第 24 号，2017 年）
『講座　近代日本と漢学　第 4 巻　漢学と学芸』（分担執筆，戎光祥出版，2020 年）
Handbook of Confucianism in Modern Japan（分担執筆，Tokyo: MHM Limited, 2022）

「支那哲学」の誕生
――東京大学と漢学の近代史

2024 年 11 月 22 日　初　版

［検印廃止］

著　者　水野博太《みずのひろた》

発行所　一般財団法人　東京大学出版会
　　　　代表者　吉見俊哉
　　　　153-0041 東京都目黒区駒場4-5-29
　　　　http://www.utp.or.jp/
　　　　電話 03-6407-1069　Fax 03-6407-1991
　　　　振替 00160-6-59964

組　版　有限会社プログレス
印刷所　株式会社ヒライ
製本所　誠製本株式会社

ISBN 978-4-13-016052-0　Printed in Japan

索　引

あ　行

安積艮斎　184
姉崎正治　102, 103
新井白石　72, 193, 194
伊藤仁斎　2, 44, 48, 69, 72, 92, 94-96, 105, 106
伊藤東涯(長胤)　44, 48, 72, 92, 94
井上(楢原)陳政　125, 133-151, 155, 158, 161, 168, 293
井上円了　38, 90, 161
井上哲次郎　8-11, 14-16, 37, 48-50, 53, 63-70, 78-100, 102-107, 123, 151-153, 163, 164, 167, 168, 191, 192, 197, 200, 203, 204, 206, 207, 209, 233, 243, 244, 266, 291, 294
印度哲学　14, 47, 64, 71, 90, 151, 163, 167, 206
内田周平　14, 82-89, 161, 192, 205, 206
内村鑑三　89
宇野哲人　152, 188, 291
『淮南子』　200, 202, 203
袁世凱　249, 250, 259
遠藤隆吉　158, 167, 205, 206
王陽明　96, 101, 102, 147
大沢赤城　184, 192, 193
大塩平八郎(中斎)中斎　92, 94, 104
太田錦城　165, 183, 188, 203
大西祝　64-66, 69, 228, 239-242, 267
岡本監輔(韋庵)　39, 40
荻生徂徠　30, 48, 72, 92, 106, 126, 164

か　行

海保漁村　165, 183, 184, 188, 193, 203, 206, 214
何如璋　134-137, 140
加藤弘之　25, 36-38, 44-52, 70, 75, 163
狩野直喜　124, 183, 188, 196, 206, 212, 294
カント(韓図)　81, 82, 101-103, 105, 199, 232, 233, 239, 241, 242
『韓非子』　43, 164, 192, 265
教育勅語　11, 89, 155, 162, 163, 202, 203, 245
「教学聖旨」　52
郷紳　139-141
義和団事件　136, 151, 228, 293
公羊学　256, 257, 259, 267
グリーン(Thomas Hill Green)　232, 233, 239
桑原隲蔵　153, 206
慶應義塾　76, 153
京師大学堂　229, 230, 233, 245, 246, 262, 293
興亜会　128, 130
『孝経』　193, 202, 230
孔教運動　16, 181, 238, 243, 256, 267
孔子　50, 71, 73, 82, 95, 96, 192, 203, 227, 229-245, 249, 252-257, 259, 264-267
孔子教　9, 16, 181, 182, 199, 203, 227-229, 231, 238-244, 249, 254-257, 259, 263-267
黄遵憲　134
高等師範学校(東京高等師範学校)　159, 184, 197, 201, 202, 209, 210, 234
康有為　16, 181, 243, 255, 256
国際東洋学者会議　68, 78, 80, 81, 91, 92, 104, 105
国民道徳　65, 66, 92, 97, 98, 239, 244, 266
『古今学変』　44, 48
古典講習科　24, 38, 152, 153
後藤朝太郎　262, 293
近藤重蔵(守重)　165

さ　行

蔡元培　252, 253
塩谷宕陰　184, 190, 191
『詩経』　44, 188, 201, 202
重野安繹　125-133, 136, 141, 142, 150-152, 165, 194, 204, 209

支那学　142, 143, 146-150
支那史学　157, 206
支那語(支那語学)　142, 143, 154, 155, 157, 160, 161, 292
信夫粲(恕軒)　39
斯文会　9, 160, 170, 181
島田鈞一　183, 185, 187
島田重礼(篁村)　15, 16, 39, 41, 44, 45, 48, 50-53, 63, 70, 86, 123, 125, 145, 151-153, 158, 163-170, 182-192, 194-196, 202-207, 209, 211, 213-216, 227, 291, 292
朱熹(朱子)　83, 86, 88, 89, 95, 96, 237
朱子学　1-3, 83-88, 95, 102, 206, 236
『朱子語類』　83-86, 237
シュタイン(Lorenz von Stein)　78-81
『荀子』　49, 51, 79, 164, 168, 201, 202, 204, 265
『尚書』(書経)　44, 201, 202, 258, 266
昌平坂学問所(昌平黌)　1, 26, 32, 38, 39, 63, 151, 153, 182-184, 190, 215
ショーペンハウアー／ショウペンハウアー(Arthur Schopenhauer)　65, 81, 82
諸子学　164, 165, 168, 200, 201, 204, 205, 214
白河次郎(鯉洋)　156
讖緯　256, 257, 259
辛亥革命　16, 227, 238, 243, 244, 250-253, 258-260, 294
末松謙澄　205
鈴木大拙　101, 102
スペンサー(Herbert Spencer)　65, 71, 76
「聖喩記」　70
曾国藩　253
『荘子』　45, 49, 164, 192, 200, 204
ソクラテス(Socrates)　85, 199, 200, 205, 241

た　行

大学本校　24, 26
大学南校(南校)　23, 24, 26-28, 30
体制教学　9, 10
高瀬武次郎　90, 206, 292
高橋作衛　160
高嶺三吉　49, 51, 166
チェンバレン(Basil Hall Chamberlain)　71, 72, 93, 94, 152
『中庸』　42, 126, 202, 236, 240
程頤　83
哲学会　68, 69, 75, 81, 82, 98
『哲学会雑誌』　66, 69, 79, 80, 82, 87-89, 168, 200
哲学館　38, 85
『哲学雑誌』　164, 166, 204, 233
デニング, ウォルター(Walter Dening)　74-77, 93, 98-100, 103
東京外国語学校　129
東京開成学校　24-27, 30, 32, 36, 37, 45, 47
東京専門学校　43, 44, 69
東洋史学　153, 154, 158, 206
東洋哲学　47, 78-83, 85, 87, 90, 96, 104, 106, 152, 243
得能良介　134-136, 141
外山正一　196-198, 209-213, 215, 228

な　行

内藤湖南　293
内藤耻叟　144, 158
中江兆民　10, 68, 69, 77, 105, 106, 205
中島力造　232, 233
中村正直　10, 28, 38-40, 42, 45, 52, 126, 127, 152, 163, 184
名倉信敦(予何人)　128, 130
西周　89, 126
二松学舎　40
日本哲学　14, 15, 53, 63-68, 70, 71, 77, 80, 90-100-106, 167, 294
『日本陽明学派之哲学』　8, 63, 69, 90, 91, 95, 99, 100, 105
根本通明　88, 152, 209

は　行

ハウスクネヒト(Emil Hausknecht)　233, 234
服部宇之吉　9-11, 15, 16, 124, 152, 158, 168, 170, 181-184, 197-216, 227-270, 291-294
服部武　216
浜尾新　79, 197, 228
フィヒテ(Johann Gottlieb Fichte)　76, 199, 200
福澤諭吉　2, 76, 125
藤沢南岳　165

藤田豊八　153-158
ヘーゲル(G. W. Friedrich Hegel)　73, 74, 76, 77, 79, 81, 96, 200
ヘルバルト(Johann Friedrich Herbart)　233, 234
『墨子』　79, 168, 192, 201, 248, 265

ま　行

松本文三郎　158, 205, 206
三島毅(中洲)　39, 40, 42, 45, 152
箕作麟祥　28
三宅雪嶺　69, 90
明治天皇　69, 70, 189
『孟子』　43, 44, 49, 50, 83, 192, 201, 202, 236, 242, 255
元田永孚　70
モルレー(David Murray)　38

や　行

安井小太郎　187, 195
矢田部良吉　197, 209, 210
兪樾(曲園)　135, 141, 188
洋務　135, 137, 140, 141, 149
陽明学　98-100, 102-105

ら　行

『礼記』　202, 257, 260, 261
リース(Ludwig Riess)　204
梁啓超　100
林茂生　103
黎庶昌　164, 191, 195
『列子』　164, 200, 204
『老子』　42, 192, 200, 265
『論語』　4, 202, 203, 230, 232, 235-237

わ　行

和漢文学科　24-26, 30, 35, 42, 45, 52, 151
渡邉洪基　69, 71

参考文献

本書において、ページ数を指定してその内容に具体的に言及した文献を示す。単行本として出版された書籍であっても、講座・論集など著者の異なる文献が多数収録されているものの場合には、実際に言及した個々の論文を掲載した。

和文は（筆頭）著者名の五十音順を配列の第一基準とし、同一の場合は出版年の先後に応じた。さらに出版年が同じ場合には文献名の五十音順により並べた。著者名のない文献は配列の第一基準を文献名に取って変えた。筆者署名のない雑誌記事は、記事の題名を基準に並べた。

欧文は（筆頭）著者名のアルファベット順に並べた。

中文は（筆頭）著者名のピンイン表記のアルファベット順に並べた。ただし近代以前に刊行された漢籍に基づくものは、別途時代順に配列した。

一次資料

井上哲次郎『支那哲学史　巻一』（二松学舎大学附属図書館蔵）
井上哲次郎「東洋哲学史」聴講ノート（東洋大学井上円了研究センター蔵）
「東京帝国大学五十年史料」（東京大学総合図書館蔵）
「高嶺三吉遺稿」（金沢大学附属図書館蔵）
「徳大寺実則日記」（宮内庁書陵部蔵）
「外山正一史料」（東京大学総合図書館蔵）
「文部省往復」（東京大学文書館蔵）
「留学生関係書類　自明治三十二年至明治三十七年」（東京大学文書館蔵）

二次資料

［和文］

赤塚忠・金谷治・福永光司・山井湧編『中国文化叢書　二　思想概論』大修館書店、一九六八年
吾妻重二編『泊園書院歴史資料集——泊園書院資料集成一』関西大学出版部、二〇一〇年
阿波学会・岡本韋庵調査研究委員会編『アジアへのまなざし　岡本韋庵　阿波学会五十周年記念』阿波学会・岡本韋庵調査研究委員会、二〇〇四年
井川義次『宋学の西遷——近代啓蒙への道』人文書院、二〇〇九年
石毛忠・今泉淑夫・笠井昌昭・原島正・三橋健代表編集『日本思想史辞典』山川出版社、二〇〇九年
磯前順一・高橋原「井上哲次郎の「比較宗教及東洋哲学」講義——解説と翻刻」東京大学史史料室『東京大学史紀要』第二一号、二〇〇三年
市村瓚次郎「中等教育に於ける漢文の価値」哲学館『東洋哲学』第八編第二号、一九〇一年
稲富栄次郎『ヘルバルトの哲学と教育学』玉川大学出版部、一九七二年
井上円了「哲学祭記」哲学館『哲学館第六学年度講義録』一八九四年
井上哲次郎「泰西人ノ孔子ヲ評スルヲ評ス」東京社『東洋学芸雑誌』第四号、一八八二年
井上哲次郎『西洋哲学講義　巻之一』阪上半七、一八八三年
井上哲次郎「万国東洋学会景況」哲学会事務所『哲学会雑誌』第一冊第三号、一八八七年
「井上哲次郎氏来信」国家学会『国家学会雑誌』第一〇号、一八八七年
井上哲次郎「性善悪論」哲学会事務所『哲学会雑誌』第四七号、一八九一年
井上哲次郎「性善悪論（承前）」哲学会事務所『哲学会雑誌』第四八号、一八九一年
井上哲次郎「再ビ性善悪ヲ論ジ併セテ内田周平君ニ答フ」哲学会事務所『哲学会雑誌』第五一号、一八九一年
井上哲次郎「再ビ性善悪ヲ論ジ併セテ内田周平君ニ答フ」哲学会事務所『哲学会雑誌』第五四号、一八九一年
井上哲二《［ママ］》郎「支那哲学ノ性質」博文館『日本大家論集』第四巻第八号、一八九二年

井上哲次郎「朱子ノ窮理ヲ論ズ」哲学会事務所『哲学会雑誌』第六一号、一八九二年
井上哲次郎「支那哲学の性質（承前）」東京教育社『教育報知』第四九四号、一八九五年
井上哲次郎「王陽明の学を論ず」鉄華書院『陽明学』第一巻第一号、一八九六年
井上哲次郎「万国東洋学会の概況及ひ東洋学研究の方針」『東洋哲学』第五編第三号、一八九八年
井上哲次郎「万国東洋学会の概況及ひ《〔ママ〕》東洋学研究の方針（承前）」『東洋哲学』第五編第五号、一八九八年
井上哲次郎『日本陽明学派之哲学』冨山房、一九〇〇年
井上哲次郎『国民道徳概論』三省堂、一九一二年
井上哲次郎『井上哲次郎自伝』冨山房、一九七三年
井上哲次郎「明治哲学界の回顧」岩波書店編『岩波講座　哲学　第一一巻』岩波書店、一九三二年
井上哲次郎「中島力造博士を追憶す」大日本図書『丁酉倫理会倫理講演集』第四三六号、一九三九年
井上哲次郎「服部宇之吉先生を追懐す」斯文会『斯文』第二一編第九号、一九三九年
井上陳政「支那漫遊中ノ経歴」東京地学協会『東京地学協会報告』第九巻第七号、一八八七年
井上陳政『禹域通纂　上』大蔵省、一八八八年
井上陳政『禹域通纂　下』大蔵省、一八八八年
井上陳政「支那学難」金港堂『文』第一巻第一六号、一八八八年
井上陳政「支那学難（続キ）」金港堂『文』第一巻第一八号、一八八八年
井上陳政編『曲園自述詩』博文館、一八九〇年
井ノ口哲也「井上哲次郎の江戸儒学三部作について」東京学芸大学紀要出版委員会『東京学芸大学紀要　人文社会科学系 II』第六〇号、二〇〇九年
今西順吉「わが国最初のインド哲学史講義（三）：井上哲次郎の未公刊草稿」北海道大学文学部『北海道大學文學部紀要』第四二巻第一号、一九九三年
上村直己『九州の日独文化交流人物誌』熊本大学文学部地域科学科、二〇〇五年
打越孝明「中学校漢文科存廃問題と世論――明治三十四年「中学校令施行規則」発布前後」早稲田大学教育学部『学術研究（教育・社会教育・教育心理・体育学編）』第三九号、一九九〇年
打越孝明「明治三十年代後半の中学校漢文教育存廃論争について――第七回高等教育会議への廃止建議をめぐって」皇學館大学人文學會『皇學館論叢』第二四巻第五号、一九九一年
内田周平「老荘学」哲学館『哲学館講義録』第一年級第二〇号、一八八八年
内田周平「支那哲学（儒学史）」、哲学館『哲学館講義録』第一期第二年級第二号、一八八九年
内田周平「宋儒所謂気（第一回）」哲学会事務所『哲学会雑誌』第三〇号、一八八九年
内田周平「井上文学士ノ性善悪論ヲ読ム」哲学会事務所『哲学会雑誌』第五〇号、一八九一年
内田貴『法学の誕生――近代日本にとって「法」とは何であったか』筑摩書房、二〇一八年
江島顕一「明治期における井上哲次郎の「国民道徳論」の形成過程に関する一考察――『勅語衍義』を中心として」慶應義塾大学大学院社会学研究科『人間と社会の探究　慶應義塾大学大学院社会学研究科紀要』第六七号、二〇〇九年
遠藤隆吉『支那哲学史』金港堂書籍、一九〇〇年
汪婉『清末中国対日教育視察の研究』汲古書院、一九九八年
王廸『日本における老荘思想の受容』国書刊行会、二〇〇一年
大久保利謙編『増訂　重野博士史学論文集　上巻』名著普及会、一九八九年
大島晃「井上哲次郎の「性善悪論」の立場――「東洋哲学」研究の端緒」上智学院『ソフィア』第四二巻第四号、一九九四年
大島晃「井上哲次郎の「東洋哲学史」研究」上智学院『ソフィア』第四五巻第三号、一九九六年
太田錦城著・荒井堯民校『梧窓漫筆』共同出版、一九〇九年
大塚豊「中国近代高等師範教育の萌芽と服部宇之吉」国立教育研究所『国立教育研究所紀要』第一一五集、一九八八年
大鳥圭介「学問弁」東京学士会院『東京学士会院雑誌』第八編第三号、一八八六年
大西巧「日清戦後における文部省教育政策をめぐる一考察――「八年計画」立案までを中心に」関西大学教育学会『教育科学セミナリー』第四一号、二〇一〇年
『大西博士全集　第二巻　倫理学』警醒社、一九〇四年
『大西博士全集　第五巻　良心起源論』警醒社、一九〇四年

大山梓編『北京籠城　北京籠城日記』平凡社、一九六五年
岡本隆司『近代日本の中国観——石橋湛山・内藤湖南から谷川道雄まで』講談社、二〇一八年
荻生茂博『近代・アジア・陽明学』ぺりかん社、二〇〇八年
長志珠絵『近代日本と国語ナショナリズム』吉川弘文館、一九九八年
小澤三郎『日本プロテスタント史研究』東海大学出版会、一九六四年
小島祐馬「狩野先生の学風」京都大学人文科学研究所『東方学報』第一七号、一九四九年
小島祐馬「開設当時の支那学の教授たち」京都大学文学部編『京都大学文学部五十年史』京都大学文学部、一九五六年
「会員文学博士島田重礼ノ伝」東京学士会院『東京学士会院雑誌』第一四編第二冊、一八九二年
「解題　易類解題」哲学会『哲学雑誌』第八巻第七一号、一八九三年
郭馳洋「明治期の哲学言説とネーション・社会——井上哲次郎の「現象即実在論」をめぐって」東京大学大学院総合文化研究科地域文化研究専攻『年報地域文化研究』第二一号、二〇一八年
笠松和也「戦前の東大哲学科と『哲学雑誌』」『東京大学草創期とその周辺——二〇一四—二〇一八年度多分野交流演習「東京大学草創期の授業再現」報告集』東京大学大学院人文社会系研究科、二〇一九年
加藤弘之「何ヲカ学問ト云フ」東京大学『学芸志林』第一六巻第九四冊、一八八五年
狩野直喜『中国哲学史』岩波書店、一九五三年
狩野直喜『読書籑余』みすず書房、一九八〇年
鹿野政直『近代日本の民間学』岩波書店、一九八三年
加太邦憲『加太邦憲自歴譜』加太重邦、一九三一年
川田剛「論漢学宜分経籍為修身政事刑律工芸諸科専攻其業」東京学士会院『東京学士会院雑誌』第二編第五冊、一八八一年
漢学会「服部先生追悼録」東京帝国大学文学部支那哲文学研究室漢学会『漢学会雑誌』第七巻第三号、一九三九年
神田孝平「邦語ヲ以テ教授スル大学校ヲ設置スヘキ説」東京学士会院『東京学士会院雑誌』第一編第三冊、一八八〇年
岸本美緒『明清交替と江南社会——17世紀中国の秩序問題』東京大学出版会、一九九九年
清岡暎一編集・翻訳『慶應義塾大学部の誕生』慶應義塾、一九八三年
漁村先生記念会編『海保漁村先生年譜』漁村先生記念会、一九三八年
窪寺紘一『東洋学事始——那珂通世とその時代』平凡社、二〇〇九年
倉石武四郎「シノロジストの典型」弘文堂『東光』第五巻、一九四八年
倉石武四郎講義ノート整理刊行会『倉石武四郎講義　『本邦における支那学の発達』』汲古書院、二〇〇七年
蔵原三雪「洋学学習と漢学教養——幕末維新期の学問動向のなかで」幕末維新期漢学塾研究会編『幕末維新期漢学塾の研究』渓水社、二〇〇三年
黒木彬文・鱒澤彰夫編輯解説『興亜会報告・亜細亜協会報告　第一巻』不二出版、一九九三年
黒住真『近世日本社会と儒教』ぺりかん社、二〇〇三年
桑原天泉『王陽明研究　学説、修養、教化』帝国堂、一九一七年
慶應義塾『慶應義塾百年史　中巻（前）』慶應義塾、一九六〇年
慶應義塾編『修業立志編』時事新報社、一八九八年
剣峯「漢学者立脚の地如何」東亜説林社『東亜説林』第三号、一八九五年
孔子祭典会編『諸名家孔子観』博文館、一九一〇年
高第丕・張儒珍（金谷明校点）『大清文典』青山清吉、一八七七年
古賀勝次郎「安井息軒を継ぐ人々（三）——島田篁村・岡松甕谷・竹添井井」早稲田大学社会科学学会『早稲田社会科学総合研究』第一一巻第一号、二〇一〇年
「故島田文学博士の略歴」哲学会『哲学雑誌』第一三巻第一三九号、一八九八年
後藤朝太郎『支那文化の解剖』大阪屋号書店、一九二一年
後藤純郎「市川清流の生涯　「尾蠅欧行漫録」と書籍館の創立」日本大学人文科学研究所『日本大学人文科学研究所　研究紀要』第一八号、一九七六年
小島毅「解題——林希逸『老子鬳齋口義』の背景」松下道信主編『林希逸『老子鬳齋口義』訳注稿』

（平成一五―一六年度科学研究費補助金（基盤研究（C）（二））研究成果報告書）、東京大学大学院人文社会系研究科、二〇〇五年
小島毅『近代日本の陽明学』講談社、二〇〇六年
胡珍子「狩野直喜の君主政治観：儒教解釈と天皇崇拝――『御進講録』を中心に」廖欽彬・高木智見編『近代日本の中国学』台北：国立台湾大学出版中心、二〇一八年
小西国継『明治哲学の研究――西周と大西祝』岩波書店、二〇一三年
駒込武『世界史のなかの台湾植民地支配――台南長老教中学校からの視座』岩波書店、二〇一五年
子安宣邦『「アジア」はどう語られてきたか――近代日本のオリエンタリズム』藤原書店、二〇〇三年
子安宣邦『日本人は中国をどう語ってきたか』青土社、二〇一二年
『近藤正斎全集　第三』国書刊行会、一九〇五年
坂出祥伸『中国の人と思想一一　康有為』集英社、一九八五年
坂出祥伸『東西シノロジー事情』東方書店、一九九四年
佐古純一郎『近代日本思想史における人格観念の成立』朝文社、一九九五年
佐藤武敏「井上（楢原）陳政とその中国研究」大東文化大学東洋研究所『東洋研究』第七九号、一九八六年
佐藤武敏訳注「楢原陳政『游華日記』」大阪・郵政考古学会『郵政考古紀要』第四六号・第四九号・第五〇号・第五三号、二〇〇九～二〇一二年
佐藤仁訳『朱子学の基本用語――北渓字義訳解』研文出版、一九九六年
齋藤希史「「支那学」の位置」日本思想史学会『日本思想史学』第三九号、二〇〇七年
齋藤希史『漢文脈と近代日本』KADOKAWA、二〇一四年
澤井啓一「「古文辞学」から「古文系漢学」へ――近世日本における「漢学」の位相」日本女子大学国語国文学会『國文目白』第五七号、二〇一八年
重野安繹「漢学宜ク正則一科ヲ設ケ少年秀才ヲ選ミ清国ニ留学セシムヘキ論説」東京学士会院『東京学士会院雑誌』第一編第四冊、一八七九年
重野安繹「扶桑游記序」『成斎文二集　巻二』冨山房、一九一一年
し、じ「漢学と云ふ名称と文科大学の漢学科」東亜学会『東亜学会雑誌』第一編第二号、一八九七年
『時事新報（明治前期編）九巻～(四)／二七九四号～二八八五号』龍渓書舎、一九八六年
品田悦一・齋藤希史『「国書」の起源――近代日本の古典編成』新曜社、二〇一九年
信夫粲『恕軒漫筆』吉川半七、一八九二年
渋沢青淵記念財団竜門社編『渋沢栄一伝記資料　第四一巻』渋沢栄一伝記資料刊行会、一九六二年
斯文会『斯文六十年史』斯文会、一九二九年
島薗進・磯前順一編『井上哲次郎集　第九巻　論文集、解説』クレス出版、二〇〇三年
島田重礼「本朝古代の経学と唐代の学制との関係」東京学士会院『東京学士会院雑誌』第一九編第八冊、一八九七年
島田重礼『篁村遺稿　巻上』島田鈞一、一九一八年
島田重礼『篁村遺稿　巻中』島田鈞一、一九一八年
島田重礼『篁村遺稿　巻下』島田鈞一、一九一八年
「島田博士逝く」哲学館『東洋哲学』第五編第九号、一八九八年
謝群「清末の日本人教習の「行動」と「思想」――京師大学堂師範館正教習服部宇之吉を中心に」愛知大学国際問題研究所『愛知大学国際問題研究所紀要』第一四九号、二〇一七年
秋水生「漢学研究の方法」東洋哲学会『東洋哲学』第四編第四号、一八九七年
舒志田「『文学書官話』の成立及び日本への流布」九州大学国語国文学会『語文研究』第八五号、一九九八年
白河次郎「漢学者の新事業」帝国文学会『帝国文学』第三巻第一〇号、一八九七年
新谷賢太郎「わが国における T. H. グリーンの倫理思想の展開過程」金沢大学教育学部『金沢大学教育学部紀要』第一〇号、一九六二年
末松謙澄『支那古文学略史』末松謙澄、一八八二年
菅原光『西周の政治思想――規律・功利・信』ぺりかん社、二〇〇九年
曽我部静雄「法制史家としての服部宇之吉博士」東北大学『文化』第四五巻第一・二号、一九八一年

対支功労者伝記編纂会編『対支回顧録　下』対支功労者伝記編纂会、一九三六年
高橋作衛「漢文奨励論」開発社『教育時論』第六三八号、一九〇三年
瀧井一博『ドイツ国家学と明治国制――シュタイン国家学の軌跡』ミネルヴァ書房、一九九九年
瀧井一博『渡邊洪基――衆智を集むるを第一とす』ミネルヴァ出版、二〇一六年
竹内弘行『後期康有為論――亡命・辛亥・復辟・五四』同朋舎、一九八七年
竹村英二『江戸後期儒者のフィロロギー――原典批判の諸相とその国際比較』思文閣出版、二〇一六年
田中友香理『〈優勝劣敗〉と明治国家　加藤弘之の社会進化論』ぺりかん社、二〇一九年
チェンバレン（高梨健吉訳）『日本事物誌一』東洋文庫、一九六九年
張偉雄『文人外交官の明治日本――中国初代駐日公使団の異文化体験』柏書房、一九九九年
陳瑋芬「近代日本と儒教――「斯文会」と「孔子教」を軸として」九州大学博士論文、一九九九年
陳瑋芬「服部宇之吉の孔子教論――その「儒教非宗教」説・「易姓革命」説・及び「王道立国」説を中心に」日本思想史懇話会『季刊日本思想史』第五九号、二〇〇一年
陳捷『明治前期日中学術交流の研究――清国駐日公使館の文化活動』汲古書院、二〇〇三年
陳捷「服部宇之吉『北馬録』解題・翻刻」東京大学東洋文化研究所『東洋文化研究所紀要』第一八二冊、二〇二三年
辻直人「明治三〇年代の文部省留学生選抜と東京帝国大学」東京大学大学院教育学研究科『東京大学大学院教育学研究科紀要』第四〇巻、二〇〇〇年
辻直人「二十世紀初頭における文部省留学生の派遣実態とその変化についての一考察」東京大学史史料室『東京大学史紀要』第二六号、二〇〇八年
帝国大学編『帝国大学一覧　従明治十九年至明治二十年』帝国大学、一八八六年
帝国大学編『帝国大学一覧　従明治二十年至明治二十一年』帝国大学、一八八七年
デニング「日本ニ於テ哲学上急務ナル問題」哲学会事務所『哲学会雑誌』第一冊第八号、一八八七年
デニング「日本ニ於テ哲学上急務ナル問題（承前）」哲学会事務所『哲学会雑誌』第一冊第九号、一八八七年
寺﨑昌男『日本近代大学史』東京大学出版会、二〇二〇年
田琛「服部宇之吉の「儀礼」研究――「儀礼鄭注補正三」を中心に」関西大学大学院東アジア文化研究科『文化交渉――東アジア文化研究科院生論集』vol. 一、二〇一三年
東眼西視人「漢学革新論」同文社『支那文学　第三冊　百家言』一八九三年
東京開成学校編『東京開成学校一覧』東京開成学校、一八七六年
東京専門学校編『東京専門学校年報　明治十五年度』早稲田大学大学史編集所編『都の西北――建学百年』早稲田大学、一九八二年
東京帝国大学編『東京帝国大学一覧　従大正五年至大正六年』東京帝国大学、一九一七年
東京帝国大学編『東京帝国大学五十年史　上』東京帝国大学、一九三二年
東京大学史史料研究会『東京大学年報　第一巻』東京大学出版会、一九九三年
東京大学史史料研究会『東京大学年報　第二巻』東京大学出版会、一九九三年
東京大学史史料研究会『東京大学年報　第五巻』東京大学出版会、一九九四年
東京大学百年史編集委員会編『東京大学百年史　部局史　一』東京大学、一九八六年
東京大学百年史編集委員会編『東京大学百年史　通史　一』東京大学、一九八四年
東京大学百年史編集委員会編『東京大学百年史　通史　二』東京大学、一九八五年
東京大学法学部明治新聞雑誌文庫編『朝野新聞　縮刷版　九』ぺりかん社、一九八二年
東京大学法理文三学部編『東京大学法理文三学部一覧　従明治十三年至明治十四年』丸家善七、一八八一年
東京大学法理文三学部編『東京大学法理文三学部一覧　従明治十五年至明治十六年』丸家善七、一八八二年
東京都立教育研究所編『東京教育史資料大系　第一巻』東京都立教育研究所、一九七一年
東京都立教育研究所編『東京教育史資料大系　第二巻』東京都立教育研究所、一九七一年
東京都立教育研究所編『東京教育史資料大系　第三巻』東京都立教育研究所、一九七二年
陶徳民『明治の漢学者と中国――安繹・天囚・湖南の外交論策』関西大学出版部、二〇〇七年
陶徳民『日本における近代中国学の始まり――漢学の革新と同時代文化交渉』関西大学出版部、二〇

一七年
東方学会編『東方学回想Ⅰ　先学を語る（一）』刀水書房、二〇〇〇年
東方学会編『東方学回想Ⅱ　先学を語る（二）』刀水書房、二〇〇〇年
東方学会編『東方学回想Ⅲ　学問の思い出（一）』東方学会、二〇〇〇年
戸川芳郎「明治初期の大学制度といわゆる「漢学」——近代アカデミズムの成立と中国研究（序章）」東京大学教養学部日本近代化研究会編『日本近代化とその国際的環境』東京大学教養学部日本近代化研究会、一九六五年
戸川芳郎「漢学シナ学の沿革とその問題点——近代アカデミズムの成立と中国研究の“系譜”（二）」理想社『理想』第三九七号、一九六六年
戸川芳郎・神田信夫編『荻生徂徠全集　二　言語篇』みすず書房、一九七四年
外山正一『丶山存稿　後編』湘南堂書店、一九八三年
内藤耻叟「支那学難ヲ難ズ」金港堂『文』第一巻第二〇号、一八八八年
中江兆民訳『理学沿革史　上』文部省編輯局、一八八六年
中江兆民『一年有半』博文館、一九〇一年
中島隆博『共生のプラクシス——国家と宗教』東京大学出版会、二〇一一年
中島力造『輓近の倫理学書』冨山房、一八九六年
中島力造『列伝体西洋哲学小史　下』冨山房、一八九八年
中野実「加藤弘之日記 明治十八年一月～十二月」東京大学史史料室『東京大学史紀要』第一〇号、一九九二年
永原慶二『20 世紀日本の歴史学』吉川弘文館、二〇〇三年
中見立夫「日本的「東洋学」の形成と構図」岸本美緒責任編集『「帝国」日本の学知　第三巻　東洋学の磁場』岩波書店、二〇〇六年
中村正直「古典講習科乙部開設ニ就キ感アリ書シテ生徒ニ示ス」東京学士会院『東京学士会院雑誌』第五編第五冊、一八八三年
中村正直「漢学不可廃論」東京学士会院『東京学士会院雑誌』第九編第四冊、一八八七年
中村正直「古今東西一致道徳の説」東京学士会院『東京学士会院雑誌』第一一編第五冊、一八八九年
中村正直「支那学の迂闊ならざるを論ず」博文館『日本大家論集』第二八篇、一八八九年
南葵文庫『南葵文庫報告　第九』南葵文庫、一九一七年
西村茂樹『日本道徳論』哲学書院、一八九二年
西村龍三『万国古今碩学者列伝』自由閣書店、一八九〇年
西田幾多郎『西田幾多郎随筆集』岩波書店、一九九六年
丹羽香「服部宇之吉と中国——近代日本文学の中国観への影響として」中央学院大学商学部・法学部『中央学院大学　人間・自然論叢』. 第一九号、二〇〇四年
丹羽香「近代日本人の中国意識についての一考察——服部孔子教提唱の始点から」中央学院大学商学部・法学部『中央学院大学人間・自然論叢』第四一号、二〇一六年
萩原善太郎『日本博士全伝』吉岡書籍店、一八八八年
箱田恵子『外交官の誕生——近代中国の対外態勢の変容と在外公館』名古屋大学出版会、二〇一二年
服部宇之吉「列子学説一斑」哲学会事務所『哲学会雑誌』第二冊第二三号、一八八八年
服部宇之吉「純正哲学ノ本領」福島県青年会『福島県青年会雑誌』第一号、一八八九年
服部宇之吉「老子」同文社『支那文学』第五号、一八九一年
服部宇之吉「原始信仰ノ梗概」反省会『反省会雑誌』第七巻第二号、一八九二年
服部宇之吉「希臘哲学即古代哲学（紀元前六百年より紀元六百年に至る）」反省会『反省会雑誌』第七巻第一号、一八九二年
服部宇之吉「墨子年代考（承前）」哲学会事務所『哲学会雑誌』第一一巻第一一一号、一八九六年
服部宇之吉「荀子年代考」哲学会事務所『哲学会雑誌』第一一巻第一一七号、一八九六年
服部宇之吉『倫理学』金港堂書籍、一八九六年
服部宇之吉「習字に就きて」帝国教育会『教育公報』第一八七号、一八九七年
服部宇之吉「中学教育に於ける倫理科教授に関して漢学者に問う」東亜学会『東亜学会雑誌』第一編第八号、一八九七年
服部宇之吉「孟子闢異端弁」哲学館『東洋哲学』第六編第二号、一八九九年

服部宇之吉『論理学講義』冨山房、一九〇四年
服部宇之吉『心理学講義』東亜公司、一九〇五年
服部宇之吉「清国の覚醒と排外思想」博文館『太陽』第一二巻第一三号、一九〇六年
服部宇之吉「清国の教育宗旨五大綱及上論」帝国教育会『教育公報』第三〇八号、一九〇六年
服部宇之吉「監国考」好学会『好学雑誌』第六七号、一九〇九年
服部宇之吉「孔夫子」日本弘道会事務所『弘道』第二三〇号、一九〇九年
服部宇之吉「支那人教育に対する所見」中央公論社『中央公論』第二四巻第三号、一九〇九年
服部宇之吉「清国ノ立憲準備（承前）」国家学会事務所『国家学会雑誌』第二四巻第二号、一九〇九年
服部宇之吉「清国人の政治思想」東邦協会『東邦協会会報』第一七二号、一九〇九年
服部宇之吉「支那人の見たる孔夫子」政教社『日本及日本人』第五三一号、一九一〇年
服部宇之吉「時文講義」東亜学術研究会『漢学』第一編一号～三号、一九一〇年
服部宇之吉「儒教の天命説（承前）」哲学会『哲学雑誌』第二五巻第二七九号、一九一〇年
服部宇之吉「中和位育」孔子祭典会編『諸名家孔子観』博文館、一九一〇年
服部宇之吉「支那に於ける孔子尊崇」東亜学術研究会『東亜研究』第一巻第一号、一九一一年
服部宇之吉「井田私考」東亜学術研究会『漢学』第二編第一号～三号、一九一一年
服部宇之吉「清国事変の裏面観」国家学会事務所『国家学会雑誌』第二六巻第六号、一九一二年
服部宇之吉「支那に於ける道徳の危機（孔子祀典の存廃問題等）」東亜学術研究会『東亜研究』第二巻第一一号、一九一二年
服部宇之吉「儒教に於ける君臣の大義」東亜学術研究会『東亜研究』第二巻第一一号、一九一二年
服部宇之吉「滅亡せる支那帝国」経済時報社『経済時報』第一一〇号、一九一二年
服部宇之吉校訂『漢文大系　荀子集解』冨山房、一九一三年
服部宇之吉校訂『漢文大系　礼記鄭注』冨山房、一九一三年
服部宇之吉「思想道徳の上より観たる民国の前途」国家社『国家及国家学』第一巻第九号、一九一三年
服部宇之吉「春秋公羊学の妄を弁ず」東亜学術研究会『東亜研究』第三巻第六号、一九一三年
服部宇之吉「宗法考」東洋協会調査部『東洋学報』第三巻第一号、一九一三年
服部宇之吉「孔子教に関する支那人の誣妄を弁ず」東亜学術研究会『東亜研究』第三巻第一〇号、一九一四年
服部宇之吉「儒教に於ける祭祀の意義」國學院大學総合企画部『國學院雑誌』第二〇巻第五号、一九一四年
服部宇之吉『東洋倫理綱要』大日本漢文学会、一九一六年
服部宇之吉『孔子及孔子教』明治出版社、一九一七年
服部宇之吉『儒教と現代思潮』明治出版社、一九一八年
服部宇之吉「孔子の「知天命」を論ず（承前）」日本警察新聞社『日本警察新聞』第五六六号、一九二二年
服部宇之吉「儒教の天命と不動心」実業之日本社『実業之日本』第二六巻第一三号、一九二三年
服部宇之吉「服部先生自叙」服部先生古稀祝賀記念論文集刊行会編『服部先生古稀記念論文集』冨山房、一九三六年
服部宇之吉『孔子教大義』冨山房、一九三九年
服部宇之吉『儒教倫理概論』冨山房、一九四一年
服部宇之吉「隣邦の人士に告ぐ「国民精神の根本に復れ」」斯文会『斯文』第二一巻第三号、一九三九年
早川千吉郎編『高嶺君遺稿』早川千吉郎、一八八八年
林淳「近代日本における仏教学と宗教学――大学制度の問題として」日本宗教学会『宗教研究』第三三三号、二〇〇二年
福井純子「井上哲次郎日記　一八八四―九〇　『懐中雑記』第一冊」東京大学史史料室『東京大学史紀要』第一一号、一九九三年
福井純子「井上哲次郎日記　一八九〇―九二　『懐中雑記』第二冊」東京大学史史料室『東京大学史紀要』第一二号、一九九四年

福澤諭吉『文明論之概略』慶應義塾大学出版会、二〇〇九年
藤田豊八「漢学教育の新生面」東亜説林社『東亜説林』第四号、一八九五年
藤田正勝『日本哲学史』昭和堂、二〇一八年
「文科大学の消息」早稲田文学社『早稲田文学』第五五号、一八九四年
G・W・F・ヘーゲル（長谷川宏訳）『哲学史講義Ⅰ』河出書房新社、二〇一六年
「法理研究会記事」法学協会『法学協会雑誌』第一五巻第一号、一八九七年
補永茂助「東洋哲学の将来及び其の使命」巽軒会編『井上先生喜寿記念論文集』冨山房、一九三一年
眞壁仁『徳川後期の学問と政治——昌平坂学問所儒者と幕末外交変容』名古屋大学出版会、二〇〇七年
町泉寿郎「幕末明治期における学術・教学の形成と漢学」二松学舎大学東アジア学術総合研究所日本漢文教育研究推進室『日本漢文学研究』第一一号、二〇一六年
町泉寿郎「島田重礼と考証学」牧角悦子・町泉寿郎編『講座　近代日本と漢学　第四巻　漢学と学芸』戎光祥出版、二〇二〇年
町田三郎『明治の漢学者たち』研文出版、一九九八年
松井真希子『徂徠学派における『老子』学の展開』白帝社、二〇一三年
松沢弘陽『近代日本の形成と西洋経験』岩波書店、一九九三年
松本三之介『近代日本の中国認識——徳川期儒学から東亜協同体論まで』以文社、二〇一一年
松本文三郎「支那哲学に就いて」哲学館『東洋哲学』第五編第四号、一八九八年
真辺将之「明治一四年政変後の「イギリス学」と学問の専門化——最初期東京専門学校の講義を題材として」早稲田大学大学史資料センター『早稲田大学史記要』第三五巻、二〇〇三年
三浦叶『明治の漢学』汲古書院、一九九八年
水野博太「渋沢栄一における「道徳経済合一説」の形成過程——壮年期の「学問」と「事業」の関係に対する考察を中心に」日本思想史・思想論研究会『思想史研究』第二〇号、二〇一四年
水野博太「服部宇之吉 *Konfucius*」日本思想史・思想論研究会『思想史研究』第二三号、二〇一七年
水野博太「「高嶺三吉遺稿」中の井上哲次郎「東洋哲学史」講義」東京大学文書館『東京大学文書館紀要』第三六号、二〇一八年
水上雅晴「近藤重蔵と清朝乾嘉期の校讐学」北海道大学大学院文学研究科『北海道大学文学研究科紀要』第一一七号、二〇〇五年
源了圓編『江戸後期の比較文化研究』ぺりかん社、一九九〇年
村上こずえ・谷本宗生「井上哲次郎『巽軒日記——明治二六—二九、四〇、四一年』」東京大学史史料室『東京大学史紀要』第三一号、二〇一三年
元良勇次郎『心理学十回講義』冨山房、一八九七年
森下直貴「井上哲次郎の〈同＝情〉の形而上学——近代「日本哲学」のパラダイム」浜松医科大学『浜松医科大学紀要　一般教育』第二九号、二〇一五年
森田吉彦「名倉信敦と日清「新関係」の模索——幕末維新期の華夷思想的日中提携論」東アジア近代史学会『東アジア近代史』第四号、二〇〇一年
文部省編『国体の本義』文部省、一九三七年
柳生四郎「外山正一の日記（五）」—「外山正一の日記同（二十一）」東京大学出版会『UP』第五四号—第七二号、一九七七—七八年
柳田泉『明治初期の文学思想　上巻』春秋社、一九六五年
山村奨『近代日本と変容する陽明学』法政大学出版局、二〇一九年
山本正身『日本教育史——教育の「今」を歴史から考える』慶應義塾大学出版会、二〇一四年
吉川幸次郎・清水茂校注『日本思想大系三三　伊藤仁斎　伊藤東涯』岩波書店、一九七一年
吉澤誠一郎「東洋史学の形成と中国——桑原隲蔵の場合」岸本美緒責任編集『「帝国」日本の学知　第三巻　東洋学の磁場』岩波書店、二〇〇六年
吉田公平「近代の漢学」日本思想史学会『日本思想史学』第三九号、二〇〇七年
吉見俊哉・森本祥子編『東大という思想——群像としての近代知』東京大学出版会、二〇二〇年
李セボン『「自由」を求めた儒者——中村正直の理想と現実』中央公論新社、二〇二〇年
李梁『近代日本中国学におけるポリティックスとアカデミズム——服部宇之吉と近代日本中国学』富士ゼロックス小林節太郎記念基金、一九九三年

林茂生「王陽明の良知説」東亜学術研究会『東亜研究』第六巻第八号、一九一六年
六角恒廣『中国語教育史の研究』東方書店、一九八八年
早稲田大学大学史編集所編『早稲田大学百年史　第一巻』早稲田大学、一九七八年
渡辺和靖「明治期「漢学」の課題」愛知教育大学『愛知教育大学研究報告（人文科学編）』第三五号、一九八六年
渡辺盛衛編『得能良介君伝』印刷局、一九二一年
渡辺浩『明治革命・性・文明——政治思想史の冒険』東京大学出版会、二〇二一年

欧文

Anesaki, M. "Review of the book *Light from the East; Studies in Japanese Confucianism*, by Robert Cornell Armstrong", *The Harvard Theological Review*, Vol. 8, No. 4, 1915.

Armstrong, Robert Cornell. *Light from the East: Studies in Japanese Confucianism*, Tronto: University of Tronto, 1914.

Carus, Paul. *Chinese Philosophy: An Exposition of the Main Characteristic Features of Chinese Thought*, Chicago: The Open Court Publishing Company, 1898.

Chamberlain, Basil Hall. *Things Japanese: Being Notes on Various Subjects Connected with Japan for the Use of Travellers and Others*, London: Kegan Paul, Trench, Trübner & Co., Ltd., Tōkyō: The Hakubunsha, 1890.

Chambers's Encyclopedia; A Dictionary of Universal Knowledge for the People, vol. 2, Philadelphia: J. B. Lippincott & Company (Edinburgh: W. & R. Chambers), 1871.

Chambers's Encyclopedia; A Dictionary of Universal Knowledge for the People, vol. 5, Philadelphia: J. B. Lippincott & Company (Edinburgh: W. & R. Chambers), 1871.

Chan, Wing-Tsit. "The Study of Chu Hsi in the West", *Journal of Asian Studies*, Vol. 35, No. 4, 1976.

Davis, John Francis. *The Chinese: A General Description of the Empire of China and its inhabitants VOL. II.*, London: Charles Knight, 1836.

Dening, Walter. "Confucian Philosophy: Reviews of Dr. Inoue Tetsujirō's Three Volumes on this Philosophy", *The Transactions of the Asiatic Society of Japan*, Vol. 36, 1908.

Eitel, E. J. "Outlines of A History of Chinese Philosophy", *Travaux de la Troisième Session du Congrès International des Orientalistes, St. Pétersbourg 1876*, St. Petersburg, 1876, Nendeln/Liechtenstein: Kraus Reprint, 1968.

Forke, Alfred. *Geschichte der mittelalterlichen chinesischen Philosophie*, Hamburg: Cram, de Gruyter & Co., 1964.

Gentz, Joachim. „Es bleibt alles in der Familie: Eine Geschichte von Reisen in philosophischen Kreisen", *Ehmcke, Franziska, Müller, Martin (Hrsg.). Reisen im Zwischenraum——zur Interkulturalität von Kulturwissenschaft*, Würzburg: Ergon-Verlag, 2012.

Grousset, René. *Histoire de la Philosophie Orientale: Inde—Chine—Japon*, Paris: Nouvelle Librairie Nationale, 1923.

Harrell, Paula S. *Asia for the Asians*, Portland: MerwinAsia, 2012.

Harvard College. *Fifty-Second Annual Report of the President of Harvard College 1876–77*, Cambridge: John Wilson and Son, 1878.

Hattori, Unokichi. *Konfucius*, Frankufurt a. M.: Neuer Frankfurter Verlag, 1902.

Henke, Frederick G. "Wang Yang Ming: A Chinese Idealist", *The Monist*, Vol. 24, 1914.

Imperial University of Japan (Teikoku Daigaku). *The Calendar for the year 1886–1887*, Tokyo: The University, 1886.

Imperial University of Japan (Teikoku Daigaku). *The Calendar for the year 1887–1888*, Tokyo: The University, 1888.

Inouyé, Tetsusirô. *Sur le Développement des Idées Philosophiques au Japon avant L'Introduction de la Civilisation européenne*, Paris: Imprimerie Orientale G. Maurin, 1897.

Israel, George L. "Discovering Wang Yangming: Scholarship in Europe and North America, ca. 1600–1950", *Monumenta Serica: Journal of Oriental Studies*, Vol. 6, No. 2, 2018.

Kasulis, Thomas. *Engaging Japanese Philosophy: A Short History*, Honolulu: University of Hawai'i Press, 2018.

McClatchie, Thomas. *Confucian Cosmogony: A Translation of Section Forty-Nine of the "Complete Works" of the Philosopher Choo-Foo-Tze with Explanatory Notes*, Shanghai: American Presbyterian Mission Press, 1874.

Paramore, Kiri. *Japanese Confucianism*, New York: Cambridge University Press, 2016.

Paula, Harrell. *Asia for the Asians*, Portland: MerwinAsia, 2012.

Schwegler, Albert. *Geschichte der Philosophie im Umriß*, Stuttgart: Verlag der Frankh'schen Buchhandlung, 1848.

Smith Jr., Warren W. *Confucianism in Modern Japan——A Study of Conservatism in Japanese Intellectual History*, Tokyo: The Hokuseido Press, 1959.

The Japan Weekly Mail, Reprint Series I: 1870–1899, Part 4: 1885–1889, Vol. 43: July to December 1888, Tokyo: Edition Synapse, 2006.

Watters, Thomas. *A Guide to the Tablets in a Temple of Confucius*, Shanghai: The American Presbyterian Mission Press, 1879.

Wundt, Wilhelm, Oldenberg, Hermann, Goldziher, Ignaz, Grube, Wilhelm, Inouye, Tetsujiro, Hans von Arnim, Baeumker, Clemens, Windelband, Wilhelm. *Allgemeine Geschichte der Philosophie*, Berlin und Leipzig: Druck und Verlag von B.G. Teubner, 1909.

中文

［宋］朱熹撰『新編諸子集成　四書章句集注』中華書局、二〇一二年

［宋］黎靖徳編『朱子語類』中華書局、一九九四年

［清］劉宝楠撰・高流水点校『論語正義』中華書局、一九九〇年

蔡元培『蔡元培文集　巻二・教育（上）』台北：錦繍出版、一九九五年

何乏筆・谷心鵬編「徳語之中国哲学研究書目（至二〇〇六年）」台北：中央研究院中国文哲研究所『中国文哲研究通訊』第一五巻第二期、二〇〇七年

黄崇修「日本陽明学発展氛囲下的台湾思想家林茂生」洪子偉編『存在交渉：日治時期的台湾哲学』台北：中央研究院・連経出版事業有限公司、二〇一六年

劉岳兵『日本近代儒学研究』北京：商務印書館、二〇〇三年

李慶『日本漢学史（修訂本）　第一部　起源和確立（一八六八――一九一八）』上海：上海人民出版社、二〇一〇年

中国第二歴史檔案館編『中華民国史檔案資料滙編　第三輯　文化』南京：江蘇古籍出版社、一九九一年